高等职业教育经济贸易类专业在线开放课程新形态一体化教材

国际商务环境

张 彤 马 洁 邓海涛 主 编
郭孟珂 邓志新 李郭记 邝 旋 王廖莎 副主编

清华大学出版社
北 京

内 容 简 介

本书是北京市职业院校课程思政标杆成果"优秀课程综合一等奖"配套教材,是"双高计划"新形态一体化教材建设项目成果,是高等职业教育经济贸易类专业稀缺教材。

本书以企业开展国际商务活动面临的环境为主线,从经济全球化视角,系统地阐述国际商务的政治环境、经济环境、文化环境、技术环境、法律环境、贸易环境、金融环境和投资环境的内涵、构成要素以及对国际商务的影响,提出企业进入国际市场的战略选择。全书共10个学习项目,包括变革中的国际商务环境、国际商务政治环境、国际商务经济环境、国际商务文化环境、国际商务技术环境、国际商务法律环境、国际商务贸易环境、国际商务金融环境、国际商务投资环境、国际市场进入战略。

本书体系完整、结构合理、理论适度、内容与时俱进、案例典型、融入课程思政、数字资源丰富、有料有趣、易教易学。本书是由高职院校教师和企业专家共同打造的"双元"教材,理论联系实际,突出实用。本书可作为高等职业院校专科和本科相关专业的教材和教辅,也可作为国际商务领域从业者的参考读物。

本书封面贴有清华大学出版社防伪标签,无标签者不得销售。
版权所有,侵权必究。举报: 010-62782989, beiqinquan@tup.tsinghua.edu.cn。

图书在版编目(CIP)数据

国际商务环境/张彤,马洁,邓海涛主编. —北京: 清华大学出版社,2023.10
高等职业教育经济贸易类专业在线开放课程新形态一体化教材
ISBN 978-7-302-64301-2

Ⅰ.①国⋯ Ⅱ.①张⋯ ②马⋯ ③邓⋯ Ⅲ.①国际商务-经济环境-高等职业教育-教材 Ⅳ.①F74

中国国家版本馆CIP数据核字(2023)第139165号

责任编辑: 左卫霞
封面设计: 刘艳芝
责任校对: 刘 静
责任印制: 沈 露

出版发行: 清华大学出版社
网　　址: http://www.tup.com.cn, http://www.wqbook.com
地　　址: 北京清华大学学研大厦A座　　　　　　邮　编: 100084
社 总 机: 010-83470000　　　　　　　　　　　　邮　购: 010-62786544
投稿与读者服务: 010-62776969, c-service@tup.tsinghua.edu.cn
质量反馈: 010-62772015, zhiliang@tup.tsinghua.edu.cn
课件下载: http://www.tup.com.cn, 010-83470410
印 装 者: 三河市人民印务有限公司
经　　销: 全国新华书店
开　　本: 185mm×260mm　　　印　张: 18.75　　　字　数: 452千字
版　　次: 2023年10月第1版　　　　　　　　　　印　次: 2023年10月第1次印刷
定　　价: 59.00元

产品编号: 096601-01

前 言

党的二十大报告提出"推进高水平对外开放"的战略目标,要求"依托我国超大规模市场优势,以国内大循环吸引全球资源要素,增强国内国际两个市场两种资源联动效应,提升贸易投资合作质量和水平"。"十四五"时期我国以促进经济高质量发展为核心,以"一带一路"建设为统领,推动更大范围、更宽领域、更深层次对外开放,依托中国大市场优势,促进国际合作,实现互利共赢。

"十三五"时期,我国货物与服务贸易总额跃升至全球首位,对外投资规模位列全球对外投资流量前三。我国国际贸易与投资的快速发展,拉动了国际商务人才需求。根据职业教育适应性的特点,职业院校瞄准技术创新和产业优化升级方向,高职院校纷纷将国际商务人才培养置于重要地位。在这种背景下,我们编写了本书。

本书采用360°的全方位设计思路,构建了完整的国际商务环境,系统阐述了环境要素对企业国际商务活动的影响,提出了企业进入国际市场的战略选择。本书包括10个学习项目共31个学习单元,既包括必备的知识,又提供相关的案例,聚焦"一带一路"沿线国家和地区的商务环境,将国际商务环境的各个环境要素串联起来,形成一个整体,实现国际商务环境理论知识与实践内容相结合。

本书具有以下特色。

1. 全面融入课程思政

本书构建了"三位一体、三链合一"的课程思政体系。根据职业教育特点,构建知识目标、能力目标、素养目标"三位一体"的课程思政目标。按照"散点—组链—合链"的思路,从每个学习项目中提炼知识点、技能点,挖掘思政元素,将思政点提取出来,如取"盐";以知识递增、能力进阶、价值塑造的逻辑组合课程的知识链、能力链、价值链,从价值链中选取与知识和能力匹配的思政元素放进每个学习项目,如"盐入水",重构课程思政内容。开发课程思政资源库,设置"思政园地"专栏,植入理想教育、爱国教育、科学思维训练和职业教育,将价值塑造、知识建构和能力培养融为一体,发挥教材的育人作用。

2. 彰显职业教育特色

本书编写体现"产教融合""校企合作"职教特色:编写团队是由国家"双高计划"A档高水平学校教师和企业专家构成,企业专家、思政教师和专业教师共同开发教材、编写教材,进行课程资源建设。企业专家作为核心成员,全程参与在线精品课程、思政示范课程以及新形态一体化教材建设。因此,本书是产教融合、校企合作的成果。

3. 体现时代发展特点

本书紧跟时代发展,内容全面反映国际商务活动的新政策、新模式、新方法,书中数据和案例都反映了国际商务环境的最新变化,并设有"展望未来"专栏,对国际商务各个环境的发展趋势进行预判,体现前瞻性。

4. 理实一体强化应用

本书按照"概念认知、理论应用、案例分析、项目训练"的逻辑设计学习项目,理论与实践并用,注重内容的科学性与实用性,强化实践应用。学习者在理论学习过程中,将理论应用于实践,实现了从"认知"到"创新"的蜕变,体现学以致用、知行合一。

5. 数字赋能转型升级

本书依托"双高计划"新形态一体化教材建设项目,配套建设了以知识点和技能点为颗粒度,以微课、动画、视频、素材为载体,类型丰富的数字化资源,并将优质资源用二维码在书中标注,即扫即学,推动传统教材的数字化转型升级。同时,本书配套建设在线开放课程,实现"一书一课一空间"的"互联网+"教学模式,扫描本页下方二维码即可在线学习该课程。

本书由北京电子科技职业学院张彤教授、马洁副教授和广西国际商务职业技术学院国际贸易学院邓海涛院长担任主编,主编负责全书架构设计和编写体例设计,并对全书进行修改和统稿。具体编写分工如下:张彤编写学习项目一、学习项目三和学习项目六,马洁编写学习项目四和学习项目七,北京电子科技职业学院李郭记编写学习项目二和学习项目五,企业专家邝炫编写学习项目八,广西国际商务职业技术学院邓海涛和王廖莎编写学习项目九,北京电子科技职业学院郭孟珂博士编写学习项目十,深圳信息职业技术学院邓志新博士提供案例,并对教材的部分学习项目进行了修改。本书由北京第二外国语学院中国服务贸易研究院常务副院长、国家文化发展国际战略研究院常务副院长、首都国际服务贸易与文化贸易基地首席专家李嘉珊教授担任主审。

本书在编写过程中,参阅了大量国内外公开发表和出版的文献资料,北京电子科技职业学院思政教师潘莉莉博士提供了思政指导,中国国际贸易促进委员会商业行业委员会给予了大力支持,在此表示由衷的感谢。

由于编者的理论水平和实践经验有限,书中难免有不足之处,恳请各位专家和读者批评、指正,以便我们不断完善。

张 彤

2023 年 7 月于北京

国际商务环境
课程介绍

国际商务环境
在线开放课程

目 录

学习项目一　变革中的国际商务环境 1
　引导案例　钓鱼岛"购岛事件"与抵制"日货" 2
　学习单元一　认知经济全球化 3
　学习单元二　经济全球化变革国际商务环境 10
　学习单元三　企业如何应对经济全球化 14
　展望未来　关于全球化的三大观点 18

学习项目二　国际商务政治环境 22
　引导案例　"本土化政策"对津巴布韦吸引外资的影响 23
　学习单元一　认知国际商务政治环境 24
　学习单元二　国际冲突与国际合作对国际商务的影响 29
　学习单元三　企业如何防范政治风险 33
　展望未来　国际政治环境的新变化 36

学习项目三　国际商务经济环境 41
　引导案例　金砖国家：新兴经济体的领先者 42
　学习单元一　经济差异对国际商务的影响 43
　学习单元二　市场差异对国际商务的影响 54
　学习单元三　产业布局对国际商务的影响 67
　展望未来　全球经济环境的新特点 81

学习项目四　国际商务文化环境 87
　引导案例　海尔在美国的跨文化管理策略 88
　学习单元一　认知国际商务文化环境 89
　学习单元二　文化差异对国际商务的影响 98
　学习单元三　如何进行跨文化商务活动 102
　展望未来　"文化全球化"是一个伪命题 111

学习项目五　国际商务技术环境 115
　引导案例　美对华技术封锁害人伤己 116
　学习单元一　认知国际商务技术环境 116

学习单元二　技术变革对国际商务的影响 122
　　学习单元三　企业如何应对专利壁垒和技术壁垒 127
　　展望未来　新兴科学技术的发展特征 132

学习项目六　国际商务法律环境 136
　　引导案例　五矿资源有限公司成功收购Anvil矿业有限公司 137
　　学习单元一　认知国际商务法律环境 138
　　学习单元二　法律环境差异与国际法律、法规 141
　　学习单元三　企业如何防范法律风险 152
　　展望未来　经济全球化环境下的法律全球化 161

学习项目七　国际商务贸易环境 167
　　引导案例　苹果手机的全球价值链 168
　　学习单元一　国际贸易理论和政策措施 168
　　学习单元二　国际贸易结构与全球价值链 177
　　学习单元三　区域经济一体化与世界贸易组织 187
　　展望未来　全球价值链的发展方向 193

学习项目八　国际商务金融环境 199
　　引导案例　中国铝业的国际化脚步 200
　　学习单元一　国际货币体系与汇率制度 201
　　学习单元二　全球外汇市场 207
　　学习单元三　汇率变化对国际商务的影响 214
　　学习单元四　企业如何防范外汇风险 219
　　展望未来　国际货币体系发展趋势 227

学习项目九　国际商务投资环境 232
　　引导案例　跨国公司海外总部选址 233
　　学习单元一　认知国际商务投资环境 234
　　学习单元二　评估国际商务投资环境 244
　　学习单元三　选择国际商务投资目的地 254
　　展望未来　中国对外投资合作发展展望 258

学习项目十　国际市场进入战略 263
　　引导案例　海尔集团的国际化之路 264
　　学习单元一　国际市场细分与目标市场选择 266
　　学习单元二　国际市场进入战略 275
　　学习单元三　国际市场竞争战略 282
　　展望未来　全球价值链重构格局下中国企业进入国际市场 287

参考文献 292

学习项目一

变革中的国际商务环境

学习目标

知识目标

1. 掌握经济全球化的内涵和表现形式。
2. 理解经济全球化的驱动力量。
3. 理解经济全球化对发展中国家的双面影响。
4. 掌握国际商务环境的要素。
5. 熟悉PEST的分析思路和方法。
6. 理解经济全球化对国际商务活动的变革作用。
7. 掌握企业国际化的概念、内容和制约因素。

能力目标

1. 能够以全球化视角认识经济全球化。
2. 能够用辩证思维分析经济全球化对全球经济的影响。
3. 能够用PEST工具分析国际商务环境。
4. 能够分析经济全球化对国际商务环境的影响。
5. 能够从经济全球化的角度提出企业应对环境变化的策略。

素养目标

1. 具有全球化的视野,以全球视角看中国经济,以中国视角看经济全球化,将中国经济与全球经济融合。
2. 以"开放、合作、互利、共赢"的价值观认识和践行经济全球化。
3. 增强大国责任意识和担当精神。领会习近平总书记提出的构建人类命运共同体的战略思想所体现的大国担当精神,充分认识中国在经济全球化进程中发挥的负责任大国的作用。
4. 具有政治认同和价值认同,认同我国"一带一路"倡议,树立"合作开放、互学互鉴、互利共赢"的价值观。
5. 厚植家国情怀,认识到我国企业"走出去",进行"大国品牌"宣传,是为经济高质量发展和品牌建设增添新动力、开辟新空间。
6. 以全球化思维、唯物辩证思维、动态发展思维看待国际商务环境及其变化。

学习导图

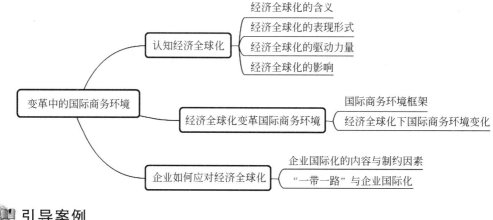

引导案例

钓鱼岛"购岛事件"与抵制"日货"

自1972年中日邦交正常化以来,两国间贸易与投资实现了惊人的增长。中日双边贸易额在1972年仅为10亿美元的起点上,经过整整30年的发展超过了1 000亿美元,2006年突破2 000亿美元,2011年甚至达到3 428.9亿美元。截至2011年,中国已成为日本第一大贸易伙伴、第一大出口目的地和最大的进口来源地。与此同时,日本也是中国第四大贸易伙伴、第二大进口来源地和第五大出口目的地。此外,日本连续多年保持对华直接投资,2011年日本对中国内地投资63.48亿美元,是美国的2倍、德国的6倍,成中国香港、中国台湾以外的最大外资来源地,中国在日资(包括中日合资)企业就业人员已超过100万人。相互依存的中日两国互为对方的经济发展提供了巨大的机遇。

然而在中日经济合作不断深化的同时,两国间的历史遗留问题却不断对中日经贸往来产生负面影响。自2012年4月东京都知事石原慎太郎宣布,"东京政府将从私人手中购买钓鱼岛"以来,所谓"购岛事件"持续发酵并不断升级。日本的"购岛"闹剧激起了中国民众的强烈愤慨,进而引发民众大规模抵制日本品牌商品("日货")的浪潮,甚至发生了多起冲击日本品牌商店和打砸日本品牌汽车的事件。由于中国国内反日情绪高涨,日本品牌的电子、零售、家电、日用品等企业均受重创,尤以日系汽车生产企业损失严重。

受"购岛事件"影响,日系车企自2012年9月以来在华销量暴跌。公开数据显示,在中国私家车市场10月销量整体上涨6.4%的情况下,日系品牌汽车销量下跌59.4%,销量不足10万辆,其中"日系三强"丰田、本田和日产在华销售量同比下滑44.1%、54%和40.7%。日系品牌汽车10月的市场占有率锐减至7.6%,与9月相比下降了4.6%,与2011年同期相比下降了12.3%。

回顾中国近现代史,中国曾多次爆发大规模抵制"日货"运动。但在全球价值链贸易形态下,大多数商品已不再由单一国家生产和制造,而是出现商品"国籍"模糊化的趋势,因此纯粹的"日货"已十分少见。以汽车行业为例,在中国生产的日系车均保持了较高的国产化率,如广汽丰田凯美瑞的国产化率在70%左右,广汽本田雅阁在85%以上,本田旗下的飞度、思域品牌的国产化率甚至超过了90%。由于当时中国关于整车合资企业中外资持股比例不得超过50%的限制,在华日系车企均为与中国本土企业的合资公司,如广汽丰田和广汽本田分别是由广汽集团和丰田、本田各自持股50%合资建立。所以,不仅日本品牌的商品已经是"日货"和"国货"的集合物,甚至生产企业也变为"日企"和"国企"的混合体,企业的经营利润也不是只归"日企"或"国企"所有。

资料来源:王炜瀚,王健.国际商务[M].4版.北京:机械工业出版社,2021.

案例分析:现在产品的"国籍"标签越来越模糊,大多数产品已不再由一个国家生产,生产全球化已经将世界上的主要国家卷入全球生产网络,最终某一品牌商品的产品是"全球"的集合物。因日方不友好行为,部分中国民众在将矛头对准日本品牌时,并没有意识到,抵制日本品牌在冲击日本企业投资利益的同时,也损害了中国资本和中国劳动者等"民族"生产要素的利益。在经济全球化时代,任何国际经济活动的参与者都应清醒地意识到自己置身于全球化的商务环境,只有这样,才可能做出理智的决策。

学习单元一 认知经济全球化

一、经济全球化的含义

经济全球化(economic globalization)是指世界经济活动超越国界,通过对外贸易、资本流动、技术转移、提供服务、相互依存、相互联系而形成的全球范围的有机经济整体的过程。

经济全球化是商品、技术、信息、服务、货币、人员、资金、管理经验等生产要素跨国、跨地区的流动,是将各国经济转向一个更为一体化与相互依存的世界经济。经济全球化是当代世界经济重要特征之一,也是世界经济发展的重要趋势。

动画:经济全球化

不同国际组织对经济全球化的定义

国际货币基金组织(IMF)对经济全球化的定义:"经济全球化是指跨国商品与服务贸易及资本流动规模和形式的增加,以及技术的广泛迅速传播使世界各国经济的相互依赖性增强。"

经济合作与发展组织(OECD)对经济化全球的定义:"经济全球化可以被看作一个过程,在这个过程中,经济、市场、技术与通信形式都越来越具有全球特征,民族性和地方性在减少。"

经济全球化的内涵包括以下三个方面。

(1)经济全球化是通过生产要素在全球的自由流动实现经济资源在全球范围内的最优配置。

(2)跨国公司作为经济全球化的主体,充分利用信息技术、运输技术革命以及国际贸易、国际投资和国际金融的自由化,在全球范围内从事国际商务活动,以获得更大的市场份额,更多、更廉价的原材料,分散经营风险。

(3) 经济全球化的结果是世界各国被纳入新的国际分工体系,企业越是以开放的姿态参与经济全球化,越是能够从中受益。

总之,经济全球化是以市场经济为基础,以先进科技和生产力为手段,以最大利润和经济效益为目标,通过分工、贸易、投资、跨国公司和要素流动等,实现各国市场分工与协作、相互融合的过程。

二、经济全球化的表现形式

1. 生产全球化

生产全球化(globalization of production)是指跨国公司将其生产的各个环节布局在全球各地,以充分利用生产要素(如劳动力、能源、土地和资本)的成本和质量差异优势,从而形成基于垂直化分工的全球价值链。全球价值链打破了传统产品的生产过程限制,使不同的生产环节可以在不同的国家和地区进行。

通过这种做法,跨国公司可以降低总成本构成,提高质量或改善产品的功能,从而提高核心竞争力。

知识拓展

全球价值链

全球价值链是指为实现商品或服务价值而连接生产、销售、回收处理等过程的全球性跨企业网络组织,涉及从原料采购和运输,半成品和成品的生产和分销,直至最终消费和回收处理的整个过程。全球价值链包括所有参与者和生产销售等活动的组织及价值、利润分配,处于全球价值链上的企业进行着从设计、产品开发、生产制造、营销、交货、消费、售后服务、循环利用等各种增值活动。

微案例

波音飞机的生产全球化

一架波音777或787大型商用喷气式飞机需要将100万个零件装配起来,波音公司将装配和组装业务外包给外国供应商。以波音787飞机为例,共有50个供应商遍布全球,提供的零件价值占飞机总价值的65%。意大利阿莱尼亚宇航公司生产了中央机身和水平稳定器;日本川崎重工业株式会社制造了前机身和固定后缘翼;日本Jamco公司承担了盥洗间、飞机室内甲板和厨房等零部件生产;日本三菱重工业股份有限公司制造了机翼;法国梅西埃航空公司生产了飞机起落架;德国迪尔公司提供了主要的机舱照明设备;瑞典萨博公司制造了飞机库大门;韩国KAA公司生产了机翼尖等。显然波音飞机的生产是全球化的,波音飞机的价值链是全球价值链。

资料来源:查尔斯·W. L. 希尔. 当代全球商务(原书第12版)[M]. 王炜瀚,译. 北京:机械工业出版社,2023.

2. 市场全球化

市场全球化(globalization of market)是指历史上不同的、孤立的各国市场融合成为一个巨大的全球市场。

随着经济全球化的发展,各国企业经营活动同国际市场发生日益紧密的联系,许多企业由过去考虑"应该在国内什么地方建立新厂或开辟新市场"发展到现在考虑"应该在世界什么地方制造和销售新产品",也就是说,企业跨国经营不仅把国内生产的产品销售到国际市场,而且在海外投资建厂生产以及在国外销售产品。这种转变是源于生产全球化和市场全球化的融合。

微案例

星巴克的市场全球化

1971年,星巴克在西雅图派克市场成立第一家店,开始经营咖啡豆业务。1982年,霍华德·舒尔茨先生加入星巴克,担任市场和零售营运总监。1992年,星巴克在纽约纳斯达克成功上市,从此进入了一个新的发展阶段。星巴克在全球82个市场拥有超过31 000家门店、400 000多名伙伴(员工)。

中国已成为星巴克发展速度最快、最大的海外市场。星巴克于1999年1月在北京中国国际贸易中心开设中国内地第一家门店,截至2023年9月已在中国250多个城市开设了约6 500家门店,拥有近60 000名星巴克伙伴。2022年9月星巴克公司正式发布2025中国战略愿景,推出以价值为导向的全新增长计划,重磅加码中国市场。

资料来源:https://www.starbucks.com.cn/about/.

3. 贸易全球化

贸易全球化(globalization of trade)是指随着科学技术的发展和各国对外开放程度的提高,流通领域中国际交换的范围、规模、程度得以扩大。

视频:中国国际服务贸易交易会

贸易全球化的前提是技术的全球扩散。在国际分工发展的基础上,跨国公司将一些成熟的技术和关联性技术扩散到世界各地,加强了各国之间的经济联系,从而引发了世界范围内产业结构的调整,产业在各国之间进行梯度转移。发达资本主义国家之间通过跨国公司的交叉投资、企业兼并等,在更大的经济规模上配置资源,开拓市场,更新技术,实现产业结构的优化和升级,并把技术较为陈旧、科技含量较低的产业转移到发展中国家,从而各国之间交流产品和生产要素的必要性大幅增强。

随着加入区域集团国家的增多,全球贸易的范围和规模日益扩大,并且还出现了新的更便捷、更灵活的贸易方式,各国之间的贸易联系日益加强,各国对出口贸易的依存度也在不断提高。

从1970年以来,国际贸易总量占世界GDP比率基本呈上升趋势,由1970年的27%增长到2018年的60%,如图1-1所示。

从国际商品贸易来看,国际商品贸易额占全球GDP的比率从1960年的16%增长到2018年的45%,其中2005年是一个增长高峰,国际商品贸易占全球GDP的51%,而后有所下降,如图1-2所示。

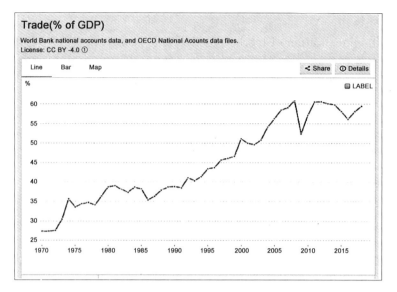

图 1-1　国际贸易总量占全球 GDP 的比率（1970—2018 年）

数据来源：世界银行数据库，https://data.worldbank.org/indicator/NE.TRD.GNFS.ZS.

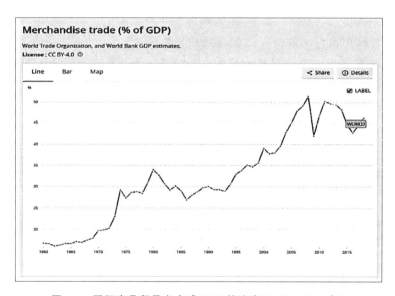

图 1-2　国际商品贸易占全球 GDP 的比率（1960—2018 年）

数据来源：世界银行数据库，https://data.worldbank.org/indicator/NE.TRD.GNFS.ZS.

微案例

从美日贸易争端到中美贸易争端

美日贸易摩擦是指美国与日本在贸易领域的激烈竞争。在20世纪，美日贸易摩擦经历了三个回合的较量：第一个回合战发生在60年代，为轻工业战回合，其焦点主要集中于纤维、纺织品贸易方面；第二个回合战出现在70年代，为重工业战回合，主要表现为钢铁、彩电等家用电器的贸易摩擦；第三个回合战出现在80年代，为技术战回合，其主战场大多集中在汽车以及半导体技术为先导的尖端技术产品贸易方面。20世纪90年代的美日贸易摩擦以科学技术为中心,出现政治、经济、军事、科学与文化全方位的、相互交错的"综合性摩擦"。

中美贸易争端主要发生在两个方面:一是中国比较具有优势的出口领域;二是中国没有优势的进口和技术知识领域。前者基本上是竞争性的,而后者是市场不完全起作用的,它们对两国经济福利和长期发展的影响是不同的。根据美国商务部经济分析局的统计数据,中国1999年与美国的贸易逆差为674亿美元,已超过日本成为美国最大贸易逆差国。中国与美国的逆差在20年里不断扩大,2018年已达到3808亿美元。此外,2010年中国GDP超过日本,两国经济总量位置发生更替,中国成为全球第二大经济体。2018年3月,美国政府宣布根据调查结果对从中国进口贸易清单商品中加征关税,中国紧急应对,针对美部分进口商品采取了加征关税的报复性措施。随后的两年间,双方又分别追加关税,贸易战不断升级。最终,中美两国于2020年1月共同签署《中华人民共和国政府和美利坚合众国政府经济贸易协议》,中美贸易争端暂时得到缓解。

资料来源:刘乃毓,徐洁,王基光.中美贸易争端与20世纪80年代日美贸易战比较[J].北方经贸,2020(08).

三、经济全球化的驱动力量

经济全球化是人类社会历史发展到一定阶段的产物,是生产力发展的历史必然。国际政治格局变迁、信息革命推动、国际贸易和投资自由化、企业经营国际化、气候和环境带来的全球产业转移等因素是推动经济全球化不断发展的重要条件和动力。

1. 国际政治格局变迁

20世纪80年代东欧剧变和苏联解体标志着冷战的结束和两极格局的终结。国际政治格局发生了深刻的变化,国际政治朝着多极化趋势发展,在激烈的世界格局竞争中,和平与发展是主旋律,各国已经认识到进行经济合作、寻求共同发展是全球经济发展的大势所趋。同时发达国家和发展中国家的经济相互依存和相互渗透的程度明显增加,为经济全球化的发展提供了前提条件。

2. 信息革命推动

科学技术的进步和生产力的发展,为经济全球化提供了坚实的基础,特别是20世纪70年代以来的信息技术革命,颠覆了国家之间的时空概念,加快了信息传递的速度,降低了信息传送的成本,便利了商品、服务和生产要素的国际流动,促进了各国的经济联系,推动了经济全球化的迅速发展。物联网、大数据、云计算、区块链等新兴信息技术将进一步推动经济全球化发展。

3. 国际贸易与投资的自由化

20世纪70年代的两次石油危机,西方发达国家经济普遍出现滞胀现象,新自由主义兴起。西方发达国家为了摆脱经济衰退和扩大世界市场,采取了减少国家干预、放松经济管制的自由化政策,掀起了贸易自由化和资本自由流动的浪潮。

国际贸易和投资壁垒不断降低,平均关税大幅度降低,许多国家逐步取消了对外投资的限制,据联合国统计,1992—2009年,世界上管理对外投资的法律中做了2700项改变,其中90%为对外直接投资创造了一个更为有利的条件。

随着世界贸易组织的成立,其成员对本国或本地区市场的控制大幅放松,贸易自由化和投资自由化的进程不断加快。据世界贸易组织统计,1950年世界商品贸易的增长量是世界经济增长量的2倍。2012年,世界贸易量比1950年增长了32倍,而世界经济量比1950年增长了8.9倍,这一趋势延续至今。2012年全球对外直接投资约为23.6万亿美元,有8万多家母公司在国外市场拥有超过80万家子公司,在国外共雇用7 200多万人,其产值约占全球GDP的11%。所有这些都为国际资本的流动、国际贸易的扩大、生产和市场的全球化创造了条件,因此国际贸易和投资自由化是经济全球化的直接动因。

4. 企业经营国际化

企业经营国际化,尤其是跨国公司在全球范围的迅速扩张,对经济全球化起到了推动作用。跨国公司是集生产、贸易、投资、金融、技术开发和转移于一体的经营实体,为经济全球化提供了适宜的企业组织形式。跨国公司以全球战略为指导,在全球范围内利用各地的优势开展经营活动,带动了资本、技术、服务等生产要素在各国之间的流动,促进了生产和资本的国际化。尤其是近年来,跨国公司的大量并购,建立了多种形式的战略联盟,由此极大地推动了经济全球化进程。

知识拓展

跨国公司

跨国公司(transnational corporation),又称多国公司(multi-national enterprise)、国际公司(international firm)等。跨国公司主要是指发达资本主义国家的垄断企业,以本国为基地,通过对外直接投资,在世界各地设立分支机构或子公司,从事国际化生产和经营活动的垄断企业。

5. 气候和环境带来的全球产业转移

随着气候变暖带来的一系列生态危机威胁着人类的生存,减少温室气体的排放,阻止气候变暖、保护人类生存环境越来越需要国际社会采取共同的行动,需要各国加强合作。《联合国气候变化框架公约》和《京都议定书》是各国加强合作的制度性安排和国际法律框架协议。发达国家为了保护自身的环境,制定了严格的环境保护政策,有些企业为了规避本国制度制裁,将生产转移至政策较为宽松的国家以降低成本,由此引发了新一轮的以气候变化和环境保护为核心的国际产业大转移,进一步加速了经济全球化的发展。

全球化经过了漫长、复杂、曲折的发展历程,在不同的历史时段具有不同的特征。21世纪社会生产力飞速发展,科学技术突飞猛进,不断涌现颠覆性发展的科技,持续改变着以往的世界经济发展模式,塑造着经济全球化的新形态,以至于经济全球化出现了新变化、新内涵。习近平主席曾在不同场合多次对经济全球化的新内涵进行过精辟的论述,正确把握经济全球化的新内涵,是坚持和发展21世纪马克思主义经济全球化理论的内在要求,更是扎实推进新时代中国特色社会主义经济建设的实践需要。

四、经济全球化的影响

(一)对发达国家经济的影响

发达国家是经济全球化的主导,能够在经济全球化过程中占有更多的优势,获得更多的利益。

1. 发达国家在全球分工体系中处于优势

发达国家掌握了世界上最先进的生产力和高新科学技术，掌握了经济全球化赖以发展的信息技术的基础；世界研究与开发的投资、科技力量和科技成果也主要集中在发达国家。发达国家正是利用其雄厚的资金、技术、信息和人才优势，集中精力发展高技术含量、高信息含量的高新技术产业，而将传统工业和一般技术成熟的产业向发展中国家转移，在全球分工体系中处于优势地位。

2. 发达国家的跨国公司在全球经济中占据主宰地位

发达国家的跨国公司是经济全球化的重要推动器，是实现全球生产要素流动和资源优化配置的主要载体。在全球最大的100家跨国公司中，来自发展中国家的只有5家。发达国家通过跨国公司全球性的联合、兼并和扩张，进一步发展其高度发达和高度集约型的经济，使其产品竞争力始终高居世界领先地位，在全球经济中占据主宰地位。

（二）对发展中国家经济的影响

对于发展中国家来说，经济全球化是一把双刃剑，既带来了机遇，也带来了挑战。因此经济全球化对发展中国家的影响分为积极影响和消极影响两个方面。

1. 经济全球化对发展中国家的积极影响

（1）能够增加对外资的吸引力。发展中国家劳动力资源丰富、价格低廉，具有承接发达国家劳动密集型产业的天然优势。因此对发展中国家来说，经济全球化带来的最大好处就是能够增加对外资的吸引力。外资为国家经济发展带来了大量资金，同时开放的国门也使国与国之间的技术交流更加密切，先进的技术引入将促进发展中国家经济的进一步发展。不仅如此，经济全球化意味着市场规模的扩大，贸易数量将大幅增加，外贸交易量将成倍增长，使国民生产总值也有很大的提升。在引入外资过程中，将为发展中国家提供更多的工作岗位，扩大了发展中国家市场的人才需要量。

（2）能够加快国内经济体制改革。虽然发展中国家在经济全球化的发展背景中处于弱势，多数情况下面临着被支配的现状，但是广大发展中国家往往具有后发优势。这就需要加快经济体制改革，完善自身的经济发展体制，从而改善本国经济投资环境，提高经济水平和实力，提高自身在国际市场中的竞争力，打破被动的发展状态。

（3）能够加快经济增长方式的改变。跨国公司先进的管理经验、生产模式、高新技术在经济全球化的浪潮中成为流动的全球财富，跨国公司在进入发展中国家过程中，本国的企业原生态环境将被打破，新的企业生态环境重新建立，现代的企业管理制度将会在国内迅速推广，这也促进本国的经济体制改革与企业管理制度变革，有利于本国企业融入国际竞争。

（4）能够提升国际地位和市场竞争力。经济全球化能够给发展中国家参与国际事务带来机会，逐步提升国际话语权和市场竞争力。以我国为例，我国已经是全球最大的进口国，庞大的消费市场成为世界其他国家竞相争取的对象，加强了中国与世界的联系。因此，国家提出了"一带一路"倡议，目的就是要建立一个政治互信、经济融合、文化包容的利益共同体、命运共同体和责任共同体。通过"一带一路"倡议，我国逐渐成为国际新秩序的引领者。

2. 经济全球化对发展中国家的消极影响

（1）在国际分工体系中处于不利地位。对于发展中国家而言，由于长期的发展水平不足，科技创新水平较低，产业未能形成完整体系，经济发展能力较差，因此在经济全球化浪潮中处于极其不利的地位，国家分工往往处于低端位置，被发达国家所支配。以高科技为特征的产业大多集中在发达国家,发展中国家则主要从事"劳动密集型""资源密集型"的产业。这种国际分工决定了发达国家输出的主要是科学技术和知识产权、高附加值和产品,输入的主要是初级产品,尤其是原料、燃料及低技术附加值的产品和劳务。发展中国家通常被作为发达国家的加工厂和原料基地,或承建发达国家转移过来的一些污染程度较重的重工业,长此以往会导致发展中国家面临生态环境危机和资源危机。

(2)发展中国家面临较大的风险。由于发展中国家在当今的国际市场大环境中处于被动地位,所以严重的经济风险往往伴随着发展中国家的发展过程。发展中国家在经济发展中经验不足、水平有限、抗冲击能力较弱、市场机制薄弱、金融体系不健全,因此往往成为经济全球化的牺牲品和他国的垫脚石,国家的经济进步和社会稳定将受到影响。随着世界各国之间的经济联系愈发密切,尤其是在经济体系中占主导地位的发达国家面前,发展中国家的自主性将大幅减弱,本国经济也很容易受到发达国家经济波动的影响。

(3)发展中国家的传统文化受到冲击。经济全球化下频繁的文化交流,给发展中国家的传统文化带来巨大冲击,一些当地民族特色的手工艺、文化习俗在渐趋消亡。有观点认为在未来全球化的发展过程中,世界上90%的语言将会消失。各国的文化会朝着趋同方向发展,本土文化得不到重视,长此发展下去,民族的传统文化会受到冲击。

思政园地

坚持推动构建人类命运共同体

坚持推动构建人类命运共同体。中国人民的梦想同各国人民的梦想息息相通,实现中国梦离不开和平的国际环境和稳定的国际秩序。必须统筹国内国际两个大局,始终不渝走和平发展道路、奉行互利共赢的开放战略,坚持正确义利观,树立共同、综合、合作、可持续的新安全观,谋求开放创新、包容互惠的发展前景,促进和而不同、兼收并蓄的文明交流,构筑尊崇自然、绿色发展的生态体系,始终做世界和平的建设者、全球发展的贡献者、国际秩序的维护者。

资料来源:决胜全面建成小康社会 夺取新时代中国特色社会主义伟大胜利——在中国共产党第十九次全国代表大会上的报告.

学习单元二 经济全球化变革国际商务环境

国际商务被定义为全部商业交易,包括两国或两国以上的能够满足组织和个人需求而进行的交易活动。国际商务构成了世界商务活动的主体。企业不仅要在国外销售产品,要从国外获得供给与资源,而且还要与国外的企业、产品、服务同台竞技。因此企业开展国际商务活动时,会面临着更为复杂、更具有多样性的外部环境。

一、国际商务环境框架

国际商务环境是企业在开展国际商务活动中所面临的外部环境。一般来说,国际商务环境的因素主要包括政治、经济、文化、技术、法律、自然和社会等因素,由此构成了国际商务政治环境、经济环境、文化环境、技术环境、法律环境和自然环境。随着信息通信技术的进步、跨国合作的加强、各国开放领域的扩大,国际商务环境也被赋予了更广泛的含义。除上述环境以外,国际商务环境还包括与国际贸易和国际投资密切相关的国际贸易环境、国际投资环境和国际金融环境。国际商务环境框架如图 1-3 所示。

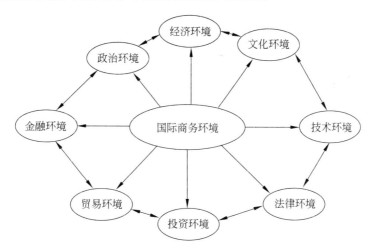

图 1-3　国际商务环境框架

从图 1-3 中可以看出,企业开展国际商务活动需要全方位地了解国际商务的各种环境,即政治环境、经济环境、文化环境、技术环境、法律环境、贸易环境、金融环境和投资环境。这些环境构成了一个 360°的圆形,但各自之间是相互作用的,所以它们之间的箭头是双向的。

随着时间的推移和技术的进步,企业可能还会面临更多的商务环境。因此在具体分析一个国家的商务环境时,应该尽可能全面地了解该国的商务环境,为企业的国家评价和进入方式选择提供有力的论证。

知识拓展

PEST 分析模型

PEST 分析模型是宏观环境分析的基本工具,用于分析企业所处的宏观环境对战略的影响。

对宏观环境因素作分析,不同行业和企业根据自身特点和经营需要,分析的具体内容会有差异,但一般都应对政治、经济、技术和社会这四大类影响企业的主要外部环境因素进行分析。

PEST 分别代表四类影响企业战略制定因素的英文单词首位字母缩写:政治因素(political)、经济因素(economic)、社会/文化因素(social)和技术因素(technological)。

PEST 分析模型如图 1-4 所示。

随着社会的发展,法律规制和生态环境对企业战略的制定带来影响,因此,外部环境因素在原有的 PEST 的基础上,增加了法律因素和环境因素,因此企业外部环境由政治因素(political)、经济因素(economic)、社会/文化因素(social)和技术因素(technological)、法律因素(law)和环境因素(environment)。

PESTEL 分析模型如图 1-5 所示。

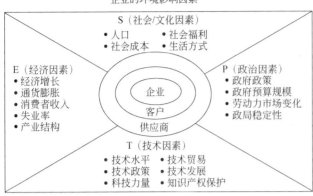
图 1-4 PEST 分析模型

图 1-5 PESTEL 分析模型

二、经济全球化下国际商务环境变化

经济全球化给国际商务环境带来了一系列变革,主要表现在以下几个方面。

1. 竞争优势取代比较优势

经济全球化背景下,比较成本已经不能再成为决定国际分工的主要基础。因为比较成本理论与要素禀赋理论有一个至关重要的假设前提:要素在国家之间的不可流动性造成了各国比较成本的差异和比较优势,国家之间的分工和贸易成为平衡这种差异的唯一途径。但是,在要素(特别是资本要素)的流动性日益增强的情况下,比较成本优势已经不再为一个国家独享。在这种情况下,某一国的比较优势实际上成为本国及外国都可以利用的区位优势。那么,究竟为国内企业所利用,还是为国外企业所利用?取决于企业的国际竞争力。因此竞争优势成为国际分工的主要基础。

2. 国际贸易结构趋向高级化

经济全球化背景下,各国产业结构和经济结构进行调整,这种调整导致国际贸易结构趋于高级化,技术贸易与服务贸易发展方兴未艾。国际贸易结构高级化突出表现在三个方面:一是货物贸易中,工业制成品贸易比重持续上升,农产品和初级产品贸易的比重不断下降;二是高新技术产品在国际贸易中的地位越来越重要;三是服务贸易所占比重不断增加,服务外包成为跨国投资的主流活动之一,服务产品的生产成为国际投资的重要领域。

3. 消费者压力不断增加

随着消费者收入水平的增加,消费需求趋于高端化、个性化、品质化,引起全球消费需求的扩大和多样化。互联网和信息技术的发展,为消费者快速地在全球范围内找到物美价廉的商品和服务提供了条件,跨境电子商务的发展使消费者在任何地方都能买到全球最好的商品,运输技术的发展使商家能够完成商品的交付。消费需求的个性化和高端化,消费者获得商品信息的及时性和精准性,消费者的选择商品和服务渠道的多样化,这些都会给从事国际商务的企业带来压力。

4. 多边跨国合作不断加强

经济全球化背景下,跨国合作不断加强,主要表现在:第一,跨国合作获得互惠优势。

各国政府越来越认识到,通过双边或多边条约、协议和磋商,与其他国家合作可以增加本国利益,于是越来越多的国家通过签署条约、协定,建立双边或多边的区域一体化组织,如自由贸易区、关税同盟、经济共同体和经济联盟,组织内部的各国进行合作,互惠互利。第二,跨国合作联合解决单独一个国家无法解决的问题。有些全球性问题(如环境问题、疾病灾难、自然灾害等)是一个国家无法单独解决的问题,需要各国加强合作,共同采取行动加以解决。

5. 贸易自由与贸易保护呈现顺周期的变换

经济全球化背景下,贸易自由与贸易保护呈现顺周期的变换特征。经济形势好的时候,自由贸易占上风;经济形势不好时,贸易保护主义就会抬头。例如,美国次贷危机引发全球经济危机,导致全球贸易保护主义盛行。全球贸易保护主义的突出特点是,在符合WTO规则的前提下提高贸易壁垒,越来越多地发起反倾销调查、提供出口补贴、加征关税、滥用贸易技术壁垒和绿色壁垒,使对贸易保护的认定愈加困难。

微案例

白皮书:贸易保护主义最终损害美国自身利益

国务院新闻办公室2018年9月24日发表的《关于中美经贸摩擦的事实与中方立场》白皮书。白皮书说,在经济全球化的时代,各国经济你中有我、我中有你,特别是大型经济体存在紧密的相互联系。美国政府单方面挑起贸易战,不仅会对世界各国经济产生冲击,也会损害美国自身利益。

动画:逆全球化

(1) 提高美国制造业成本,影响美国就业。白皮书说,彼得森国际经济研究所发布报告指出,95%被加征关税的中国商品是零配件与电子组件,它们被组装在"美国制造"的最终产品中,提高相关产品关税将损害美国企业自身利益。此外,彼得森国际经济研究所的评估指出,美国对进口汽车加征关税将导致美国减少19.5万个就业岗位,若受到其他国家报复性措施,就业岗位可能减少62.4万个。

(2) 导致美国国内物价上升,消费者福利受损。白皮书说,美国自中国进口产品中,消费品一直占很高比重。根据美国商务部经济分析局统计,2017年消费品(不包括食品和汽车)占中国对美出口的比重为46.6%。长期进口中国物美价廉的消费品是美国通胀率保持低位的重要因素之一。美国国家纳税人联盟在2018年5月3日写给国会与总统的公开信中警告称,保护性关税将导致美国消费品价格上涨,伤害多数美国公民的利益。

(3) 引发贸易伙伴反制措施,反过来损害美国经济。白皮书指出,美国政府向包括中国在内的很多重要贸易伙伴发动贸易战,已引发各贸易伙伴的反制措施,势必使美国一些地区、产业、企业承担大量损失。截至2018年7月底,包括中国、加拿大、墨西哥、俄罗斯、欧盟、土耳其在内的美国主要贸易伙伴均已宣布对其贸易保护主义措施实施反制,并相继通过世界贸易组织提起诉讼。

(4) 影响投资者对美国经济环境的信心,导致外国直接投资净流入降低。白皮书指出,不断升级的经贸摩擦使企业信心不稳,在投资上持观望态度。彼得森国际经济研究所所长亚当·波森指出,美国政府的"经济民族主义"政策不仅使美国在贸易领域付出了代价,在投资领域引发的消极后果也开始显现。

资料来源:http://www.xinhuanet.com/politics/2018-09/24/c_1123475336.htm.

学习单元三 企业如何应对经济全球化

经济全球化极大地改变了国际商务环境,在这种变化的环境中,企业如何从事国际商务呢?纵观国内外成功企业的案例,企业国际化是一条成功之路。企业应该积极参与经济全球化,融入全球经济中。企业国际化也是经济全球化的必然结果。

微案例

TCL 集团国际化之路

近年来,TCL 积极践行"一带一路"倡议,在沿线 15 国 230 个城市进行了"大国品牌"的宣传。通过深入践行"一带一路"倡议,TCL 在 2017 年的海外收入占总收入的 49%,业务遍及全球 160 个国家和地区。

一、企业国际化的内容与制约因素

1. 企业国际化的概念

企业国际化主要是指经营行为的国际化,具体指企业的投资、融资、生产、销售等方面的跨国经营。企业国际化的主要目的是通过国际市场,组合生产要素,实现产品生产与销售,以获取最大利润。获取资源和市场是企业国际化的动因。

视频:TCL 国际化之路

知识拓展

企业国际化与国际化企业

企业国际化和国际化企业是两个既相互联系又有明显区别的概念。企业国际化强调的是企业走向国际市场的过程;国际化企业强调的是企业国际化的结果。

2. 企业国际化的内容

一般而言,企业国际化主要包括管理国际化、生产国际化、销售国际化、融资国际化、服务国际化和人才国际化六个方面。

(1) 管理国际化是指企业的管理具有国际视角,符合国际惯例和发展趋势,能在世界范围内有效配置资源。

(2) 生产国际化是指企业在世界范围内进行采购、运输和生产,利用海外资源提高生产绩效的方法。

(3) 销售国际化是指企业通过国内外的销售网络,根据不同地区和产品,有选择地进行销售活动,使自己的利润最大化。

(4) 融资国际化是指企业有能力在世界范围内寻找成本低、风险小的融资机会。

(5) 服务国际化是指企业能根据实际范围内不同的地区提供从售前到售后并且符合当地文化习俗、法律规章的服务。

(6) 人才国际化是指企业拥有的人才不仅要熟悉国际贸易、国际金融、国际投资等领域相关知识,而且还懂经营管理。

3. 制约企业国际化的因素

企业国际化不仅指企业经营行为的国际化,还包括企业制度的国际化,以及对企业国际化经营行为进行宏观管理的体制和职能的国际化。在这个过程中,法律、政策和贸易壁垒、人力资源问题、语言文化障碍等都会成为企业国际化的制约因素。制约企业国际化的因素如图1-6所示。

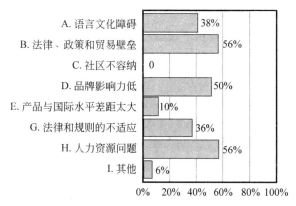

图1-6 制约企业国际化的因素

二、"一带一路"与企业国际化

"一带一路"倡议以其"开放、多元、共赢"的特质有效地推动了各国经济发展,也有助于完善全球治理,推动经济全球化。"一带一路"沿线国家之间的深度合作为企业国际化提供了发展机遇。

(一)"一带一路"倡议

"一带一路"(The Belt and Road,B&R)是"丝绸之路经济带"和"21世纪海上丝绸之路"的简称,2013年9月和10月由中国国家主席习近平分别提出建设"新丝绸之路经济带"和"21世纪海上丝绸之路"的合作倡议,旨在依靠中国与有关国家既有的双多边机制,借助既有的、行之有效的区域合作平台,借用古代丝绸之路的历史符号,高举和平发展的旗帜,积极发展

动画:一带一路

与沿线国家的经济合作伙伴关系,共同打造政治互信、经济融合、文化包容的利益共同体、命运共同体和责任共同体。

"一带一路"倡议的关键理念是互联互通。在全球治理面临困境时提出恰逢其时。它不仅给参与各方带来了实实在在的合作红利,也为世界贡献了应对挑战、创造机遇、强化信心的智慧与力量。

1. "一带一路"成为新型全球化的载体

经济全球化是生产力发展的必然要求。国际金融危机以来,以西方为主导的经济全球化面临逆全球化的风潮,发达国家纷纷采取贸易保护措施,阻碍了国际贸易的发展。中国倡导的以"一带一路"为载体的新型经济全球化为国际经济合作提供了新的思路。

"一带一路"倡导的是综合性、全方位、复合型的合作方案,通过国际合作,优势互补,实

现经济均衡发展、社会公平分配以及环境综合治理,建立责任共担、利益共享的命运共同体。

"一带一路"建设以来,取得了明显的成效。非洲有了第一条电气化铁路——亚吉铁路(亚的斯亚贝巴至吉布提),中欧班列成为亚欧最长的合作纽带,白俄罗斯第一次有了自己的轿车制造企业,马尔代夫有了第一座跨海大桥。数据显示,截至2018年9月,中国与"一带一路"沿线国家进出口总额超6万亿美元,新签对外承包工程合同额超过5 000亿美元,建设境外经贸合作区82个,为当地创造24.4万个就业岗位,上缴东道国税费累计20.1亿美元,极大地促进了沿线国家和地区的发展。

2. "一带一路"为企业国际化提供了发展空间

"一带一路"倡议以更加开放、包容、和平的精神建设了一个国际合作共赢的新平台,加强了中国和沿线国家的贸易合作,为合作区域注入了新的元素,为全球经济带来了新的活力,为中国企业国际化经营开启了新的机遇之窗。

(1)"一带一路"为企业国际化提供了有利发展条件。我国政府对国内投资者在"一带一路"沿线国家所开展的对外投资项目与国家和企业的发展方向一致,因此,国家政府及相关部门在审批项目、政策扶持以及相关贷款方面给予最有力的支持。中国发起并设立的亚洲基础设施投资银行和丝路基金已经得到国际社会的广泛支持和认可,这为中国在"一带一路"沿线国家进行融资提供很大的帮助。

(2)"一带一路"为企业国际化提供发展环境。"一带一路"沿线国家大多是发展中国家,具有很大市场潜力,有利于中国寻找新的发展空间、发展资源和发展市场。"一带一路"倡议为中国境外投资与贸易开拓新的领域,为中国企业国际化提供了前所未有的机遇。

 思政园地

共建"一带一路"十周年的成就

2023年是共建"一带一路"倡议提出十周年。经过十年发展,共建"一带一路"从夯基垒台、立柱架梁到落地生根、持久发展,已成为开放包容、互利互惠、合作共赢的国际合作平台和国际社会普遍欢迎的全球公共产品。党的二十大报告提出,推动共建"一带一路"高质量发展。

十年来共建"一带一路"已在深化各国政策沟通、推动全球互联互通、重塑国际贸易格局、拉动世界经济增长等方面发挥了重要作用。一是共建"一带一路"倡议得到越来越多国家和国际组织的积极响应,成为当今世界深受欢迎的全球公共产品和国际合作平台。截至2023年1月,中国已与151个国家和32个国际组织签署200余份合作文件,涵盖互联互通、贸易、投资、金融、社会、海洋、电子商务、科技、民生、人文等领域。二是基础设施互通互联水平不断提升。十年来,在各方共同努力下,"六廊六路多国多港"的互联互通架构基本形成,一大批互利共赢项目成功落地。三是经贸投资合作不断拓展。一方面,沿线国家、地区贸易自由化便利化水平持续提升。截至2022年年底,中国已与26个国家和地区签署了19个自贸协定,自贸伙伴覆盖亚洲、大洋洲、拉丁美洲、欧洲和非洲。截至2022年10月底,中国海关已与32个共建"一带一路"国家、地区签署了AEO(经认证的经营者)互认安排。另一方面,沿线国家、地区产业链供应链合作更加密切。2013—2022年,中间产品出口占中国对沿线国家出口比重由49.8%升至56.3%。中国的纺织品、电子元件、基本有机化学品和汽车零配件等商品在沿线国家市场竞争力不断增强,出口增长迅速。四是拉动沿线国家经济增长。世界银行报告显示,共建"一带一路"使参与方贸易增加4.1%,吸引外资增加5%,使低收入国家GDP增加3.4%。受益于"一带一路"建设,2012—2021年,新兴与发展中经济体GDP占全球份额提高3.6个百分点。世界银行测算,到2030年,共建"一带一路"每年将为全球产生1.6万亿美元收益,占全球GDP的1.3%。2015—2030年,760万人将因此摆脱绝对贫困,3 200万人将摆脱中度贫困。

资料来源:共建"一带一路"十周年:成就与展望[N].光明日报,2023-06-20.

(二)"一带一路"倡议下企业国际化的策略

无论是产业投资,还是基础设施建设,"一带一路"倡议需要广泛的国际经济合作。我国企业在基础设施建设、互联网和通信服务、现代制造业等多个领域都有比较优势,大型龙头企业的跨国经营已经具有一定的规模,如联想集团、海尔集团、华为集团、中兴通讯、吉利汽车、中建集团、中粮集团等一大批企业借助相对成熟的生产技术和研发能力,依托国内庞大的生产体系和销售网络,在国际市场已经形成了明显的竞争优势。

 微案例

吉利收购沃尔沃

浙江吉利控股集团于1997年进入汽车行业,一直专注实业,专注技术创新和人才培养,不断打基础练内功,坚定不移地推动企业健康可持续发展。随着吉利公司的不断壮大,希望通过收购国外汽车品牌,来获得研发到制造再到国际市场渠道等价值链,打开国际市场。

沃尔沃集团是全球领先的商业运输及建筑设备制造商。1999年,旗下的沃尔沃轿车业务被出售给福特汽车公司。随着金融危机的全面侵袭,福特汽车销量下降了21.8%,亏损146亿美元,其中沃尔沃亏损约15亿美元。福特公司决定出售沃尔沃,以减少债务、改善财务状况。

为了尽快追赶世界先进水平,吉利提出了"生产世界上最环保、最安全的车"的主张,正是基于这种战略思想,沃尔沃成为吉利的首选并购对象。沃尔沃品牌价值的核心是安全和环保,并致力于实施"双零"战略(零死亡、零污染)。

双方经过长达3年的并购谈判,2010年3月28日,吉利控股集团宣布与福特汽车签署最终的股权收购协议,以18亿美元全资加上9亿美元的运营资金100%收购沃尔沃股权。此次交易得到了中国和瑞典两国政府的高度重视,中国工信部部长李毅中和瑞典副总理兼企业能源部长Maud Olofsson出席了签署仪式。2010年8月2日,吉利正式宣布完成对沃尔沃的收购。

案例分析

资料来源:https://auto.china.com/mip/1064478.html;https://baike.so.com/doc/7812857-8086952.html.

在"一带一路"倡议下企业国际化的策略主要如下。

(1)充分分析国际商务环境,尤其分析东道国的政治、经济、文化、技术等情况,这样才能制定企业战略,满足市场需求、保护自身的利益。

(2)在全球范围内选择要素投入成本低、运输成本低、市场潜力大、环境管制松的国家和地区进行资源的优化配置。

(3) 建立更有价值的全球品牌。全球品牌的建立需要企业将众多因素在国内和国际市场进行融合。首先,坚持全球品牌融合中国元素的品牌战略,建设有中国特色的品牌;其次,以开放性的视野鉴赏、学习和吸收全世界的优质元素,兼收并蓄创造全球品牌;最后,实行品牌专业化经营,建设专业全球品牌。

展望未来

关于全球化的三大观点

当下,人们关于国际商务和全球化前景的看法存在很大差异。总的说来,这些观点可分为三大类:全球化必然继续向前推进;国际商务发展主要表现为区域增长而非全球增长;全球化和国际商务的发展进程将放缓。

一、全球化必然继续向前推进

全球化必然继续向前推进这一观点表明了这样一个前提,即人类的联系已经进步到如此广泛的程度,以至于世界各地的消费者不仅了解来自任何地方的产品,而且要求按最优惠的价格获得最好的产品。赞成这一观点的人士也认为,跨国公司由于已建立了大量的国际生产和分销网络,所以会要求政府减少对商品流动与商品生产行为的限制。即使接受了这一观点,在未来的全球化浪潮中,我们仍然要面对至少一项挑战:因为未来是我们创造的,所以我们必须清楚应该如何公平地分配全球化利益,同时要使因国际竞争加剧而给人与企业所带来的痛苦最小化。

二、国际商务发展主要表现为区域增长而非全球增长

国际商务发展主要表现为区域增长而非全球增长是基于这样的研究发现——被称作"全球"企业的所有公司几乎都在国内以及邻国开展经营。大部分世界贸易属于区域贸易,而且许多消除贸易壁垒的条约也是区域性的。运输成本对区域贸易增长的作用更大。例如,主要是因为原油价格上涨且具有不确定性,转而导致运输成本上升,使墨西哥逐渐取代了中国而成为对美国的最大出口商。区域销售规模可能足以让企业获得抵补固定成本的规模经济利益。不过,商业的区域化也许仅是一个过渡性阶段。换言之,企业也许会在邻国推进国际商务,然后一旦某些区域性目标实现,企业就会扩大经营活动的范围。

三、全球化和国际商务的发展进程将放缓

第三种观点认为全球化的发展速度将放缓。根据前述的反全球化情绪,显然有些人对全球化持坚决反对的观点。反全球化运动的核心在于受益于全球化而得到反战的一方(包括跨国公司)与未收益一方之间感受差异的不断扩大。反全球化人士不断向政府施压,要求政府通过提高贸易壁垒和拒绝参加国际组织和条约来促进民族主义。

其他不确定因素也会阻碍全球化的进程。首先,是影响国际运输业的石油价格,毕竟油价支出占大型航运船只经营成本的75%以上。早在2008年年初,全球石油价格上涨了44%,到了年末则下跌了74%,到2010年年末则翻了一番,2011年又上涨了7.9%。许多美国企业,如家具制造商,只好以回岸经营的办法来应对运输成本的不确定性。其次,从2008年开始爆发的经营衰退和持续性失业迫使国家采取措施来保护劳动力。最后,安全问题——财产没收、恐怖主义、海盗以及彻底的无法无天——也阻碍了企业开展海外经营。

资料来源:John D. Daniels, Lee H. Radebaugh, Daniel P. Sullivan. 国际商务:环境与运作[M]. 赵银德,张华,乔桂强,译. 北京:机械工业出版社,2017.

学习总结

经济全球化是将各国经济转向一个更为一体化与相互依存的世界经济。它主要表现在生产全球化、市场全球化和贸易全球化。经济全球化是人类社会历史发展到一定阶段的产物,是生产力发展的历史必然。国家政治格局的变迁为经济全球化创造了前提条件,信息技术的发展和贸易投资自由化是经济全球化的主要推动力,企业经营国际化和产业转移都加速了经济全球化的进程。在经济全球化发展过程中,发达国家是经济全球化的主导者和受益者,但是受到全球金融危机的影响,发达国家掀起了"逆全球化"思潮,全球化面临着挑战。经济全球化对发展中国家的影响是两个方面,既是机遇,又是挑战。

经济全球化给国际商务环境带来了一系列的变革,包括优势的衡量、国际贸易结构、消费者诉求、跨国合作以及贸易自由与贸易保护更迭规律等。企业如何在变化的环境中从事国际商务活动?借鉴国内外企业的成功经验,企业国际化是一个应对变化的良方。企业国际化主要是指经营行为的国际化,还包括企业制度的国际化,以及对企业国际化经营行为进行宏观管理的体制和职能的国际化。我国提出的"一带一路"倡议赋予经济全球化新的内涵,为国际经济合作提供了新的思路,也为企业国际化提供了发展空间。我国企业在"一带一路"倡议下从事国际商务活动,可以比较顺利地实现国际化。

学习测试

一、选择题

1. 一家公司委托了在人力成本低的外国呼叫中心帮助承接客户的电话服务,这个做法属于(   )。
   A. 市场同质化   B. 垂直整合   C. 服务外包   D. 横向整合
2. 贸易摩擦对全球价值链的冲击表现在(   )。
   A. 破坏全球价值链   B. 减缓新技术的扩散
   C. 导致全球生产和投资下降   D. 失去海外市场
3. 当今经济全球化的主要承担者是(   )。
   A. 世界贸易组织   B. 跨国公司
   C. 国际货币基金组织   D. 主权国家
4. 国际贸易环境主要包括(   )等因素。
   A. 政治   B. 经济   C. 文化   D. 地理
5. "一带一路"倡议的原则有(   )。
   A. 共商   B. 共享   C. 共建   D. 共赢

二、简答题

1. 什么是经济全球化?经济全球化的主要表现形式是什么?
2. 为什么说经济全球化对发展中国家是一把"双刃剑"?
3. 经济全球化给国际商务环境带来哪些变革?
4. 企业将如何应对经济全球化的挑战?
5. "一带一路"倡议下企业国际化的策略是什么?

三、案例分析题

Vizio与平板电视机市场

在韩国、中国台湾和日本的高科技制作中心,在绝对洁净的环境中,使用复杂的机床,这些工厂按严格的规格生产出像两张特大床那样大小的平板玻璃,然后运往美国周边的墨西哥工厂,将它们切割成所需的尺寸,配上从亚洲和美国运来的电子元器件,组装成最终的成品电视机,再装上货运卡车运往美国的零售店,在那里,消费者每年在平板电视机上的花费超过350亿美元。

平板电视显示器的基础技术是20世纪60年代后期由美国的RCA(美国无线电公司)发明的,但RCA及其对手西屋电气公司和施乐公司都没有选择继续开发这项技术,日本的夏普公司却在这方面投入大量资金。至20世纪90年代早期,夏普公司销售了第一台平板电视机,但因日本的经济适逢长达十年衰退,投资领先者的地位被韩国公司占据,如三星公司等。然后1997年的亚洲经济危机沉重打击了韩国,中国台湾的公司又取得了领导地位。如今中国大陆的公司开始跻身于平板电视显示器的制造业行列。

随着平板电视显示器的生产在全球向低成本地区转移,自然出现了受益者和受损者。美国消费者从平板电视机价格的下跌中获益,并争相抢购。其他的受益者还包括那些高效制造商,它们利用遍布在全球的供应链来生产低成本、高质量的平板电视机。坐落于加利福尼亚州的Vizio公司就是其中的佼佼者,这家公司由一位中国台湾移民所创立,仅用了10年的时间,公司平板电视机的销售额便从零上升到2012年的30亿美元。这家私人公司是美国市场最大的平板电视机供应商,占有18%~19%的市场份额。然而,Vizio公司的雇员不到500人,这些雇员主要从事最终产品的设计、销售和客户服务,同时将大多数的工程技术工作以及所有的制造工作或许多物流业务外包出去。对于每一型号的电视机,Vizio都有一群来自世界各地的供应商合伙人。例如,它的42英寸(1英寸=0.00254m)平板电视机,其平板玻璃来自韩国,电子元器件来自中国,处理器来自美国,而装配则在墨西哥。Vizio的管理人员在全球不断地寻找平板显示器和电子元器件最廉价的制造商。他们的电视机的最大销售对象都是一些大折扣零售商,诸如好市多和山姆会员店等。来自零售商良好的订单预见性,加上严格的全球物流管理,使Vizio库存每三周就周转一次,速度是许多竞争对手的两倍,这也是其身处价格不断下跌的行业中仍能节省成本的主要原因。

资料来源:刘乃毓,徐洁,王基光.中美贸易争端与20世纪80年代日美贸易战比较[J].北方经贸,2020(08).

根据以上资料,回答下列问题:

1. 为什么平板电视机的制造商转移到世界不同区位?
2. 在平板电视机行业中,谁是全球化的受益者?谁是受害者?
3. 如果美国政府要求在美国出售的平板电视机必须在美国生产,会出现什么样的情况?
4. Vizio的案例对于在全球经济中进行生产有什么启发?企业在高度竞争的市场中蓬勃发展必须采取什么样的策略?

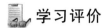 学习评价

核心价值观评价

	核心价值观	是否提高
通过本项目学习,你的	全球化视野	
	全球化思维、唯物辩证思维、动态发展思维	
	开放、合作、互利、共赢价值观	
	大国担当的责任意识和担当精神	
	民族自信心和自豪感	
自评人(签字)　　　　　　　　　年　月　日		教师(签字)　　　　　　　　　年　月　日

专业能力评价

	能/否	准确程度	专业能力目标
通过本项目学习,你			用全球化视角认识经济全球化和国际商务环境
			用PEST工具分析国际商务环境
			用全球化思维分析经济全球化所面临的问题
			从经济全球化的角度为企业应对环境变化提出解决方案
自评人(签字)　　　　　　　　年　月　日			教师(签字)　　　　　　　　年　月　日

专业知识评价

	能/否	精准程度	知识能力目标
通过本项目学习,你			掌握经济全球化的内涵和表现形式
			理解经济全球化的动因
			理解经济全球化对发展中国家的双面影响
			掌握国际商务环境的基本要素
			掌握PEST分析方法
			掌握企业国际化的基本内容和制约因素
			理解经济全球化对国际商务活动的变革作用
自评人(签字)　　　　　　　　年　月　日			教师(签字)　　　　　　　　年　月　日

学习项目二

国际商务政治环境

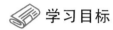 学习目标

知识目标

1. 掌握政治环境的含义和构成要素。
2. 理解政治环境要素对国际商务的影响。
3. 掌握国际政治格局的含义和类型。
4. 理解国际冲突与国际合作对国际商务的影响。
5. 熟悉政治风险的概念和特征。
6. 理解跨国企业在投资不同阶段防范风险的措施。

能力目标

1. 能够分析各国政治环境差异对国际商务的影响。
2. 能够分析国际冲突和国际合作对国际商务的影响。
2. 能够针对跨国企业处于不同阶段提出防范政治风险的措施。

素养目标

1. 增进政治认同,坚定道路自信、制度自信,坚信中国政治经济制度符合国情、富有效率、具有明显优越性。
2. 树立风险意识,对政治风险具有敏锐观察力,积极采取措施防范政治风险。

 学习导图

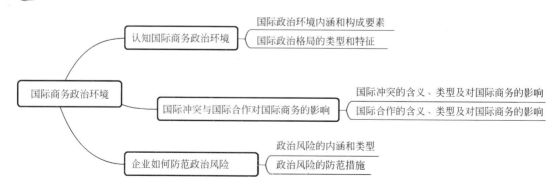

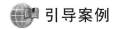 **引导案例**

"本土化政策"对津巴布韦吸引外资的影响

津巴布韦是一个矿产资源丰富、土地肥沃的非洲南部内陆国家,自1980年4月18日独立以来,在穆加贝总统的领导下走上变革与发展道路,采取一系列政治措施,令世界瞩目,其中就包括备受争议的本土化政策。

本土化是津巴布韦穆加贝政府提出的一项重要经济政策。为了消除殖民主义影响,将资源和经济主权掌握在本国手中,制定通过了《本土化和经济授权法》等一系列法律、法规。根据《本土化和经济授权法》规定:在津巴布韦的任何企业都必须由本地人占有51%以上的股份,政府有责任保障本土化目标的实现。津巴布韦"本土化"的核心是实现企业股权本土化。

本土化政策在实施过程中倍加艰难。受到影响的外资企业怨声载道,普遍对该政策持抵制、观望和消极态度,想方设法进行逃避和拖延,利用政策的一些宽松柔性规定申请豁免、减少股份出让或延长期限,努力使企业免受或少受损失。

为了加快本土化进程,津巴布韦政府曾多次下达"最后通牒",威胁外资企业要么实行本土化,要么关门走人。第一次"最后通牒"发生在2011年8月,要求外资企业在两周内提交本土化计划,否则将面临被吊销营业执照、由政府接管的危险。第二次"最后通牒"是在2013年10月,专门针对保留行业特别是批发零售业,强令保留行业的非本地人企业在2014年1月1日之前完成股份转让,要求本地人要做好"接班"准备。第三次"最后通牒"是在2016年3月,强令尚未达到本土化要求的外资企业在2016年3月31日之前提交本土化计划,否则政府可以在不通知对方的情况下直接取消其营业执照。在高压政策下,有些外资企业提交了本土化计划,但是大多并未真正转让股份,其中一个主要原因是津巴布韦经济非常困难,当地合作方也无钱无力购买被转让的股份,因此政策规定51∶49的持股比例难以真正落实。

矿产最先受本土化政策影响,至少有137家矿业公司因达不到本土化要求而面临营业执照被吊销的危险,一些矿业领域的外国投资计划因受本土化影响而被搁置,2006年2月,津巴布韦出动武装部队强行关闭了该国东部的马兰吉(Marange)地区的9家钻石矿企业,涉及中国、南非、俄罗斯、阿联酋、毛里求斯等国,这种"简单粗暴"的方式震惊了世界,引发了人们对该国外资安全的严重担忧。

本土化政策直接导致津巴布韦投资环境变差,英国经济学家情报部(EIU)最新发布的《国家风险报告》,将津巴布韦的投资环境级别定为CC级,属于非常不利于吸引外资的国家。世界银行发布的《2017年全球营商环境报告》,津巴布韦在190个经济体中排名第161位。根据联合国贸易与发展会议《2016年世界投资报告》,2011—2015年津巴布韦吸收外国直接投资额分别为3.87亿美元、4亿美元、4亿美元、5.45亿美元和4.21亿美元。截至2015年,津巴布韦的外国直接投资存量只有39.67亿美元,属于非洲大陆吸收外投资在5亿美元以下的最低类别国家。本土化政策使外国投资对津巴布韦望而生畏,是该国吸引外资数量很少的一个直接原因。

资料来源:吴传华.本土化政策对津巴布韦投资环境的影响[J].国际经济合作,2017(8):63-68.

案例分析：本土化政策是由津巴布韦政府制定与颁布实施的，体现了本国政府的政治立场，对外资的态度。津巴布韦经济发展水平落后，非常需要吸收和利用外资来发展经济。但是高门槛的本土化政策将外资拒之门外，直接导致投资环境恶化，外资减少。不利于本国产业和经济的发展，加剧了经济危机。

由此可见，东道国的政治体制、政局稳定性、外商投资政策等都会对本国的经济发展和跨国公司的国际投资活动产生一系列的影响。跨国企业应认真分析东道国的政治环境，尽量规避政治风险，做到趋利避害。

学习单元一　认知国际商务政治环境

政治环境是特定政治主体从事政治生活所面对的各种现象和条件的总和，可相对地划分为政治体系内环境（包括政治资源、政治模式、政治局势等）和政治体系外环境（包括自然环境和国际环境等）。政治环境直接影响企业的国际商务运营，决定了贸易和投资的难易程度、资金的安全性、企业经营活动及效果。因此需要全面认识国际商务中的政治环境所产生的影响，以便更好地推动国际商务在世界经济中的发展。

一、国际政治环境内涵和构成要素

（一）国际政治环境内涵

国际政治环境是政治环境在国际层面的延伸拓展，是指企业国际经营所涉及的国家或地区的政治体制，以及在一定时期内执政掌权的政府政策、政府管理的国家政治稳定性等。

微案例

叙利亚战争

叙利亚内战是指从 2011 年年初持续至今的叙利亚政府与叙利亚反对派组织、伊斯兰国家之间的冲突。叙利亚的反政府示威活动于 2011 年 1 月 26 日开始并于 3 月 15 日升级，随后反政府示威活动演变成了武装冲突。

视频：叙利亚战争

所谓的"阿拉伯之春"爆发后，叙利亚反对派要求总统巴沙尔·阿萨德下台，巴沙尔·阿萨德同意通过和谈解决叙利亚国内的矛盾，但遭到叙利亚反对派的拒绝。叙利亚反对派发动对叙利亚武装部队及亲政府的民兵组织的恐怖袭击，特别是在德拉、霍姆斯、伊德利卜和哈马等抗议的中心地区。

叙利亚国内冲突一直持续。联合国称叙利亚政府军及叙利亚反对派均犯下了包括谋杀、法外处决、酷刑等侵犯人权等行为在内的战争罪行。

（二）国际政治环境构成要素

综合来看，国际政治环境构成要素比较复杂，涉及国际政治多方面内容，主要包括政治体制、政党制度、政治稳定性、政府对外资的态度。

1. 政治体制

政治体制主要是指一个国家政治中的制度、政治组织、政治利益集团和其他制度之间的内在联系以及一国政府行使政治职责时的政治法则。综合不同国家的政治体制，可以将其分为两大类：代议制和集权制。其中，代议制可以进一步细分为君主立宪制和民主共和制，集权制则可以进一步细分为绝对君主制和独裁制。

（1）君主立宪制。君主立宪制度主要分为议会制度下的君主立宪制和二元制度下的君主立宪制。在议会制度下的君主立宪制中，君主不直接支配所在国家的国家政权和日常行政管理，而是由该国的国家内阁掌握行政权；在二元制度下的君主立宪制中，君主则是国家行政管理的实际控制方，君主任命对他负责的行政内阁，由其直接掌握国家行政权力，立法权则由议会行使。

（2）民主共和制。民主共和制度主要分为内阁制度下的民主共和制和总统制度下的民主共和制。在内阁制度下的民主共和制中，一国议会是国家的最高权力机关，政府及其内阁主要是由议会中占多数席位的一个或几个政党的联盟组成，并只对议会负责。在总统制度下的民主共和制中，国家最高行政权主要掌握在由全国直接或间接选举产生的总统手中，政府的政策行为只对其总统负责。

（3）绝对君主制和独裁制。集权制度下的绝对君主制和独裁制，一国君主独揽该国的国家政权，政府所做的一切决策仅对其君主负责。

2. 政党制度

政党制度是一个国家通过政党进行政治活动的方式或状态。不同的国家有不同的政党制度，一个国家的政党制度对该国政策导向和政府实际行动起到了决定性作用，影响着该国政府对国家商务活动所持有的政治态度和各项经济、贸易、金融政策的具体实施。目前，世界各国的政党制度主要分为三种类型：一党制、两党制和多党制。

动画：政党制度

（1）一党制。一党制主要是指一个国家只有一个政党，并且由该政党掌握国家政权，或在该国虽然有几个政党进行党派竞争，但最终仅有一个执政党，掌握该国政权。在一党制国家中，政府中只有一个政党执政，因而政府政权相对比较稳定，政策实施的连贯性和稳定性相对较高。

（2）两党制。两党制主要是指在一国中存在政治实力上势均力敌的两大政党，通过竞选交替组织政府，轮流执政，从而组成一国的政党制度，美国和英国就是典型的两党制国家。一般情况下两党的政治纲领存在明显不同。

（3）多党制。多党制主要是指国内几个政党联合执政或轮流执政的政党制度。联合执政的几个政党之间的政治纲领相对接近或暂时有一个共同的政治目标，它们组成一个政治上的联合体共同参加竞选，或由国内各主要政党经过妥协联合组成政府。与一党制和两党制相比，多党制国家的联合政府经常发生更换，各个政党的政治纲领和经济政策要求经常变化。

3. 政治稳定性

进行国际商务活动的企业不仅要注意目前的政治环境，还要考虑其政策将来的稳定程度，明晰其政治与经济的未来走向。政治稳定性主要侧重政局的稳定性及政策的连续性。对于一个国家来说，政治稳定性主要包括以下几项。

(1) 国家政治制度和国家政治权力主体的相对稳定。
(2) 国家政治生活的稳定。
(3) 国家政策、法律、法规的相对稳定。
(4) 社会秩序的稳定。

4. 政府对外资的态度

政府对外资的态度通常反映在政府对外资的政策上,包括政府对外资进入领域与股权的规定,对外资的优惠措施,以及对外资生产经营活动的干预程度等。

思政园地

北京冬奥会彰显社会主义制度优越性

中国特色社会主义制度是中国共产党人和中国人民的伟大创造,是经过革命、建设、改革长期实践形成的,是马克思主义基本原理同中国具体实际相结合的产物。中国特色社会主义制度根植于传统文化、顺应时代潮流、符合中国国情,具有科学性、人民性、公平性、效率性、开放性等特点。新冠疫情全球大流行、世界经济面临复杂形势、国际秩序受到严重冲击等给全世界政治、经济、文化、体育等方面带来严重影响,全球多个大型赛事和活动被延期或取消。在此大背景下,北京冬奥会如期举行,呈现给世界一个精彩的冰雪盛会,广大参与者共同创造了胸怀大局、自信开放、迎难而上、追求卓越、共创未来的北京冬奥精神。这离不开中国共产党的正确领导、人民群众的广泛参与、国际友人的大力支持、中华文化的深厚底蕴等原因和条件,北京冬奥会的成功举办充分彰显了社会主义制度的优越性,展现了大国担当、大国温情、大国力量、大国团结、大国风范、大国外交。

资料来源:赵崔莉,陈力. 北京冬奥会彰显社会主义制度优越性[J]. 社会主义论坛,2022(4).

(三)国际政治环境对国际商务的影响

1. 政治体制对国际商务的影响

各国政治体制的不同会导致政府政策、法规、行政效率等诸多方面的差异,以及政府对外资企业的经营范围的限定和股权控制程度上的限定以及鼓励上的差别,从而构成政治体制对国际商务有利或不利的影响。总的来说,在代议制的国家里,政府政策、法律法规、政治环境的透明度相对较高,决策过程也较为民主,因此,政府政策的稳定性和连贯性较好,有利于跨国企业进行国际商务活动。而在集权制的国家中,由于君主独揽国家政权,其最终决策过程的透明度相对较差,政府政策的稳定性和连贯性也相对较差,无形中将增大跨国企业的政治风险,不利于跨国企业的日常商务活动。

2. 政党制度对国际商务的影响

由于执政党的政党性质不同,所提出的执政纲领不同,本国政府实施的国际政策不同,由此影响着该国政府对国际商务活动所持的政治态度和经济、贸易和金融政策的具体实施。一般来说,一党制国家的政府政权相对比较稳定,政策实施的连贯性和稳定性相对较高,外国企业容易认识和适应,有利于跨国公司进行商务活动。两党制或多党制国家政治纲领存在明显不同,政权交替频繁,国内政局不稳定,政策多变,不利于跨国企业在该国的商务活动的开展。

3. 政治稳定性对国际商务的影响

政治稳定对跨国经营企业而言是极其重要的,东道国的政治稳定直接影响跨国企业生产经营政策的长期性,如果政治环境不稳定,将使跨国企业难以适应和预测东道国国内环境的变化,难以选择相应的生产经营战略。

4. 政府的态度对国际商务的影响

东道国政府对外资的态度与政策直接决定着跨国企业在东道国进行国际商务活动的规模和深度。许多国家出于保护国内民族工业发展的需要,通常在引进外商直接投资、发展本土经济的同时,对外资企业的商务活动采取种种政策限制。如限制外资的投资领域与股权比例,强调国有化比重,限制利润汇出等,甚至对外资进行国有化,使跨国企业面临政治风险。

二、国际政治格局的类型和特征

(一)国际政治格局的含义

国际政治格局一般是指世界政治格局,是指世界上各个国家和地区政治力量的对比以及政治利益的划分情况。主要包括主权国家、国家集团和国际组织等多种行为主体在国际舞台上以某种方式和规则组成一定的结构,由各种政治力量对比而形成的一种相对稳定的态势和状态。

(二)国际政治格局的类型

根据国际政治格局的内部结构和外在形态,国际政治格局划分为单极格局、两极格局和多极格局。

1. 单极格局

单极格局是某一个主要的大国或政治力量在国际政治中占据主导地位,在该国或政治力量周围存在着一系列其他主权国家或政治力量,但并不能够成为与之抗衡的政治力量,该国或政治力量独霸世界。

2. 两极格局

两极格局是两个大国或两大集团之间的相互对立和相互制约,对整个国际事务起着决定性的影响。18世纪末至19世纪初的法国与反法同盟、第一次世界大战期间的同盟国和协约国、第二次世界大战期间的法西斯轴心国和国际反法西斯同盟、第二次世界大战后初期的社会主义和帝国主义两大阵营、20世纪60年代以后的美苏对抗是两极格局的典型。

知识拓展

两极格局(北约与华约两大军事集团对立的局面)

两极格局是以美苏为中心,在欧洲形成北约与华约两大军事集团对立、在全球形成资本主义阵营和社会主义阵营全面对抗的格局。存在于20世纪50年代初期至90年代初期(1991年年底),以苏联解体为终点。

两极格局表现在以美国为首的北约和苏联为首的华约的军事对峙及对第三世界的争夺,经济上的相互禁运和封锁,军备上的疯狂竞争,妄图取得战胜对手的优势,并在意识形态上相互攻击。总的来说,就是美国和苏联两大集团在世界的权力结构中占据绝对主导位置,相互敌视、对峙,但是又不能击败对手的世界权力划分形势。

3. 多极格局

多极格局是多种政治力量相互制约,各种政治力量在国际事务中各自独立、基本平等,相互之间不存在联盟或领导与被领导的关系。在多极格局中,作为格局构成要素的国际政治力量,可以是单个国家,也可以是国家联盟,国家联盟可以是集团型的,也可以是联合型或协调型的。

知识拓展

一 超 多 强

一超多强(only super power and multi-great power)是现今世界政治经济的一种格局,"一超"是指美国,"多强"是指中国、俄罗斯、日本、欧盟中的国家等。1991年,苏联解体,冷战结束,两极格局也随之瓦解。世界多极化作为一种历史趋势出现。

(三) 国际政治格局的特征

国际政治格局作为国际系统的一种表现形式,无论何种类型均具有一些共同性的特征。

1. 国际政治格局总是同历史发展和时代发展密切相关

国际政治格局以国际政治力量对比关系的组合为基础,在经济政治发展不平衡规律的作用下,政治力量对比可以在几十年、十几年甚至几年内就发生重大变化,从而导致政治格局的改变。国际政治格局总是同一定的历史发展阶段相联系的。

2. 国际政治格局总是同世界经济格局相互联系和相互作用

国际政治格局总是同世界经济格局相互联系、相互作用的。世界经济格局是指世界范围内各种国民经济类型和经济力量中心之间相互关系的结构状态,或经济力量对比关系的状态。经济格局与政治格局之间,既自成系统,又相互联系,主要表现在以下几个方面。

(1) 世界经济格局的形成是国际政治格局产生的基础和前提。国际社会的形成和发展是建立在世界经济的形成和发展的基础上的,国际政治系统是建立在世界经济体系完成的基础上的。

(2) 国际政治力量的形成与其所拥有的经济实力及在经济格局中的地位紧密相关。一个国家或国家集团在国际政治中的行为能力如何,经济实力地位是最基本的并长期起作用的决定性因素。

(3) 世界经济格局的发展演变直接影响着国际政治格局的变化,两者的演进呈同向性发展的趋势。

3. 国际政治格局总是同国际秩序相互联系和作用

国际秩序是国际社会存在的一系列规范和原则,也是维系某种形态的国际政治格局的规则和制度。国际秩序是在一定的国际格局的基础上形成的,它反映了国家在国际体系中的位置和次序。国际政治格局的变更总会导致国际秩序的调整和变更,国际秩序的调整和演进也会对国际政治格局产生重要影响。

4. 国际政治格局总是新旧交叠,呈现出过渡性特征

国际政治格局的发展,主要是格局内部各种政治力量的此消彼长和地位变化。从一定意义上讲,国际政治格局就是一种力量均衡(或均势)状态,即国际政治舞台上的主要力量之间的对比达到一定程度的均衡,形成一定的相互制约关系,构成一定的格局形态。

学习单元二　国际冲突与国际合作对国际商务的影响

随着全球经济的发展,国际商务活动日趋频繁,国际冲突与国际合作的因素也日益复杂,对国际商务活动的影响越来越深。

一、国际冲突的含义、类型及对国际商务的影响

(一) 国际冲突的含义

国际冲突是指国际行为体之间为实现各自的利益和目标而进行的对抗性或敌对性的相互作用,是国际行为体之间由于所追求的利益和目标的不同而处于自觉地对立之中的行为和活动。

国际冲突具备冲突内涵的一般规定性。国际冲突是一种以对抗性或敌对性为主要特征的国际相互作用形式,是国际行为体之间有意识的对抗性活动。在国际冲突中,有关各方的目的往往不仅在于提高自己的地位和获取更大的利益,更在于压倒对方、削弱对方或损害对方,从而往往以"零和博弈"为结局,即一方利益的增长和另一方利益的减少或丧失。

国际冲突一般发生在国家与国家之间、国际组织之间或国际组织与国家之间、跨国公司与国家之间、其他跨国行为体与国家之间等。

国际行为体

国际行为体是指能够独立地参与国际事务并发挥影响和作用的一系列实体。国际行为体主要包括国家行为体和非国家行为体两种。国家行为体是指国际社会中得到广泛承认的独立主权国家,以联合国组织的会员国为依据,国际社会目前已有193个主权国家。非国家行为体是指那些具备国际行为体的基本特征,但并不具有主权国家身份,同时又不隶属于某个主权国家的国际政治经济实体。它包括国际组织、跨国企业等。

(二) 国际冲突的类型

1. 按照冲突的内容划分

从冲突的内容上划分,国际冲突分为政治冲突、经济冲突和军事冲突。

(1) 政治冲突可以采用各种各样的非暴力手段,包括声明、宣言、照会、抗议、通牒等文字形式和召回大使、驱逐外交官、降低外交级别、断绝外交关系等实际行动形式。

(2) 经济冲突可以发生在国际贸易、投资和金融等各个领域,因而具有更加复杂多样的形式,其中较为常见的形式有经济制裁、贸易禁运、提高税率、征收外国资产、冻结外汇和"货币战"等。

微案例

中美贸易争端

2018年3月22日,美国宣布将对500亿美元中国商品加征关税,并将限制中国对美国科技产业投资。作为回应,中国将对美产品采取同等力度、同等规模的对等措施。中美贸易争端主要发生在两个方面:一是中国比较具有优势的出口领域;二是中国没有优势的进口和技术知识领域。前者基本上是竞争性的,后者是市场不完全起作用的,它们对两国经济福祉和长期发展的影响是不同的。

视频:中美贸易争端第一枪打响

2022年8月11日,外交部发言人汪文斌在例行记者会上指出:我们已经多次指出,贸易战没有赢家。美方单边加征关税不利于美国,不利于中国,不利于世界。尽早取消全部对华加征关税,有利于美国,有利于中国,有利于世界。

资料来源:https://baike.baidu.com/item/中美贸易争端?fromModule=lemma_search-box.

(3) 军事冲突是使用武力或以武力相威胁的国际冲突形式,包括战争和军事对抗行动。军事冲突是国际冲突的高级形式,往往由政治冲突或经济冲突转化而来,但只有少数政治冲突或经济冲突才会转化为军事冲突。

随着全球化的迅猛发展,国际冲突不再局限于传统的政治、军事和经济领域,而逐渐扩散到环境保护、生态、资源利用、民族文化保护等新领域。

2. 从冲突的性质上区分

从冲突的性质划分,国际冲突分为暴力冲突和非暴力冲突,局部冲突和全面冲突,根本性冲突和非根本性冲突。

(1) 暴力冲突和非暴力冲突。暴力冲突可以采取战争形式,也可以采取非战争形式。战争形式的承担者是民族国家及常备军,非战争形式的使用者往往是特殊的利益集团和个人。非暴力冲突有的是显性的,有的是隐性的,显性的非暴力冲突如经济制裁、驱逐外交官等,隐性的非暴力冲突如心理战、汇率政策上的不合作等。

(2) 局部冲突和全面冲突。局部冲突是指局限在某一问题领域中的对抗性或敌对性活动,全面冲突是指在主要问题领域中的对抗性或敌对性活动。局部冲突的主要特点是有限性,即局部冲突一般采取非暴力的形式,即使采取暴力的形式,也会受到严格的限制。绝大部分国际冲突都是局部冲突。全面冲突往往采取暴力形式,同时伴以非暴力方式,最终的结局通常是一方压倒另一方。

(3) 根本性冲突和非根本性冲突。根本性冲突是指国际行为体所追求的根本利益或目标不同,从而处于自觉的对立状态。非根本性冲突虽然也包含对抗性或敌对性行动,但是不涉及国际行为体的根本利益或目标。

3. 从冲突的烈度上区分

从冲突的烈度上区分,国际冲突可分为国际战争、国际危机、一般性冲突和语言象征性冲突等。

(1) 国际战争是国际冲突中激烈程度最高的一种形式。当国际冲突的一方或各方认为除诉诸最后的暴力手段外,无法维护其重要利益和基本目标时,就会调动一切资源进行战争。国际战争的行为体是主权国家,其他行为体之间的武装冲突,例如阶级、民族、种族、教派或国际组织，如果没有通过主权国家之间的战争行为表现出来，就不构成国际战争。

（2）国际危机是国际冲突中的一种特殊紧张的状态，是两个或两个以上的国家政府之间在严重的冲突中所发生的相互作用的结果。国际危机具有"严重性、突然性、时限性"的特征。

（3）一般性冲突是国际冲突最常见的一种形式。一般性冲突是指已有了实际行动，但可控性较大的冲突，包括经济制裁和外交制裁等。冲突双方或各方一般都会把自己的行为限制在一定范围内，但如果一般性冲突失去控制，也会转化为国际危机乃至引发国际战争。

（4）语言象征性冲突是最低层次的国际冲突。它一般只停留在语言、文字等象征性形式上，所采用的手段包括传递外交文书、发表谈话声明、表明谈判立场等。语言象征性冲突一般可通过正常外交途径妥善解决。

（三）国际冲突对国际商务的影响

由于发达国家和发展中国家之间存在着相互依赖的严重不对称，国际商务活动中也存在着不平等关系，因此从全球性的生产和交换活动中产生的经济利益，并没有在世界各国之间公平地分配。相反，随着经济全球化和贸易自由化的发展，世界贫富分化的程度正在不断扩大。当前多样化国际冲突正在加剧不平等国际商务关系。

1. 国际冲突进一步巩固发达国家的优势地位

当代世界格局的显著特点是优越的经济竞争力和优越的军事力量往往相互伴随。发达国家在拥有经济优势的同时，还要追求军事力量的优势，优越的经济竞争力和军事力量保障了发达国家在国际冲突的强势地位。发达国家充分利用国际贸易规则制约发展中国家发展，在不对称的条件下，国际冲突巩固了发达国家在国际贸易中的优势地位。

2. 国际冲突不断拉大世界贫富差距

国际贸易活动的不对称带来了世界贫富差距扩大，深度贫穷也是发展中国家冲突不断发生的重要原因。在现行国际贸易体制下，国际冲突加剧国际商务活动不平等关系，世界上的贫富差距问题就不可能从根本上得到解决，因贫穷而引起的战争也就会发生。

3. 国际冲突加剧发达国家与发展中国家的利益博弈

由于世界各国经济更加相互依赖，经济因素的作用更加突出，人们越来越清醒地看到其他国家的政策给他们个人的福利和群体福利所造成的影响。落后国家已经认识到自身贫困主要是由于国际社会的不平等造成的。要求推翻不公正秩序的愿望和经济民族主义成为在民族与国家关系中起作用的有利因素，日益加剧与发达国家之间争夺权利与利益的斗争。

4. 国际冲突引发贸易开放的冲突

目前国际贸易冲突此起彼伏，有的甚至发展成政治冲突，国际贸易冲突不得不由政治家或政府代表通过政治谈判解决。国际贸易冲突主要表现为关税减让、进口配额、贸易逆差与顺差。发展中国家与发达国家在关税减让问题上产生了不少矛盾。在关税减让问题上各个民族和国家由于各自利益不同而持迥异态度，控制与反控制、破坏与维护、弱化与强化等现象彼此交织，一系列国际冲突由此产生。

二、国际合作的含义、类型及对国际商务的影响

（一）国际合作的含义

国际合作是指国际行为体之间基于相互利益的基本一致或部分一致，而在一定的问题

领域中所进行的政策协调行为。

作为国际社会行为体相互关系发展中的一种必然现象,国际合作是人类共同体生存与发展的内在要求。随着经济全球化的发展,特别是由于科技革命所产生的巨大引擎作用,人类社会之间的相互依赖关系日益深化,相互依赖使国家之间利益关系形成你中有我、我中有你的复杂局面,国家利益的冲突性和一致性相互交织。为了尽可能多地实现不断扩展的共同利益,防止潜在的利益冲突演变为现实的国际冲突,国家之间进行合作的趋势不断加强。

国际合作的实质是国际行为体在一定的问题领域中所进行的政策协调行为。各个国家都以自身的利益为依据来制定对外政策。由于相互利益的不完全一致性,国家所制定的对外政策之间往往出现差异和碰撞,从而使国家之间的关系陷于纷争状态。为了保障共同利益,国家需要对本国制定的对外政策进行调整,以使自身的政策和其他国家的政策兼容。这种调整往往是双方或多方同时或相继进行的。

 知识拓展

RCEP 协议

《区域全面经济伙伴关系协定》(RCEP)于 2020 年 11 月 15 日在越南首都河内正式签署。RCEP 是亚太地区规模最大、最重要的自由贸易协定。现有 15 个成员国,其总人口、经济体量、贸易总额约占全球 30%。RCEP 协议基本照顾到了各方利益,货物贸易最终零关税产品数整体将超过 90%,服务贸易和投资总体开放水平显著高于原有"10+1"自贸协定,高水平的知识产权、电子商务、竞争政策、政府采购等现代化议题也纳入其中,同时给予最不发达国家特殊与差别待遇。RCEP 协议体现出全面、现代、高质量、互惠等特点,是东亚经济一体化建设近 20 年来最重要的成果。

视频:博鳌亚洲论坛聚焦 RCEP 前景与影响

(二) 国际合作类型

依据划分的不同标准,国际合作可以分为不同类型。

1. 按照合作所覆盖的范围划分

按照合作所覆盖的范围,国际合作可以分为全球性合作、区域性合作、多边合作和双边合作等。

(1) 全球性合作。它是在国际政治关系具有全球性特点后逐步出现的。第二次世界大战后,全球范围内的国际合作空前扩展,其原因至少包括三个方面:第一,战后建立的以联合国为中心的国际组织体系(联合国体系)为全球性合作提供了组织平台。第二,美苏冷战把全球主要政治力量分成两大阵营,即使是区域内的冲突与合作问题,也经常需要提交到全球性协调的层次上解决。第三,人口、环境、能源、粮食以及跨国犯罪、恐怖主义等全球性问题的兴起,要求各国在全球层次上进行有效的协调与合作。

(2) 区域性合作。它是特定区域内的行为体就共同关注的问题展开的国际合作。区域主义(regionalism)的兴起可以看作区域性国际合作发展的标志。所谓区域主义,就是某一区域范围内各个国家强调彼此合作的价值,并且为之做出各种努力的倾向。这些努力包括形成共同的区域意识、扩展相互交往的层次和采取统一的政策行为等,其核心是形成一套区域性制度安排。

（3）多边合作。第二次世界大战后建立了以联合国为中心的国际组织体系和以国际货币基金组织、世界银行和关税及贸易总协定为支柱的多边经济组织，从而为全球性多边合作提供了基本的组织框架。第二次世界大战后多边合作成为普遍的国际合作方式。

（4）双边合作。它是传统的国际合作方式。但是，即使是这种传统的合作方式，在新的时代条件下也具有了新的特点。例如，双边合作的形式和内容越来越多地受到多边国际条约和国际准则的束缚。

2. 按照合作目标的层次划分

按照合作目标的层次，国际合作可以分为战略性合作和一般性合作。

（1）战略性合作。战略性合作是指在国家战略目标基本一致的基础上进行的国际合作。这些战略目标一般涉及国家生存、发展与繁荣的根本利益。

（2）一般性合作。一般性合作是指国家在具体问题领域中基于共同利益而进行的合作。这种合作一般具有"就事论事"的特点，此时此刻在此领域的合作并不意味着彼时彼刻在彼领域就会进行合作。随着相互依赖的加深和共同利益的扩展，不失时机地把与主要合作伙伴之间的一般性合作推进为战略性合作，是对政治家和外交家勇气和智慧的考验。

（三）国际合作对国际商务的影响

1. 国际合作有助于国际稳定

在全球化背景下，国际合作有助于推进国际和平与稳定。首先，参与国际合作不同机制的国家，在可能的共同外部威胁面前，会产生内部的团结精神和凝聚力，即所谓"共同安全感"。其次，参与国际合作不同机制的国家，由于各种因素的作用，会逐步建立各种机构和规则，形成某跨国界的组织网络，这种跨国界的组织网络产生了一种被称为"功能主义"的效果。最后，国际合作在不同机制内广泛开展经济联系与社会交流，有助于国际行为体之间利益认同。

2. 国际合作推进全球化进程

随着各国之间经济贸易相互依存的加强和信息手段的扩展，个别国家的独断专行遭到日益增多的抵制。与此同时，国际制度与国际合作发挥着越来越重要的作用，国际合作不同机制中产生多边外交，在一定程度上弥补了传统的单边外交的缺失，适合于多数国家扩大沟通的需要，使世界政治更加丰富多彩，也令国际关系格局朝多元化方向发展。

学习单元三　企业如何防范政治风险

企业在从事国际商务活动中，因国际政治的突变给跨国企业带来巨大损失，因此，在国际商务活动中要高度关注政治风险，对东道国、母国以及世界其他国家的政治风险进行评估，从而尽可能避免企业在跨国经营过程中遭受的政治损失。

一、政治风险的内涵和类型

（一）政治风险的内涵

政治风险是指因政治因素的影响，使东道国的经营环境发生了超过某种程度的变化，对企业的国际经营带来不利影响的可能性。

(二)政治风险的类型

国际政治风险主要侧重企业在开展国际商务活动中所涉及国家的风险,可以划分为宏观政治风险和微观政治风险。宏观政治风险通常来源于国家及超国家行为主体,属于系统性风险;微观政治风险通常来源于特定的行业或企业,是由政府对特定行业或企业实施某类限制性措施造成的政治损失。政治风险主要包括以下几类。

1. 政局风险

政局风险产生于企业对投资国家或贸易对象国家政治制度前景认识的不确定性,主要来源于国内政治不稳定。国内政治不稳定性主要体现在政府更替、种族冲突等,尤其是执政党的频繁更替所产生政局动荡,政府相关政策存在很大的不稳定性,严重制约着企业的国际商务活动。

视频:驻缅甸日企启动紧急措施应对政局动荡

2. 所有权风险

所有权风险产生于企业对投资国家或者贸易对象国家政府注销或限制外商企业行为的不确定性,主要包括直接没收、直接征用及国产化。

(1)直接没收是东道国政府在对外国企业进行国有化的过程中,不给予任何的经济补偿。对外国企业而言,这种政治风险导致的损失最大,被没收的企业失去了自身在东道国国内市场上的所有权益。

(2)直接征用是一种以有偿的方式占有外国企业资产的国有化方式,在外国企业非自愿的情况下,东道国政府对外国企业资产进行强制性没收,但是给予的补偿微乎其微,导致外国企业资产因强行征用造成损失。

(3)国产化是东道国政府通过行政、法律等各类手段,强制要求外国企业把企业内部的控制权逐步转移到东道国政府、企业或个人手中。例如,东道国规定本国企业或国民所持有的股权在合资企业中必须达到一定的比例,或通过法律规定外资企业生产产品中本地产品含量的方式,来提高外资企业对东道国企业生产的依赖程度。

3. 经营风险

经营风险产生于企业对投资国家或贸易对象国家政府控制性惩罚认识的不确定性。主要包括进口限制、税收管制、价格管制、劳工限制等。

(1)进口限制主要是指东道国政府为保护本国国内生产与进口产品相似的产品产业,而实施的各种进口限制措施。例如,许可证制度、关税、进口配额以及各种苛刻的进口检验制度等,这些措施会影响跨国企业在东道国的经营,从而使跨国企业遭受巨大的政治风险。

(2)税收管制主要是指东道国政府对外资企业进行额外的征税或提前结束免税期,使其在东道国遭受歧视性的税收待遇。这些歧视性税收政策会使外资企业的收益大幅减少。

(3)价格管制主要是指东道国政府明确实施价格管制,通过行政手段限制外资企业价格上涨。价格管制将对企业的产品定价产生巨大影响,影响企业在东道国的实际经济收益。

视频:韩国拟加强对日本产海鲜检验

(4)劳工限制主要是指东道国政府为了保护本国国民的经济利益,制定相应政策或法律、法规支持国内工会,要求外国企业给国内员工优厚的工资待遇,并禁止解雇员工，这一措施将直接提高外资企业的生产成本，降低收益。

4. 转移风险

转移风险主要产生于对国家政府限制经营所得和资本的汇出认识的不确定性，转移风险的主要方式是外汇管制。

外汇管制主要是指东道国对国内外汇的使用进行严格的限制，外国企业或个人一般难以在东道国开立外汇账户，自由地进行外汇兑换。在国际商务活动中，东道国实施外汇管制常常通过限制外国企业将从东道国获得的收益和资本任意汇回母国母公司，限制外资企业自由进口原材料、机器设备和零部件等日常生产中必需的产品等方式，影响外资企业的生产经营，甚至使其遭受外汇损失，最终限制外资企业在东道国的经营。

微案例

阿根廷外汇管制

根据阿根廷 TN 电视台、国家通讯社 2022 年 6 月 27 日报道，27 日阿根廷央行发布第 A7532 号公告，宣布对进口实行新的外汇管制措施。新措施针对非自动许可证项下的货物和服务进口，规定进口总额为 2021 年 105% 以上（以美元计价）的企业自行融资支付货款。其中，中小企业的进口额上限提升至 2021 年的 115%（额度为 100 万美元），可享受一定融资豁免权；A 类许可物资月均进口额上限为 2021 年的 5% 或 2020 年的 70%；B 类许可物资（按非自动许可证管理）发货 180 天后付款；为应对俄乌战争背景下的能源价格高企，能源和药品进口将不受限制；包括直升机、无人机、摩托艇和四轮车在内的奢侈品发货 360 天后付款；服务进口总额上限为 2021 年对应进口总额，否则将在发货 180 天才能付款，货运和旅游业除外。报道称，新措施几近波及阿根廷全部进口商，尤其是大型进口商，有效期至 2022 年 9 月 30 日。此外，阿根廷央行出台了促进出口的预融资制度，将谷物出口商的外币结汇时限从 5 天延长至 15 天。阿根廷政府表态称，新外汇管制措施并非限制进口，而是鼓励企业自筹美元支付货款，以稳固阿根廷央行外汇储备；同时为能源进口提供外汇便利，以维持经济增长和中小企业发展并规避进口投机行为。

资料来源：驻阿根廷共和国大使馆经济商务处.阿根廷央行对进口实行新的外汇管制措施[EB/OL].[2022-07-03]. http://ar.mofcom.gov.cn/article/jmxw/202207/20220703331583.shtml.

二、政治风险的防范措施

（一）投资前期的政治风险防范措施

1. 投保政治险

跨国公司通过办理保险将政治风险转移给其他机构是防范政治风险的良策。在许多工业化国家，如美国、英国、日本、德国、法国等，都设有专门官方机构对企业或个人的海外投资提供政治风险的保险，如美国海外私人投资公司（OPIC），英国出口信贷担保局（ECGD）。海外投资保险承保的政治风险包括国有化风险、战争风险与转移风险三类。

2. 与东道国政府谈判

投资者在投资前设法与东道国政府谈判，并达成特许协议，获得某种法律保障，尽量减少政治风险发生的可能。通过协议明确以下几点。

(1) 子公司可以自由地将股息、红利、专利权费和管理费用等汇回母公司。
(2) 划拨价格的定价方法。
(3) 公司缴纳所得税和财产税参照的法律和法规。
(4) 发生争议时进行仲裁的法律和仲裁地点。

(二) 商务活动开展后的政治风险防范措施

1. 生产上防范政治风险的措施

跨国公司通过控制原材料和零部件供应、专利和技术、商标使用权,以防止东道国政府对跨国公司的生产垄断,降低被征用的政治风险。

2. 经营上防范政治风险的措施

跨国公司通过控制产品的出口市场以及产品出口分销机构,使东道国政府接管该公司后,失去了产品进入国际市场的渠道,生产的产品无法出口,可以有效地降低被征用的政治风险。

3. 融资上防范政治风险的措施

跨国公司积极争取在东道国金融市场上融资,通过有效管理融资渠道,达到降低政治风险的目的。

4. 组织上防范政治风险的措施

跨国公司通过采取合资经营、发放许可证和雇佣当地居民的方式,可以防范政治风险。进行合资就是在境外投资的公司与所在国企业或个人创办合资企业。发放许可证是由跨国公司对所在国企业发放许可证,允许其生产与经营本公司产品。雇用当地居民就是雇用当地居民作为本公司职员,选择当地居民担任总经理。这些措施都可以有效地降低政治风险。

(三) 政治风险发生后的止损措施

一旦发生政治风险,跨国公司应该采取止损措施,积极与东道国政府进行谈判,争取得到东道国各有关方面的支持。同时,跨国公司还可以从多方面寻求法律保护,最大限度地减少投资损失。

展望未来

国际政治环境的新变化

现已处在21世纪第二个十年开端,需要用符合新时代特色的尺度衡量面临的国际政治环境。目前国际政治领域发生了若干变化。

(1) 全球化进程的推进。全球化不仅改变了人们的经济社会生活,也改变了国际政治的景象。例如,全球性挑战的出现和日趋严峻,促使各国和国际社会更加重视全球治理问题,也催生了全球责任及全球伦理的萌芽。

(2) 以信息技术为中心的新技术革命的到来。以互联网、大数据、人工智能为代表的信息技术飞速发展,预示着世界范围内新一轮技术革命的到来。与以往历次技术进步浪潮(如蒸汽机革命、铁路的修造或航海航空技术的突破)有所不同,以信息技术为中心的新技术革命,穿透了传统的政府信息垄断屏障,更多惠及普通人的跨国交往与信息获取,致使传统的各种控制力量受到削弱、治理方式受到质疑。在国际政治视野下,国家政府的地位发生了改变,过去的某些国家之间的决策和协调方式将不再适用。

(3) 主权作为国际政治的核心范畴受到深刻持续的冲击。近代国际体系生成以来,主权一直是民族国家赖以生存的法宝和利器。主权关键内涵是一个国家的政权(决策者)能够不受任何外力约束地自主决定内外重大事务。但是,随着全球化时代的深化和新技术革命的到来,任何国家都不再可能按照以往那种方式自行其是,既无法不顾及国内社会和公民的意愿做出专制决定,也不能在不考虑国际环境和压力的背景下实施外交和对外战略方针。主权范畴调整的新动向是执政者根据国内人民和国际社会的主流意志,因地、因时、因事制宜地实行政治变革和政策调整,放弃过去那种把国家意志强加于内外民意的专横做法。

(4) 国际制度网络的不断强化与扩散。以联合国为中心的国际组织系统逐渐活跃壮大,各种国际规范、国际法律、国际制度朝着不同方向和不同领域伸展,发挥着远比从前重要的功能与影响。国际制度好像一张大网,越来越紧密地铺展到地球的各个角落和所有国家,不同程度地改变了各国和国际社会的议事日程。

(5) 大国权势不再有往昔的风光,尤其是军事力量的优先性有所下降。尽管当下各主要大国仍然占据国际政治的中心位置,但比起过去,它们受到国际制度更多的约束,受到媒体和社会因素更多的批评,传统的统治方式和政治体制面对复杂多样的挑战显得更加乏力。国家依然是强大的,但国家在国际政治事务中不再具有旧时那种强大以致专横霸道的权力。军事机器作为国家重要手段之一,显然不像从前那样"好使",军事的优先性相对法律、外交、经贸的位置有所降低;它揭示出多元化世界的一个重要含义,即国家的暴力机器功能逐渐减弱,国家合法性来自不同的决定因素。

(6) 社会力量作为第三种力量登上世界历史的舞台。毋庸置疑,过去的几十年,国际政治最显著的一个现象是,以往很少发声的社会力量开始表达自己的诉求,用极其多样甚至完全不同的方式显示自己的存在。形形色色的非政府组织是一个典型,本·拉登和"基地"组织则是反面样本,他们或试图改善政府权力误用或缺失造成的问题,或直接对政府行使权威方式发出挑战;无论采取什么方式,社会作为一个复杂的机体在国际政治里逐渐壮大,而传统的政治权威和经济势力(如政府经济主管部门和国有企业)不得不与之争夺权力和影响。

(7) 国际政治与国内政治的互动更加密切,复杂的传导机制呈现国际关系新画面。由于上面提到的各种因素的存在和加强,最近几十年国际关系中有一个值得研讨和追踪的情形,即随着各国门户的日益开放(不论是主动自觉还是被迫接受的),国际政治与国内事务的界限越来越模糊,外部的动态很快传递到各国内部(反之亦然),一国自身的决策往往是内外"双层博弈"的结果,国家之间的协调或冲突有了更多地参与方和动因;判别国际政治的进程与后果,很难用过去那种相对简单的国家之间的冲突或合作的标准加以衡量。新的国际关系结构里,层次更多、因素更多样、结局更不确定,相互作用也不再沿着线性的轨道发展。

以上动向与趋势给出了清晰的提示,即国际关系的性质正在发生历史性的深刻变化,传统意义上的"国际政治"正在朝着新的更加立体化、动态化的"世界政治"转变。

资料来源:王柏松.《国际政治学》课程动态案例教学的探索与实践[J].教育现代化,2019(32).

 学习总结

政治环境是指企业国际经营所涉及的国家或地区的政治体制,以及在一定时期内由一定执政党掌权的政府的政策、政府管理、政治稳定性等。它是由政治制度、政党制度、政治稳定性、政府对外资的态度四个要素构成。由于每个国家的政治制度、政党制度、政治稳定性以及政府对外资的态度存在差异,决定国际商务政治环境的不同。跨国公司应认真分析东道国的政治环境,尽量规避政治风险,做到趋利避害。

国际环境的稳定性给国际商务活动带来重大影响。各个国家或组织为了追求自身的利益,经常在政治、经济和军事领域发生冲突,国际冲突加剧不平等国际商务关系,使发达国家与发展中国家的利益博弈更加严重,引发国家之间贸易冲突,给企业开展国际商务活动带来负面效应。国际合作是各个国家或组织之间在相互利益基本一致的前提下所进行的政策协调行为,在全球、区域、多个国家或两个国家之间开展全球合作、区域合作、多边合作和双边合作。国际合作促进了国际稳定,推进了全球化进程,为企业开展国际商务活动创造了良好的政治环境。

企业在从事国际商务活动中,不可避免地会面临政治风险,政治风险分为政局风险、所有权风险、经营风险和转移风险,对企业的国际经营带来不利影响。企业需要在投资不同阶段采取有针对性的防范政治风险的措施,在投资前期,通过投保政治险、与东道国政府进行谈判达成特许协议,以预防政治风险;在投资中期,通过生产和经营上的安排,控制原材料和零部件供应、生产技术、商标使用权和销售渠道,通过进行合资、发放许可证、雇用当地居民的措施,降低被征用的政治风险。政治风险发生后,通过与东道国谈判和法律援助措施,进行止损。

学习测试

一、选择题

1. 下面选项中不是政治环境对企业影响的特征的是( )。
   A. 稳定性　　　　B. 难以预测性　　　C. 直接性　　　　D. 不可逆转性
2. 以下选项中包含在政治环境的范围内的是( )。
   A. 政治体制　　　B. 政治政策　　　　C. 政治形势　　　D. 政治风险
3. 下列不属于国际政治格局类型的是( )。
   A. 单极格局　　　B. 两极格局　　　　C. 多极格局　　　D. 无核格局
4. 以下选项中企业行为不能帮助企业规避政治风险的是( )。
   A. 多持有东道国外汇　　　　　　　B. 购买政治险
   C. 与东道国政府合资　　　　　　　D. 分散投资
5. 以下选项中企业行为不属于投资中规避政治风险的特征的是( )。
   A. 投资主体和客体分散化　　　　　B. 购买保险
   C. 赢得企业在东道国的认同感　　　D. 本土化经营

二、简答题

1. 什么是政治环境?它包括哪些内容?
2. 政治稳定性主要包括哪些?它对国际商务环境产生什么样的影响?
3. 简述政治风险的主要内容和特征。
4. 简述跨国企业在进行国际商务活动中如何控制政治风险。

三、案例分析题

跨国公司在秘鲁国际石油投资中的政治风险

为促进在石油勘探和开采领域的投资,秘鲁政府在1980年通过了一部新的石油法(232331号法律),该法是为石油企业利润再投资提供税收优惠。在此背景下,包括美国Belco石油公司在内的三家外资石油公司积极响应,宣布将增加6亿美元投资用于秘鲁的石油勘探和开发,并得到了相应的税收优惠。这三家石油公司在秘鲁总投资额超过19亿美元,原油产能占秘鲁原油总产能的 2/3。

自 1959 年,Belco 石油公司就以签订产品分成协议(PSA)的形式在秘鲁经营石油产业。到 1985 年,Belco 在秘鲁北部海域原油产量已达到 2.4 万桶/日,使秘鲁成为拉美地区第五大石油输出国。然而,1985 年秘鲁总统大选,新任总统加西亚(Garcia)单方面终止了税收优惠政策,于 1985 年 8 月 27 日宣布:外国石油公司滥用前任政府给予的税收优惠政策,现任政府要求享受过该政策的外资石油公司补缴减免的税款,同时将税率由原来的 41% 提高到 68%;现任政府要求外国石油公司增加在石油勘探领域的投资,取消与三家最大外国石油公司(包括 Belco 石油公司)签订的产品分成合同,并要求就合同内容进行为期 90 天的重新谈判。

经过谈判,两家公司与秘鲁政府达成了新的协议。Belco 石油公司拒绝按照秘鲁政府要求增加投资、补缴税款,接受新的税率。1985 年 12 月,Belco 石油公司在秘鲁的全部资产被征收,由秘鲁国家石油公司接管。

Belco 石油公司曾在美国投保了美国国际集团(AIG)的政治风险保险,在资产被征收后,公司向 AIG 提出 2.3 亿美元的索赔,这是当时金额最大的一笔政治风险索赔案件。美国国际集团(AIG)在对 Belco 石油公司进行赔偿后,开始了对秘鲁政府长达 8 年的索赔追偿。1993 年 8 月 28 日,秘鲁政府与 AIG 最终签订了总额为 1.847 亿美元的赔偿协议。

资料来源:曾小龙,蒋瑛.国际投资学[M].北京:对外经济贸易大学出版社,2018.

根据以上资料,回答下列问题:
1. Belco 石油公司在秘鲁国际石油投资中遭遇了哪种类型的政治风险?
2. Belco 石油公司采取了什么措施规避政治风险?
3. 本案例对跨国公司的国际商务活动有什么启示?

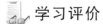 学习评价

核心价值观评价

	核心价值观	是否提高
通过本项目学习,你的	民族自豪感和责任感	
	政治认同感	
	制度自信和道路自信	
	政治风险意识	
自评人(签字) 年 月 日		教师(签字) 年 月 日

专业能力评价

	能/否	准确程度	专业能力目标
通过本项目学习,你			分析政治环境要素差异对国际商务活动的影响
			分析国际冲突和国际合作对国际商务活动影响
			针对跨国企业处于不同阶段提出规避政治风险的措施
自评人(签字) 年 月 日			教师(签字) 年 月 日

专业知识评价

	能/否	精准程度	知识能力目标
通过本项目学习,你			掌握政治环境的含义和构成要素
			理解政治环境要素对国际商务的影响
			熟悉国际政治格局的含义和类型
			掌握国际冲突的本质和表现形式
			理解国际冲突对国际商务活动的负面影响
			掌握国际合作的含义和类型
			理解国际合作对国际商务活动的积极作用
			掌握政治风险的概念和特征
自评人(签字)		年 月 日	教师(签字)　　　　　　　　　年 月 日

学习项目三

国际商务经济环境

 学习目标

知识目标

1. 掌握经济体制及类型。
2. 熟悉经济发展阶段理论。
3. 掌握经济发展水平指标和分析方法。
4. 理解经济自由度指数和经济自由的价值。
5. 理解经济差异对国际商务活动的影响。
6. 理解人口因素和收入水平不同形成的市场差异。
7. 理解消费结构不同形成的市场差异。
8. 理解市场竞争性质和状况不同形成的市场差异。
9. 掌握市场竞争的分析方法。
10. 理解市场差异对国际商务活动的影响。
11. 熟悉世界主要产业的生产和贸易布局。
12. 理解产业布局差异对国际商务活动的影响。

能力目标

1. 能够运用经济指标分析某一国家的经济所处阶段和发展水平。
2. 从全球的角度分析和确定某一国家在全球经济发展中的地位。
3. 分析各国的经济差异对国际商务活动的影响。
4. 能够根据人口规模、收入水平、消费结构分析某一国家的市场规模和潜力。
5. 能够运用五力模型分析某一国家的市场竞争状况。
6. 能够分析各国的市场差异对国际商务活动的影响。
7. 能够从产业生产布局和贸易结构分析某一国家的产业差异。
8. 能够分析产业差异对国际商务活动的影响。

素养目标

1. 坚定道路自信和制度自信,坚信中国社会主义道路的正确性和社会主义制度的优越性。
2. 具备辩证思维,客观公正地看待各国存在的经济发展水平差异。
3. 坚定理想信念,深刻领悟习近平经济思想构建起新时代社会主义市场经济学,增强理论自信和思想自觉。

4. 厚植家国情怀,我国市场成为新的世界经济增长点,感受祖国强大,激发爱国主义情怀。

5. 树立公平竞争、互利共赢的价值理念。

学习导图

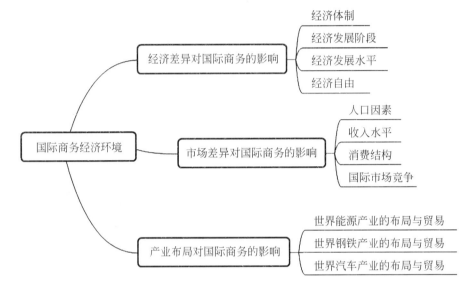

引导案例

金砖国家:新兴经济体的领先者

新兴经济体正在成为"世界经济稳定的来源",金砖国家(即巴西、俄罗斯、印度、中国和南非)是新兴经济体中的领先者。

2001年,美国高盛公司首席经济师吉姆·奥尼尔首次提出"金砖四国"这一概念,特指世界新兴市场。2006年,巴西、俄罗斯、印度和中国四国外长在联合国大会期间举行首次会晤,开启金砖国家合作序幕。2009年6月,金砖国家领导人在俄罗斯叶卡捷琳堡举行首次会晤,推动金砖合作升级至峰会层次。2011年,南非正式加入金砖国家,金砖国家扩为五国,英文名称定为BRICS。

金砖国家的经济状况具有以下显著特点和独特优势。

一是金砖国家普遍国土面积大、人口多,具有各自的资源或要素优势。金砖国家的国土面积占世界领土总面积的26.46%,人口占世界总人口的41.93%。在这种地大人多的基本情况下,金砖国家的资源或要素优势明显。俄罗斯和巴西具有资源优势,中国和印度具有相对的劳动力要素成本优势。

二是经济快速增长潜力巨大。2021年五国经济总量约占世界的25.24%,贸易总额占世界的17.9%。2022年,五国在世界银行的投票权为14.06%,在国际货币基金组织的份额总量为14.15%。据高盛公司预测,金砖国家在今后仍将保持高速发展,GDP合计(不含南非)可能在2041年超过西方六大工业国(G7中除去加拿大)。

三是消费市场发展日益扩大。随着经济快速发展,金砖国家人均收入等指标大幅增长,消费需求大大提升,对高档商品和各种金融商品的需求明显增多。据高盛公司预测,2050年,金砖国家(不含南非)将拥有8亿中产阶级人口,是消费市场的中坚力量。金砖国家将在能源、天然资源、资本三大市场扮演主角,成为全世界最重要的消费市场。

四是金砖国家在许多国际问题上具有相同的利益。金砖国家作为重要的新兴经济体,在应对国际金融危机冲击、二十国集团(G20)峰会进程、国际金融机构改革、粮食安全、气候变化等重大紧迫问题上,具有共同的立场和共同的利益。

五是金砖国家具有比较强的互补性,合作空间比较大。高盛公司预测,中国和印度分别将成为世界上最主要的制成品和服务提供者,而巴西和俄罗斯将成为世界上最主要的原材料提供者。鉴于巴西和俄罗斯可以为中国和印度提供所需的原材料,合乎逻辑的预测表明,金砖国家将展开更加广泛的合作。

资料来源:查尔斯·W.L.希尔.当代全球商务(原书第12版)[M].王炜瀚,译.北京:机械工业出版社,2023.

案例分析:2023年8月22—24日在南非杉藤举行金砖国家领导人第十五次会晤,24日,金砖国家领导人第十五次会晤特别记者会宣布,邀请沙特、埃及、阿联酋、阿根廷、伊朗、埃塞俄比亚正式成为金砖大家庭成员。金砖国家同为发展中国家,近年来经济发展非常迅猛,消费市场日益扩大,各国都面临着人口老龄化、人工成本增加、收入分配不均衡等各种挑战。金砖国家的强势崛起预示着全球经济新阶段的到来,为全球之间的贸易和投资活动提供良好的经济环境。

全球经济环境的变化,会对企业的国际商务活动产生重大影响。所谓经济环境,就是指企业从事国际商务活动所面临的国际经济状况及其发展趋势。在国际商务活动中,经济环境是一个重要的组成部分,是国际企业需要考虑的首要因素,也是最直接、最基本的因素,不仅在外国企业考虑进入某个国家市场时有直接影响,而且对于国际企业随后的经营行为和产品的销售也有影响,直接关系到国际企业在当地的投资是否能够成功,是否能够达到预期效益。

学习单元一　经济差异对国际商务的影响

一、经济体制

经济体制是指一定生产关系下生产、交换、分配和消费的具体形式。经济体制的不同决定了不同国家和地区资源配置基本方法和形式上的差异。尽管各国的国情不尽相同,经济体制一般分为市场经济体制、计划经济体制、混合经济体制三种类型。

1. 市场经济体制

市场经济体制建立在高度发达的商品经济基础上。在市场经济体制下,资源分配受到消费者主权的约束,生产什么取决于消费者的需求(市场需求),生产多少取决于消费者支付能力的需求水平;经济决策是分散的,作为决策主体的消费者和生产者在经济和法律上的地位是平等的,不存在人身依附和超经济强制关系;信息是按照买者和卖者之间的横向渠道传递的。经济动力来自对物质利益的追求,分散的决策主体在谋求各自的利益中彼此展开竞争,决策的协调主要是在事后通过市场来进行。整个资源配置过程是以市场机制为基础。中国香港、新加坡、美国都属于经济市场化程度比较高的经济体,是公认的市场经济体制。

知识拓展

欧盟、美国的市场经济标准

欧盟提出的五项市场经济标准如下。

(1) 市场经济决定价格、成本、投资。

(2) 企业有符合国际财会标准的基础会计账簿。

(3) 企业生产成本与金融待遇不受非市场经济体制的扭曲。

(4) 企业有向国外转移利润或资本的自由,有决定出口价格和出口数量的自由,有开展商业活动的自由。

(5) 确保破产法及资产法适用于企业,汇率变化由市场供求决定。

美国提出的六项市场经济标准如下。

(1) 货币可自由兑换。

(2) 劳资双方可进行工资谈判。

(3) 自由设立合资企业或外资企业。

(4) 政府减少对生产的控制程度。

(5) 政府减少对资源配置、企业生产和商品价格的干预。

(6) 商业部认为合适的其他判断因素。

2. 计划经济体制

计划经济体制是与市场经济体制完全对立的一种经济体制,是对生产、资源分配以及产品消费事先进行计划的经济体制。在计划经济体制中,一国或地区的大部分资源由政府拥有,生产商品和服务的数量、价格都是由政府计划指定,不受市场影响。实行计划经济体制的基本出发点是政府能够直接按照国家整体的利益进行投资和生产,克服纯粹市场经济体制的缺陷。在20世纪中后期社会主义国家基本上都实行计划经济体制。

由于现代经济的复杂性,计划经济体制所需要的信息收集和分析成本很高,导致高昂的管理费用,价格体系不合理导致资源低效或无效使用,平均分配制度导致企业和个人缺乏改进产品和服务的能力。因此很多曾经实行计划经济体制的社会主义国家都放弃了计划经济体制。

3. 混合经济体制

混合经济体制是既有市场调节,又有政府干预的经济体制。在这种经济体制中,决策机构既有分散的特征又有集中的特征;决策者的动机和激励机制既可以是经济化的,也可以是指令性的。整个经济制度中的信息传递同时通过价格机制和计划机制进行。在混合经济体制中,通过市场机制的自发作用,解决生产什么和生产多少、如何生产和为谁生产的基本问题,当市场机制失灵时,则通过政府干预以促进资源使用的效率,增进社会平等和维持经济的稳定与增长。

动画:经济制度与分配制度

二、经济发展阶段

不同国家的经济发展水平不同,在生产、消费上表现出不同的特点,对国际商务活动产生影响。

经济发展阶段是区分一个国家或地区经济发展水平的主要标准。处于不同经济发展阶段的国家或地区在产品的生产、需求、消费、技术水平方面都存在较大差异。美国经济学家W. 罗斯托（Whitman Rosow）将人类社会发展分为六个经济成长阶段，即传统社会阶段、准备起飞阶段、起飞阶段、走向成熟阶段、高额群众消费阶段和追求生活质量阶段。

1. 传统社会阶段

罗斯托把近代科学技术产生前的社会泛称"传统社会"。在传统社会阶段（traditional society phase），经济发展水平落后，人均收入很低，国内市场非常狭小，自然经济仍然是绝对的主体。目前，被联合国列为最不发达的国家，基本上还处于这一经济发展阶段。传统社会的特点是生产力水平低，没有能力采用现代的科技方法从事生产；人们的知识文化水平低，无法进行最基本的经济建设。

2. 准备起飞阶段

准备起飞阶段（take-off preparation phase）是"传统阶段"向"起飞阶段"的过渡时期。在这个阶段，现代的科学技术知识开始应用于农业及工业生产方面；各种交通运输、通信及电力设施逐渐建立；人们的教育及保健逐渐受到重视，只是规模还小，不能普遍施行。目前，世界上相当一部分发展中国家尚处于这一阶段。这些国家正在普遍推行工业化政策，大力发展民族工业，因而对部分资本和商品有一定需求，人均收入水平也在加速增长，在一定程度上扩大了对消费品的市场需求量。

3. 起飞阶段

起飞阶段（take-off phase）是经济成长序列的一个关键性的阶段。在这个阶段，各种社会设施及人力资源的运用已经步入经济起飞阶段。这些国家拥有某些高度发达的产业部门，尤其是一些加工制造部门，投资增加较快，使新兴的工业部门不断涌现，为工业品提供了大量的市场机会。随着个人收入的较快增长，消费品市场也具有相当规模，对耐用消费品的需求增加，需求层次不断提高。

4. 走向成熟阶段

经济起飞以后经过一段时间的稳定增长，就进入一个新的阶段，即走向成熟阶段（maturity phase）。在这个阶段，国民经济的各个部门基本上已经实现了现代化装备，生产不断提高，个人收入不断增加。整个社会服从于现代高效率生产要求，新的思想和体制替代旧的思想和体制，以支持经济的持续增长。

5. 高额群众消费阶段

随着经济成熟，必然过渡到高额群众消费阶段（substantial crowd consumption phase）。在这个阶段中，注重耐用性消费、财富及各项服务业的生产，公共设施、社会福利设施日益完善，整个经济呈现大量生产、消费的状态。经济主导部门转向耐用消费品生产和社会福利及安全等方面。由于经济的高速发展，个人所得猛增，大部分消费者取得了较高的可任意支配收入。

6. 追求生活质量阶段

经过大众消费阶段，人们不仅追求耐用消费品，而且追求优美的环境、舒适的生活和精神享受。在追求生活质量阶段(pursuing living quality phase)中,经济主导部门转向以服务业为代表的部门,这些部门是提供生活质量的部门,如服务业、环境保护业、旅游业、教育业等。整个社会不再以物质产品数量衡量发展的成就,而是以劳务形式所反映的生活质量的高低程度,作为衡量社会发展的标志。这一阶段被认为是"起飞阶段"之后人类社会发展的又一突破。

由于各国所处经济发展阶段不同,其市场特征也会存在较大差异,在产业结构、投资水平、生产需求、国民收入、消费需求、进口结构上的不同,将直接或间接影响企业国际商务活动。因此从事国际商务的企业确定目标市场的前提就是要确定一国或地区所处的经济发展阶段。

知识拓展

世界银行如何划分经济体收入水平

为划分世界各经济体收入水平,世界银行于1978年在世界发展报告中首次发布了国家收入分类标准以及人均国民总收入(GNI)指标的国家排序数据。世界银行国家收入分类标准,是国际社会分析研究世界各经济体经济社会发展状况、发展趋势、发展水平和发展差距的重要工具,也是世界各经济体开展全球合作治理、做出行政决策和制定发展战略的重要统计依据。

(1) 分组方式。世界银行按图表集法计算各经济体人均国民总收入(GNI),对世界各经济体经济发展水平进行分组。首先依据图表集法将各经济体以本币计算的人均GNI,换算为以美元计算的人均GNI,再依据当前收入阈值将189个世界银行成员国和28个人口超过3万的经济体划分为不同的收入分组。

各收入分组的阈值在1989年初步设定,并依据通胀每年7月1日加以调整,即使在此期间各国人均GNI进行了修正,收入分组在次年7月1日前仍保持不变。

(2) 示例。按照这一方法,世界银行把世界各经济体分成四组,即低收入、中等偏下收入、中等偏上收入和高收入。通常,中、低收入国家被称为发展中国家,高收入国家被称为发达国家。世界银行经济体收入分组标准(2019年)如表3-1所示。

表 3-1 世界银行经济体收入分组标准(2019年)

经济体分组	划分标准(人均国民总收入)
低收入经济体	1 035 美元以下
中等偏下收入经济体	1 036~4 045 美元
中等偏上收入经济体	4 046~12 535 美元
高收入经济体	12 536 美元以上

资料来源:世界银行.

按世界银行公布的数据,美国2019年人均GNI 65 760美元,属于高收入国家;中国10 410美元,属于中等偏上收入国家;印度2 130美元,属于中等偏下收入国家;阿富汗540美元,属于低收入国家。

资料来源:http://www.stats.gov.cn/zs/tjws/tjbz/202301/t20230101_1903742.html.

思政园地

我国人均国民收入实现新飞跃

党的十八大以来,我国人民生活水平大幅提高,人均国民总收入居世界位次大幅跃升,主要民生指标优于中等偏上收入国家平均水平,提前10年实现《联合国2030年可持续发展议程》减贫目标,为世界减贫事业作出巨大贡献。

2021年,我国人均国民总收入(GNI)达11 890美元,较2012年增长1倍。在世界银行公布的人均GNI排名中,我国人均GNI由2012年的第112位上升到2021年的第68位,提升了44位。世界各收入组及主要国家人均国民收入见表3-2。

表3-2 世界各收入组及主要国家人均国民收入　　　单位:美元

国　　家	2012年	2019年	2020年	2021年
世界	10 540	11 577	11 099	12 070
高收入国家	42 002	45 605	43 855	47 904
中等收入国家	4 501	5 535	5 334	5 845
中等偏上收入国家	7 570	9 636	9 399	10 363
中等偏下收入国家	2 059	2 428	2 281	2 485
低收入国家	782	719	689	722
中国	5 910	10 310	10 530	11 890
美国	52 790	65 970	64 140	70 430
日本	50 060	42 010	40 810	42 620
德国	46 560	49 190	47 520	51 040
英国	41 940	43 460	39 970	45 380
法国	43 410	42 550	39 500	43 880
意大利	36 220	34 940	32 380	35 710
俄罗斯	13 490	11 280	10 740	11 600
巴西	12 300	9 220	7 800	7 720

资料来源:世界银行WDI数据库.

资料来源:http://www.stats.gov.cn/sj/sjjd/202302/t20230202_1896690.html.

三、经济发展水平

各国经济发展水平存在着显著的差异,通常用来衡量经济发展水平的指标主要有国民总收入(GNI)、国民生产总值(GDP)和国内生产总值(GNP)等。这些指标通过消费、投资、政府支出和贸易来有效地反映家庭、企业和政府的经济活动。除此以外,管理者还需要借助基于全球指数的经济指标来分析国际经济环境中各国经济发展之间的联系。

(一) 经济绩效指标

1. 国民总收入(GNI)

国民总收入(Gross National Income,GNI)是衡量一国经济的最为宏观的指标。国民总收入是指一个国家或地区所有常驻单位在一定时期内所获得的初次分配收入总额。它等于国内生产总值加上来自国外的净要素收入。例如,三星电视在韩国创造的价值以及利用三星的资源在日本创造的价值都要计入韩国的国民总收入。

2. 国民生产总值(GNP)

国民生产总值(Gross National Product,GNP)是一个国家(或地区)所有常住单位在一定时期(通常为一年)内收入初次分配的最终结果。它是一定时期内本国的生产要素所有者所占有的最终产品和服务的总价值,等于国内生产总值加上来自国内外的净要素收入。

从概念上,国民生产总值与国民总收入是相等的。不过,因为两者在计算方面略有出入,形成国家层面上的差异。

3. 国内生产总值(GDP)

国内生产总值(Gross Domestic Product,GDP)是指按国家市场价格计算的一个国家(或地区)所有常住单位在一定时期内生产活动的最终成果,常被公认为是衡量国家经济状况的最佳指标。GDP是核算体系中一个重要的综合性统计指标,它反映了一国(或地区)的经济实力和市场规模。同时 GDP 也是评估经济环境的重要指标,这是因为跨国经营部门的产出在其中占有重要份额。

动画:国内生产总值(GDP)

 知识拓展

国民生产总值(GNP)与国内生产总值(GDP)

国民生产总值(GNP)和国内生产总值(GDP)的不同之处在于两者计算依据的准则不同,前者是按"国民原则"计算,后者则是按"国土原则"计算的。即 GNP 是一国居民所拥有的劳动和资本所生产的总产出量,而 GDP 则是一国境内的劳动和资本所生产的总产出量。例如,中国 GDP 的一部分是由美国公司在中国境内的工厂所生产的,这些工厂的利润应划入中国 GDP 但不应计入 GNP;又如,当中国的劳动力在海外市场取得报酬时,收入应计入 GNP 而不应计入 GDP。

视频:全球各国 GDP 动态排行

(1960—2020 年)

经济增长速度

经济增长速度是指一国或一地区在一定时期内社会物质生产和劳务发展变化的速率。西方国家经济增长速度一般以不变价格计算的报告期的国民生产总值同基期相比而得的比率表示。

近年来,我国也开始运用国民生产总值的增长率来表示经济增长速度。经济增长速度主要取决于社会再生产中的比例关系,也受社会经济各方面、各环节经济效果影响。速度只有与比例效果统一,才能持久稳定高速增长。

经济数据

2022年我国国内生产总值

2022年我国国内生产总值1 210 207亿元(图3-1),按不变价格计算,比2021年增长3%。分产业看,第一产业增加值88 345亿元,比2021年增长4.1%;第二产业增加值483 164亿元,增长3.8%;第三产业增加值638 698亿元,增长2.3%。分季度看,一季度国内生产总值同比增长4.8%,二季度增长0.4%,三季度增长3.9%,四季度增长2.9%。从环比看,四季度国内生产总值与三季度持平。

图3-1 2022年中国GDP突破120万亿元

视频:中国GDP攀升曲线

从人均水平来看,2022年我国人均GDP达到了85 698元,比2021年实际增长3%。按年平均汇率折算,达到12 741美元,连续两年保持在1.2万美元以上。

思政园地

2022年国民经济顶住压力迈上新台阶

2022年,面对风高浪急的国际环境和艰巨繁重的国内改革发展稳定任务,国民经济顶住压力持续发展,经济总量迈上了新的台阶,达到121万亿元,稳居世界第二位,实现经济社会大局和谐稳定。中国向世界展示了亮眼的经济成绩单,再一次彰显中国的经济实力,表明在复杂的经济环境下,中国人民通过艰苦卓绝的努力实现了"中国梦"。

(二)基于全球指数的经济分析

对一个国家经济环境中单个因素的分析是一种局部均衡分析。但是现代市场体系是复杂的,而仅评估分离的单个指标是无法解释给定系统的特征的,因此要站在系统全局的角度分析系统各个组成部分之间的联系。基于全球指数的分析是从全球角度出发,从竞争力和创新等方面将一个国家置于全球经济环境中进行经济绩效评估。

1. 全球竞争力指数(GCI)

全球竞争力指数(Global Competitiveness Index,GCI)旨在衡量一国在中长期取得经济持续增长的能力,并于2004年首次使用。

GCI由12个竞争力支柱项目构成,包括制度、基础设施、宏观经济稳定性、健康与初等教育、高等教育与培训、商品市场效率、劳动市场效率、金融市场成熟性、技术设备、市场规模、商务成熟性、创新。这些支柱为识别处于不同发展阶段的世界各国竞争力状态提供了全面图景。

全球竞争力指数(GCI)由总部设在日内瓦的世界经济论坛每年公布一次。2019年全球竞争力指数(GCI)排名如表3-3所示,中国位列第28位。

表3-3　2019年全球竞争力指数

排名	国家或地区	得分	排名	国家或地区	得分
1	新加坡	84.8	15	法国	78.8
2	美国	83.7	16	澳大利亚	78.7
3	中国香港	83.1	17	挪威	78.1
4	荷兰	82.4	18	卢森堡	77.0
5	瑞士	82.3	19	新西兰	76.7
6	日本	82.3	20	以色列	76.7
7	德国	81.8	21	奥地利	76.6
8	瑞典	81.2	22	比利时	76.4
9	英国	81.2	23	西班牙	76.3
10	丹麦	81.2	24	爱尔兰	75.1
11	芬兰	72.6	25	阿联酋	75.0
12	中国台湾	80.2	26	冰岛	74.7
13	韩国	79.6	27	马来西亚	74.6
14	加拿大	79.6	28	中国	73.9

2. 世界竞争力指数(WCI)

世界竞争力指数(World Competitiveness Index,WCI)是评估一国(地区)创建并维持能确保私营企业或国有企业得以公平竞争,并创造繁荣和财富所需要的环境能力。一个国家(地区)的竞争力指数取决于四个主要因素:经济绩效、政府效率、企业效率和基础设施。这些因素又包括多个子因素,如国际贸易、就业、物价、商业法规、生产效率和管理行为。

世界竞争力指数通过300多个指标,得出一国(地区)的总体绩效。2019年世界竞争力指数排名如表3-4所示。

表3-4　2019年世界竞争力指数排名

国家或地区	排名(2019年)	排名(2018年)	变化
新加坡	1	3	+2
中国香港	2	2	—
美国	3	1	-2
瑞士	4	5	+1
阿联酋	5	7	+2
荷兰	6	4	-2

续表

国家或地区	排名(2019年)	排名(2018年)	变化
爱尔兰	7	12	+5
丹麦	8	6	−2
瑞典	9	9	—
卡塔尔	10	14	+4
挪威	11	8	−3
卢森堡	12	11	−1
加拿大	13	10	−3
中国	14	13	−1
芬兰	15	16	+1
中国台湾	16	17	+1
德国	17	15	−2
澳大利亚	18	19	+1
奥地利	19	18	−1
冰岛	20	24	+4
新西兰	21	23	+2
马来西亚	22	22	—
英国	23	20	−3
以色列	24	21	−3
泰国	25	30	+5
沙特阿拉伯	26	39	+13
比利时	27	26	−1

3. 全球创新指数(GII)

全球创新指数(Global Innovation Index,GII)是一个详细的量化工具,旨在帮助全球决策者更好地制定政策,促进创新。全球创新指数以包括知识产权申报率、移动应用开发、教育支出以及科技出版物等在内的80项指标为分析依据,对126个经济体创新情况进行了排名。它有助于全球决策者更好地理解如何激励创新活动,以此推动经济增长和人类发展,是全球政策制定者、企业管理执行者等人的主要基准工具。

全球创新指数从2007年起每年发布。2021年,我国创新指数居全球第12位,比2012年上升22位,在中等收入国家中排名首位。从分项指数看,2021年创新投入指数和创新产出指数分别居全球第25位和第7位,比2012年提高30位和12位。就各支柱指标看,创意产出、市场成熟度、人力资本与研究、基础设施、制度指标2021年全球排名分别为第14位、16位、21位、24位和61位,比2012年上升42位、19位、63位、15位和60位。全球创新指数居世界前十位及金砖国家比较见表3-5。

表 3-5 全球创新指数居世界前十位及金砖国家比较

国 家	2012 年 位 次	2012 年 总 指 数	2021 年 位 次	2021 年 总 指 数
瑞士	1	68.2	1	65.5
瑞典	2	64.8	2	63.1
美国	10	57.7	3	61.3
英国	5	61.2	4	59.8
韩国	21	53.9	5	59.3
荷兰	6	60.5	6	58.6
芬兰	4	61.8	7	58.4
新加坡	3	63.5	8	57.8
丹麦	7	59.9	9	57.3
德国	15	56.2	10	57.3
中国	34	45.4	12	54.8
巴西	58	36.6	57	34.2
俄罗斯	51	37.9	45	36.6
印度	64	35.7	46	36.4
南非	54	37.4	61	32.7

资料来源:世界知识产权组织《全球创新指数》。

知识拓展

人类发展指数

人类发展指数(Human Development Index,HDI)是联合国开发计划署(UNDP)从 1990 年开始发布用以衡量各国社会经济发展程度的标准,并依此区分已开发(高度开发)、开发中(中度开发)、低度开发国家。

由于人均 GDP 并不是衡量人类发展的唯一指标,因此人类发展指数另外加入两个与生活品质有关的指标:健康和教育。人类发展指数是在三个指标的基础上计算出来的:预期寿命,用出生时预期寿命来衡量;教育程度,用成人识字率(2/3 权重)及小学、中学、大学综合入学率(1/3 权重)共同衡量;生活水平,用实际人均 GDP(购买力平价美元)来衡量。

动画:人类发展指数

2022 年 9 月 8 日联合国开发计划署发布 *Human Development Report* 2022,在统计的 191 个国家和地区中:

(1) 极高人类发展指数:66 个,HDI 最小值(泰国为 −0.080);
(2) 高人类发展指数:49 个,HDI 最小值(越南为 −0.703);
(3) 中等人类发展指数:44 个,HDI 最小值(科特迪瓦为 −0.550);
(4) 低人类发展指数:32 个,HDI 最小值(南苏丹为 −0.385)。

中国的人类发展指数排名逐年提高,2013年位列101位,2014年位列91位,2015年位列90位,2017年位列86位,2019年位列85位,2022年位列79位。

📚 **思政园地**

我国人类发展指数逐步提高

人类发展指数是一个复合型指数,包括国家经济发展指标、健康和教育指标,综合衡量一个国家发展情况。我国通过全面地建设社会主义现代化,人类发展指数逐年提高,表明了我国的建设成效,也充分说明了社会主义制度的优越性。

四、经济自由

经济自由(economic freedom)是指"绝对的财产所有权、劳动、资本和商品流动的完全自由流动,或是对经济自由的限制仅限于必要的对公民自身的保护和维持"。经济自由度越高,个体就拥有越多的自由来决定所希望的工作、生产、消费、储蓄、投资等方式。经济自由并不是独立于国家而存在,而是离不开国家的保护。

1. 经济自由度指数

经济自由度指数(Economic Freedom Index,EFI)是反映一国政府除对财产、自由、安全和效率实施必要保护外对自由选择和自由企业的限制。经济自由度指数有四类十个组成部分,具体如表3-6所示。

表3-6 经济自由度指数的维度

类别	组成	指标
法律规则	财产权	个人积累私有财产的能力并受国家明确法律的安全保护
	免于腐败	腐败给经济关系带来不安全感和不确定性的程度
有限政府	财政自由	政府对公民施加的税收负担
	政府开支	政府支出占GDP的比例
监管效率	劳动自由	监管一国劳动力市场的法律和政策框架
	商业自由	开办、运作以及关闭企业的能力,反映了政府监管的总成本和效率
	货币自由	价格稳定程度以及价格控制程度
市场公开	贸易自由	不存在对商品和服务的进出口产生的关税与非关税壁垒
	投资自由	个人与企业不受限制地将资源转移到国内外经营活动的能力
	财务自由	银行业的效率以及金融业不受政府控制和干预的独立程度

《华尔街日报》和美国传统基金会发布年度报告,根据全球186个国家和地区的指数来评价各国和地区的情况。在0~100%范围内得分越高,经济自由度就越高,说明政府对经济的干涉水平越低。经济自由度指数是全球权威的经济自由度评价指标之一。

根据《2018年全球经济自由度指数》报告,世界经济水平评级为"中等自由"。这份报告涵盖了180个经济体,其中102个经济体得分有所提高,75个经济体得分有所下降,3个经济体的得分维持不变。总共有96个经济体提供了体制环境,其中6个经济体的得分在80

分以上,赢得了"自由"的评级指数,其余 90 个经济体的得分在 70～79.9 分或 60～69.9 分,被评为"大部分自由"或"中等自由"。63 个经济体的得分在 50～59.9 分,被评为"大多数不自由"。21 个经济体的得分低于 50 分,被评为"自由受限"。2018 年全球经济自由度排名情况如表 3-7 所示。

表 3-7 2018 年全球经济自由度排名

排名	国家或地区	综合评分	与 2017 年相比	排名	国家或地区	综合评分	与 2017 年相比
1	中国香港	90.2	+0.4↑	171	吉布提共和国	45.1	−0.6↓
2	新加坡	88.8	+0.2↑	172	阿尔及利亚	44.7	−0.8↓
3	新西兰	84.2	+0.5↑	173	玻利维亚	44.1	−0.6↓
4	瑞士	84.7	+0.2↑	174	津巴布韦	44.0	+0.0—
5	澳大利亚	80.9	−0.1↓	175	赤道几内亚	42.0	−3.0↓
6	爱尔兰	80.4	+0.7↑	176	厄立特里亚	41.7	−0.5↓
7	爱沙尼亚	78.8	−0.3↓	177	刚果共和国	38.9	−1.1↓
8	英国	78.0	+0.6↑	178	古巴	31.9	−2.0↓
9	加拿大	74.7	−0.8↓	179	委内瑞拉	25.2	−1.8↓
10	阿联酋	77.6	+0.7↑	180	朝鲜	5.8	+0.9↑

中国位列第 110 名,总体得分 57.8 分,其中表现最佳的指标分别是财政健全(85.9 分)、贸易自由(73.2 分),而评价最差的指标分别是投资自由(25 分)、金融自由(20 分)。总体来说,各项指标的上升空间很大。

2. 经济自由的价值

经济自由的概念有助于解释一国的发展、绩效和潜力。经济自由度高的国家具有更高的增长率和生产力,在通货膨胀、就业、平均寿命、贫困、环境可持续发展等方面也有更好的表现。因此经济自由传递了一个明确的信号:政府释放对资源的控制可以提高财务绩效、经济稳定性和人民生活水平。

学习单元二 市场差异对国际商务的影响

国际市场的人口因素和消费者的收入水平决定着市场规模,消费者的支出模式、消费储蓄和消费信贷影响着国际市场活力,国际市场竞争影响国际市场环境,这些因素会造成各国的市场差异,从而影响出口企业开展国际市场营销。

一、人口因素

人口数量与分布、人口结构等因素在不同国家有所不同,因此形成不同国家的市场规模差异。

(一)人口数量与分布

各国的人口数量与分布决定着市场规模。作为消费者,人口数量多、密度大的国家和地

视频:世界人口

区,必然对商品的需求量大,促销集中,分销渠道和物流配送相对集中,获得规模效应,商品成本低。反之,人口数量少、密度低的国家或地区,对商品的需求量小,促销分散,分销渠道和物流配送相对分散,商品成本高。

1. 世界人口数量激增,各大洲增速不均

从世界范围来看,世界人口急剧增长,而且增长速度日益加快。19世纪初,世界总人口只有10亿,但到2012年突破了70亿。世界人口中每增加10亿所用时间在迅速缩短,如表3-8所示。第一个10亿到第二个10亿用时123年,以后每新增10亿人口仅用10多年时间,据新华社数据,截至2023年2月23日,全球238个国家人口总数为7 898 326 143人。

表3-8 世界人口每增加10亿所需要的时间

人口	达到的大致时间	增加10亿所需要的时间
第一个10亿	1804年	近300万年
第二个10亿	1927年	123年
第三个10亿	1959年	32年
第四个10亿	1974年	15年
第五个10亿	1987年	13年
第六个10亿	1999年	12年
第七个10亿	2012年	13年
第八个10亿	2022年	10年

资料来源:联合国人口基金会.

世界人口持续增长,1951—1995年,世界人口年均增长速度均在1.5%以上,其中1961—1965年达到2.37%的最高值。但是世界各大洲的人口增速不均匀,欧洲的人口年均增长速度最慢,低于世界年均增长速度,2001—2005年出现了负增长;北美洲人口增长速度先高后低,1950年之前是高速增长阶段,尤其是1900年之前的增长幅度超过4%,大幅超过世界人口增长速度,1950年以后增速回落,低于世界人口平均增长速度;大洋洲人口年均增长速度与世界年均增长速度持平;亚洲、非洲和拉丁美洲人口增长速度较快,其年均增长速度高于世界年均增长速度,其中非洲在1971—1990年人口年均增长速度达到3%左右,如表3-9所示。

表3-9 世界各大洲人口年均增长速度 单位:%

年份	世界	非洲	亚洲	欧洲	拉丁美洲*	北美洲**	大洋洲
1750—1800	0.47	0.02	0.53	0.49	1.00	5.00	0.00
1801—1850	0.58	0.07	0.55	0.72	1.17	5.43	0.00
1851—1900	0.61	0.40	0.34	0.96	1.89	4.31	4.00
1901—1950	1.05	1.33	0.95	0.68	2.52	2.19	2.27
1951—1955	1.88	2.31	2.05	1.01	2.84	1.78	2.26
1956—1960	1.64	2.48	1.72	0.91	1.94	1.85	2.29
1961—1965	2.37	2.62	2.69	1.09	3.93	1.51	2.23
1966—1970	2.14	2.78	2.75	0.69	2.75	1.13	2.02

续表

年份	世界	非洲	亚洲	欧洲	拉丁美洲*	北美洲**	大洋洲
1971—1975	2.03	2.85	2.37	0.60	2.60	0.99	2.18
1976—1980	1.80	3.01	1.96	0.50	2.45	1.04	1.18
1981—1985	1.79	3.07	1.94	0.39	2.22	1.05	1.61
1986—1990	1.79	2.98	1.94	0.44	2.00	1.05	1.63
1991—1995	1.56	2.73	1.66	0.16	1.79	1.12	1.68
1996—2000	1.40	2.49	1.46	0.02	1.63	1.10	1.47
2001—2005	1.26	2.32	1.29	−0.09	1.46	1.03	1.26
2006—2010	1.17	2.82	1.03	0.07	1.17	0.72	1.28

注：*拉丁美洲：包括中美洲的国家（墨西哥、加勒比海沿线国家等）及南美洲的国家。
**北美洲：包括北美洲北部的国家和地区，即加拿大、美国、格陵兰、百慕大及圣皮埃尔和密克隆群岛。
资料来源：根据维基百科提供的数据计算得出。

2. 人口分布不均

目前，地球的陆地部分尚有30%～40%的地域基本无人定居，全世界2/3的人口集中在陆地表面1/7的土地上。从大洲来看，亚洲一直是全世界人口最多的大洲。目前有大约42亿人居住在亚洲，约占世界人口的60%。非洲是世界人口第二多的大洲，约有10亿人，占世界人口15%。欧洲有7.33亿人，占世界人口11%。拉丁美洲约有6亿人，占世界人口9%。以美国和加拿大为主的北美洲有3.52亿人，占世界人口5%。大洋洲人口最少，只有约3500万人，占世界人口0.5%。位于地球最南端的南极洲没有任何常住人口，仅有极少数在当地进行科学考察的科研与探险人员在南极科学考察站短期居住。人口一般集中在经济较为发达、气候宜人、交通便利、水热条件有利于工农业发展且地势较为平坦的地区。

从国家来看，中国以1 447 301 400人位居第一，成为世界上人口最多的国家，印度以1 403 018 576人位居第二，第三至第十名的国家分别是美国、印度尼西亚、巴基斯坦、尼日利亚、巴西、孟加拉国、俄罗斯、墨西哥。

2023年2月世界人口排名前10国家如表3-10所示。

表3-10　2023年2月世界人口排名前10国家

世界排名	国家	人口数量	增长率
1	中国	1 447 301 400	0.38%
2	印度	1 403 018 576	1.00%
3	美国	334 282 669	0.59%
4	印度尼西亚	278 374 305	1.07%
5	巴基斯坦	228 318 794	1.99%
6	尼日利亚	215 281 234	2.57%
7	巴西	214 981 893	0.71%
8	孟加拉国	167 455 589	1.01%
9	俄罗斯	145 830 647	0.04%
10	墨西哥	131 206 972	1.06%

资料来源：联合国及各国统计局（更新时间2023年2月23日）。

(二) 人口结构

人口结构是指一个国家和地区的总人口中,根据生理特征、社会经济或地域特征而划分的各种人口占总人口的比例。如年龄结构、性别结构、职业结构等。

不同的年龄结构购买力及购买偏好不同,据此形成了儿童市场、青年市场和老年市场等。从世界范围来看,人口趋于老龄化。国际上通常把60岁以上的人口占总人口比例达到10%,或65岁以上人口占总人口的比例达到7%作为国家或地区进入老龄化社会的标准。据联合国统计,全世界65岁以上的人口2010年达到5.23亿,到2050年预计将达到15亿,占总人口的比重将达到21%。根据国家统计局和世界银行相关数据统计,2022年老龄化最严重的国家是日本,65岁以上老人占总人口的28.70%,几乎每三个人就有一个老年人。2022年全球老龄化国家排行榜如图3-2所示。

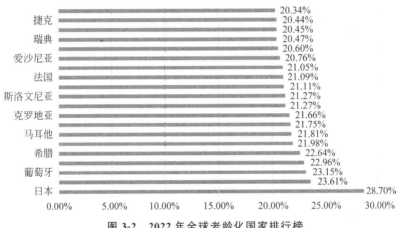

图 3-2 2022年全球老龄化国家排行榜

人口老龄化对经济有重大影响。老年人均储蓄比年轻人更多,但在消费品上花费较少,但是对养老服务、适老化产品的需求大幅度增加。

男性与女性的市场需求和购买行为也存在着差异。女性是日用品、儿童用品的采购者,男性则是汽车、体育用品的采购者。因此,在男性占比较大的国家和地区,汽车市场和体育用品市场比较旺盛,在女性占比较大的国家和地区,儿童市场和妇女用品市场比较火爆。

二、收入水平

消费者收入是衡量市场规模的重要指标。消费者的购买力来源于消费者收入,消费者收入是影响社会购买力、市场规模大小及消费者支出的一个重要因素。消费者收入按不同标准可以分为名义收入与实际收入以及可支配收入与可随意支配收入。其中实际收入和可支配收入决定消费者的购买力,同时还要结合人均国民收入指标考察社会购买力。但是收入水平无法准确地反映一个国家或地区的实际购买水平。许多国家,尤其是发达国家,在收入分配上贫富差距很大,收入分配状况会直接影响一个国家或地区的市场分布。因此不同国家或地区的消费者收入水平和收入分配状况导致国际市场规模和结构上的差异。

(一) 名义收入和实际收入

名义收入(nominal income)是以货币量来衡量的收入。人们以货币形式获得的收入量即为名义货币收入量,它是在没有考虑市场因素的情况下的收入。

当出现通货膨胀的时候,货币会贬值,商品价格会上涨,购买力就会下降,名义收入就会贬值。

实际收入(real income)是名义收入的购买力,是反映消费者货币收入所能购买的商品与服务的数量。实际收入直接影响现实购买力。

(二) 可支配收入和可随意支配收入

可支配收入(disposable income)是指居民个人或家庭获得并且可以用来自由支配的收入。它是从所获得的收入中扣除税费后可以消费和储蓄的税后总收入。可支配收入决定着消费能力和购买能力。

动画:可支配收入

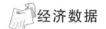

2022 年我国居民可支配收入

国家统计局发布 2022 年居民收入情况,2022 年全国及分城乡居民人均可支配收入与增速如图 3-3 所示。

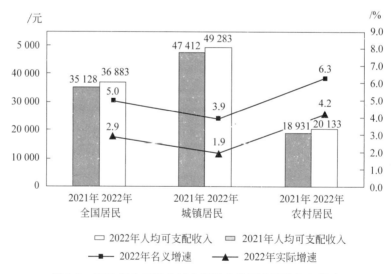

图 3-3 2022 年全国及分城乡居民人均可支配收入与增速

数据显示,2022 年全国居民人均可支配收入比 2021 年名义增长 5.0%,扣除价格因素,实际增长 2.9%。其中,城镇居民人均可支配收入实际同比增长 1.9%,农村居民人均可支配收入实际同比增长 4.2%。2022 年居民收入情况按收入来源分,全国居民人均工资性收入增长 4.9%,占可支配收入的比重为 55.8%;人均经营净收入增长 4.8%,占可支配收入的比重为 16.7%;人均财产净收入增长 4.9%,占可支配收入的比重为 8.7%;人均转移净收入增长 5.5%,占可支配收入的比重为 18.7%。

资料来源:http://www.stats.gov.cn/sj/zxfb/202302/t20230203_1901715.html。

可随意支配收入(discretionary income)是指可支配收入中减去维持生活所必需的支出和其他固定支出(如房租、水电、食物、衣着等项开支)后所剩余的部分。这部分收入是消费需求变化中最活跃的因素,也是企业开展营销活动时所要考虑的主要对象。

(三) 收入分配

收入分配反映了一个国家人们的平均收入的情况,也决定了一个市场的绩效和潜力状况。

在世界各地,收入不平等现象不断增多。1960年,世界上最富有的20%的人口的收入是最贫穷人口的20%的人口的30倍,2010年上升到85倍。相应地,这20%最富有人口的消费总额占世界消费总额的75%以上,而最贫穷的20%人口的消费总额仅占不到世界消费总额的2%。

1. 基尼系数

基尼系数(Gini Coefficient)是国际上通用的、用以衡量一个国家或地区收入分配差距的常用指标。

基尼系数的取值范围是0～1。联合国开发计划署等组织规定如下。

动画:基尼系数

(1) 基尼系数<0.2,表示收入分配高度平均。
(2) 基尼系数在0.2～0.29,表示收入分配比较平均。
(3) 基尼系数在0.3～0.39,表示收入分配相对合理。
(4) 基尼系数在0.4～0.59,表示收入分配差距较大。
(5) 基尼系数>0.6,表示收入分配差距悬殊。

基尼系数越接近0,表明收入分配越是趋向平等。通常把基尼系数为0.4作为收入分配差距的"警戒线",一般发达国家的基尼系数在0.24～0.36,大多数国家的基尼系数为0.25～0.6。

2. 贫困

收入分配的不均衡会导致贫困。贫困是一种社会现象,它是一个人或一个群体离最低标准的福利和生活所缺少的基本要素,这些基本要素可以是维系生活的资源,如食品、饮用水、住房等生活必需品,也可以是社会资源,如接受信息、教育、医疗保健的机会。世界银行的贫困线标准为每天1.90美元。

贫困具有普遍性。金融危机以及由此引起的财政紧缩使更多人陷入贫困,2013年全球失业人数首次突破2亿人,致使数以千万计的人口陷于贫困之中。贫困会影响经济环境,在贫困地区,市场体系没有建立,国家的基础设施不完备,消费者购买力极低等。

尽管贫困制约市场规模,但是贫困人口的购买潜力不容忽视。在亚洲、非洲、南美洲的一些贫困地区日均收入低于4美元,虽然这个市场往往被看作是无利可图的,但是市场潜力巨大。例如,20世纪末印度的贫困人口众多,2002年移动电话用户不到1 500万人,2006年用户达到1.36亿人,2013年用户达到9.3亿人。印度电信运营商提供的移动服务不仅是全球最便宜的,而且是可以获得利润的。如今印度已经摆脱贫困,2018年印度人均国民收入达到2 130美元,跻身于金砖国家,成为全球经济的增长点。根据世界数据实验室(World Data Lab)2021年数据显示,目前全球约有40亿中产阶级人口,预计到2030年,亚洲将有10亿人加入中产阶级,其中中国和印度这两个人口大国将占新增群体的3/4——7.5亿人,仅中国的增量约为3.4亿人。除了中、印两国的中产阶级人口数量增长较快,未来十年,全球中产阶级人口数量增长较快的地区还包括印度尼西亚、巴基斯坦、孟加拉国、菲律宾、埃及、美国、越南、巴西、墨西哥。中产阶级人口增长,将拉动消费,从而创造前所未有的经济增长。

知识拓展

多维贫困指数（MPI）

多维贫困指数（Multidimensional Poverty Index，MPI）是2007年5月由经济学家阿玛蒂亚·森发起，在牛津大学国际发展系创立了牛津贫困与人类发展中心（Oxford Poverty and Human Development Initiative，OPHI），建立了研究团队，致力于多维贫困的测量。

MPI指数选取了三个维度测量贫困，总共包括10个维度指标。

（1）健康：营养状况、儿童死亡率。

（2）教育：儿童入学率、受教育程度。

（3）生活水平：饮用水、电、日常生活用燃料、室内空间面积、环境卫生和耐用消费品。

MPI可以反映不同个体或家庭在不同维度上的贫困程度。MPI取值越小，说明该个体或家庭贫困程度就越低；相反，则越高。

MPI在测度多维贫困时更具有代表性、实用性与科学性。MPI从微观层面来反映个体贫困状况和贫困的深度，在反映一个国家或地区在人文发展方面取得的进步上具有更好的效度和信度。该指数选取的维度面广，能较好地近似反映贫困人口所处的真实情况，是一种更加符合现代社会发展需求的贫困测度方法。

思政园地

脱贫攻坚战取得全面胜利 脱贫地区农民生活持续改善

党的十八大以来，党中央、国务院以前所未有的力度推进脱贫攻坚，把贫困地区作为脱贫攻坚重点区域，聚焦深度贫困地区和特殊贫困群体，优化政策供给，下足"绣花"功夫，到2020年年底，现行标准下的农村贫困人口全部脱贫，区域性整体贫困得到解决，为世界减贫事业贡献了中国力量。

1. 农村贫困人口如期全部脱贫

2013—2020年，全国农村贫困人口累计减少9 899万人，年均减贫1 237万人，贫困发生率年均下降1.3个百分点。2020年，面对突如其来的新冠疫情，各地区各部门按照党中央、国务院决策部署，组织贫困劳动力外出务工，开展消费扶贫行动，落实基本生活兜底保障，年初剩余的551万农村贫困人口全部脱贫，如期完成了消除绝对贫困的艰巨任务。贫困人口收入水平显著提高，"两不愁三保障"全面实现。国家脱贫攻坚普查结果显示，中西部22省（自治区、直辖市）建档立卡户全面实现不愁吃、不愁穿，义务教育、基本医疗、住房安全有保障，饮水安全也有保障，脱贫攻坚战取得了全面胜利。

2. 区域性整体贫困得到解决

一半以上农村减贫人口来自西部地区。分地区看，2013—2020年，西部地区农村贫困人口累计减少5 086万人，减贫人口占全国减贫人口的51.4%，年均减少636万人；中部地区农村贫困人口累计减少3 446万人，减贫人口占全国减贫人口的34.8%，年均减少431万人；东部地区农村贫困人口累计减少1 367万人，减贫人口占全国减贫人口的13.8%，年均减少171万人。

区域性整体减贫成效显著。从不同贫困区域看，贫困人口相对集中、贫困程度相对较深的集中连片特困地区、国家扶贫开发工作重点县等地区同全国一起如期完成脱贫攻坚任务。

2013—2020年,贫困地区农村贫困人口累计减少6 039万人,年均减贫755万人,减贫规模占全国农村减贫总规模的61.0%。集中连片特困地区农村贫困人口累计减少5 067万人,年均减贫633万人。国家扶贫开发工作重点县农村贫困人口累计减少5 105万人,年均减贫638万人。

3. 我国脱贫事业为世界减贫作出突出贡献

中国对全球减贫贡献率超过七成。改革开放以来,按照世界银行每人每天1.9美元的国际贫困标准,我国减贫人口占同期全球减贫人口70%以上;据世界银行公开数据,我国贫困发生率从1981年年末的88.3%下降至2016年年末的0.5%,累计下降了87.8个百分点,年均下降2.5个百分点,同期全球贫困发生率从42.7%下降到9.7%,累计下降33.0个百分点,年均下降0.9个百分点,我国减贫速度明显快于全球,贫困发生率也大大低于全球平均水平。

资料来源:http://www.stats.gov.cn/sj/sjjd/202302/t20230202_1896696.html.

三、消费结构

消费收入的变化会引起消费支出模式的变化,也会带动消费储蓄和消费信贷的变化。不同国家消费者的需求、支出和消费水平的差异会造成国际市场活力的差异。

(一)消费支出

随着消费收入的变化,消费支出模式会发生相应的变化。20世纪以来,各国一直运用恩格尔系数来分析消费者的支出模式,从而根据恩格尔系数的变化分析市场的购买力水平和需求结构的未来发展趋势,作为选择目标市场和制定产品策略的依据。

动画:恩格尔系数

恩格尔系数(Engel's Coefficient)是指食品支出总额占个人消费支出总额的比重。联合国根据恩格尔系数的大小,对世界的生活水平有一个划分标准,即一个国家平均家庭恩格尔系数大于60%为贫穷;50%～60%为温饱;40%～50%为小康;30%～40%属于相对富裕;20%～30%为富裕;20%以下为极其富裕。一般而言,发达国家居民尤其是城市居民以较少收入支出用于食物,国家居民尤其乡村居民则以较多的收入支出用于食物。发达国家居民在住房、衣服、娱乐等方面的支出比例较大,当然,不发达国家之间的恩格尔系数差异也很大。

近年来,各国的恩格尔系数及有关消费支出显示出如下特点。

(1)西欧、北欧、南欧、北美、日本、澳大利亚和中东国家的恩格尔系数显著下降,许多国家降到25%以下,而发展中国家的恩格尔系数几乎超过45%,消费支出大多数集中于食物消费。

(2)发达国家个人收入用于住房支出在20%左右,增幅在15%以上。衣着支出也在增加,为8%左右。

(3)发达国家用于小汽车、奢侈品、旅游、娱乐的支出增速超过发展中国家及全球范围74%。部分发展中国家在家电产品的消费增长速度上呈现出超过发达国家之势。各国的劳务支出均呈上升趋势。

(4)居民消费支出占国民生产总值和国民收入的比重上升。许多国家消费者甚至大量提取个人存款或信贷消费。多层次的消费风潮在世界范围内流行。

 经济数据

2022 年我国居民消费支出

国家统计局发布 2022 年居民消费支出情况。数据显示,2022 年全国人均消费支出实际同比下降 0.2%,其中,城镇居民人均消费支出实际同比下降 1.7%;农村居民人均消费支出实际同比增长 2.5%。

2022 年全国居民人均食品烟酒消费支出增长 4.2%,占人均消费支出的比重为 30.5%;人均衣着消费支出下降 3.8%,占人均消费支出的比重为 5.6%;人均居住消费支出增长 4.3%,占人均消费支出的比重为 24.0%,仅次于食品烟酒支出;人均生活用品及服务消费支出增长 0.6%,占人均消费支出的比重为 5.8%;人均交通通信消费支出增长 1.2%,占人均消费支出的比重为 13.0%;人均教育文化娱乐消费支出下降 5.0%,占人均消费支出的比重为 10.1%;人均医疗保健消费支出增长 0.2%,占人均消费支出的比重为 8.6%;人均其他用品及服务消费支出增长 4.6%,占人均消费支出的比重为 2.4%。

2022 年居民人均消费支出及构成如图 3-4 所示。

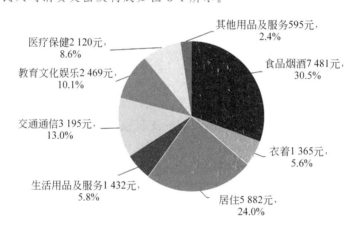

图 3-4　2022 年居民人均消费支出及构成

资料来源:http://www.stats.gov.cn/sj/zxfb/202302/t20230203_1901715.html.

(二) 消费储蓄

消费储蓄源于消费者的货币收入,其目的是消费。但是,在一定时期内,储蓄的多少直接影响着消费者的购买力和支出模式。反映一国或地区或家庭的储蓄状况通常有三个指标:储蓄额、储蓄率和储蓄增长率。储蓄额是指消费者储蓄的绝对数量,它反映一定时期的储蓄水平;储蓄率是指储蓄额与消费者收入的比例;储蓄增长率反映一定时期的储蓄增长速度。通过这三个指标,可以分析一定时期消费与储蓄、消费者收入与支出的变化趋势。

消费储蓄受到很多因素的影响,如消费者的收入水平、通货膨胀和物价变动、消费者的储蓄动机和消费偏好等因素。企业应分析与把握影响消费储蓄的因素,准确预测国际市场的消费潜力。

消费收入水平是决定消费储蓄的首要因素。当消费者的收入水平大于一定的支出水平时,消费者才有能力进行储蓄。随着消费者收入的增加,储蓄额一般会绝对上升,储蓄率会相应提高,高到一定水平后,储蓄与储蓄率趋于稳定。

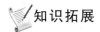 经济数据

2022年我国城乡居民储蓄排行榜

2022年11月22日,《中国统计年鉴2022》公布了2022年中国各城市人均存款排名榜单,对直辖市、省会城市等重点城市统计中,截至2022年年底全国住户存款余额为934 383亿元,其中人民币住户存款余额925 986亿元,增长13.9%。北京、上海、杭州、沈阳、广州是人均存款最多的五个城市,其中北京是全国人均存款数最多的城市,人均存款19.6万元,也是全国最有钱的地区之一,住户存款余额高达42 889亿元。上海不仅是国家的金融中心、经济中心、贸易中心,也是全国收入最高、存款最多的地区之一,人均存款余额高达14.8万元,远远超过全国平均水平。杭州不仅风景秀丽,而且经济发达,人均存款余额高达11.9万元。沈阳是沈阳都市圈核心城市,也是先进装备制造业基地,全市地区生产总值6 571.6亿元,人均存款余额高达11.4万元。广州是中国改革开放的前沿城市之一,更是国际商贸中心和综合交通枢纽,人均存款余额高达11.1万元。

资料来源:全球排行榜,https://www.meihu5.com.

消费者储蓄还受通货膨胀和物价变动的影响。随着消费者收入的增加,储蓄额和储蓄率一般会上升,上升的幅度大小则看价格上涨速度、通货膨胀率和利率的高低。如果物价上涨超过或接近储蓄存款利率的增长,货币贬值将会刺激消费,抑制储蓄。通货紧缩则会形成经济螺旋向下的破坏力,引发经营利润的直线下降,投资回报的降低和普遍失业。

知识拓展

通货膨胀和通货紧缩

通货膨胀是造成一国货币贬值的物价上涨。通货膨胀和一般物价上涨的本质区别:一般物价上涨是指某个、某些商品因为供求失衡造成物价暂时、局部、可逆的上涨,不会造成货币贬值;通货膨胀则是能够造成一国货币贬值的该国国内主要商品的物价持续、普遍、不可逆的上涨。

衡量通货膨胀率的价格指数一般有三种:消费价格指数、生产者价格指数、国民生产总值价格折算指数。

通货紧缩是指市场上流通的纸币量少于商品流通中所需要的货币量而引起的货币升值、物价普遍持续下跌的状况。长期的货币紧缩会抑制投资与生产,导致失业率升高及经济衰退。

动画:通货膨胀　　动画:通货紧缩

消费者价格指数(CPI)

消费者物价指数(Consumer Price Index,CPI)是反映居民家庭一般所购买的消费品和服务项目价格水平变动情况的宏观经济指标。它是在特定时段内度量一组代表性消费商品及服务项目的价格水平随时间而变动的相对数,是用来反映居民家庭购买消费商品及服务

的价格水平的变动情况,是一个月内商品和服务零售价变动系数。通常作为观察通货膨胀水平的重要指标。如果消费者物价指数升幅过大,表明通货膨胀已经成为经济不稳定因素。一般来说,当 CPI 增幅大于 3% 时,称为 inflation,就是通货膨胀;而当 CPI 增幅小于 5% 时,则称 serious inflation,就是严重的通货膨胀。

CPI 与通货紧缩相关。当消费者价格指数(CPI)连跌三个月,即表示已出现通货紧缩。通货紧缩就是产能过剩或需求不足导致物价、工资、利率、粮食、能源等各类价格持续下跌。

CPI 与消费者生活成本有关,当 CPI 上涨时,意味着消费者生活成本提高。

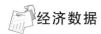 **经济数据**

2022 我国居民价格指数

2022 年,全国居民消费价格比 2021 年上涨 2.0%,如图 3-5 所示。

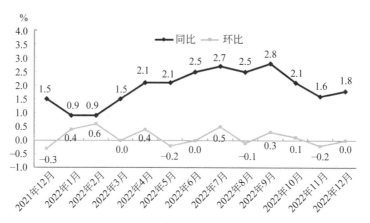

图 3-5　2022 年我国 CPI 指数走势

消费者储蓄目的和消费偏好的差异,往往影响国际市场消费者的消费模式、消费内容和消费发展方向。消费者的储蓄动机一般有以下几种:后备、储币待购、获利增收、崇尚节俭、安全保险、经济约束、便于理财、社会习惯等。具体来说,有的消费者储蓄是为了购买小汽车、住房或高档耐用消费品,有的是为了供子女受教育,有的为了限制消费支出,有的是一种社会节约风尚。

(三) 消费信贷

在国际市场上,尤其是发达国家的居民,不仅以其个人收入购买他们需要的商品,往往还通过消费信贷来提前消费未来的收入。这是跨国公司在分析国外消费者时不能忽略的重要方面。

所谓消费信贷,是指消费者凭信用先取得商品使用权,然后按期归还贷款,即消费者预先支出未来的收入提前消费。可见,消费者信贷可以创造更多的购买力,扩展更多的商机。消费信贷的偿还形式可以分为两种:分期付款和一次性偿还。分期付款是国际上消费信贷的主要形式。

四、国际市场竞争

国际市场竞争是国际市场环境的重要因素,是影响出口商营销策略的强有力的环境力量。不同国家或地区的市场竞争性质和市场竞争状况是形成市场差异的重要因素。

动画:市场竞争

(一)市场竞争的性质

市场竞争的性质是由市场结构所决定的。一般来说,市场结构主要有四种类型:完全垄断市场、寡头垄断市场、垄断竞争市场和完全竞争市场。四种市场类型主要是依据买方市场和卖方市场企业的数量进行划分,具体划分如表3-11所示。

表 3-12 市场类型的划分

卖　方	买　方		
	一个(垄断)	很少(寡头)	很多(竞争)
一个(垄断)	双边垄断	卖方垄断	卖方完全垄断
很少(寡头)	买方有限垄断	双边垄断	卖方寡头垄断 垄断性竞争
很多(竞争)	买方完全垄断	买方寡头垄断	完全竞争

四种市场具有典型的特征,如表3-12所示。

表 3-12 四种市场的特征

特　征	完全垄断市场	寡头垄断市场	垄断竞争市场	完全竞争市场
市场	市场由一家买主或卖主所垄断,无替代产品垄断者决定市场价格,并可随意调整价格	市场由少数几家企业垄断。 市场价格由几家垄断者所决定	竞争者的产品存在差异。 竞争者可以根据消费者对商品的态度调整价格	市场由众多竞争者构成。 每个竞争者都是价格接受者。 主要竞争手段是低价和优质服务
产品	垄断性产品,如专有资源、专有技术等	行业巨头垄断的产品,如铁路、石油、电力、电信产品等	产品差异性较大,如日用消费品、耐用消费品、家用电器等	自由竞争产品,如农产品
进入市场	严重阻碍国外企业进入市场	垄断者成为出口主体,国外企业很难进入市场	有利于国内企业进入市场,对国外企业形成一定的进入壁垒	竞争者可以自由进入市场

(二)市场竞争状况

市场竞争状况是企业能否成功地进入国际市场的决定因素之一。因此需要从竞争者和竞争产品的角度分析国际市场竞争状况,从竞争者的角度分析竞争优势。

1. 国际市场竞争状况分析

(1)从竞争者角度分析国际市场竞争状况。任何企业进入国际市场均面临着三种公司的竞争者,即当地企业的竞争者、本国其他公司的竞争者、其他外国公司的竞争者。

(2)从产品特点分析国际市场竞争状况。国际市场的竞争产品分为三种类型,即革新型产品的竞争、竞争型产品的竞争、改进型产品的竞争。

企业进入国际市场面临三种类型竞争者及三种类型的竞争产品,不同的竞争者和竞争产品构成国际市场竞争差异,会直接影响跨国企业确定目标市场和进入的方式。

2. 国际市场竞争者分析

跨国企业要分析竞争者所具有的竞争优势和劣势,可以更加有针对性地制定国际市场营销策略。

分析国际市场竞争者可围绕以下几方面。

(1) 国际市场现在竞争者是谁?未来的竞争者是谁?

(2) 国际竞争者的重要市场是哪些?他们是否会对这些特色市场进行继续投资?

(3) 国际市场竞争者拥有什么样独特的竞争优势?

(4) 国际市场竞争者是否具有使之变得脆弱的劣势?

(5) 国际市场竞争者未来的战略将会发生哪些变化?

 微案例

星巴克在澳大利亚市场的失利

星巴克公司是世界上最大的咖啡连锁经营企业。该公司于 2000 年在澳大利亚开了第一家门店。到 2007 年年底,星巴克公司在澳大利亚一共有 87 家门店。但是到 2008 年年中,3/4 的门店都被关闭了。这是为什么呢?通过对星巴克公司在澳大利亚门店的分析,得出其失利的原因。一是星巴克公司误判了澳大利亚的咖啡文化;二是星巴克公司低估了澳大利亚企业的竞争程度;三是星巴克公司没有根据当地市场的情况适时地调整策略。

由此可见,企业要进入国际市场,不能忽视当地企业的竞争。

(三) 市场竞争分析方法

美国著名的管理学家迈克尔·波特(Michael E. Porter)于 20 世纪 80 年代初提出了五种影响竞争力的力量。这五种力量分别是供应商的议价能力、购买者的议价能力、潜在竞争者进入的能力、替代品的替代能力、行业内竞争者现在的竞争能力。五种力量的不同组合变化最终影响行业利润潜力的变化,如图 3-6 所示。

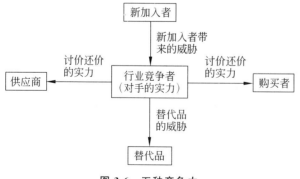

图 3-6 五种竞争力

微课:五力模型分析

"五力模型"对企业战略的制定产生了全球性的深远影响,它用于竞争战略的分析,可以有效地分析客户的竞争环境。

学习单元三 产业布局对国际商务的影响

由于世界各个国家或地区的地理位置、地形地貌、气候条件、河流与湖泊、土地资源、森林资源、矿产资源等自然地理条件的不同,所生产的物品是不同的,形成不同的产业。这些物品在不同国家之间进行交换就促成了国际贸易,这些产业在不同国家之间进行投资就促成了国际投资。即具有优势产业的国家要对外输出,进行对外投资或出口贸易;存在劣势产业的国家要吸引外来投资和进口商品。因此产业布局的差异影响了国际商务活动。

一、世界能源产业的布局与贸易

能源是一种自然资源,是世界经济发展的重要物质基础。概括起来说,能源可以分为常规能源和新能源。常规能源主要包括煤炭、石油、天然气、核能等一次性非再生能源以及水电等可再生能源,已经大规模生产和广泛利用。新能源是在新技术基础上系统开发利用的能源,如太阳能、海洋能、风能、地热能等。

(一) 世界能源的生产布局

在能源的生产和消费结构中,常规能源仍占据着不可替代的绝对优势地位。这些常规能源的生产分布极不均衡。从分布上来看,主要是由地质规律决定的,如煤炭和石油的形成与生物演化和地质作用相关;从生产供给来看,不仅受地质规律的影响,还与经济发展速度、规模、发展阶段和发展水平有着直接的联系。

视频:世界天然气产量排行榜

世界能源的分布规律决定了不同国家或地区的能源生产结构与布局类型。有的国家石油、天然气、煤炭等各种能源都很丰富,结构合理,能源生产全面发展,如美国、俄罗斯;有的国家以煤炭为主,如中国、印度、南非、澳大利亚、波兰、德国等,结构比较单一;有的国家以石油和天然气为主,如中东各国、尼日利亚、委内瑞拉、阿尔及利亚、墨西哥等;有的国家水力资源蕴藏丰富,并得到较充分的开发利用,如加拿大、巴西、瑞典、瑞士等;有的国家核能开发利用较多,如法国;有的国家地热利用充分,如冰岛。

(二) 世界能源的消费结构

能源的消费与经济发展水平密切相关。随着经济的发展,能源消费的数量越来越大,并且增长迅猛。1965—1985年,世界一次能源(天然能源)消费量从36.67亿(百万吨油当量)增长到71.38亿Mtoe(百万吨油当量),增幅近90%,2004年世界能源消费量突破100亿Mtoe,达到104亿Mtoe。2010年世界能源消费量达到120亿Mtoe。

从国家来看,能源消费主要集中在经济发展水平高的国家。2010年OECD国家能源消耗占世界能源消耗比重为46.39%。作为世界经济规模最大的国家,美国长期是能源消费最多的国家,1965年起消费量就达12.87亿Mtoe,占当年世界消费总量的34.17%,而当时中国的消费量近1.29亿Mtoe,仅是美国的1/10。但随着中国经济的迅速发展,能源消费量也在迅速增加,到2010年,中国已超越美国成为世界一次能源消费最多的国家,消费量达

24.32 亿 Mtoe,占世界消费量的 20.26%;其次是美国,消费量为 22.86 亿 Mtoe,占总消费量的 19.04%。此外,俄罗斯、印度、日本、德国、法国、韩国等国家也是能源消费大国。

能源的开发利用与生产力发展水平相适应,消费结构的变化也是生产力发展的一个重要标志。能源的生产结构与消费结构是吻合的。人类在能源消费上经历了"木柴时代""煤炭时代""石油时代",目前正在走向新能源时代。世界一次能源消费构成如表 3-13 所示。

表 3-13 世界一次能源消费构成   单位:%

年份	石油	天然气	煤炭	核能	水电
1965	40.1	17.02	37.34	0.15	5.48
1970	44.95	19.61	29.80	0.34	5.30
1975	45.91	20.17	26.98	1.40	5.54
1980	43.96	21.26	26.72	2.38	5.68
1985	38.47	22.59	28.20	4.60	6.14
1990	38.07	23.70	26.84	5.48	5.91
1995	37.39	24.40	25.79	6.01	6.41
2000	37.33	25.21	25.08	6.11	6.27
2005	35.57	25.32	27.42	5.70	5.99
2010	33.14	26.07	29.25	5.15	6.39
2015	33.88	24.53	30.04	4.56	6.99

数据来源:根据《BP世界能源统计年鉴》各年数据计算.

世界各国能源消费结构是有差异的,影响世界各国能源消费结构变化的因素,一是经济发展与生产力发展水平;二是能源资源条件。例如,在 20 世纪 50 年代中期,美国成为世界第一个以油气为首位能源的国家(油气占 69%)。日本能源贫乏,60 年代中期实现转换(现占 69.8%)。而煤炭资源丰富国家的进程则更为迟缓,如德国、法国、英国到 60 年代末至 70 年代初才相继以油气为主要能源,至今有的国家仍以煤炭为主,如中国(占 81.2%)、波兰(占 80.2%)、印度(占 67.9%)等。今后能源消费结构变化的趋势,从长远看,将从传统的矿物燃料(煤、油、气等)转化成以可再生能源(太阳能、核聚变能、生物质能等)为基础的持久能源系统。2015 年,再生能源在一次能源消费中的占比已由 2010 年的 1.38% 上升到 2.8%。在转换的过渡时期,仍以油气为主,煤炭、核能、新能源的比重可望有所提高,将是能源的"多极化时代"。

(三) 世界能源的贸易格局

石油作为全球最主要的能源产品,同时也是工业品和生活用品的重要原材料。全球石油资源的产销差异使石油理所应当地成为国际贸易的主角。天然气是一种清洁高效的能源,随着世界天然气需求持续增长,天然气在世界能源结构中的地位不断上升。按照国际燃气联盟的预测,随着环保运动的持续深入,全球范围内天然气供需年均增长率为 1.7%,即到 2040 年增长近 50%,天然气将在 21 世纪上半叶末超过石油,成为全球第一大能源。

下面以世界石油和天然气的国际贸易为例,说明世界能源的贸易格局。

1. 世界石油的贸易格局

全球石油资源分布与消费分布不均衡,世界三个最大石油消费地区依次是亚太、北美和欧洲,但是这三个地区的石油产量却远远不能满足需求,产量增长速度远远落后于消费量的增长。两者之差日益扩大;消费量较小的中东、苏联和非洲等国家或地区产量却远远大于消费量。这种地区之间的供需严重不平衡促进了石油贸易活动日趋活跃。

自20世纪80年代后期,世界石油贸易迅速增长。1988年世界石油贸易量为2 820万桶/日,到2008年增长到5 463万桶/日,增幅超过90%。根据WTO公布的2014年全球主要进出口国总贸易金额为19万亿美元,其中约有11.4%的贸易金额来自原油贸易。

世界主要石油出口国家或地区是中东、俄罗斯、非洲和中南美洲,它们的石油贸易量占世界石油贸易总量的72.8%。2016年原油的主要进口国家或地区包括欧洲、美国、中国、印度、日本,它们占全球原油进口量的78%;主要出口国家包括沙特、伊拉克、科威特、阿联酋以及其他中东国家、俄罗斯、加拿大和墨西哥。2016年国家或地区主要进出口情况如图3-7所示。

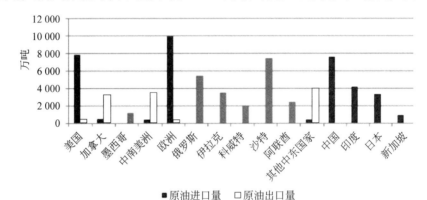

图3-7 2016年国家或地区主要进出口情况

 知识拓展

石油输出国组织(OPEC)

在国际能源市场上,由于生产国比较集中,少数国家控制了相当数量的能源产量,形成了能源市场上的寡头市场结构。亚洲、非洲、拉丁美洲石油生产国为了联合起来共同对付西方石油公司,维护石油收入,于1960年9月由伊朗、伊拉克、科威特、沙特阿拉伯和委内瑞拉五国宣告成立石油输出国组织(Organization of the Petroleum Exporting Countries,OPEC),简称"欧佩克"。协调成员国石油政策、反对西方石油垄断资本的剥削和控制,消除不必要的价格波动。随着成员的增加,欧佩克发展成为亚洲、非洲和拉丁美洲一些主要石油生产国的国际性石油组织。OPEC的宗旨是:协调和统一成员国石油政策,维持国际石油市场价格稳定,确保石油生产国获得稳定收入。该组织自成立以来,与西方石油垄断资本坚持斗争,在提高石油价格和实行石油工业国有化方面取得重大进展。OPEC有13个成员国:阿尔及利亚(1969年)、伊朗(1960年)、伊拉克(1960年)、科威特(1960年)、利比亚(1962年)、尼日利亚(1971年)、沙特阿拉伯(1960年)、阿拉伯联合酋长国(1967年)、委内瑞拉(1960年)、安哥拉(2007年)、加蓬(2016年再次加入)、赤道几内亚(2017年)、刚果共和国(2018年)。

动画:OPEC组织

虽然OPEC组织成员国的石油和天然气产量分别只占世界石油和天然气总产量的40%和14%,但是出口量却占世界石油贸易量的60%,特别是OPEC在决定在增加或减少石油产量时,对国际能源市场具有很大的影响力。

2. 世界天然气的贸易格局

随着跨国管道和液化天然气(Liquefied Natural Gas, LNG)快速发展,天然气贸易量呈现快速增长。2003—2012年,天然气贸易量由5 813亿立方米增加到10 334亿立方米,占消费量的比重由22.3%提高到31.2%。其中管道天然气贸易量由4 300亿立方米增加到7 055亿立方米,LNG贸易量由1 513亿立方米增加到3 279亿立方米。

从国别来看,日本、美国、中国是天然气三大进口大国。此外意大利、韩国、土耳其、英国、法国、西班牙等国也是主要的天然气进口国。俄罗斯是最大的天然气出口国,卡塔尔、挪威、加拿大也是天然气的主要出口国。

我国有限的油气资源储备已经难以满足快速增长的天然气消费需求,2018年超越日本成为全球第一大天然气进口国。近些年,由于经济快速发展,不断增长的能源需求引发进口量不断提速,天然气进口突破9 000万吨(1 254亿立方米),增速高达32%。数据显示,我国天然气对外依存度达到45%以上,而且这种对外依赖情况日趋严重。2000—2018年世界天然气三大进口国进口数量的变化情况如图3-8所示。

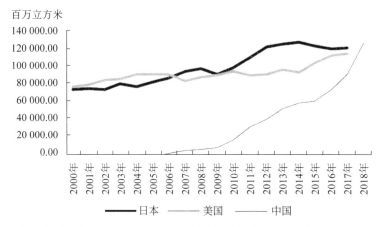

图3-8 2000—2018年世界天然气三大进口国进口数量的变化情况

资料来源:《BP世界能源展望》2019年中文版.

视频:我国成为世界上最大的天然气进口国

天然气的进出口方式主要有管道天然气和液化天然气(LNG)两种方式。2018年全球管道天然气贸易量为7 710亿立方米,全球LNG贸易量为3.24亿吨(4 406亿立方米),管道气贸易占比高达64%。我国每年从国外进口的天然气中LNG进口比例接近60%,管道天然气进口约为40%,这与全球天然气贸易中管道天然气和LNG的占比差异较大。

天然气国际贸易具有明显的地域性。由于管道天然气来源受限于地理环境,进出口贸易基本上是在邻国之间,而LNG不受地理环境的限制,进出口国家比较分散。例如,美国的天然气进口横跨美洲、中东、非洲、亚太、欧洲和欧亚大陆等五大地区,由于受限于地理环境影响,管道天然气从美洲进口数量占总进口量的94%,主要是从加拿大和墨西哥两个国家进口,LNG进口来源地分散于17个国家。中国管道天然气主要进口国为土库曼斯坦,占总进口量的83%,其他进口国还有缅甸、乌兹别克斯坦、哈萨克斯坦;LNG主要进口国有澳大利亚、卡塔尔、马来西亚、印度尼西亚,四国合计占81%。日本天然气进口来源地横跨美洲、中东、亚太、欧洲、非洲五大地区,其中亚太地区是日本天然气的主要来源地。

二、世界钢铁产业的布局与贸易

钢铁产业是国民经济的重要基础产业,迄今已有200多年的历史。走工业化发展道路的国家都十分重视该产业,美国、日本、西欧等经济发达国家无不经历了以钢铁为支柱产业的重要发展阶段。钢铁行业生产需要消耗大量的铁矿石、煤炭、电力和水等原材料,与采矿业、能源工业、交通运输业等上游产业关联。同时,钢铁行业所提供的产品又是其他许多产业的基本原材料,与建筑业、机械工业、汽车制造业、家电业、交通运输业等下游行业存在密切的联系。

(一)世界钢铁的生产布局

现代钢铁工业始建于19世纪初,经历了200多年的发展。在20世纪50年代以前,世界钢产量有限,1937年钢产量1.1亿吨,1950年钢产量1.89亿吨。生产国家不多,主要集中在美国、西欧和苏联等国家或地区,它们的钢产量之和占全球钢产量的87.5%。20世纪50年代之后,世界钢铁工业迅速发展,产量倍增,钢铁工业地域结构也发生了变化。1970年钢产量5.95亿吨,1950—1970年钢产量年平均增速约为5.9%。世界钢铁生产大国是日本和苏联。20世纪90年代中期后,钢铁产量快速增长,由1995年的7.53吨增长到2015年的16.2亿吨,20年增幅达到11.5%。中国、印度、韩国、朝鲜发展迅速,特别是中国于1982年超过德国成为世界第四大钢铁生产大国,1991年中国生产7 000多万吨。巴西年产2 200多万吨,居世界第八位。阿根廷、墨西哥产量增长都较快。近年来,埃及、阿尔及利亚都有发展。钢铁产业的生产布局呈现由"北"向"南"扩散的新趋势。1950—2019年世界粗钢产量和增长率如表3-14和图3-9所示。

视频:世界各地区粗钢产量(1967—2019年)

不同历史时期世界钢铁产量排名前三位的国家如表3-15所示。

表3-14 1950—2019年世界粗钢产量

单位:百万吨

年份	世界	年份	世界	年份	世界
1950	189	2000	850	2010	1 433
1955	270	2001	852	2011	1 538
1960	347	2002	905	2012	1 560
1965	456	2003	971	2013	1 650
1970	595	2004	1 063	2014	1 671
1975	644	2005	1 148	2015	1 621
1980	717	2006	1 250	2016	1 629
1985	719	2007	1 348	2017	1 732
1990	770	2008	1 343	2018	1 814
1995	753	2009	1 239	2019	1 869

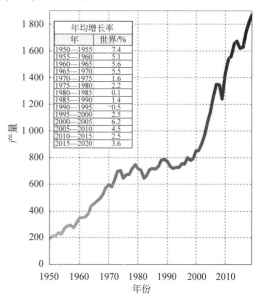

图3-9 1950—2019年世界粗钢产量增长率

资料来源:世界钢铁协会.

表 3-15 不同历史时期世界钢铁产量排名前三位的国家

时期	第一名	第二名	第三名
1910—1950 年	美国	德国	英国
1951—1970 年	美国	苏联	德国
1971—1990 年	苏联	日本	美国
1991—1996 年	日本	中国	美国
1997 年至今	中国	日本	美国

2019 年全球粗钢产量达到 18.688 亿吨,同比增长 3%。2019 年中国的粗钢产量为 9.963 亿吨,同比增长 8.3%。中国占全球粗钢产量的份额从 2018 年的 50.8% 上升至 2019 年的 53.3%。日本、印度、美国、俄罗斯、韩国、德国、巴西等国也是主要钢材的生产国。2018—2019 年世界主要钢铁生产国家(地区)如表 3-16 所示。

表 3-16 2018—2019 年世界主要钢铁生产国家(地区)　　　单位:百万吨

国家或地区	2019 年排名	2019 年产量	2018 年排名	2018 年产量	国家或地区	2019 年排名	2019 年产量	2018 年排名	2018 年产量
中国	1	996.3	1	920.0	南非	27	5.7	27	6.3
印度	2	111.2	2	109.3	澳大利亚	28	5.5	29	5.7
日本	3	99.3	3	104.3	斯洛伐克	29	5.3	30	5.2
美国	4	87.8	4	86.6	瑞典	30	4.7	34	4.7
俄罗斯	5	71.9	6	72.1	阿根廷	31	4.6	31	5.2
韩国	6	71.4	5	72.5	马来西亚	32	4.5	36	4.1
德国	7	39.7	7	42.4	捷克	33	4.4	32	4.9
土耳其	8	33.7	8	37.3	泰国	34	4.2	26	6.4
巴西	9	32.2	9	35.4	哈萨克斯坦	35	4.1	37	4.0
伊朗	10	25.6	10	24.5	芬兰	36	3.5	35	4.1
意大利	11	23.2	11	24.5	罗马尼亚	37	3.4	38	3.5
中国台湾	12	22.0	12	23.2	阿联酋	38	3.3	39	3.2
乌克兰	13	20.8	13	21.1	巴基斯坦	39	3.3	33	4.7
越南	14	20.1	15	15.5	白俄罗斯	40	2.6	41	2.5
墨西哥	15	18.5	14	20.2	卡塔尔	41	2.6	40	2.6
法国	16	14.4	16	15.4	阿尔及利亚	42	2.4	42	2.3
西班牙	17	13.6	17	14.3	卢森堡	43	2.1	43	2.2
加拿大	18	12.9	18	13.4	葡萄牙	44	2.0	44	2.2
波兰	19	9.0	19	10.2	阿曼	45	2.0	45	2.0
沙特阿拉伯	20	8.2	20	8.2	塞尔维亚	46	1.9	47	2.0
比利时	21	7.8	21	8.0	匈牙利	47	1.8	46	2.0
奥地利	22	7.4	24	6.9	瑞士	48	1.5	48	1.5
埃及	23	7.3	22	7.8	菲律宾	49	1.4	49	1.5
英国	24	7.2	23	7.3	希腊	50	1.4	50	1.5
荷兰	25	6.7	25	6.8	其他		15.9		15.9
印度尼西亚	26	6.4	28	6.2	世界		1 868.8		1 813.6

数据来源:世界钢铁协会.

钢铁生产大国一般来说也是钢铁的消费大国,2019年钢材生产大国和消费大国的对比情况如图3-10、图3-11所示。

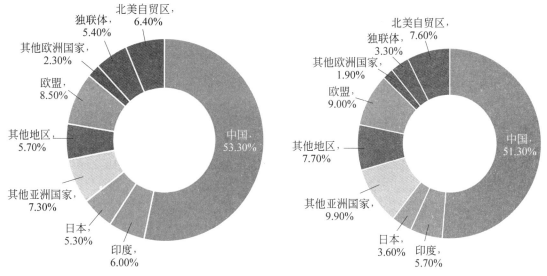

图3-10　2019年世界钢铁生产的国家
资料来源:世界钢铁协会.

图3-11　2019年世界钢铁消费的国家
资料来源:世界钢铁协会.

(二)世界钢铁的贸易格局

20世纪90年代以来,钢铁工业保护程度逐渐减弱,钢铁的国际贸易逐步扩大。1975年,世界钢材出口量为1.15亿吨,占当年总产量的22.6%;2000年增加到3.07亿吨,占当年总产量的39.2%。1975—2019年世界钢铁贸易量如图3-12、表3-17所示。

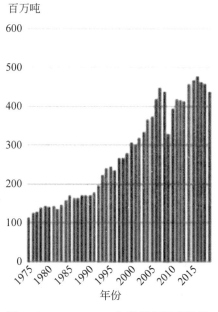

图3-12　1975—2019年世界钢铁贸易量

表 3-17　1975—2019 年世界钢铁贸易量

年份	出口量/百万吨	产量/百万吨	出口比例/%	年份	出口量/百万吨	产量/百万吨	出口比例/%
1975	114.7	506.9	22.6	2004	366.2	985.4	37.2
1980	140.6	578.7	24.3	2005	373.3	1 065.3	35.0
1985	171.0	599.0	28.5	2006	418.5	1 161.1	36.0
1990	171.0	654.0	26.2	2007	446.8	1 253.6	35.6
1991	177.1	660.0	26.8	2008	438.5	1 248.7	35.1
1992	196.1	658.0	29.8	2009	330.1	1 154.2	28.6
1993	222.5	664.9	33.5	2010	392.7	1 335.9	29.4
1994	238.6	656.2	36.4	2011	418.7	1 433.7	29.2
1995	246.6	685.0	36.0	2012	416	1 456.3	28.6
1996	236.4	687.1	34.4	2013	412.6	1 540.5	26.8
1997	267.9	730.1	36.7	2014	457.4	1 559.7	29.3
1998	268.7	713.4	37.7	2015	467.4	1 572.8	30.9
1999	280.8	725.8	38.7	2016	476.8	1 517.8	31.4
2000	307.1	783.4	39.2	2017	462.9	1 613.6	28.7
2001	300.4	785.7	38.2	2018	457.1	1 686.7	27.1
2002	319.0	836.9	38.1	2019	437.2	1 742.0	25.1
2003	332.3	890.9	37.0				

20 世纪 80 年代以来，钢材的出口贸易格局发生了较大的变化。1980 年，前三大出口国分别是日本、德国、法国，三国占世界钢材出口贸易总额的 44.7%。其余主要出口国有比利时、意大利、美国、瑞典等国。2000 年名列前三位的国家也是日本、德国、法国，但是三国所占比重已降至 26.7%，俄罗斯、韩国、乌克兰、中国及中国台湾成为主要出口国家或地区。2010 年，日本仍然是第一钢材出口大国，但占比进一步下落，降至 9.9%；钢产量居世界首位的中国已超过德国成为第二大钢材出口国，德国则退居第三位。韩国（第四位）、俄罗斯（第五位）的出口增长也非常显著。2015 年，中国钢材出口额远超日本，占比达 16.9%，居世界首位，日本、德国、韩国分列位列第二～第四位，如表 3-18 所示。

表 3-18　世界主要钢材出口国家或地区

1980 年			2000 年			2015 年		
国家或地区	出口额/亿美元	比重/%	国家或地区	出口额/亿美元	比重/%	国家或地区	出口额/亿美元	比重/%
世界	767.5	100.0	世界	1 428.8	100.0	世界	3 784.6	100.0
日本	154.5	20.1	日本	148.3	10.4	中国	638.0	16.9
德国	115.5	15.1	德国	139.3	9.7	日本	303.1	8.0
法国	72.9	9.5	法国	94.6	6.6	德国	264.4	7.0
比利时	64.1	8.4	比利时	82.8	5.8	韩国	233.2	6.2
意大利	37.7	4.9	俄罗斯	71.3	5.0	意大利	166.8	4.4

续表

1980年			2000年			2015年		
国家或地区	出口额/亿美元	比重/%	国家或地区	出口额/亿美元	比重/%	国家或地区	出口额/亿美元	比重/%
美国	32.4	4.2	意大利	68.5	4.8	俄罗斯	162.1	4.3
瑞典	22.8	3.0	韩国	66.8	4.7	美国	159.1	4.2
英国	22.0	2.9	美国	63.2	4.4	法国	140.1	3.7
荷兰	21.2	2.8	乌克兰	51.6	3.6	比利时	139.0	3.7
西班牙	19.5	2.5	中国台湾	46.0	3.2	荷兰	116.1	3.1
加拿大	17.8	2.3	中国	43.9	3.1	比利时	97.3	2.6
澳大利亚	16.8	2.2	英国	43.5	3.0	中国台湾	89.2	2.4
韩国	16.5	2.2	瑞典	37.9	2.6	西班牙	85.5	2.3
南非	12.3	1.6	西班牙	36.3	2.5	乌克兰	84.0	2.2
巴西	8.8	1.1	巴西	36.3	2.5	印度	83.7	2.2

资料来源：WTO数据库.

进口贸易格局变化不是很大，主要进口国集中在美国、德国、法国、意大利、韩国等工业发达的国家。美国是最大的钢材进口国，进口额由1980年的81.5亿美元增长到2015年的391.5亿美元。其次是德国。中国2000年后成为第三大进口国。另外，进入21世纪后，一些新兴工业化国家在大力发展工业生产的过程中对钢材的需求加大，因此墨西哥、泰国、土耳其、印度等国家的钢材进口量也居于世界前列，如表3-19所示。

表3-19 世界主要钢材进口国家或地区

1980年			2000年			2015年		
国家或地区	进口额/亿美元	比重/%	国家或地区	进口额/亿美元	比重/%	国家或地区	进口额/亿美元	比重/%
美国	81.5	10.1	美国	192.3	12.7	美国	391.5	
德国	67.3	8.3	德国	116.9	7.7	德国	264.0	
法国	53.7	6.6	中国	96.9	6.4	中国	195.3	
意大利	41.0	5.1	法国	88.2	5.8	意大利	166.8	
英国	33.6	4.2	意大利	84.3	5.6	韩国	155.7	
荷兰	23.7	2.9	韩国	53.2	3.5	法国	124.0	
中国	22.2	2.7	加拿大	52.6	3.5	墨西哥	110.1	
比利时	18.6	2.3	比利时	50.9	3.4	泰国	106.6	
沙特阿拉伯	18.6	2.3	中国台湾	47.2	3.1	土耳其	103.8	
墨西哥	17.5	2.2	西班牙	44.5	2.9	印度	100.9	

数据来源：WTO数据库.

2019年世界钢铁各地区贸易量和主要进出口国家（地区）如表3-20～表3-24所示。

表 3-20　2019 年世界钢铁各地区贸易量

国家或地区	欧盟	其他欧洲国家	独联体	北美自贸区	其他美洲国家	非洲和中东	中国	日本	其他亚洲国家	大洋洲	进口总量	其中,地区外进口量
欧盟	111.5	10.1	15.3	0.2	1.3	1.0	3.2	0.3	8.8	0.1	151.8	40.3
其他欧洲国家	8.8	0.9	5.3	0.0	0.4	0.9	0.7	0.4	1.1	0.0	18.5	17.6
独联体	1.8	0.5	10.2	0.0	0.0	0.0	2.5	0.1	0.4	0.0	15.5	5.3
北美自贸区	6.3	0.6	1.7	15.8	7.6	1.0	1.6	2.9	7.7	0.4	45.6	29.8
其他美洲国家	1.1	1.5	0.6	1.3	3.5	0.0	0.0	1.1	1.1	0.0	10.2	6.7
非洲	4.4	3.9	3.9	0.1	0.1	5.8	5.3	0.9	1.0	0.0	25.4	19.6
中东	1.4	4.4	4.3	0.1	0.3	5.8	5.6	0.9	3.8	0.1	26.7	20.9
中国	1.2	0.0	0.2	0.1	0.1	0.1	—	5.0	8.8	0.0	15.5	15.5
日本	0.1	0.0	0.0	0.0	0.0	0.0	1.3	—	5.0	0.0	6.4	6.4
其他亚洲国家	2.4	1.7	7.5	0.3	1.0	5.6	36.3	21.4	34.7	0.5	111.4	76.7
大洋洲	0.3	0.2	0.0	0.0	0.0	0.0	0.8	0.2	1.0	0.2	2.7	2.5
出口总量	139.3	23.8	49.0	17.9	14.3	20.2	57.3	33.2	73.4	1.3	429.7	241.3
其中,地区外出口量	27.8	22.9	38.8	2.1	10.8	8.6	57.3	33.2	38.7	1.1	241.3	
净出口量(出口量-进口量)	-12.5	5.3	33.5	-27.7	4.1	-31.9	41.8	26.8	-3.3	-1.2		

表 3-21　2019 年世界钢铁主要出口国家或地区

排名	出口国家或地区	出口总量/百万吨
1	中国	63.8
2	日本	33.1
3	韩国	29.9
4	俄罗斯	29.5
5	欧盟(28)	27.8
6	泰国	24.1
7	土耳其	19.7
8	意大利	17.9
9	比利时	17.2
10	乌克兰	15.6
11	法国	13.6
12	印度	13.4
13	巴西	13.3
14	中国香港	11.2
15	荷兰	10.1
16	伊朗	8.7
17	西班牙	8.7
18	美国	7.3
19	奥地利	7.0
20	波兰	5.8

表 3-22　2019 年世界钢铁主要进口国家或地区

排名	进口国家或地区	进口总量/百万吨
1	欧盟(28)	40.2
2	美国	27.1
3	德国	23.1
4	意大利	20.1
5	泰国	16.7
6	韩国	16.4
7	中国	15.5
8	越南	15.4
9	法国	14.5
10	印度尼西亚	13.4
11	墨西哥	13.0
12	比利时	12.9
13	土耳其	12.4
14	波兰	10.9
15	西班牙	10.1
16	荷兰	9.7
17	印度	8.9
18	马来西亚	7.4
19	加拿大	7.3
20	中国台湾	7.3

表 3-23　2019 年世界钢铁净出口国家或地区

排　名	净出口国家或地区	净出口量/百万吨（出口量－进口量）
1	中国	48.3
2	日本	26.7
3	俄罗斯	22.7
4	乌克兰	14.0
5	韩国	13.6
6	巴西	11.0
7	伊朗	7.9
8	土耳其	7.4
9	印度	4.4
10	比利时	4.3
11	中国台湾	3.9
12	奥地利	2.8
13	卢森堡	1.8
14	南非	1.5
15	斯洛伐克	1.3

表 3-24　2019 年世界钢铁净进口国家或地区

排　名	净进口国家或地区	净进口量/百万吨（进口量－出口量）
1	美国	19.8
2	泰国	15.1
3	欧盟(28)	12.4
4	越南	10.3
5	印度尼西亚	9.2
6	墨西哥	7.8
7	菲律宾	7.2
8	波兰	5.1
9	沙特阿拉伯	3.9
10	阿尔及利亚	3.2
11	以色列	3.1
12	孟加拉国	3.0
13	英国	2.9
14	哥伦比亚	2.6
15	捷克	2.4

三、世界汽车产业的布局与贸易

汽车产业是世界上规模最大的产业之一，在国民经济和社会生活中发挥着巨大的作用。汽车产业具有产业关联度高、涉及面广、技术要求高、综合性强、零部件数量多、附加值大等特点，对工业结构升级和相关产业发展具有很强的带动作用，是跨国企业进行投资和贸易的重点领域。

（一）世界汽车的生产布局

进入 21 世纪以来，汽车生产的地域分布发生了较大的变化，由欧洲、北美地区逐渐转向亚太地区。2000 年，欧洲和北美自由贸易区的产量之和将近 3 800 万辆，占世界汽车总产量的 65.2%；亚太地区产量为 1 792.8 万辆，占比达 30.8%。但到 2015 年，亚太地区的产量已上升到近 4 800 万辆，占比达 52.7%，相比欧洲和北美地区的产量总和（约 3 900 万辆）高出近 900 万辆。亚太地区在世界汽车生产中的地位之所以上升如此迅速，主要得益于中国、印度等发展中国家汽车产业规模的扩张，同时日本、韩国仍维持着其汽车生产强国的地位。2000 年，美国仍旧是最大的汽车生产国，总产量为 1 280 万辆，占比 22%。日本是仅次于美国的产量超过 1 000 万辆的国家，占比 17.4%。德国、法国、韩国分列位列第三位～第五位。中国 2000 年的产量为 206.9 万辆，占比 3.5%，是世界第八位汽车生产大国。由此可见，2000 年世界汽车生产主要集中于欧洲各国、美国、日本等老牌生产强国。2015 年，中国汽车产量相比 15 年前扩大了 10 倍以上，达到 2 450.3 万辆，占比 27%，超过美国和日本产量的总和，成为世界最大的汽车生产国。韩国仍维持其第五位生产大国的地位，印度产量则迅速攀升，达到 412.6 万辆，仅次于韩国。20 世纪初的汽车强国，如英国、意大利等国家的产量明显下降。南美洲和非洲地区的汽车产量相对亚太和欧美地区规模较小，占世界总产量的比重共占 4% 左右,其中巴西是南美洲地区最大的生产国,南非是非洲地区最大的生产国。2015 年、2000 年世界汽车生产量的地域分布如表 3-25 所示。

表 3-25　2015 年、2000 年世界汽车生产的地域分布

国家或地区	2015 年产量/万辆	占比/%	国家或地区	2000 年产量/万辆	占比/%
世界	9 068.3	100.0	世界	5 829.5	100.0
亚太地区	4 778.6	52.7	欧洲	2 027.5	34.8
欧洲	2 109.6	23.3	亚太地区	1 792.8	30.8
北美自由贸易区	1 794.9	19.8	北美自由贸易区	1 769.9	30.4
南美洲	301.6	3.3	南美洲	207.6	3.6
非洲	83.6	0.9	非洲	31.7	0.5
中国	2 450.3	27.0	美国	1 280.0	22.0
美国	1 210.0	13.3	日本	1 014.4	17.4
日本	927.8	10.2	德国	552.7	9.5
德国	603.3	6.7	法国	334.8	5.7
韩国	455.6	5.0	韩国	311.5	5.3
印度	412.6	4.5	西班牙	303.3	5.2
墨西哥	356.5	3.9	加拿大	296.4	5.1
西班牙	273.3	3.0	中国	206.9	3.5
巴西	242.9	2.7	墨西哥	193.5	3.3
加拿大	242.9	2.5	英国	181.4	3.1
法国	197.0	2.2	意大利	173.8	3.0
泰国	191.5	2.1	巴西	167.1	2.9

资料来源:WTO 数据库.

(二) 世界汽车市场的格局变化

21 世纪以来,随着全球经济的发展、人均收入水平提升及汽车科技的大力发展,全球汽车产销量迅猛增加,由 2005 年的 6 593.5 万辆增长到 2015 年的 8 967.8 万辆,增幅达 36%。从地区来看,2005 年,欧洲是最大的汽车销售市场,销量占当年世界汽车总销量 31.9%;其次是亚太地区,占 31.0%。到 2015 年,亚太地区销量快速增加,由 2005 年的 2 040.9 万辆上升到 2015 年的 4 385.1 万辆,占世界总销量的比重也攀升到 48.9%,是扩张最快的汽车市场。而欧洲市场则出现萎缩,下降到 1 904.5 万辆,所占比重也下降了 10%,低于北美市场,位列第三。

从国别来看,美国曾长期保持世界第一汽车市场的地位,2005 年销量为 1 744.4 万辆,占世界总销量的比重达 26.5%,而同期日本和中国占比仅为 8.9% 和 8.7%。2008 年开始,金融危机席卷全球,全球经济受到冲击,美国等主要国家的汽车产业受到了严重打击,同比销量大幅降低,美国失去了全球第一大汽车市场的地位。2010 年中国的汽车销量为 1 380 万辆,超过美国成为世界上最大的汽车市场。2015 年,中国汽车销量已接近 2 500 万辆。美国汽车市场规模较 2005 年几乎没有什么变化。日本汽车市场规模出现绝对下降,由 2005

年的585.2万辆下降到504.7万辆,占全球总销量的比重也由8.7%下降到5.6%。从世界汽车市场整体情况来看,发达国家的汽车市场已臻成熟,销量较为稳定,而新兴市场国家则迅速崛起。除中国外,印度、巴西、墨西哥等新兴市场国家的汽车销量都有显著增长。尤其是印度,销量由2005年的144万辆增长到2015年的342.5万辆,已成为全球第五大汽车销售市场,如表3-26所示。

表3-26　2015年、2000年世界各国、各地区汽车销售量

国家或地区	2015年销量/万辆	占比/%	国家或地区	2005年销量/万辆	占比/%
世界	8 967.8	100.0	世界	6 593.5	100.0
亚太地区	4 385.1	48.9	欧洲	2 106.3	31.9
北美洲	2 076.2	23.2	亚太地区	2 040.9	31.0
欧洲	1 904.5	21.2	北美洲	2 024.3	30.7
中南美地区	447.0	5.0	中南美地区	309.2	4.7
非洲	155.0	1.7	非洲	112.7	1.7
中国	2 459.8	27.4	美国	1 744.4	26.5
美国	1 747.1	19.5	日本	585.2	8.9
日本	504.7	5.6	中国	575.8	8.7
德国	354.0	3.9	德国	361.5	5.5
印度	342.5	3.8	英国	282.8	4.3
英国	306.1	3.4	法国	259.8	3.9
巴西	256.9	2.9	意大利	249.5	3.8
法国	234.5	2.6	西班牙	195.9	3.0
加拿大	194.0	2.2	俄罗斯	180.7	2.7
韩国	183.4	2.0	巴西	171.5	2.6
意大利	172.5	1.9	加拿大	163.0	2.5
俄罗斯	143.8	1.6	印度	144.0	2.2
墨西哥	135.2	1.5	墨西哥	116.9	1.8
西班牙	127.7	1.4	韩国	114.5	1.7

资料来源：WTO数据库.

(三) 世界汽车市场的贸易格局

随着汽车在全球范围内分散生产的程度不断加深,整车和汽车零部件贸易范围越来越广泛,贸易联系越来越频繁。1980年世界汽车出口额为1 318.0亿美元,2000年为5 764.6亿美元,2015年增至13 342.6亿美元。整车出口贸易大多集中分布在汽车产地,主要包括欧盟、东亚和北美三大汽车主产区。从国别来看,欧洲的德国、法国、英国、西班牙、比利时、意大利、瑞典、东亚的日本、韩国,北美的美国、加拿大、墨西哥都是主要的汽车出口国。其中

德国是汽车产品的第一出口大国,1980年、2000年、2015年的出口额分别为277.1亿美元、1 007.5美元、2 462.8亿美元,占世界汽车总出口额的比重分别是21%、17.5%和18.5%。日本和美国则分列第二位、第三位,占世界总出口额的比重也较高。但德国、日本、美国三国在汽车出口中所占的份额有所下降,由1980年的52.7%下降到2000年的44.4%,到2015年进一步下降到38.3%。前十大出口国的汽车出口额之和在汽车出口总额中所占比重也出现下降的趋势,在1980年、2000年、2015年中分别是89%、83.8%和70.6%,这说明越来越多的国家加入出口汽车产品的行列,出口市场的集中度下降。世界汽车出口格局如表3-27所示。

表3-27 世界汽车出口格局

1980年			2000年			2015年		
国家或地区	出口额/亿美元	比重/%	国家或地区	出口额/亿美元	比重/%	国家或地区	出口额/亿美元	比重/%
世界	1 318.0	100.0	世界	5 764.6	100.0	世界	13 342.6	100.0
德国	277.1	21.0	德国	1 007.5	17.5	德国	2 462.8	18.5
日本	261.0	19.8	日本	880.4	15.3	日本	1 366.7	10.2
美国	156.7	11.9	美国	672.0	11.7	美国	1 281.6	9.6
法国	131.1	9.9	加拿大	606.0	10.5	墨西哥	969.9	7.3
加拿大	91.6	6.9	法国	391.8	6.8	韩国	709.8	5.3
英国	73.0	5.5	墨西哥	306.5	5.3	加拿大	618.2	4.6
比利时	64.4	4.9	西班牙	278.6	4.8	西班牙	533.6	4.0
意大利	58.7	4.5	英国	256.5	4.4	英国	514.3	3.9
瑞典	36.4	2.8	比利时	246.7	4.3	中国	493.4	3.7
西班牙	23.6	1.8	意大利	184.9	3.2	法国	469.5	3.5
荷兰	15.1	1.1	韩国	151.9	2.6	比利时	401.9	3.0
巴西	14.3	1.1	瑞典	99.2	1.7	意大利	362.0	2.7
匈牙利	8.2	0.6	荷兰	89.1	1.5	捷克	336.8	2.5
波兰	8.1	0.6	奥地利	83.0	1.4	泰国	266.7	2.0

资料来源:WTO数据库.

相比出口贸易,汽车产品进口贸易的集中度较低。前三位进口大国的进口额在总进口额中所占比重在1980年、2000年、2015年分别为35.2%、45.5%和35.8%,前十大进口国的进口额比重分别是64.3%、75.4%和63%。美国一直保持世界第一汽车进口大国的地位,其进口额占比均在20%以上,2000年达到29.4%。2015年,德国的进口额位列第二,但占比只有美国的1/3。总体看,近几十年来,主要的汽车进口国变化不大,除美国、德国外,还包括英国、加拿大、法国、西班牙、意大利等国,主要以发达国家为主。近年来,经济的发展、消费水平及本国生产规模的扩大所需中间投入品提高使中国成为汽车产品的主要进口国之一,2015年进口额达到729.6亿美元,是世界第四进口大国,如表3-28所示。

表 3-28 世界汽车进口格局

1980 年			2000 年			2015 年		
国家或地区	进口额/亿美元	比重/%	国家或地区	进口额/亿美元	比重/%	国家或地区	进口额/亿美元	比重/%
世界	1 328.7	100.0	世界	5 793.9	100.0	世界	13 182.2	100.0
美国	269.4	20.3	美国	1 702.0	29.4	美国	2 923.1	22.2
加拿大	115.1	8.7	德国	467.5	8.1	德国	1 027.9	7.8
德国	82.0	6.2	加拿大	462.8	8.0	英国	767.2	5.8
英国	75.7	5.7	英国	360.8	6.2	中国	729.6	5.5
意大利	73.6	5.5	法国	301.7	5.2	加拿大	680.2	5.2
法国	72.3	5.4	西班牙	263.5	4.5	法国	523.1	4.0
比利时	71.2	5.4	意大利	254.4	4.4	墨西哥	448.4	3.4
沙特阿拉伯	36.0	2.7	比利时	225.7	3.9	比利时	432.1	3.3
荷兰	34.7	2.6	墨西哥	200.0	3.5	西班牙	409.9	3.1
瑞士	23.8	1.8	荷兰	127.5	2.2	意大利	355.2	2.7
墨西哥	23.5	1.8	日本	99.6	1.7	沙特阿拉伯	246.7	1.9
奥地利	21.4	1.6	澳大利亚	85.5	1.5	澳大利亚	237.7	1.8
瑞典	19.9	1.5	奥地利	82.4	1.4	阿联酋	213.4	1.6
澳大利亚	16.8	1.3	瑞典	69.7	1.2	荷兰	207.9	1.6
阿根廷	7.4	0.6	巴西	41.5	0.7	捷克	160.6	1.2
中国	7.3	0.6	沙特阿拉伯	38.1	0.6	韩国	151.2	1.1

资料来源：WTO 数据库.

从贸易差额来看，美国是汽车贸易的最大逆差国家，2015 年汽车贸易逆差达到 1 641.5 亿美元；德国是最大的顺差国家，2015 年汽车贸易顺差达到 1 434.9 亿美元；英国、中国的贸易逆差也超过 200 亿美元，加拿大、法国、比利时处于逆差地位。墨西哥和韩国都是贸易顺差国，顺差额超过 500 亿美元。

展望未来

全球经济环境的新特点

各国之间、各跨国公司之间在产品、服务、资本之间的贸易，创造了相互依赖的全球经济。国际贸易和国际投资的增长以及信息产业发展等多因素推动了全球经济的发展，互联网使各国经济彼此之间相互联系日益加强。因此全球化将各国联系在一起，一个国家的选择必然会影响另一个国家的选择。

当今全球经济复杂多变，当前和未来一段时期内，全球经济重心从欧美经济发达国家向新兴经济体国家转移，国家之间博弈加剧，贸易壁垒增多，金融风险上升，这些因素将会给全球经济环境带来新的变化，全球经济呈现出新的特点。

1. 全球经济发展低迷，新兴经济体逆势增长，全球经济重心转移

不同国家的经济发展水平、发展效率和发展潜力往往处于不同水平，从总体而言，全球经济规模在不断扩大,但是每个国家发展速度不同,所处的发展阶段不同,形成了不同的贸易投资环境。全球总产出从1970年12万亿美元增长到2018年的85.79万亿美元,增长幅度超过7倍。但是,2019年受到新冠疫情的影响,全球经济增速缓慢,根据联合国发布的最新数据,全球经济增速降至2.3%,为十年来最低水平。原有的经济强国——欧洲各国和美国在经济发展中出现的深层次矛盾,在短期内难以解决,还会导致全球经济继续维持低速增长。相比之下,新兴经济体国家发展迅速,例如金砖国家中的中国经济发展最快,中国的GDP从1970年的2 279亿元增加到2020年的1 015 986亿元,增长了444.8倍,即使在2020年全球经济出现负增长的背景下,逆势增长2.3%。全球经济发展重心由欧美国家转向新兴经济体国家,传统的经济指标因而出现偏差,对稀缺资源竞争的加剧抬高了商品的价格,但是降低了制成品的成本。根据国际货币基金组织的预测,未来几年中,超过70%的增长将来自新兴经济体。这种全球经济中心的转移,使跨国公司要重新审视贸易投资环境,适应新兴市场环境。

2. 逆全球化和贸易保护主义上升,国际贸易投资进入困难发展阶段

过去20年,全球贸易投资增长明显,其增长率超过其他主要经济指标成为推动全球经济发展和全球化的主要动力之一。但是,全球贸易增长在2019年出现大幅逆转,增速锐减,是2008年国际金融危机以来最弱的一年。美国实行的"美国优先"单边主义政策,使贸易保护主义和全球贸易摩擦加剧,不仅严重威胁全球贸易和投资的复苏与增长,也为世界经济的增长带来许多新的不确定因素。美国不仅在双边和诸边贸易协定的谈判中刻意强调贸易保护主义的做法,形成排他性的一些限制条款,而且针对WTO改革问题,欧洲各国、美国、日本正在频繁磋商协调立场,企图通过对国际多边规则的修改,以实现其继续操纵和主导多边规则的目的。这种逆全球化和贸易保护主义的上升趋势在短期内难以扭转,严重制约全球贸易投资的增长,全球多边贸易体制改革前景并不乐观,因此给国际商务活动蒙上了阴影。

3. 经济政治变化改变市场环境,带来国际竞争格局复杂多变

无论是欧美国家还是新兴经济体国家,经济政策的变化都反映了政府的某种目标,体现了政治指向,因此经济与政治具有极强关联性,经济政治变化会改变市场环境,造成国际竞争格局的变化,主要表现在国家之间的博弈加剧。一方面发达国家同发展中国家的矛盾进一步升级,另一方面发达国家之间的矛盾和竞争也日趋激烈,贸易保护主义行为呈现上升之势,全球贸易冲突难以避免。中美贸易摩擦复杂多变,不仅对中美贸易投资的增长形成了潜在威胁,而且对全球经济增长及企业的心理预期产生了破坏性影响,从而延缓及改变了世界上主要国家的贸易和投资政策,甚至会对全球贸易的价值链合作产生严重冲击和影响,为世界经济贸易增长增添了新的不确定因素。

4. 技术壁垒的提高将严重阻碍全球技术经济的发展

全球新一轮科技革命正在蓬勃发展,新技术层出不穷。各主要经济体均将新能源、新材料、智能制造和机器人以及互联网技术的突破和应用放在竞争的突出位置。虽然众多新技术的产业化应用仍处于艰难阶段,但以互联网为基础的技术应用和商业模式创新掀起了新的高潮。大数据、云计算等技术越来越多地被应用到现实的生产和商业活动。为抑制发展中国家在高新技术领域的崛起和国际市场占有率的提升,美国和欧盟已进一步加强了对技术转让和企业兼并收购的限制,抬高了国际贸易投资的技术壁垒,这将对发展中国家企业今后在国际市场上获取高新技术形成了新的制约,阻碍全球技术经济的发展,也阻碍了全球劳动生产率的提高与改进。

5. 国际金融市场动荡起伏,加剧金融风险

由美国货币政策变化引起的国际金融市场的频繁震荡,加之地缘政治矛盾的冲突和对抗,从而使国际大宗商品、石油、黄金等价格剧烈波动,为全球经济复苏增添了新的不确定因素。新一轮资本市场震荡和潜在的资产泡沫积累,正在威胁着全球经济,由美元引起的全球债务风险、股市泡沫风险以及由于地区冲突引发的市场剧烈震荡,将是未来几年不可避免的金融风险冲击点。

资料来源:霍建国."十四五"外向型经济发展:形势和任务[J]. 开放导报,2020(2):22-27.

学习总结

在国际商务活动中,经济环境是一个重要的组成部分。由于各国的经济体制、所处的经济发展阶段、经济发展水平、经济自由度不同形成差异,由于人口规模与分布、消费者的收入、市场竞争程度不同形成市场差异,由于产业生产布局和贸易格局不同形成产业差异,这些因素最终造成经济环境的差异。

经济差异是影响国际商务环境的首要因素。一般来说,市场经济体制的国家更倾向于外向型经济,有利于国际商务活动;经济发展水平高、人们可支配收入较高、经济自由度较高的国家,也更有利于开展国际商务活动,国际商务的经济环境较好。

市场环境是国际商务经济环境的一个重要因素。市场是由持有货币且有购买欲望的人组成。一般来说,人口规模较大、人口分布均匀、人口结构合理、城市化程度较高的国家,人们收入水平较高,市场规模和潜力较大,是重点关注的国际市场。不同国家的消费支出和消费结构不同,形成不同的市场需求和细分市场,市场中的产品竞争和行业竞争者的差异决定市场竞争状况,跨国公司需要认真分析与考察,决定着跨国公司进入的方式和策略。

产业布局也是国际商务经济环境的一个重要因素。每个国家所拥有的资源不同,决定了其优势产业和短板产业。从优势互补、取长补短的角度,有些国家具有优势产业更倾向于出口贸易和对外投资,以发挥优势产业的作用;而有些国家在某些产业有所欠缺,则更倾向于进口和吸引投资,以弥补产业的短板。

由此可见,东道国的经济体制、经济发展水平和经济自由度差异,对跨国公司开展国际商务活动的影响有所不同。东道国的市场环境和产业布局影响跨国公司开展国际商务活动的方式和策略。

学习测试

一、选择题

1. 可以用来衡量一个国家收入分配的指标是( )。
   A. 通货膨胀率　　　　　　　　B. 人均 GDP
   C. 基尼系数　　　　　　　　　D. 经过购买力平价调整的人均 GDP
2. 市场经济的特征有( )。
   A. 政府干预经济的运行　　　　B. 生产要素归国家所有
   C. 以价格机制配置资源　　　　D. 消费者可以自由选择
3. 对一国经济发展的评估指标有( )。

A. 全球竞争力指数 B. 世界竞争力指数 C. 全球创新指数 D. 国民总收入
4. (　　)是一种既有竞争又有垄断的市场。
   A. 完全竞争市场   B. 完全垄断市场   C. 垄断竞争市场   D. 寡头垄断市场
5. 完全竞争市场需要满足的三个基本条件是(　　)。
   A. 市场上有众多的买者和卖者   B. 信息完全公开
   C. 产品同质   D. 企业可以自由地进出市场

二、简答题

1. 简述经济体制的差异对国际商务的影响。
2. 罗斯托提出经济发展经历了哪几个阶段，每个阶段有什么特征？
3. 什么是经济自由度？它的功能和作用是什么？
4. 五力模型是怎样从多角度分析行业的竞争力的？
5. 分析世界能源的生产布局和消费结构。

三、案例分析题

印度的经济转型

1947年印度从英国殖民统治下取得独立后，采取了民主政府体制。然而，印度在1947年后实施混合经济体制，其主要特征是有大量的国有企业、中央计划和政府补贴。这种体制对私营部门的发展有较大限制，私有企业只有在政府的许可下才能扩大规模。在这种体制下，私有企业要进行多元化扩展一个新产品可能要等数年才被许可。许多重工业如汽车、化工和钢铁生产是留给国有企业的。一个健全的私营部门的发展会受到生产配额和进口高关税的抑制，劳工法也使雇用员工非常困难。

20世纪90年代初，人们清楚地意识到这样的体制无法给印度带来类似于许多东南亚国家已经享有的经济进步。1994年印度的经济规模仍然小于比利时，尽管印度人口有9.5亿，但人均GDP只有可怜的310美元。识字的人不到总人口的一半，全国只有600万部电话，14%的人有卫生设备。据世界银行估计，世界上40%的极端贫困人口居住在印度，全印度只有2.3%的人口家庭年收入超过2 484美元。

1991年，停滞不前的经济导致该国政府发动了一场雄心勃勃的经济改革。许多产业的许可制度被取消，几个曾对私营部门关闭的行业开始开放，包括电力、部分石油业、钢铁业、航空运输和电信业。从前只是勉强允许并受到限制的外国投资一下变得大受欢迎。现在外国投资股份占51%以下的企业不用审批，而100%外国股份的独资企业在一定条件下也得到允许。原材料和制成品允许自由进口，进口关税从最高的400%下降到65%，所得税最高税率从57.5%下降到1994年的46%，1997年又进一步降至35%。政府还宣布开始对印度的国有企业实施私有化——20世纪90年代初，40%的国有企业处于亏损状态。

从某些方面看，这些改革所带来的结果给人留下了深刻的印象。1994—2004年，印度的年经济增长率平均为6.3%，2005—2013年增长率则达到7%~8%。作为显示印度经济吸引力的一个重要指标，外国投资从1991年的1.5亿美元跃升到2012年的260亿美元。有些经济部门尤为突出，如信息技术，印度已被公认为全球最富生机的软件开发中心。印度软件服务产品的出口收益在2012年达到1000亿美元，而在1990年该项收益仅为1.5亿美元。制药业也是如此。印度企业作为全球市场上可信赖的交易者,主要销售低成本、通用的药品,这些药在发达国家已经过了专利保护期。

然而,印度依然有很长的路要走。试图进一步降低进口关税的举措遭到了来自雇主、雇员和政治家的强烈反对。他们担心一旦取消壁垒,大量廉价的中国产品便会涌入印度。私有化的进程依然障碍重重。最近一次是在2003年9月,当时印度最高法院规定,没有国会的批准,政府不能对两家国有石油公司实施私有化。在非农业领域,国有企业仍然占国民总收入的38%,而印度私有企业的生产效率要比国有企业高30%～40%。印度许多法律的改革也遭到了强烈反对,这导致私有企业难以提高经营效益。例如,现有的劳工法使拥有100名以上员工的企业几乎无法解雇工人,这导致许多企业不愿将规模扩大至100名员工以上。还有些法律则明确规定某些产品只能由小公司生产,致使这些领域的企业为应对国际竞争而想扩大规模的任何尝试都成为泡影。

阅读以上案例资料,回答下列问题:

1. 1947—1990年印度实行的是什么经济体制?现在该国又转向什么经济体制?完成这一转型面临什么障碍?

2. 普遍存在的公司制企业和政府的大量干预会如何影响:第一,国有企业和私有企业的生产效率;第二,1947—1990年印度新企业形成的速率。这些因素对该期间的印度经济增长率产生什么影响?

3. 私有化、放松管制和取消对外国直接投资的限制对20世纪90年代后期印度的企业效率、新企业的形成和经济增长率有何影响?

4. 目前印度在一些诸如计算机软件和药品等关键的高科技行业拥有相当明显的优势,你认为印度为什么在这些领域具有优势?这些行业的成功如何推动印度在其他经济领域的发展?

5. 在印度目前的经济状况下,对生产消费品的跨国公司来说,它是不是一个极具吸引力的目标市场?为什么?

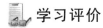学习评价

核心价值观评价

	核心价值观	是否提高
通过本项目学习,你的	辩证思维	
	家国情怀	
	制度自信、道路自信、理论自信	
	公平竞争、互利共赢的价值观	
自评人(签字)　　　　　　年　月　日	教师(签字)　　　　　　　年　月　日	

专业能力评价

	能/否	准确程度	专业能力目标
通过本项目学习，你			运用经济指标分析某一国家的经济所处阶段和发展水平
			从全球的角度分析和确定某一国家在全球经济发展中的地位
			分析经济差异对国际商务的影响
			根据人口规模、收入水平、消费结构分析某一国家的市场规模和潜力
			运用五力模型分析某一国家的市场竞争状况
			分析市场差异对国际商务的影响
			从产业生产布局和贸易结构分析某一国家的产业差异
			分析产业差异对国际商务的影响
自评人（签字）　　　　　年　月　日			教师（签字）　　　　　年　月　日

专业知识评价

	能/否	精准程度	知识能力目标
通过本项目学习，你			掌握经济体制及类型
			理解经济发展阶段理论
			理解经济全球化对发展中国家的双面影响
			掌握经济发展水平指标和分析方法
			理解经济差异对国际商务活动的影响
			掌握衡量人口因素、收入水平和消费结构的指标和相关理论，以及所形成的市场差异
			掌握五力模型分析方法
			理解市场差异对国际商务活动的影响
			了解世界主要产业的生产布局和贸易格局
			理解产业布局差异对国际商务活动的影响
自评人（签字）　　　　　年　月　日			教师（签字）　　　　　年　月　日

学习项目四

国际商务文化环境

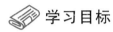 学习目标

知识目标

1. 理解文化的含义、特征与构成要素。
2. 了解文化的国别差异。
3. 掌握文化差异对国际商务活动的影响。
4. 掌握商务人员进行跨文化交际的原则、策略和礼仪规范。
5. 掌握跨国企业进行跨文化经营的策略。

能力目标

1. 能够进行不同文化维度的比较分析。
2. 能够在特定文化背景下遵循适当的礼仪规范。
3. 能够进行跨文化经营策略的分析和选择。

素养目标

1. 树立文化意识。在了解不同国家和民族独特文化的基础上,认识文化的多样性,用包容的心态对待异国文化,建立商务合作意识和冲突化解意识。

2. 树立文化自信。在文化多样性的大背景下,随着多国文化的渗透与融合,在吸收他国文化的同时,要坚守自己国家和民族的优秀文化,建立中华民族的文化自信。

3. 培养学生的中华民族精神,以平等、包容、开放、自信的态度进行文明交流互鉴。

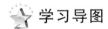 学习导图

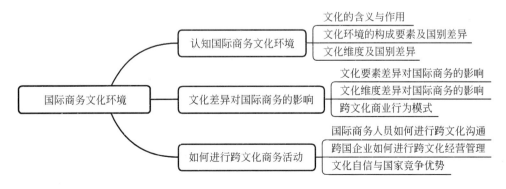

引导案例

海尔在美国的跨文化管理策略

1999年,海尔投资3 000万美元在美国建立了自己的分厂,这在当时中国的企业尚属首例。科研人员和工人经过了长达12个月的奋斗,第一台带有"美国制造"标签的海尔电冰箱横空出世,第一家中国冰箱生产企业从此开始了在美国制造大家电的历史,海尔也同时成为我国首家在美国制造、销售、售后的公司。经过几年的不懈努力,海尔已成功地在美国市场树立起自己作为高端品牌的形象,对西门子等竞品产生了巨大的冲击。

1. 存在的问题

虽然海尔在美国实施了本土化战略,但仍有忽视文化差异的现象存在,在经营管理的过程中存在一定的问题,一定程度上影响着海尔在美国的发展进程。

(1) 管理方式与美国文化冲突。海尔对美国员工的管理采用了在中国惯用的管理方式,即批评与自我批评:一旦自己负责的产品出现问题时,员工要当众反省自己的错误。然而,美国人则强调个体主义,追求个人利益。当众批评挫伤了美国员工的自尊心和积极性,导致员工情绪低落,甚至产生抵触情绪。

(2) 收购后与美国文化融合度欠缺。2016年,海尔收购美国通用电气(GE)家电业务,这是中国家电业迄今最大的一桩海外并购,然而比收购更难的是整合问题。两家企业在企业文化、管理制度流程、组织架构等方面都是不一样的,在这几方面海尔文化与美国文化的融合度还有所欠缺。

(3) 售后服务响应不及时。美国人注重办事的效率和速度。因此他们十分看重售后服务的响应速度,以及解决速度。当时海尔未能建立覆盖全美主要销售地区的服务网络,对待用户需求响应方面的速度还有待提高。同时海尔由于缺乏整合线上和线下的跨渠道服务、支持工具和能力,因而在管理购买过程方面以及客户体验方面不足。

2. 解决对策

(1) 转变管理模式。海尔在采用文化本土化的同时还要注意管理模式的转变,建立以美国文化主导的管理方式,尊重美国文化特点,减少文化冲突和摩擦。在接受和融合本土文化的同时,热情积极地向美国市场传递自己的企业文化价值观以及经营原则。创造出多元的企业文化,形成卓有成效的管理。同时还要采取其他的有效措施,如跨文化培训,建立良好的交流环境和氛围等。

(2) 加强企业文化的融合。

① GE家电拥有较强的品牌知名度和影响力,为了更好地利用这一品牌影响力,海尔应加大对GE的技术与资金的投资,保持GE家电业务原有的品牌形象和市场地位。

② 保留住GE原有的管理队伍和员工,对他们进行海尔文化的培训,使美国员工认同海尔文化和价值,积极传播海尔的经营理念和产品价值。

③ 提高对售后服务的响应速度。提高售后服务人员的维修水平、响应速度,同时努力建立起覆盖全美的售后服务网络。合理规划售后服务网络,综合考虑各方面的因素,决定售后服务地点的选址和布局,合理分配资源,优化配置,使市场布局更加合理。海尔还可以通过寻找合适的第三方售后服务商或与当地的维修商建立良好合作关系来完成售后

服务。

资料来源：王常鑫.海尔在美国的跨文化管理策略研究[J].商场现代化,2015(20)：13-14.

案例分析：即便是海尔这样成功"走出去"的企业仍然会面临文化差异问题。从案例中可以看出，海尔一开始对海外并购和扩张的文化差异问题是有意识的，所以实施了本土化策略，但仍然会在管理模式、企业文化融合、业务理解等方面面临挑战，需要进行一系列深层次的文化融合。这充分说明中外文化差异在跨国商务活动中是不可回避的问题，化解文化冲突、融合不同文化才能带来跨国经营的成功。

学习单元一　认知国际商务文化环境

一、文化的含义与作用

文化是指在一种社会形态下已形成的信念、价值观念、宗教信仰、道德规范、审美观念以及世代相传的风俗习惯等被社会所公认的各种行为规范。文化的内在基础是价值观，文化的外在表现则是在此基础上的行为准则。文化环境是较为特殊的，它不像其他环境因素那样显而易见与易于理解，却无时不在地深刻影响着商业活动。

动画：文化的概念

世界上的各个国家或民族，其长期形成的文化环境各有差异，从而带来人的不同信仰、价值观、习惯、偏好和行为，在全球范围内呈现出文化多样性的特点。而经济全球化加快了不同文化之间的交流和碰撞，一方面文化之间的相互竞争和对抗会产生冲突，另一方面文化之间的相互融合和吸收也会消弭部分文化差异，或产生新的文化模式或类型。国际商务活动是产生文化交流、冲突、融合的主要场所，从事国际商务的人员更有必要了解和尊重文化多样性，尽量避免产生文化冲突。

知识拓展

文化多样性和文化冲突

文化多样性是指世界上不同的群体、不同的国家或地区的人们，由于受到不同的教育、不同的宗教、不同的社会和工作环境等影响而产生的不同的思维方式和行为习惯。第33届联合国教科文组织大会上通过的《保护和促进文化表现形式多样性公约》中指出，"文化多样性"被定义为各群体和社会借以表现其文化的多种不同形式。文化多样性是人类社会的基本特征，也是人类文明进步的重要动力。尊重文化多样性，首

动画：文化多样性

先要尊重自己民族的文化，发展好本民族文化，其次要尊重其他民族的文化，遵循各民族文化一律平等的原则，最后在文化交流中，尊重差异，和睦相处，共同促进世界文化的繁荣。

不同文化有不同的价值目标和价值取向，并且常常视自己的文化更为优越，当它们在传播、接触的时候，便产生了竞争、对抗的状况，这就是文化冲突。它集中表现在人们对问题的分析角度、思维模型和评判标准的差异上。例如，在中国、日本、韩国等东亚国家，直呼长辈

或上级的姓名被认为是不礼貌、不恭敬的,而在欧洲各国、美国等西方国家却十分正常。在跨国商务活动或企业经营中,类似的文化冲突时常存在。需要本着尊重文化多样性、相互理解、相互融合的态度防范文化冲突引起的负面结果。

国际间的商务活动必然受到其参与主体所属社会文化环境的影响。商务人员若能在理解和尊重彼此社会文化的基础上从事商务活动,必能达到事半功倍的效果,反之,则会遭遇层层困难。

二、文化环境的构成要素及国别差异

文化环境所包含的要素主要有社会结构、宗教信仰与伦理道德、价值观念与思维方式、风俗习惯、语言特征等。

(一)社会结构

社会结构是指社会成员的组织方式与关系格局,用于解释文化差异时主要考虑两个维度。第一个维度就是社会组织的基本单位是个人还是群体以及人与人之间的关系结构;第二个维度就是社会阶层的划分程度。

动画:社会阶层

在西方社会中,具备明确权利和义务的个人是社会组织的核心,由此再组成一个个界限分明的社会团体,以及各种层级的治理主体,这样形成的社会结构称为团体格局,如图 4-1 所示。图 4-1(a)呈现的个人与个人(点与点)之间、个人与团体(点与小圆)之间、团体与团体(小圆与小圆)之间、团体与社会(小圆与大圆)之间都有比较明确的权责界限。在这种社会结构个人的主体意识、权利观念较强。而中国社会中的个人存在于一系列社会关系中,形成人与人在心理上、情感上以及价值观上相互模仿、相互依赖的群体性思维和生活方式,在人与人、人与环境的相互依赖关系中寻找自身的安全感。图 4-1(b)呈现的是中国人际关系的同心圆结构,个人是圆心,其他人根据关系的亲疏远近而分别处在不同的圈层之中,与不同圈层中的他人打交道遵循不同的规范和原则,从而形成一种"差序格局",以及以此为基础的道德秩序和关系结构。在这种社会结构中,人们重视伦理道德的约束。

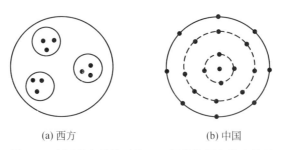

(a) 西方　　　　　(b) 中国

图 4-1　中西社会结构对比——团体格局和差序格局

西方发达国家在二三百年的时间里完成工业化、市场化和城市化的过程,并形成现在的社会结构,其在短期内的变化是有限的。如英国比其他西方国家(如美国)的社会阶层结构更严格,不同阶层人员的成长环境相互分化,造成人生机遇的不同,阶层代代相传,流动性非常有限。而中国仅用 40 年左右的时间就完成了现代化发展过程,加上互联网等现代科技的推动,其社会结构的变迁仍在继续深化与发展中。其中最根本的变化是由总体性社会向分化性社会转变,这一变化的根本动因是体制改革。而个人的身份类别划分由以往的城乡有别、干群有别向一种新的、以职业为标志的身份系列转变,伴随而来的是社会流动性的增强,阶层界限尚未清晰。社会结构的调整变化为商业环境注入更多机会和可变性。

(二)宗教信仰与伦理道德

宗教是具有神圣意义的共同信仰和仪式,伦理道德则是一整套规范行为的价值观与道德准则。它们深刻影响着人们的观念、习俗与行为准则。在世界范围内有广泛影响的宗教和伦理体系包括基督教、伊斯兰教、印度教、佛教和儒家思想。

视频:世界宗教

1. 基督教

基督教是世界上拥有信徒最多的宗教,主要影响范围是欧美。它于公元一世纪从犹太教分化出来,信仰上帝和耶稣。基督教文化是扩张性的,鼓励人们不断探索,认识未知世界,强调社会责任,提倡关注弱者,推行一夫一妻制,赞美对妇女的礼让和尊敬,重视人文,强调人是自然的管家。《圣经》作为基督教的宗教典籍,是传播教义的主要载体。

基督教的三个主要分支是天主教(主要分布在欧洲南部和拉丁美洲)、东正教(在希腊、俄罗斯最主流)和新教(主要分布在英国、德国、瑞士、北欧五国、美国、加拿大、澳大利亚、新西兰)。新教文化地区首先跨入资本主义现代文明,它强调努力工作、创造财富和节俭,正是资本主义发展所需的价值观。它还打破了天主教历史上的等级制度,强调个人宗教自由、个人经济和政治自由。

礼拜是基督教的主要宗教活动,一般每周日上午在教堂进行,很多基督教国家的周日上午会关闭商业场所,甚至停放一般电视节目以支持礼拜活动。基督教视"13"为不吉利的数字,将十字架视为圣物,又因周五是耶稣遇难日,信徒一般在周五忌庆祝、忌食肉。基督教一般不设圣像供奉,禁食动物血和内脏。

2. 伊斯兰教

伊斯兰教拥有的信徒人数仅次于基督教,由先知穆罕默德创传,主要分布于西亚(如巴勒斯坦、伊拉克、叙利亚、约旦、伊朗、土耳其)、阿拉伯地区(如沙特阿拉伯、阿联酋、埃及、利比亚)、中亚五国、南亚次大陆(如巴基斯坦、孟加拉国)和东南亚(如印度尼西亚、马来西亚)。伊斯兰教的信徒被称为穆斯林,目前超过40个国家中的穆斯林占全国人口的大多数。《古兰经》是伊斯兰教唯一的根本经典,是伊斯兰教信仰和教义的最高准则,是穆斯林道德行为的重要准绳。

伊斯兰教信仰真主,认为世俗的利益和权力都是虚幻的,而执行真主意志、寻求真主恩惠才是获得最大财富——进入天堂的途径。在伊斯兰国家,宗教对穆斯林的影响是全方位的,穆斯林必须按照伊斯兰教的价值观和道德准则行事。伊斯兰教主张尊敬父母、尊重他人的权利、慷慨而不浪费、公平交易、履行契约义务、帮扶弱者、恭顺而谦逊等。饮食方面,禁食猪和不反刍的猫、狗、马、驴、骡、鸟类、没有鳞的水生动物等,不食自死的动物、非穆斯林宰的动物、动物的血及生葱、生蒜等有异味的东西,禁止饮酒。衣着方面,男子禁止穿纯丝织品制成或色彩鲜艳的衣服,禁止戴金银饰物,到清真寺做礼拜或参加葬礼时必须戴弁(上小而尖、下大而圆的帽子);妇女则有戴面纱、盖头的习惯。举止方面,见到尊长,应致立敬礼。同辈相见,行握手礼。十分亲密的友人,行拥抱吻礼。见面互相敬礼的同时,还互相用祝词祝贺对方。握手、端饭、敬茶均用右手,用左手被视为不礼貌。

3. 印度教

印度教拥有的信徒人数居世界第三,大多居住在印度次大陆。不同于基督教和伊斯兰教,印度教的创立不是源于某位创始人,也没有官方认定的宗教典籍,而是在长期社会发展过程中广泛吸收婆罗门教、佛教和耆那教教义以及民间信仰、风俗习惯、哲学思想等的综合产物。印度教崇拜三大主神,宣扬世袭的种姓制度(最森严的等级制度),现代印度已经废除了种姓制度,但这种等级观念在民间仍有较大影响。印度教相信因果报应和轮回转世,致力于精神追求而非物质享受,倡导苦行僧式的生活方式。印度教并没有规定统一的礼拜仪式,教徒可以在家中设置的祭坛前背诵祈祷文,也可以到众多由祭司照管的寺庙中祈祷或捐赠食物和鲜花。饮食方面,印度教的中上层人士吃素者很多,一般禁食牛肉,忌吃蘑菇、木耳和笋类蔬菜,一般忌烟忌酒。举止方面,左手被视为不洁,忌讳用左手递食递物;而头部则被视为是神圣的,忌讳触摸他人头部。

4. 佛教

佛教由释迦牟尼于古印度创立,传播于亚洲和世界各地,信徒主要分布于东亚和东南亚。佛教典籍共分为经、律、论三藏。"藏"用以概括全部佛教典籍,"经"是释迦本人所说的教义,"律"是佛陀为教徒制定的必须遵守的规则及解释,"论"是为阐明经、律而作的各种理论的解释和研究。佛教认为苦难源于人们追求享乐的欲望,应该适当抑制欲望。佛教也相信因果和轮回,强调来生和精神成就。佛教的戒律忌杀生、偷盗、妄语、饮酒等,主张行善积德,对出家僧人的戒律要求高于居家修行者。缅甸、尼泊尔、柬埔寨、泰国的大部分人口信仰佛教。

5. 儒家思想

儒家思想也称儒教或儒学,由孔子创立,经由历代学者的继承与发扬逐渐形成一套完整的伦理体系,对中国文化的影响很深,对日本、韩国的文化也有较大影响。儒家思想并非宗教,并不关心超自然的事务,而是推崇高尚的道德和符合伦理的行为。仁、义、礼、智、信是儒家所提倡的做人的起码道德准则,温、良、恭、俭、让则是儒家提倡的待人接物的准则。儒家伦理中的重义、忠实、诚信是对商业活动非常有利的价值观,能够增加信任、降低商务成本。

(三)价值观念与思维方式

从文化要素的角度看,价值观是指为社会成员所普遍接受的信念,作为文化构成的深层要素,它既是社会文化的组成部分,又是各种社会文化要素在人们心中长期渗透、积淀的结果,持久而稳定地影响着人们的态度和行为方式。

一般而言,群体价值是东方价值观的内核,而个人主义是西方文化的支柱。以中国为代表的东方文化认为个体是群体中不可分割的一部分,个人利益应该服从集体利益,强调团结就是力量,因此在交际中往往表现出谦逊与合作,注重人际关系的维护,人与人之间的社交空间距离较近。相反,西方文化则把个人价值的实现放在首要位置,崇尚独立、竞争和依靠个人力量实现个人利益,以个人成功衡量人生价值,因此,在交际中往往以自我为中心,直接而激烈,以结果为导向,人与人之间的社交空间距离和心理距离较远,注重个人隐私。在东方文化的人际沟通中,肢体接触、谈论私事往往能拉近彼此的关系,而在西方文化中,这会被视为侵犯他人的空间和隐私。

另外，中西方在思维方式上也存在着巨大差异。东方文化强调形象和曲线思维，从整体到局部，以形见理，表达时往往从整体性环境出发，再到信息中心，思维的综合性更强。而西方人则强调抽象和直线思维，喜欢把复杂的问题分解成若干个简单的问题来加以解决，注重逻辑推理，表达时直接点出信息中心。

（四）风俗习惯

风俗习惯是特定社会文化区域内长期形成的人们共同遵守的行为模式或规范，主要包括民族风俗、节日习俗、传统礼仪等。世界各国的风俗习惯一方面受上面所述的宗教及伦理体系的影响，另一方面与所在地域的长期生活习性有关，是社会文化的一个显著表征。在商务活动中，充分了解、尊重、适应彼此的风俗习惯，既是表达礼貌和增进理解的方式，也是避免冲突和发现商机的重要手段。

外国风俗习惯举例

外国传统节日：按时间顺序，1月第二周的周一是日本传统节日的成人节，当年成年的年轻人要参加成人仪式；2月中下旬是巴西的狂欢节，被称为世界上最大的狂欢节和最伟大的表演节；3—4月是加拿大传统节日枫糖节；春分月圆之后第一个星期日是基督教的重要节日复活节，象征着重生与希望；4月13日是泰国的新年宋干节，有宗教庆典、家人团聚、泼水活动等；5月的第二个星期日和6月的第三个星期日分别是西方的母亲节和父亲节；4—5月对应伊斯兰教历9月，是伊斯兰教的重要节日开斋节，教徒需斋戒一个月以省察已躬，洗涤罪过；6月有北欧国家的传统节日仲夏节，人们会点起篝火庆祝；7月下旬是伊斯兰教的另一个重要节日古尔邦节，也称宰牲节，对应伊斯兰教历12月10日，教徒要宰牲、缅怀先人、参加会礼等；9月15日是日本的敬老节；10月有德国的啤酒节，以慕尼黑举办的规模最大；10月31日和11月1日是西方的传统节日万圣节除夕和万圣节，人们会化装参加庆祝活动；11月的最后一个周四是美国的感恩节，要合家欢聚，吃烤火鸡；12月24日和25日是基督教的平安夜和圣诞节，是纪念耶稣诞生的重要节日。

视频：外国的风俗习惯

各国对花卉的偏好和忌讳：法国人认为黄色的花代表不忠诚，而核桃花是不祥之物；意大利、西班牙和拉丁美洲各国多将菊花用于丧葬，而菊花在日本则是王室专用，备受推崇；荷花在中国、印度、泰国、埃及等国评价颇高，在日本却被视为象征祭奠的不祥之物；郁金香在土耳其被视为爱情的象征，而在德国被认为是没有感情的花。

各国对颜色的禁忌：巴西人认为棕黄色为凶丧之色；比利时人以蓝色为不详之色；日本人认为绿色不详；埃及、巴基斯坦、叙利亚等国忌用黄色；土耳其喜素色，忌用代表凶兆的花色；欧洲各国和美国等以黑色为丧葬之色。

各国对动物的禁忌：瑞士忌讳猫头鹰图案；大象在英国是蠢笨的象征，而在泰国和印度则是吉祥动物；蝙蝠在我国象征"福"，在美国则被视为凶恶；伊斯兰国家忌讳用猪及相关形象的图案；北非地区的一些国家忌讳用狗及相关图案做商标。

风俗习惯还会影响人们的审美观和消费习俗，影响人们的生活情操与品位，反映着一个社会的风貌。消费习俗既包括物质生活方面对饮食、服饰、日用品的需求，也包括社会文化生活方面因节庆、宗教信仰、纪念性活动带来的需求,它能够在特定的情况下引起消费者对某些特定商品的普遍需求,并且具有长期性、稳定性和周期性。例如西方圣诞节前夕对圣诞树和相关礼品的需求量大增,中国春节前夕消费者则大多会购入春联、福字、爆竹等吉庆物品,此时红色是代表吉祥的普遍审美。这些消费习俗无疑会带来很多商机,是很多国际商务活动所关注的消费者偏好与市场动态。

(五)语言特征

语言是文化的产物,包括口头、文字、肢体语言,各种语言的表达方式中蕴含着深层次的文化差异。全世界现存的 2 000 多种语言有文字,其中汉语是使用人数最多的语言,英语是应用最广的语言,法语、俄语、西班牙语、阿拉伯语都是世界上的主要语言。

动画:世界语言

词汇是语言的基本要素,词汇在各种语言中的内涵差异是语言文化差异最突出、最广泛的表现。例如"龙"在汉语中是吉祥的象征,而"dragon"在英语中是凶猛、邪恶的动物,用于喻人常含贬义;在汉语中称呼老年人为"爷爷、奶奶"是尊重和礼貌的表现,但在英语中这样称呼陌生老人则会引人不适。

语言表达模式的中西方差异也很明显,东方的形象思维表现到语言上是汉语从整体到局部的表达,例如表述地址按照省、市、区、路、门牌号的顺序,表述时间按年、月、日、时、分的顺序,而西方的英、法等语言的表达方式正相反。

知识拓展

高语境文化和低语境文化

针对不同文化中主流交际方式的差异,美国人类学家爱德华·T. 霍尔(Edward T. Hall)提出了高、低语境文化。在这两类文化中,语境和语言在交际中的地位和作用不同。高语境文化间接而含蓄,主要靠语境传递信息,在沟通中更重视情境而非内容,通过烘托语境、捕捉语境中的敏感信息来把握沟通内容,以婉转隐晦的表达方式避免给对方造成不适的感觉,东亚地区、阿拉伯世界等国家都属于高语境文化。沟通成功与否很大程度上取决于交际双方对语境的共同理解,建立在相互理解的价值观、风俗习惯、社会规范等文化要素的基础上。相反,低语境文化直接而明了,在沟通中更重视语言表达的逻辑性,对语境的依赖程度低,他们认为坦率表达非常必要,不善于揣测对方的想法,如瑞士、德国、北欧各国、美国、加拿大、澳大利亚等。例如同样是寻求他人的帮助,如果面对高语境文化中的人,对方说"我尽量""我考虑一下"等往往代表不想帮忙,直接拒绝是不礼貌的,使用委婉的托词则能让求人者知难而退。但在低语境文化中,若不愿意帮忙,则会直接说不,坦率表达反而更礼貌。

动画:肢体语言

肢体语言在人际交往中与上述口头、文字语言同等重要,其传递的信息量有时甚至超过言语表达。手势、交谈中的坐姿、眼神等都是肢体语言,在不同国家也存在很多差异。例如"OK"手势,在美国表示"好",在法国南部则表示"零"或"一钱不值",在日本表示谈论钱的问题,在保加利亚、比利时和意大利则带有侮辱性,在拉丁美洲、欧洲等国家或地区以及俄罗斯的一些地区这个手势有粗俗的暗示。而竖起大拇指表示"真棒"也不是全球通用的,在地中海东部及欧洲的一些地区,它有粗俗的含义。坐姿时跷二郎腿在东方文化中是举止不端庄的表现,而在西方文化中则宽容得多。欧洲各国和美国人认为谈话时正视对方的目光是尊重和诚实的表现,而对于拉丁美洲与亚洲的许多地方来说,低垂的目光才表示对对方的尊重。

三、文化维度及国别差异

1. 文化维度的含义

文化维度是荷兰心理学家吉尔特·霍夫斯泰德(Geert Hofstede)提出的衡量不同国家、地区或民族文化差异的框架,也可以认为是反映不同国家或民族文化差异的指标体系。他认为文化是在一个环境下人们共同拥有的心理程序,能将一群人与其他人区分开来。20 世纪 70 年代,他的团队针对 40 个国家 11.6 万 IBM 员工进行了调查,了解与工作有关的价值观,发现管理者和员工在有关民族文化的五大维度上存在差异,包括权力距离、个人主义和集体主义、阳刚或阴柔气质、不确定性规避和不确定性容忍、长期或短期取向。在 2010 年的研究中,他又加入了第六个维度,即放纵与约束。六个文化维度的含义如下。

微课:文化维度

(1)权力距离。这个维度衡量人们对权力分配不平等的接纳和认可程度。高权力距离文化中,人们接受和认可权力的约束力,而在低权力距离文化中,人们更看重个人能力,强调平等和机会。

(2)个人主义和集体主义。这个维度衡量人们更喜欢作为独立个体还是作为集体成员。在个人主义文化中,人们的个人选择和决定更被期待,更重视个人目标,认为自己应该照顾自己。而在集体主义文化中,意味着人们知道自己在社会或集体中的位置,重视集体目标和群内关系,期望得到集体的照顾,也会对集体忠诚。

动画:权力距离

(3)阳刚气质和阴柔气质。这个维度衡量性别与社会角色的关系。在阳刚型文化中,对男性和女性的职责定位不同,男性被视为是更强大的,人们推崇竞争、权力、成就和决断等。而阴柔型文化则更赞扬谦逊、合作、关爱和服务等,对男女的社会角色持相同看法。

(4)不确定性规避和不确定性容忍。这个维度衡量一个社会对不确定性和模糊性的容忍度。在不确定性规避型文化中,人们对不确定性和模糊性的焦虑水平更高,这种文化往往重视法律、法规和控制,以减少不确定性。相反,在不确定性容忍型文化中,人们能够包容各种意见和不确定性,不太以规则为导向。

(5)长期导向和短期导向。这个维度衡量如何对待变化。在长期导向文化中,认为世界是不断变化的,有必要为未来做准备,人们倾向于节俭、积累,能够延时满足欲望,追求长期稳定的生活。而在短期导向文化中,认为世界是不变的,更看重当下。

(6)放纵与约束。这个维度衡量生命中什么是好的事情。在放纵型文化中,自由地随性行事被认为是好的,朋友很重要,生命要有意义。在约束型文化中,认为生活是艰难的,履行责任比随心所欲更常态。

2. 文化维度的国别差异

霍夫斯泰德的此项研究还在持续推进,调研人群涉及的国家和地区不断增加,从 2015 年公开的数据看,已包含 111 个国家和地区的六个维度评价。

权力距离最大的两个国家是马来西亚和斯洛伐克共和国,其次是危地马拉、巴拿马、菲律宾、俄罗斯、罗马尼亚、塞尔维亚、苏里南、墨西哥、委内瑞拉、阿拉伯国家、中国、孟加拉国等。权力距离最小的国家是奥地利,其次是以色列、丹麦、新西兰、爱尔兰、挪威、瑞典、芬兰、瑞士、哥斯达黎加、德国、英国、荷兰、澳大利亚、加拿大、爱沙尼亚、卢森堡、美国等。

个人主义程度最高的国家是美国,其次是澳大利亚、英国、匈牙利、加拿大、荷兰、新西兰、意大利、比利时、丹麦、法国、瑞典、爱尔兰、挪威、瑞士、德国等;集体主义程度最高的国家和地区是危地马拉,其次是厄瓜多尔、巴拿马、委内瑞拉、哥伦比亚、印度尼西亚、巴基斯坦、哥斯达黎加、秘鲁、特立尼达和多巴哥、韩国、萨尔瓦多、泰国、越南、新加坡、西非地区、孟加拉国、中国等。

阳刚型程度最高的国家是斯洛伐克共和国,其次是日本、匈牙利、奥地利、委内瑞拉、瑞士、意大利、墨西哥、爱尔兰、牙买加、英国、德国、中国等。阴柔型程度最高的国家是瑞典,其次是挪威、拉脱维亚、荷兰、丹麦、立陶宛、斯洛文尼亚、哥斯达黎加、芬兰、智利、爱沙尼亚、葡萄牙、泰国、俄罗斯等。

不确定性规避型程度最高的国家是希腊,其次是葡萄牙、危地马拉、乌拉圭、马耳他、俄罗斯、比利时、萨尔瓦多、波兰、日本、塞尔维亚、苏里南、罗马尼亚、斯洛文尼亚、秘鲁、阿根廷、智利、巴拿马、法国、西班牙等。不确定性容忍程度最高的国家是新加坡,其次是牙买加、丹麦、瑞典、中国、越南、爱尔兰、英国、马来西亚、印度、菲律宾、美国、印度尼西亚、加拿大、新西兰、南非、挪威、澳大利亚等。

长期导向型程度最高的国家是韩国,其次是日本、中国、乌克兰、德国、爱沙尼亚、比利时、立陶宛、俄罗斯、白俄罗斯等。短期导向型程度最高的国家是波多黎各,其次是加纳、埃及、西非各个国家,以及特立尼达和多巴哥、尼日利亚、哥伦比亚、多米尼加共和国、伊朗、摩洛哥、津巴布韦、委内瑞拉、约旦等。

放纵型程度最高的国家是委内瑞拉,其次是墨西哥、波多黎各、萨尔瓦多、尼日利亚、哥伦比亚、特立尼达和多巴哥、西非各个国家,以及瑞典、新西兰等。约束型程度最高的国家是巴基斯坦,其次是埃及、拉脱维亚、乌克兰、阿尔巴尼亚、白俄罗斯、立陶宛、保加利亚、爱沙尼亚、伊拉克等。

知识拓展

30 个国家或地区的文化维度比较

30 个国家或地区的文化维度比较见表 4-1。

表 4-1　30 个国家或地区的文化维度

国　　家	权力距离	个人主义	阳刚型	不确定性规避	长期导向	放纵型
中国	80	20	66	30	87	24
英国	35	89	66	35	51	69
印度尼西亚	78	14	46	48	62	38
印度	77	48	56	40	51	26
意大利	50	76	70	75	61	30

续表

国　　家	权力距离	个人主义	阳刚型	不确定性规避	长期导向	放纵型
伊朗	58	41	43	59	14	40
新加坡	74	20	48	8	72	46
希腊	60	35	57	112	45	50
西班牙	57	51	42	86	48	44
委内瑞拉	81	12	73	76	16	100
土耳其	66	37	45	85	46	49
泰国	64	20	34	64	32	45
瑞典	31	71	5	29	53	78
日本	54	46	95	92	88	42
葡萄牙	63	27	31	104	28	33
墨西哥	81	30	69	82	24	97
美国	40	91	62	46	26	68
马来西亚	104	26	50	36	41	57
加拿大	39	80	52	48	36	68
荷兰	38	80	14	53	67	68
韩国	60	18	39	85	100	29
芬兰	33	63	26	59	38	57
法国	68	71	43	86	63	48
俄罗斯	93	39	36	95	81	20
德国	35	67	66	65	83	40
比利时	65	75	54	94	82	57
巴西	69	38	49	76	44	59
澳大利亚	38	90	61	51	21	71
奥地利	11	55	79	70	60	63
阿拉伯国家	80	38	53	68	23	34

注：分值越高，越倾向于栏目所示文化维度。

资料来源：https://geerthofstede.com/发布的2015年版研究数据.

3. 其他文化价值观评价模型

霍夫斯泰德的文化维度框架是较早的，也是目前为止最重要、最精细的文化研究框架。在此基础上，后来又出现一些新的研究框架，其中与工作和商务问题相关的两个文化价值观模型也受到广泛推崇，它们是"全球领导力与组织行为有效性"（GLOBE）和"世界价值观调查"（WVS）。

GLOBE强调一个领导的行为有效性与其所处的环境相关，嵌入在被领导人群所在社会和组织的规范、价值观及信仰中。从1993年开始，GLOBE的跨文化调查一直进行，最初的数据来自62个国家或地区的951个组织中的17 300名中层管理人员，调研九个文化维度,除与霍夫斯泰德文化框架类似的权力距离、不确定性规避、性别差异(类似阳刚型和阴柔型)、未来导向(类似长期导向和短期导向)、制度集体主义、圈内集体主义(相对更个人主义)外,还新增了人本导向(指一个社会对公证、利他、慷慨、关怀、友善的个体给予鼓励和奖赏的程度)、自信和业绩导向(指一个社会对群体成员的绩效提高或绩效优异给予鼓励和奖赏的程度)。

WVS调查了100多个国家人们的价值观和规范,试图揭示它们是如何随着时间的推移而变化,以及这些变化对社会和商业的影响,包括以下维度:支持民主政治;对外国人和少数族裔宽容;支持性别平等;宗教地位和不断变化的虔诚度;全球化的影响;对待环境、工作、家庭、政治、国家认同、多样性和不安全感的态度;主观幸福感。这些新的文化研究框架有潜力补充甚至取代霍夫斯泰德的研究成果。

学习单元二　文化差异对国际商务的影响

一、文化要素差异对国际商务的影响

1. 价值观和思维方式差异的影响

在众多的文化因素中,价值观是核心内容之一。西方的个人主义价值观反映在国际商务中常表现为轻人情和传统,重规则和制度,重视商务合同的约定和效力,在商务谈判中,谈判代表往往拥有充分的授权。例如,德国人非常讲求契约精神,人们在商务活动往往严谨地遵照规章制度行事。而东方的群体价值在国际商务中反映为注重情谊关系,追求心理上的认同感和安全感,强调"和为贵",追求公平、利益均分和稳定,在商务谈判中,谈判代表可能需要就关键事项征询上级或团队的意见。例如中国或日本,酒文化普遍存在于商务活动中,是解决问题、加深关系和庆贺答谢的重要手段。

东西方不同的思维方式也会反映在商务活动中,东方文化的形象、曲线思维往往喜欢先谈合作背景、双方关系、共同承诺和利益、遵循的原则等整体性内容,再谈涉及本次商务活动的细节性内容。而西方文化的抽象、直线思维则偏好直接切入正题,就事论事,对细节性内容更加重视。

2. 宗教信仰差异的影响

宗教信仰中的相关禁忌是商务活动中最应避免发生文化冲突的方面。例如,伊斯兰教和印度教的教徒都认为左手是不洁的象征,商务活动中应避免用左手传递名片等物品;信仰伊斯兰教的女性有戴面纱、盖头等习俗,商务活动中应当避免派遣女性代表;避免在非清真的餐厅安排对伊斯兰教教徒的宴请;基督教认为13是不吉利的数字,则需在商务活动中涉及酒店房间号、楼层号、门牌号、餐桌号等数字时避开这个数字;星期五是耶稣受难日,星期日是基督教的礼拜日,应避免在这两天安排商务活动。

3. 风俗习惯差异的影响

风俗习惯和行为习惯会影响商务习惯,例如,德国人推崇严谨、遵守规则和流程,喜欢做好规划,把工作和生活安排得井井有条,一般情况下不直呼名字,而是称呼全名或姓,商务活动中着装正式;美国人不拘礼节,喜欢直呼名字,强调沟通,重视同事之间的交流与协作;法国人重视办公场所的等级关系,工作总时长较短但追求高效率,崇尚自由,计划性不强;日本

人危机意识强,好学上进,崇尚匠人精神,重视细节改进,注重礼仪,尊重上下级关系,重视团队和群体协调,工作加班和聚餐的频率较高;英国人比较保守、自律、务实,讲求衣着和礼仪,表达委婉含蓄;阿拉伯人热情重礼仪,喜欢彰显社会地位和职务的称呼,偏好"家庭公社"式工作方式,即在同一场所同时与不同商务对象会谈,星期五是休息日或祈祷日,喜欢礼尚往来。

4. 语言差异的影响

语言表达在含义、方式、情境等方面的差异对国际商务活动常常带来一些不易察觉的影响,导致歧义或冲突。在商标或广告翻译中,常因词汇的语义不同造成误解。例如,中国的"白象"牌电池,翻译为"white elephant",其在英语中的含义是"没用的东西",不管怎么做广告宣传,都难以吸引消费者;某公司用英语单词"mist-stick"表示用来喷雾定型的卷发铁棒,但进入德国市场后遇冷,因为"mist"在德语中的意思是"粪便";波多黎各经销商对通用汽车公司的新雪佛兰Nova牌车缺乏热情,因为"Nova"听起来就像是"no va",西班牙语的意思是"不走";中国商家经常宣传"物美价廉",如果翻译成"cheap",在英语中则暗含质量低下。在商务洽谈或信函往来中,高情境的东方文化采用曲折含蓄的表达方式,可能让西方人根本抓不住重点;而西方低情境文化下直接明了的表达方式则让东方人觉得受到冒犯。不同文化对待商务契约文本语言的态度也是大不相同的,西方文化非常重视契约的精确性和权威性,会认真细致地撰写契约文本;而在东方文化传统中,更注重的是信誉和道德的力量,契约文本主要规定框架结构,细节上可能不太在意;而在伊斯兰教文化中,认为在真主面前,人人都必须公正诚实地行事,对契约文本本身并不重视。

二、文化维度差异对国际商务的影响

国际商务谈判是国际商务中的重要活动,也是容易发生文化冲突的主要场景,各个国家、民族或地区在文化维度上的差异,对国际商务谈判的目标、决策、风格等方面均会带来影响。

1. 对谈判目标的影响

商务谈判目标往往是事先设定的,长期导向的东亚、东欧各国倾向于将谈判目标设定为建立长期的合作关系,可能愿意以放弃部分首次合作的利益为代价;而短期导向的非洲部分国家、美国、澳大利亚、阿拉伯等国家等则更关注实现当前合作项目的利益。集体主义文化下的韩国、中国、新加坡等亚洲国家的商务代表更希望通过谈判建立友好的商业伙伴关系,重视人际关系和谐,通常会安排一些非正式的沟通活动;而奉行个人主义的美国、澳大利亚、英国、加拿大以及多数发达国家则更关注合作本身的内容和利益,以签订协议为主要任务。

2. 对谈判决策的影响

文化维度中权力距离的高低会影响商务谈判的决策机制。欧洲各国和美国等发达国家的权力距离普遍较低,加上个人主义盛行,谈判代表往往被授予充分的权力进行决策,通常他们派出的代表人数较少,倾向于独立决策。而在权力距离较高的马来西亚、菲律宾、印度尼西亚等东南亚国家、阿拉伯国家、俄罗斯、中国,谈判代表团人数相对较多,高层级的人员座位一般居中,谈判时会不断交换意见,决策时会集体商议,最终决策往往还要请示上级。

3. 对谈判风格的影响

阳刚型和阴柔型文化反映社会对不同性别角色的定义,也会影响对权力和成就的定义,在国际商务活动中会产生不同的行事风格。日本、奥地利、匈牙利、瑞士、意大利等国家的阳刚型程度较高，在国际商务活动中会比较看重成就、决断、竞争，态度坚决，遇到冲突时不容易让步和妥协。而阴柔型文化下的瑞典、挪威、荷兰、丹麦、芬兰等国更看重合作共赢与关系和谐，在国际商务谈判中倾向于营造愉快的氛围。

另外不确定性规避型文化倾向于追求确定的商业回报，防范各种风险和未知因素，在国际商务活动中更习惯事先制订详尽的计划，确定规范的商务程序，遵循既定规则行事，更审慎和稳重，如希腊、葡萄牙、比利时、俄罗斯、日本等国。而不确定性容忍型文化则能接受一些未知因素和模糊因素，商务活动不会拘泥于规则和程序，当发生冲突时，人们乐于探索新的解决之道以加速谈判进程。

三、跨文化商业行为模式

在各种文化要素和文化维度的影响下，国际商务活动在不同文化背景下所要遵循的商业惯例有很大差异，这使商务实践常因面临文化冲突而受阻。丹麦人理查德·R.盖斯特兰德（Richard R. Gesteland）结合其在跨文化商务领域30余年的实践，将国际商务中的文化差异问题进行了归类，整理出四个维度的跨文化商业行为模式，系统地展现出文化差异对国际商务活动的影响，商务人员可以从这四个维度描述某个文化背景下的商业行为模式，简单可行，实用性强。

1. 生意导向型和关系导向型

生意导向型的人们主要以任务为导向，而关系导向型的人们则以人为导向的程度更高。在关系导向型文化中，商务活动中更需要友善、和蔼，否则就容易发生冲突。世界市场上多数是关系导向型，如在阿拉伯国家、亚洲、拉丁美洲和非洲大部分地区，人们不喜欢与陌生人做生意，往往通过人际关系网获得生意。生意导向型文化主要集中在北欧地区、北美地区、澳大利亚和新西兰，这里的人们更加开放，愿意与陌生人打交道，能够接受陌生的电话营销或邮件推广，只要能提供正确的商品或服务就能直接进入这些国家市场。而进入关系导向型的市场，除了找到相应的关系网，最有效的渠道是参加国际博览会，另外，参加官方的贸易代表团、寻找可靠的中介机构也是可行的渠道。

生意导向型和关系导向型的文化交流方式也不同。生意导向型的商人首先考虑让别人能理解，所以他们会直接说出自己的意图，更倾向于低情境文化的沟通方式，如德国人、荷兰人在谈判中就以直率而闻名。关系导向型的商人则更多考虑协调和促进人际关系，沟通时会察言观色，尽量避免冒犯他人，直言不讳常会被当作不成熟的表现，例如东亚文化中的谈判者很少会直接说"不"，他们可能会含蓄地表达困难、微笑着改变话题或保持沉默，而这常常会使生意导向型的谈判对手难以理解。

 微案例

新加坡油漆公司营销受阻

新加坡辉煌油漆是一家由三个受过西方教育的年轻人带领的快速增长的公司。某一年，其销售经理带领团队出售了大量油漆到澳大利亚和新西兰，实现了海外销售的高峰。为实现这个目标，他首先给澳大利亚、新西兰的一些潜在分销代理商发送邮件，同时发出约见信，然后逐一会见每一个感兴趣的公司，这样选出资优的公司进行谈判并达成分销协议，销售量超出了预期数额。

基于这个成功经历，老板要求销售经理继续开拓其他亚太市场。通过对市场的研究，销售经理认为中国台湾的市场需求量高、本地竞争小，于是采用同样的方式给许多中国台湾的油漆进口商、代理商、批发商发送了邮件和产品信息，表示希望约见讨论可能的代理事项。令人惊讶的是，六个星期过去了，竟然没有一家公司回复。即便改用中文发送了第二批邮件，两个月后仍然没有期望的分销商回复。显然，对生意型导向的澳大利亚和新西兰企业奏效的营销方式不适用于关系导向型的中国台湾企业。

2. 正式文化和非正式文化

正式文化中往往存在等级制度，反映出人们在社会地位和拥有权力方面的差别，而非正式文化中的人与人之间权力地位差别更小。

美国、加拿大、澳大利亚、新西兰、北欧地区的国家是非正式文化，尤其是瑞典、挪威、丹麦等斯堪的纳维亚人最崇尚平等，他们没有地位和等级意识，在商务沟通中的随意性可能会冒犯正式文化的位高者。而在正式文化中，人们的地位意识也会给非正式文化的人们以疏远和傲慢的感觉。多数欧洲、亚洲的国家，地中海沿岸地区，阿拉伯世界和拉丁美洲国家都是正式文化，组织阶层、年龄、性别是正式文化中影响地位的主要因素。在这些地方开展商务活动，应该充分尊重商业伙伴，以职位、学位或姓氏正式地称呼对方，商务场合着装正式、尊重不同人的不同地位，对位高者或客户表现出尊重、恭敬和周到都是必要的。年轻的商务人员往往很难得到客户的重视，而女性的职业生涯会更为艰难，尤其是在阿拉伯国家、日本、韩国等国。另外，在拉丁美洲和欧洲的多数国家，只谈论生意往往会被瞧不起，受教育程度、家庭背景、文化修养等也是描述地位的因素。

 微案例

孟加拉国纺织部长的考验

一名有十余年东南亚商业经验的美国咨询师安排他的芝加哥客户去和孟加拉国的纺织部长会面。芝加哥公司已经请求就有关纺织服装配额的复杂问题做出有利的协定，但是结果不容乐观。美国的竞争者数月前已经做出类似的请求，他们的申请立刻遭到了政府中层官员的拒绝。当时天气闷热，可是部长办公室的空调没有开，这使两位西方的访问者相当不舒服，因为他们都穿着正式的衬衫和西服套装，佩戴着领带，坐在那里浑身发热流汗，而部长穿了件透风的白衬衫，凉快且舒服，和他们亲切地聊天。进行了一小时十五分钟看似无目的的谈话后，部长站起来，笑着通知这两个申请者他已经决定答应他们的请求。第二天咨询师从部长方了解到，部长故意在开会时不开办公室的空调，意在考验西方访问者。

3. 恪守时间文化和灵活时间文化

全球有相当一些文化中有恪守时间的习惯，准时是必要的，日程安排很具体，议程固定，商务会议很少被打断，严格恪守时间的有北欧国家、德国、北美地区、日本，其他恪守时间的国家有澳大利亚、新西兰、俄罗斯和多数中东地区国家、中国、新加坡、韩国等，同样是欧洲，南欧地区的遵守时间意识要比北欧地区、德国淡薄得多。还有一些文化中则对时间、计划很随意，称为灵活时间文化，主要有阿拉伯国家、非洲、南亚、东南亚、拉丁美洲等地区的国家，人们很少注重严格遵守时间，且不受最后期限的困扰，其日程安排松散，并且几个商务会议可以同时进行,在灵活时间文化中,商人们可能会因为帮助朋友、上一个会议延迟等原因拖延约见的时间,他们更关注自己周围的人。恪守时间文化认为灵活时间文化懒散、粗鲁、无组织纪律性,而灵活时间文化认为恪守时间文化由于受时间限制而不能灵活调整是自大、无礼的态度,这样就产生了文化冲突。

微案例

一位马来西亚商人的惨痛经历

一位马来西亚女商人飞往美国波士顿开一个重要的会议,会议约定在星期一上午10点开始。她到波士顿已是星期日深夜,旅途的颠簸导致她在第二天早晨睡过了头,之后坐在出租车内又迷失了方向,怎么也找不到开会地点,等她终于在午饭后赶到时,会议已经进行了4个小时。她要会见的美国人从会议室中走出来对她说:"对不起,我们正在召开下午的会议。并且我们这周的安排已经满了,你在下个星期三补救一下,可以吗?"但是,她必须如期返回吉隆坡,回顾这次惨痛的经历,她认为美国人无礼还固守计划。"我飞越半个地球赶到波士顿,就是为了参加会议。那里的人没给晚到一会儿的外国访问者留一点面子重新安排日程。你能相信吗?"

4. 情感开放文化和情感保守文化

情感外向的人与情感内向的人交流方式不同。不管他们在用语言或非语言交流,外向和内向的差别都会产生巨大的交流鸿沟。例如,一位跨国企业管理者在意大利工作了八年,为了让那里的人理解意图而逐渐培养起丰富的表达方式,而当他来到泰国工作时,大音量、丰富的表情和手势的交流方式却让人感觉不适,因为泰国是一个情感保守的国度。情感开放的文化包括地中海地区、拉丁文化区(含意大利、西班牙、葡萄牙等国家及拉丁美洲地区),适度开放的文化包括美国、加拿大、澳大利亚、新西兰等国家及东欧地区、南亚、非洲地区,情感保守的文化包括东亚和东南亚地区以及北欧的丹麦、瑞典、挪威和冰岛、德国等国家。保守文化中的人们在商务活动中冷静自制,语气温和,对于沟通中的安静和沉默感觉自在,不会随意打断别人说话,相反开放文化中的人们在商务谈判中喜欢大声地、不停地说话,不能忍受沉默或停顿。

人与人之间的社交距离、眼神交流和肢体语言都是非语言行为的重要要素,开放文化中的社交距离往往较短,如阿拉伯国家、地中海地区、拉丁文化区的社交距离通常是20～25cm,人们喜欢近距离的交流,交谈时重视眼神的专注凝视,面部表情和肢体动作都很丰富。而在保守文化中,人们习惯保持一定的距离,如亚洲大部分地区、欧洲其他地区的社交距离通常是40～60cm,北美人虽然比较开放,但也习惯较远的社交距离。保守文化中的人在商务沟通中往往掩饰自己的情绪,直视对方被认为是威胁或冒犯。

学习单元三　如何进行跨文化商务活动

一、国际商务人员如何进行跨文化沟通

商务人员在从事国际商务活动中,与不同文化背景下的合作伙伴沟通交际是开展业务的重要一环,不可避免地会面临文化差异的影响,甚至会发生文化冲突。只有掌握了跨文化

商务交际的基本原则,采用积极有效的沟通策略,遵守当地的商务行为规范和礼仪,才能推进商务合作。提供对外贸易和服务的卖方,为了实现营销目标,要结合买方所在国家、地区或民族的文化特征设计市场营销策略,尤其是到买方所在地进行商务活动时,更要"入乡随俗",尊重当地的文化,遵守当地的商业惯例、行为规范和礼节要求。

(一)掌握跨文化商务交际的原则和策略

1. 合作原则在跨文化商务交际中的运用

为了达到预期的交际效果,实现交际目标,谈话双方必须共同遵守一些基本原则。被广泛认可的是1967年美国语言哲学家格莱斯在哈佛大学有关"逻辑与会话"的演讲中提出的"合作原则",它包含四个准则:一是量的准则,即使自己的会话信息量尽量达到且不应超过所需要的详尽程度;二是质的准则,即所说的内容应真实准确且有足够的证据;三是关联准则,即自己说的话要具有关联性;四是方式准则,即说话要简明易懂,条理清晰,避免晦涩和模棱两可,避免歧义。

在跨文化交际中,由于文化差异导致会话规则各异,合作原则也具有相对性,要视不同文化的理解而调整适用。对于量的准则,不同文化对信息量是否足够的理解不同,传递同样一个信息,在低语境文化中会简单、清楚、直接,而在高语境文化中则会加入很多背景或周边信息;情感保守文化中的人有时会沉默不语,而情感外向文化中的人则习惯不停地说。对于质的准则,不同文化下的人们可能难以对交谈信息的准确性达成共识。例如,当东方人谦逊地回应西方人的赞美时,可能让西方人误认为说错了话;面对陌生的关系导向型客户,无论你如何证明自己的产品质量好,也不如借助他们所熟悉的朋友推荐。对于关联准则,不同文化下对哪些信息是相互关联的也有不同的理解,例如,长期导向型文化中的商人会认为自己表示日后再次合作与要求本次交易降价密切相关,而短期导向型的商人则认为两者没有必然联系。对于方式准则,东方的曲线思维和西方的直线思维表现在表达逻辑上截然不同,东方文化喜欢先整体后局部、先原则后细节的表达逻辑,而西方文化则倾向于直接谈论具体细节。

合作原则中四个准则的内涵是不变的,但在跨文化交际中要根据商务伙伴的文化背景进行调整,在信息表达的量(信息是否充足)、质(信息是否正确)、关联性(信息是否相关)、方式(表达是否清晰易懂)方面相互靠近、相互理解、求同存异,统一目标,寻找双方都能接受的居中方案。在商务沟通中要充分表达合作的意愿,正视由文化差异可能导致的问题,及时追问、及时补救,才能尽量避免误解,达成合作。

2. 礼貌原则在跨文化商务交际中的应用

英国语言学家利奇在格莱斯的合作原则基础上,提出了著名的"礼貌原则",包含六项准则:一是得体准则,即尽量使他人吃亏最小、受益最大。二是慷慨准则,即尽量使自身少得益、多吃亏。三是赞誉准则,即对他人尽量少贬损、多赞扬。四是谦虚准则,即对自己要尽量少赞扬、多贬损。五是一致准则,即尽量减少双方的分歧、增加双方的一致性。六是同情准则,即尽量减少双方的相互反感、增加双方的相互同情。

不同文化背景对礼貌原则中的六个准则的理解也有差异。得体准则和慷慨准则是同一件事对人对己的两个角度,提倡他人受益、自己吃亏;赞誉准则和谦虚准则也是类似,提倡赞誉他人、贬损自己。这四个准则都比较吻合东方文化的价值观,而西方文化更崇尚竞争,追求个人成就,会大方地表达和接受赞美,很少贬损自己,他们认为过分谦让是对自己能力的一种冒犯,而谦虚则是虚伪或不自信的表现。所以,在跨文化商务交际中,礼貌的本质要求是不变的,但如何做才能更礼貌则因人、因地而异,需要根据对方的文化背景做出调整,例如面对北美地区、北欧地区、澳大利亚、新西兰等非正式文化的商务伙伴,相互平等、轻松的交谈,而不做过多礼让会显得更礼貌;而面对日本、德国、阿拉伯国家等正式文化的商务伙伴,则有必要表现出对其地位的恭敬,言语上贬己尊人、态度上谦逊退让才更显礼貌。总之,按照一致准则和同情准则,提倡求同存异、相互理解,这在任何文化背景下的商务活动中都是基本准则,否则将难以达成合作。

3. 跨文化交际的实施策略

跨文化交际中,商务人员应在遵循合作、礼貌原则的基础上,按照三阶段策略实施有效的跨文化交际,即准备阶段、换位思考阶段、重新定位阶段。在准备阶段,要了解交际对象的文化背景,建立相互理解、克服障碍的动机与信心,不要想当然地认为别人能够理解自己的逻辑,而是要正视文化差异可能带来的误解。在换位思考阶段,要让自己远离以自我为中心的意识,相互学习和模仿,尝试以对方的思维方式和行为模式来思考和行事,努力将信息以对方易于理解的形式来传达,并与对方分享交流中的感受,在发生问题时,不责难任何一方,而是共同寻求应对措施。在重新定位阶段,需要共同建立起双方认可的规则或方式,增进双方的相互理解与信任。

(二) 遵守文化差异下的商务行为规范和礼仪

在进行跨文化商务活动时,如果在本土接待外国商务人员,最好的礼仪是做到"宾至如归",参考对方的价值观、宗教信仰、风俗习惯、思维方式等文化因素安排商务接待,而不是完全采用本国的习惯做法。如果到其他文化地区开展业务,则需要学习和遵守当地的商务行为规范,表现出吻合当地文化要求的礼仪,"入乡随俗"就是最重要而直接的促进合作的方式。

1. 国际商务接待礼仪

在 21 世纪的第一个 10 年,中国很多企业刚开始接触国际市场,对于来访的外国客户,充分发挥中华民族作为礼仪之邦的良好传统,一般都会制定完备的接待方案,从客户下飞机,到接风晚宴、住宿、午餐、参观陪同、会议安排、观光旅游等,安排得非常周到,很多时候即便没希望合作或订单金额很小,接待规格仍很高,因此很多企业得不到预期的效果。而且很多外国客户并不适应中式的热情招待,如强烈生意导向型的北美地区、北欧地区、德国的客商,他们更关注如何实现商务利益而不在乎谈判场之外的人际关系;而其他一些客户因为风俗习惯或宗教信仰等文化因素无法接受中国的酒桌文化,如因伊斯兰教禁止饮酒,为阿拉伯、西亚、中亚等伊斯兰国家的客户安排酒宴就不合乎其行为规范。所以"宾至如归"需要按照不同文化下的行为规范进行,让外国客户感觉像在家一样自在、舒服,这是国际商务接待的最高礼仪。

 微案例

接待土耳其客人

某企业董事长招待来自土耳其的客户,按高规格准备了一大桌山珍海味,结果土耳其客人只吃了一点白米饭和花生米,董事长觉得很纳闷,这么多菜难道都不符合客人胃口?后来一问才知道土耳其人喜欢菜品保持原汁原味,不放酱、不调汁、更不吃动物内脏,因此中国人看来丰盛异常的饭菜在土耳其客人眼中都难以下咽。经过一番了解,第二天安排土耳其客人去了一家干净的新疆菜馆,客人则表示吃得非常舒服。

2. 国际商务拜访礼仪

商务人员到其他国家进行商务拜访时,尤其作为市场开拓人员,应该事先了解当地的风俗禁忌、行为规范和礼仪要求等,尽量入乡随俗,避免冒犯对方。比较重要而常用的礼仪体现在守时、着装、问候、称呼、礼物赠送等方面。

在恪守时间文化中,按约定时间会面是必需的礼貌,一般提前五分钟到达比较合适,不要太早,更不能迟到。迟到不仅是一种无礼,还会让对方质疑你和你所代表的公司的专业性、可靠性。

在正式文化地区,商务会谈一般着正装,与高层或政府官员会议更要注意服饰仪表,穿深色的西服搭配花色保守的领带比较稳妥。拉丁文化地区和中东地区重视服饰的风格与品质,修饰仪容并穿戴品质较高的服饰容易引人重视。而美国人看重口腔状况,光亮洁白的牙齿和清新的口气会为你的形象加分。

商务会见时的相互问候是必不可少的。握手是较为普遍的问候方式,但不同文化下的握手方式不同。北美人握手热情有力但次数少,法国人则是轻轻碰触但频繁使用,拉丁美洲人会有力且频繁,而阿拉伯人和南亚人则握得比较温和但喜欢反复地握甚至长握不放,熟悉之后还会以贴面礼表示热情。在一些比较保守的文化中,男性不得与女性握手,如阿拉伯国家、印度等。日本人的问候方式是鞠躬,弯腰程度和时长都包含了对对方的礼貌;泰国人双手合十、微微鞠躬表示问候;拉丁美洲人的问候方式可能是热情拥抱;而很多欧洲国家初次见面就可能以吻礼表示问候,英国、法国和比利时都有吻面颊的礼节,德国、西班牙、意大利、奥地利则更常见吻手礼,俄罗斯则有拥抱和吻嘴唇的问候。当然,在全球化文化交融的今天,如果外国客人吻礼感觉不适,也可以免于这个礼节。

在正式文化的国家或权力距离较大的国家,人们更希望在商务场合被正式、尊重地称呼其头衔,或在姓氏前加上礼貌的前缀,如"先生""女士"等,一般不会像非正式文化下那样直呼其名。

在商务礼品赠送方面,与生意导向型商人相比,关系导向型文化中的商务人员更重视礼品交换。赠送礼品要注意避开各国在数字、图案、颜色、花卉等方面的文化禁忌,不要给穆斯林送酒,男性避免在商务场合给女性送花。比较保险的商务礼品有高品质的书写用品、自己国家的画册或特产等。在欧洲和美洲地区,当着赠送人的面打开礼物并表示感谢更礼貌,而在亚洲,礼貌的方式是表示感谢后等赠送人离开再打开礼物。

(三)化解国际商务活动中的文化冲突

由于世界各地文化的类型多样、内涵丰富,在新时代还可能有新的发展变化,即便国际商务人员小心恪守上述跨文化交际原则并努力表现得合乎礼仪规范,也不能百分之百地保证不发生文化冲突。在国际商务活动中,由于文化差异导致的误解和矛盾常常贯穿始终,所以要积极、从容地面对,想办法化解冲突,达成合作。在感觉自己被冒犯时,不要过于情绪激烈,要想一想这是不是因文化差异导致的无心之失,可以及时主动地表达自己的不适,听一听对方的解释,这样有助于增进相互理解、化解矛盾;而在自己不小心冒犯对方时,要密切关注对方的情绪，积极道歉，但不要轻易在商务礼仪上妥协退让。尤其要懂得从商务活动的根本目的出发来化解文化冲突，毕竟不管是哪种文化，人们在商务活动中的根本目的是合作共赢而不是分化对抗，这就形成了化干戈为玉帛的基本共识。

例如，商务人员初次到异国进行商务拜访时，因为不熟悉当地的地理环境或交通状况，或本身属于灵活时间文化，很容易发生迟到等情况，这往往让恪守时间文化的受访者大为恼怒，从而质疑拜访者的态度和可靠性，并可能借此在商务谈判中形成一种居高临下、咄咄逼人的态度，以期获取更多的利益。这时如果拜访者一味惶恐和退让，往往会在谈判中居于下风，进而损失商业利益。正确的做法是将迟到造成的冲突与商务谈判的讨价还价分开处理，首先对于迟到诚恳道歉，表明是因为对守时文化的理解差异或客观意外造成迟到，而不是主观故意或态度不重视，然后强调双方合作的利益，以期基于平等互利进行商务洽谈。就算受访者暂时不能接受道歉，只要是有商业利益，后期积极的跟进仍有可能重启合作。相信即便是严格守时的德国人也不会因为商业伙伴迟到而完全放弃一笔有利可图的业务。

二、跨国企业如何进行跨文化经营管理

企业是国际商务活动的主要组织者和参与者，跨国企业的全球采购、生产、销售、投资等经营活动产生大量的跨文化交际、谈判和管理场景，深受文化差异的影响。在不同文化背景下从事商务活动的企业需要在经营管理的各个方面认知和适应当地文化的价值观、道德准则、行为规范、风俗习惯等。这些方面包括企业文化、管理风格、工作激励方式、跨国管理层与当地雇员的关系、营销方式等。在一种文化中行得通的事情，在另一种文化中可能就行不通。所以企业需要系统而全方位地识别文化差异造成的影响，避免因文化冲突带来负面影响，系统设计跨文化经营的策略，利用文化要素使经营管理更有效。

（一）中西方企业层面的文化差异

1. 公司是一个大家庭和公司不是家

东方文明受儒家文化影响深刻，宣扬以家为本位的社会伦理秩序，因此，东方企业常提倡"公司是一个大家庭"。西方社会更加注重契约关系，因此通过规章制度明确员工的权利和义务。例如，一家中国企业在美国设了分公司，遇到临时增加的订单时，中方管理层理所当然地希望员工加班把工作完成，使客户满意。但海外的员工不但拒绝在周末加班，而且竟然在公司最忙的时候提早下班去参加孩子的足球比赛。在中国管理者眼里，美方员工缺乏奉献精神。但对美国人而言，永远是"家庭第一"，公司对他们来说永远不是家。认识到中美之间的差异，才能更好地管理当地员工。

2. 东方的感性与西方的理性

东方企业注重人的作用，重视对员工的感情投资和道德教育，重视运用精神力量形成统一意识形态。例如，日本企业的终身雇佣制和年功序列制，就是感情投资的最好范例。西方企业把管理视为理性科学，常利用数据模型、计算机分析等手段进行管理决策，形成了科学合理的组织结构和规章制度，以达到提高业绩的目标。

（二）跨国企业管理者的文化意识与文化调适

跨文化管理的关键在于人的管理，而跨国企业管理者是跨文化管理的重要主体。跨国企业管理者需要深入理解母公司的企业文化，同时积极学习属地（业务拓展地或子公司所在

地)文化,在企业经营管理的各个方面建立文化意识,培养跨文化敏感性,即区分和体验相关文化差异的能力。这种能力已成为全球企业公认的21世纪管理者必须具备的核心能力。心理学家指出跨文化敏感性分为拒绝、防御、轻视、接受、适应、融合六个阶段,跨文化敏感性越高的管理者越能接纳或欣赏文化差异,越有能力化解文化冲突,进行文化调适,将不同文化融合成为跨国公司的新企业文化。通过文化融合的过程具有渐进性、渗透性和长期性。跨文化企业形成完善的新企业文化一般需要经历从不同文化互相接触、初步了解、跨文化冲突、跨文化沟通、更深入的交流、跨文化认同,到形成新企业文化,通过进一步沟通,最终形成完善的企业文化。

根据一些商业组织的国际经验,在跨国企业进行文化融合的过程中,有一系列策略可供借鉴,分别是关注多元价值体系、分析成本收益、抵制过度变化、积极参与、利益共享、意见领袖、时机选择、学习经验等。关注多元价值体系的意义是判断不同文化之间的差异有多大,通常差异越大,越难以调适;分析成本收益则是衡量文化调适措施的成本收益,例如在伊斯兰教传统节日时给相关员工放假,跟节后迸发出的生产力相比,成本低于收益就可行;抵制过度变化是指文化调适不宜过度,如麦当劳再如何本土化也还是一家西式快餐厅而不能变成饺子馆;积极参与和利益共享是指在文化调适的过程中邀请各相关利益方(如来自不同文化的员工、供应商、客户等)参与讨论融合方案,并与相关各方共享利益以获取支持;意见领袖是在文化调适中需要重点寻求支持的渠道,他们对当地人的影响力更强;时机选择是指文化变革也要选择阻力少的时机,而发生冲突或危机时往往也是改变的时机;学习其他公司或本地管理者的经验也是行之有效的办法。

(三)跨国企业的文化认同和管理取向

跨国企业在向其他文化地区拓展经营时,会面临母国文化与属国(即拓展经营地)文化的碰撞,此时两种文化之间相互认同的态度会影响企业跨文化管理的取向。文化认同的态度主要包括母国对属国文化的认同、属国对母国文化的认同、母国和属国共同对多元文化的认同。相应的,跨文化管理取向包括利用文化互补的母国化策略、缩短文化距离的属国化策略以及融合多元文化的全球化策略。

1. 母国化策略

母国化策略在企业国际化战略中也称本国中心战略。这种战略适用于属国对母国文化认同程度高的情形,跨国企业积极利用母国文化与属国文化互补,达到属国对跨国企业所代表的母国文化的充分认同和融合,从而发挥跨国企业的竞争优势。例如20世纪80年代,美国迪士尼公司在日本建设的迪士尼乐园完全复制了美国的标准化经营模式,投入运营后收入可观,连年创下公司收入新高。其原因是日本在第二次世界大战后大量吸收美国文化,学习西方的科技文明,以实现自身的经济增长,日本民众对美国文化持积极接纳态度。因此,在对母国文化认同度高的地区,跨国企业可以将其带来的文化差异作为竞争优势,通过开展文化营销赢得属地市场。

2. 属国化策略

属国化策略在企业国际化战略中也称多国中心战略,即跨国企业按各个属国的本地文化发展文化认同,尽量缩短与属国的文化距离,以迎合当地消费者的心理需求、消费习惯、语言习惯等。所谓文化距离是指两种文化之间的文化差异程度,可以结合前面提及的霍夫斯泰德文化维度评分来衡量文化距离,各文化维度评分差异越大,两种文化之间的距离就越远,即差异越大。在文化距离远且文化接受度低的属国环境中,应尽量避免与属国文化的直接冲突,宜采用属国化策略提高跨国企业品牌或业务的接纳度和认同感。

20世纪90年代,迪士尼在欧洲复制美国经营模式时遭遇了滑铁卢,其原因就在于迪士尼餐厅提供的座位太少,且不提供酒品,因为美国人在游玩过程中可以随时去点餐,而家庭式的餐厅通常不提供酒。而欧洲人的传统饮食规律是要在相对固定的时间用餐,并且几乎是无酒不欢的。后来迪士尼在经历了十亿美元的亏损后,不得不调整其欧洲战略,改为采用属国化策略。现在的欧洲迪士尼采取了一系列本土化措施,包括雇佣当地职员、提供酒品、配备不同欧洲国家的语言导游等,还能看到说德语的白雪公主、法国科幻小说中的探险岛等,这些改变成功地扭转了欧洲迪士尼的经营业绩。

很多跨国企业都会采取类似的属国化策略,例如美国餐饮连锁巨头麦当劳代表着地道的美式快餐文化,然而在进驻中国、日本、印度、伊斯兰国家时,都会结合当地饮食文化开发一些本土化特色食品。这些做法都证明属地化策略能缩短与属国的文化距离,有利于利用当地文化提升跨国企业的营销效果。

3. 全球化策略

全球化策略在企业国际化战略中也称全球中心战略,它要求跨国企业融合母国文化、属地文化及其他多元文化的影响,在多种文化需求、自身企业文化、自身能力之间寻求平衡,鼓励利用各种文化之间的差异性和互补性,融合并创造出一种各方均能接受的新文化。这种策略适用于属国和母国对彼此文化认同度较低的情况。具体的应对策略就是尊重母国与属国的文化诉求,充分发挥各自的文化优势,并从多元文化中吸纳优秀因子,取长补短,培养文化敏感性,促进不同文化背景下管理者和员工之间的相互沟通和理解,建立多层次、制度化、正式及非正式沟通机制,推动文化创新并不断积累创新成果,逐渐形成新的文化氛围和共同的价值观。

采用这种策略的跨国企业往往在全球范围内配置资源和进行合作,其组织结构倾向于网络化,雇佣不同文化背景下的员工,企业内部的多样化色彩浓重。例如,星巴克作为一个美国的连锁咖啡企业,门店遍布全球,其所代表的已经不只是一杯咖啡,而是一种品牌和文化。灵活和兼容并包是星巴克经营之道的精髓,它会根据各国的市场情况采取相应的合作模式。

 微案例

亚马逊退出中国市场

2019年5月,美国电子商务巨头亚马逊公司宣布退出中国市场,自2004年收购卓越网以来,在中国经营15年,亚马逊中国从卓越网的图书业务发展到全品类电商平台,却还是因文化策略上的水土不服告终。亚马逊进入中国市场基本上采用的是母国化策略,不管是平台界面、付款操作方式还是定价方式都照搬美国的标准化模式,并未进行本土化改进,数十年如一日。而其同期竞争对手淘宝、京东等本土电商平台不断便利化操作界面、花样化促销策略,显然更加迎合中国消费者的习惯。而且,亚马逊中国的企业内部文化也类似美国母公司,工作流程相对标准死板,工作时间朝九晚六,广告宣传鲜少采用,在十几年快速变化和高速增长的中国电商市场背景下,与那些日新月异、拼搏加班、争抢市场的中国本土电商企业相比,亚马逊中国的竞争力逐减,加上后来异军突起的拼多多、每日优鲜等新秀,市场竞争日趋激烈,更是对亚马逊中国造成巨大的冲击。

三、文化自信与国家竞争优势

(一)不同文化对国家竞争优势的影响

文化是一种软实力,国家层面的社会结构、宗教信仰、价值体系等会影响该国企业"走出去"进行经营拓展的方式和难度,也会影响"引进来"从事商务活动收益的成本,总体上会影响该国在全球市场中建立竞争优势的能力。

社会结构中的阶层分化程度会影响劳动力的流动性及不同阶层之间的关系,相对比北美,在阶层结构更严格的欧洲,尤其是英国,阶层划分更依赖家庭背景,往往是世代相传,较难实现阶层跨越,各阶层享有的资源和社会权利有较大不同,这会限制人力资源的发展,使社会缺乏活力,并且影响管理层与劳工层之间的合作以及人们对待工作的态度,甚至发生阶级利益冲突,导致产业纠纷,增加从事商务活动的成本。不同宗教信仰带来的整体价值观也在不同程度地影响着在国家经济发展和商业竞争方面的表现,如印度教的苦行主义价值观就不像基督教新教那样鼓励努力工作、创造财富,也不像儒家伦理那样推崇积极入世、刻苦勤勉的工作态度。伊斯兰教义赞同市场体系和合法盈利,强调诚实公正,这都是促进商业活动的价值观。

在企业进行跨文化经营时,研究文化与竞争优势之间的联系有助于识别不同国家的营商环境,包括对竞争程度、投资环境、市场特点等,从而做出正确的市场选择。例如东亚、东南亚等自由市场国家的企业竞争力水平较高,它们具备长期导向战略且富有进取心、讲究成本效率,如韩国、日本、中国等。中国正在积极推进建设高效规范、公平竞争、充分开放的统一大市场,促进商品要素资源在更大范围内畅通流动,进而更好地吸引外资和扩大进出口贸易,其经济发展的潜力和吸收投资的魅力巨大。

(二)中国文化的当代价值及其对国家竞争优势的影响

中国传统文化的主要根基是儒家思想,其中的核心价值世代影响着中华民族的精神内核,并对整个东方文化的形成做出重大贡献。时至今日,这些核心价值观在经济与社会发展中仍然发挥着重要作用,并进一步影响着中国的竞争优势。

1. 天人合一

"天人合一"解释了人与自然的关系,它鼓励改造自然但也立足于可持续发展,它相信人的力量,但也敬畏自然。当代中国所提出的"和谐发展观""可持续发展观"就是奠基在"天人合一"思想的基础上。这对于当今经济的集约化发展、商业的有序扩张意义重大,也是提升国家整体竞争力的重要方面。

2. 人文思想

中国传统人文精神的核心是如何在世俗世界中生活,是一种积极入世的生活态度。其当代价值在于提倡思想和文化的包容性,这种兼容并包的态度善于学习、吸收和运用,有利于提升国家的整体竞争力。

3. 和而不同

和而不同推崇求同存异,是多元文化相处的基本原则。全球化绝不是文化的同质化,而是各种文化相互碰撞、相互融合的过程。这种思想有利于促进贸易和投资的自由化和便利化,推动经济全球化朝着更加开放、包容、普惠、平衡、共赢的方向发展。

(三)中国企业在跨文化经营中的文化自信

随着中国经济的发展,越来越多的中国企业开始走出国门、开拓海外市场,不可避免地面临文化冲突与融合。树立文化自信是企业在跨文化经营中化解文化冲突、促进文化融合,最终获取商业成功的底气所在。

第一个文化自信源于自古以来积淀的传统价值观以及由来已久的商业文明。中国在商周时期就已经是大一统的国家,带来了统一的市场,商朝的时候各个地方的市场就有着统一的开放时间和交易规则,据说因为商朝人善于经商,才有了"商人"的说法。到了宋朝,就发展出资本主义萌芽,社会分工和商业体系已经非常完善,各行各业的商会制定了统一的商场规则,相关法律已逐渐复杂而完善。而西方商业文明发源较晚,部分是海洋性的、掠夺式的商业文化,内陆上缺乏大的统一市场,发达程度不高。所以说,中国拥有领先于世界的内陆型商业文化,这是第一个自信。

第二个文化自信是延续中国十大商帮的海外华商文化。近代以来,大批的华人拓商海外,其中一部分甚至是以劳工身份转变为商人,并常常能在各行业市场中处于领先地位。究其原因就是我们有着悠久的经商传统和商业文化。儒家的诚信理念在商业领域形成的信用体系,加上以家族、同乡等关系为纽带的有效经营,是商业环境的基石和制胜法宝。

第三个文化自信是源自改革开放以来我国取得的巨大经济成就,这是传统商业文化和精神的延续。今天的中国企业在走出去时首先要认同和积极传播自身的文化,进而形成中国品牌的国际化。

动画:文化自信　　　　　　　　　视频:《习近平时间》之文化自信

 思政园地

推进"文化走出去"战略

习近平总书记多次强调在坚守中华文化立场的前提下,积极推进"文化走出去"战略。这对铸就中华文化的新辉煌和实现中国梦具有深远的历史意义和时代价值。那么,如何推进"走出去"战略,进一步提升中华文化的影响力呢?

首先必须精心建构对外传播的话语体系。文化是构成人类命运共同体的重要纽带。面对具有不同文化背景、思维习惯、价值观念的海外受众,不仅需要我们树立国际化的传播视野,梳理国际传播的规律,也需要我们在话语体系建构、概念范畴的创新上下功夫。因此,我们要在坚守中华文化立场的基础上,在构建人类命运共同体的大格局下,以"中国的文化、国际的表达"来增强中华文化的吸引力和感染力。采用国际受众听得懂、易接受的话语体系和表述方式,贴近中国实际、贴近国际关切,生动鲜活、入情入理、真诚亲切地讲出中国故事。

其次要打造具有中华文化特色的文化产品与文化品牌。丰富的文化产品以及具有国际知名度的文化品牌最能体现一个国家的文化软实力与世界影响力。通过文化产品向世界展示中华文化的魅力、中国人民的精神。只有如此,才能以平等、坦诚、开放、积极的心态参与国际文化沟通与交流,做大、做强文化产业,从而让世界了解中国,进一步提升中华文化的国际影响力。

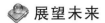 展望未来

"文化全球化"是一个伪命题

随着市场化、信息化在世界范围持续发展,跨时空的全球性交流互动不断由经济、科技领域走向政治、文化领域。在这个过程中,全球文化一体化、世界文化趋同化、全球文化同质化等论调甚嚣尘上。这种观点认为,经济全球化决定政治、文化全球化,世界市场使消费主义走向全球各个角落,而通信、交通和网络的超地域性加速了不同民族和国家的文化融合,让不同民族和国家的文化最终走向趋同。事实上,文化既有时代性又有民族性和地域性,其发展离不开自身所处时代和固有文化传统,所谓"文化全球化"是一个具有欺骗性的伪命题。

经济全球化是在不同民族和国家融入世界市场过程中发展起来的。不同民族和国家经济发展、国家治理、民众生活的实际情况千差万别,在经济全球化进程中的地位和作用不尽相同,因而其参与经济全球化的利益诉求也各不相同。在经济全球化进程中,为维护自身利益,不同民族和国家根据自身实际情况进行决策,并相应实行不同的国家治理模式。在这种不同民族和国家基于维护与发展自身利益而形成的世界格局中,连经济都很难趋同,就更谈不上所谓的文化趋同。

文化是一个民族、一个国家的灵魂,每一个民族和国家都有其价值传承和精神积淀。民族文化是长期发展和积累起来的,是一个民族的根脉。由于人口种族、地理环境和社会生产方式等存在差异,不同民族和国家在历史发展中形成了不同的思维方式、价值取向、风俗习惯,造就了多元文化,而且每一种文化都具有无可替代性和不可复制性。承认文化差异、实现文化共存,是各个民族和国家实现生存发展、开展国际合作的基础。否认这种差异,盲目推动趋同,不但会导致人们自我身份认同的弱化甚至消失,而且将导致民族文化衰落和国家衰亡。

一些西方人鼓吹"文化全球化",实质上是向全世界兜售以美国为代表的西方文化。消费主义是西方文化的核心内容之一。一个人如果认同西方文化,就会更加乐于消费其商品、接受其制度规则。这有利于西方国家按照自己的方式塑造世界经济政治格局,从而实现自身利益最大化。正因如此,以美国为代表的西方国家才不遗余力地向发展中国家推广自己的文化,企图让所谓落后民族和国家的文化消融在单一西方文化中,实现西方文化全球化。

所谓"文化全球化"极具欺骗性,危害甚大。借助国际经济、科技、教育、影视、传媒、艺术等交流互动,西方国家不仅向发展中国家倾销物质商品,而且强力输出新闻报道、影视作品和图书读物等文化产品。发展中国家的一些人尤其是青年人,潜移默化地接受和认同西方文化,甚至把西方文化奉为更先进、更高级的文化样式,竭力学习模仿以求趋同,最终抛弃自己的文化传统。应当认识到,一些西方国家鼓吹"文化全球化",目的是要加速垄断资本的全球扩张和资本主义价值观的全球渗透,以攫取更多的经济、政治和文化利益。

当前,中国等新兴市场国家走上发展快车道,多个发展中心在世界不同区域逐渐形成,经济全球化发展呈现新态势。进入新时代,我们应以高度的文化自觉和文化自信,廓清"文化全球化"的迷雾,在保持自身文化独立性和自主性的同时,积极同世界不同民族和国家开

展文化交流对话,在多元文化和谐共生中展现中华文化的独特魅力;不断丰富发展多姿多彩的人类文化,有效抵制西方文化渗透和扩张,推动经济全球化健康发展,维护全人类共同利益。

资料来源:刘焕明."文化全球化"是一个伪命题[N].人民日报,2018-03-14(07).

学习总结

文化是在一种社会形态下形成的公认的行为规范,其内在基础是价值观,外在表现是行为准则。在全球范围内呈现出的文化多样性容易在国际交往中产生文化冲突,国际商务人员和跨国企业应该在尊重不同文化的基础上从事商务活动,否则就会遭遇层层困难。文化环境所包含的要素主要有社会结构、宗教信仰及伦理道德、价值观念、风俗习惯、语言特征等,不同国家和地区在这些文化要素方面存在很多差异。而霍夫斯泰德的文化维度理论是衡量文化差异的主要框架,对不同文化地区从六个文化维度进行评分。

各种文化要素的差异对国际商务活动的影响显而易见,基于文化差异,形成了四对截然相反的跨文化商务行为模式,有利于帮助商务人员分析交易对象的行为,从而采取不同的应对措施。国际商务人员应该在合作、礼貌的总体原则下,采用充分准备、换位思考、重新定位的三阶段策略进行跨文化商务交际,充分尊重对方的行为规范,遵循"宾至如归""入乡随俗"的商务接待、拜访礼仪。要认识到商务活动的目的是共赢而非对抗,应在平等互利的基础上态度诚恳地进行合作。跨国企业内的文化、管理风格、管理层与雇员关系等本身就带有显著的文化特征,在跨文化经营的过程中,管理者应该具备敏感的文化意识,正确识别文化差异,积极进行文化调适,将不同文化融合成为跨国公司的新文化。跨国企业在进行跨文化拓展经营时,常采取的文化管理取向包括母国化策略、属国化策略和全球化策略,应根据不同情形进行选择。最后,还需认识到不同国家的文化对国家层面的经济竞争优势也有较大的影响。例如中国传统文化中的精髓就有助于提升中国在经济全球化中的竞争力。中国企业在跨文化经营中应该树立文化自信,发扬商业文明。

学习测试

一、选择题

1. 文化的内在基础是( )。
   A. 宗教信仰　　　B. 语言文字　　　C. 价值观　　　D. 风俗习惯
2. 以下关于文化多样性的叙述错误的是( )。
   A. 把来自不同文化背景的人们聚集在一起工作往往十分具有挑战性
   B. 文化多样性可以帮助企业更好地获得关于产品和服务的信息
   C. 具有不同文化背景的员工在一起工作可能给企业带来竞争优势
   D. 当国内外企业建立合资企业时,文化多样性最能给企业带来成功
3. 以下( )国家的文化属于低语境文化。
   A. 中国　　　　　B. 沙特阿拉伯　　C. 日本　　　　D. 美国
4. 相比而言,以下文化维度的中国评分比美国高的是( )。
   A. 权力距离　　　B. 个人主义　　　C. 长期导向　　D. 放纵型
5. 以下关于权力距离的说法正确的是( )。

A. 权力距离大的国家对权力分配不平等这一事实更容易接受

B. 权力距离大的国家倾向于自下而上地决策方式

C. 权力距离小的文化中的组织结构一般比较扁平

D. 权力距离大小在企业组织结构中会有明显的表现

6. 在正式文化的商务行为模式下,以下(　　)是不礼貌的。

 A. 穿着宽松的休闲服进行商务谈判　　B. 交换名片

 C. 准时到会议现场　　D. 注重仪表

7. A 国跨国企业在 B 国设立分公司,若 A 国文化与 B 国文化差异较大,且 B 国国民对 A 国文化并不十分认同,为了快速融入 B 国市场,可以采用(　　)。

 A. 母国化策略　　B. 属国化策略　　C. 全球化策略　　D. 混合策略

8. 外派经理经常发现在具有(　　)特征的社会中,本地员工能够被退休项目所激励。

 A. 高权力距离　　B. 长期导向　　C. 个人主义　　D. 低不确定性规避

9. 最有可能是由于国际商务活动中文化碰撞所导致的结果是(　　)。

 A. 母国高管忽略了本地员工的晋升

 B. 一家企业没有像预期一样有效率地实施计划

 C. 外资企业适应当地文化与法律环境主动地做出调整

 D. 跨国公司将不同的文化融合形成新的企业文化

二、简答题

1. 社会文化由哪些要素构成?自选一个国家或地区,比较中国和这个国家或地区在这些文化要素方面的差异。

2. 简述霍夫斯泰德的文化维度理论,并对每个文化维度举出典型代表性的国家或地区。

3. 简述四组不同的国际商务行为模式。

4. 国际商务人员应该如何进行跨文化商务沟通?

5. 简述跨国企业在进行跨文化经营时采取的三种管理取向。

三、案例分析题

企业跨文化经营管理案例分析

中国某年轻的车企收购了一家瑞典汽车品牌。该车企成立于 1986 年,奉行中低端品牌的成本竞争策略,发展迅速。而这家瑞典汽车公司是成立于 1927 年的欧洲知名汽车品牌,以卓越的发动机性能和安全技术闻名于世。这次收购是中国车企"走出去"的大胆尝试,在这个过程中,中国车企经历了很多跨文化冲突。

首先,中方派驻人员与瑞典当地员工沟通不畅,虽然借助翻译或双方尝试通过英语沟通,但总感觉词不达意,双方不能很好地相互理解。

其次,中国车企对员工的管理理念是以人为本的,重视人的发展,希望员工感受到集体的温暖与关爱,同时也要求员工必须尊重企业管理制度、尊重规则并维护规则,在国内工厂创造一种管理者与员工齐心协力、步调一致的工作氛围,要求有高效的执行力。中国车企的评价与考核体系非常清晰和严格,自上而下,要求各个部门展开竞赛,实施优胜劣汰。而瑞典企业的管理风格则相对宽松,并不要求员工按部就班,更注重从精神层面激励员工。

再次,中国车企的管理者有更强的话语权,员工一般不会反对管理者的要求,反而希望管理者所提的工作要求是明确的。而瑞典企业员工更加希望表达自己不同的观点,并不会轻易服从，希望在工作中有更多灵活度，有时分派到具体指令时反而会反感或感觉被冒犯。

最后，在工作节奏方面，中国车企的节奏明显更快，员工会愿意为追求事业成功牺牲一些休闲时间，而瑞典员工则习惯更悠闲的工作节奏，双方协作时往往出现时间进度上的矛盾。生活节奏方面也是如此，中国员工在生活上会崇尚节俭、控制欲望，而瑞典员工则会把业余生活安排得很丰富。双方员工闲暇时间的相处也容易出现矛盾和误解。

根据以上资料，回答下列问题：

1. 案例中造成文化差异的原因是什么？
2. 针对文化差异，从管理层角度提出一些应对建议。

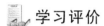 学习评价

核心价值观评价

	核心价值观	是 否 提 高
通过本项目学习，你的	文化意识	
	文化自信	
	中华民族精神	
自评人（签字）　　　　　年　月　日		教师（签字）　　　　　年　月　日

专业能力评价

	能/否	准确程度	专业能力目标
通过本项目学习，你			能够进行不同文化维度的比较分析
			能够在特定文化背景下遵循适当的礼仪规范
			能够进行跨文化经营策略的分析和选择
自评人（签字）　　　　　年　月　日			教师（签字）　　　　　年　月　日

专业知识评价

	能/否	精准程度	知识能力目标
通过本项目学习，你			了解文化的国别差异
			认识文化差异对国际商务活动的影响
			掌握商务人员进行跨文化交际的原则、策略和礼仪规范
			掌握企业进行跨文化经营策略
自评人（签字）　　　　　年　月　日			教师（签字）　　　　　年　月　日

学习项目五

国际商务技术环境

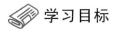
学习目标

知识目标

1. 掌握技术环境的含义和基本要素。
2. 理解影响国际商务技术环境的因素。
3. 熟悉国际商务技术环境的特点。
4. 理解数字技术、大数据和人工智能对国际商务活动的影响。
5. 理解专利壁垒的含义、实施主体和表现形式。
6. 理解技术壁垒的含义产生原因及类别。
7. 理解应对专利壁垒和技术壁垒的措施。

能力目标

1. 能够分析技术变革给国际商务带来的影响。
2. 能够辨识企业面临的专利壁垒和技术壁垒。
3. 能够提出应对专利壁垒和技术壁垒的措施。

素养目标

1. 树立科技强国的理念,脚踏实地地学习先进技术,追赶技术的前沿,做未来技术的领跑者。
2. 树立开放共赢的观念,反对技术贸易壁垒,为国际技术贸易提供良好的环境。

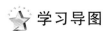
学习导图

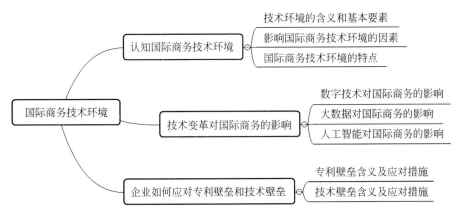

引导案例

美对华技术封锁害人伤己

美国对华技术限制的目的是打压任何可能挑战美国技术领先优势的外国企业,采取各种手段对华技术封锁。2013年,美国以商业贿赂的罪名直接"拆"了世界500强企业阿尔斯通公司,其原因是阿尔斯通公司威胁到通用等同行业美国公司的技术优势。2019年5月,美国将华为列入"实体清单"。2020年5月,美国商务部产业安全局以"外国直接产品规则"的名义要求只要使用了美国的设备和技术,芯片企业就必须先得到美国许可才能向华为出售产品。美国联邦通信委员会将华为和中兴通讯认定为"国家安全威胁",禁止美国国内电信运营商将政府补贴资金用于采购这两家中国企业的设备。

美国的行为影响了中国企业正常运转,破坏全球供应链和产业分工,断供、切割等行为给中国科技企业造成了损害。但是,美方的行为会伤及供应链上所有企业,包括美国企业。波士顿咨询最新发布的报告显示,如果美国完全禁止半导体公司向中国出口从而造成技术脱钩,美国半导体企业将在未来三到五年内丢掉全球18%的市场份额和37%的营收。即使维持现有已经生效的对华限制措施,美国企业也将丢掉8%的全球市场份额和16%的营收。因此美国对华实施技术封锁给中国科技企业带来损失,也给本国企业带来损失,结果只能是害人伤己。

案例分析:华为是中国高科技企业的标杆,是中国企业战略科技力量的代表,美国以国家安全为由,先后三次宣布对华为实施制裁,滥用国家力量对华为进行打击,试图将华为排除在全球产业链供应链之外,以此釜底抽薪,欲置华为于死地。

由此可见,中国科技企业"走出去"从事贸易和投资,东道国以及全球的技术环境至关重要。

学习单元一 认知国际商务技术环境

历次技术革命均推动生产方式发生了变革,对产业组织和结构、商业形态、贸易等整个经济体系产生渗透和重构,进而引发了国际经济格局的重大变化。以大数据、物联网、人工智能、3D打印等数字技术主导的新一轮技术革命正在世界范围内酝酿生产方式的重要变革,进而引发全球生产、投资和贸易格局的深刻变化。

一、技术环境的含义和基本要素

1. 技术环境的含义

技术环境是指是宏观社会环境中的科技要素及与该要素直接相关的各种社会现象的集合,具体指当前科学发展水平及应用程度。

技术环境通常反映在以下三个方面。

(1)国家整体的科技发展现状、科技结构、科技普及程度、科技人员素质。

(2)企业准备进入领域的科技水平、工业技术基础、产业结构现代化水平。

(3) 企业经营相关的原材料、制造工艺、能源、技术装备等科技发展动向。

2. 技术环境的基本要素

技术环境大体包括四个基本要素：社会科技水平、社会科技力量、国家科技体制、国家的科技政策和科技立法。

(1) 社会科技水平是构成科技环境的首要因素。它包括科技研究的领域、科技研究成果门类分布及先进程度、科技成果的推广和应用三个方面。

(2) 社会科技力量是指一个国家或地区的科技研究与开发的实力。

(3) 国家科技体制是指一个国家社会科技系统的结构、运行方式及其与国民经济其他部门的关系状态的总称。主要包括科技事业与科技人员的社会地位、科技机构的设置原则与运行方式、科技管理制度、科技推广渠道等。

(4) 国家的科技政策和科技立法是指国家凭借行政权力与立法权力对科技事业履行管理、指导职能的途径。

国际商务技术环境涉及整体国际社会的科技水平和科技力量，具体是指当前世界科学发展水平及应用程度，尤其是大数据及人工智能所代表的新科技技术发展应用，新科技技术快速发展已经对国际商务活动产生了深远影响。

知识拓展

科 技 革 命

目前学术界认可的观点是世界科技革命共经历五次，包括两次科学革命和三次技术革命。两次科学革命分别是16—17世纪以哥白尼学说、伽利略学说和牛顿力学为标志的近代物理学革命，以及19世纪末至20世纪初以相对论和量子论的出现及应用为标志的现代物理学革命。三次技术革命分别是18世纪以英国为首的蒸汽机和机械革命，其标志是纺织机、蒸汽机的发明及使用；19世纪以德国为首的电气和运输革命，其标志是发电机、内燃机的发明及使用；20世纪中叶以来以美国为首的电子革命和信息革命，其标志是计算机和互联网的诞生。

二、影响国际商务技术环境的因素

影响国际商务技术环境的因素主要有技术水平、技术贸易、知识产权和技术政策。

1. 技术水平

一个国家的技术水平包含着十分广泛和复杂的内容，主要有以下几个层次。

(1) 技术领先者。技术领先者是指处于技术创新的最前沿，具有自主创新能力，在技术创造、扩散和技能培养方面取得重大成就的国家和地区。

(2) 潜在技术领先者。潜在技术领先者是指在人的技术指标方面与技术领先者相仿，传统技术扩散比较广泛，但是创新较少的国家和地区。

(3) 技术积极采用者。技术积极采用者是指积极采用新技术，有重要的高技术产业和技术中心，但是传统技术的扩散缓慢并且不够普遍的国家和地区。

(4) 技术落后者。技术落后者是指在技术扩散和技能培养方面比较落后的国家和地区。

2. 技术贸易

技术贸易（technology trade）是指技术输出方把某项技术或权利采取交易的形式转让给引进方。技术贸易现已成为国际上一项重要的贸易活动。国际技术贸易是指不同国家的企业、经济组织或个人之间，按照一般商业条件，向对方出售或从对方购买软件技术使用权的一种国际贸易行为。它由技术出口和技术引进两方面组成。简言之，国际技术贸易是一种国际之间的以纯技术的使用权为主要交易标的的商业行为。

随着国际技术贸易格局的变化，技术贸易呈现出新的发展趋势。

（1）国际技术贸易日趋活跃，规模不断扩大。科技进步以及信息技术传播加快，促进了国际技术贸易的发展。

（2）技术转让。纯知识和信息形态的软件技术转让占据了越来越重要的地位。

（3）国际技术贸易呈现多极化格局，但是发展不平衡，由于技术水平的差异等原因，国际技术贸易主要在发达国家之间进行，发达国家在技术出口中一直处于垄断地位。

（4）跨国企业在国际技术贸易中占有重要地位。长期以来，跨国企业控制了相当份额的国际技术贸易。跨国企业以技术输出带动资本输出和商品输出，改变了以往对发展中国家单纯的资本输出。

技术贸易可以有效组合利用全球先进技术提高创新效率，降低自主研发成本和创新风险，是发展中国家实现技术创新和产业跨越发展的重要途径。

动画：技术转移

我国技术贸易的演进

国际技术贸易始终贯穿在我国对外开放、自主创新和产业发展的整个过程。改革开放以来，我国积极融入全球产业链、供应链和创新链，尤其是通过大规模技术引进及消化吸收，创新能力大幅跃升，并获得了部分领域的关键核心技术，显著提升了产业竞争力和贸易竞争力，实现了从技术落后国家进入世界创新大国的历史性跨越。技术贸易在推动产业结构升级、扩大企业技术积累、增强自主创新能力、培育经济新动能等方面发挥了重要作用，成为建设创新型国家的推进器和加速器。

微案例

中国引进高速铁路技术

2004年6月，原铁道部委托中技国际招标公司为铁路第六次大提速进行时速200km动车组列车招标，这次招标还对国外企业明确规定了三个原则：第一个原则是关键技术必须转让；第二个原则是价格必须最低；第三个原则是必须使用中国品牌。这次招标吸引了全球高铁技术最先进的几家大公司：德国西门子、法国阿尔斯通、加拿大庞巴迪以及日本高铁制造企业。

铁道部只指定了两家企业能够技术引进，一家是原南车集团的四方机车车辆股份有限公司（南车），一家是原北车的长春客车股份有限公司（北车），北车首选的是西门子的方案，南车则选的是日本的新干线技术。对于日本新干线技术，我国最初倾向于拥有新干线700系及800系技术的日本车辆制造公司（日车）和日立制作所，但日车及日立均表明拒绝向中国转让新干线技术。此后,我国改向有过多年合作的川崎重工,谈判过程很艰难也很精彩。

中国北车在与西门子的谈判过程中,西门子通过搜集商业情报判断出以ICE3为基础研发的Velaro平台,是当时中国北车最中意的目标。所以,西门子在原型车价格和技术转让方面漫天要价,西门子开出的价格是3.5亿元人民币一列,技术转让费4亿欧元,以当时的汇率来算,大约相当于40亿元人民币。西门子还在技术转让后的技术应用领域设置诸多障碍。

2004年10月20日,签约仪式在北京正式举行,由铁道局、中技国际、南车四方与川崎重工四方签约;铁道局、中技国际、长客与阿尔斯通四方签约;铁道局、中技国际与南车庞巴迪三方签约。西门子被踢出局,但全球最大的高铁订单让西门子辗转反侧,寝食难安。另外,西门子的技术确实不可忽略,我国要想发展350km以上的高铁,少了西门子的技术是不成的,最后唐山厂与西门子公司联合拿下了60列时速300km动车组订单,不过这次西门子不但主动把每辆列车的价格打了个8.5折,还愿意无偿提供部分技术。

在这次的商业谈判中,我国化整为零,分为各个不同的公司代表分别与日本、法国、德国的高铁企业进行谈判。在有关部门的统一部署下,不但成功把各个高铁技术提供公司的价格压低,造成它们互相竞争压价,而且还成功获得了西门子ICE3的进阶版Velaro CN,法国的SM3以及日本的E2-1000技术。通过这些技术的融会贯通,最终才能实现从买到造、从造到创的过程。

资料来源:http://www.chinatoday.com.cn/zw2018/zgysj/201602/t20160229_800050158.html.

3. 知识产权

动画:知识产权

动画:知识产权的内容

知识产权一般是指人类智力劳动产生的智力劳动成果所有权。它是依照各国法律赋予符合条件的著作者、发明者或成果拥有者在一定期限内享有的独占权利,一般认为它包括版权(著作权)和工业产权。主要包括发明的专利权、外观设计专利权、商标专用权(包括服务商标)、厂名商号、地理标识、植物新品种权、版权及相关权、集成电路布图设计和未披露的信息的专有权以及即将受到保护的角色销售权等。

目前知识产权已经成为跨国公司争夺世界市场、谋求更大利润的主要工具。发达国家在知识产权方面是"先觉者",其以知识产权为核心的高新技术具备明显的竞争优势;在世界产业价值链评估中,发达国家工业产品的80%利润集中在知识产权及延伸专利技术上。知识产权保护具有以下鲜明特点。

(1) 随着科学技术的迅速发展,传统的知识产权制度面临挑战,知识产权的保护范围在不断扩大,成为谋取更大利润的主要工具。

(2) 某些发达国家近年来极力推行专利审查的国际化,提出打破专利审查的地域限制,建立"世界专利",即少数几个国家负责专利审查,并授予专利权,其他国家承认其审查结果。

(3) 知识产权已纳入世界贸易组织管辖的范围。

目前美国等发达国家不断以知识产权保护、维护国家安全等为由对发展中国家进行技术封锁,且不断发起知识产权贸易摩擦,增加了发展中国家获取核心关键技术和前沿技术的困难和成本。例如在中美经贸摩擦中，被美国列入出口管制实体清单的中国高科技企业和机构范围不断扩大，同时加强对我国高新技术产品进口加征关税等限制性措施，如新一代信息技术、新能源汽车、航空产品、高铁装备、高性能医疗器械、生物医药、新材料、农机装备和工业机器人等。

知识拓展

世界知识产权组织

世界知识产权组织（WIPO）是联合国的一个专门机构，致力于发展兼顾各方利益、便于使用的国际知识产权（IP）制度，以奖励创造，促进创新，在为经济发展做出贡献的同时维护公共利益。成员国赋予它的任务是，通过国家之间的合作并与其他国际组织配合，促进世界范围内的知识产权保护。总部设在瑞士日内瓦，在美国纽约联合国大厦设有联络处，是联合国组织系统中的16个专门机构之一。它管理着涉及知识产权保护各个方面的24项（16部关于工业产权，7部关于版权，加上建立世界知识产权组织公约）国际条约。该组织的很大一部分财力是用于同发展中国家进行开发合作，促进发达国家向发展中国家转让技术，推动发展中国家的发明创造和文艺创作活动，以利于其科技、文化和经济的发展。

中国于1980年6月3日加入该组织，成为它的第90个成员国。中国1985年加入《保护工业产权巴黎公约》，1989年加入商标国际注册的《马德里协定》，1992年10月加入《保护文学艺术品伯尔尼公约》，1994年1月1日加入《专利合作条约》。至1999年1月，中国共加入了该组织管辖的12个条约。

4. 技术政策

技术政策是政府为了激励技术变化的过程以及支持技术和科学知识的创造利用和扩散而采取的一系列公共政策的总称。聚焦国家层面，技术政策是国家对一个领域技术发展和经济建设进行宏观管理的重要依据。它既能指导技术发展规划和经济发展规划的编制，又能指导科技攻关、技术改造、技术引进、重点建设项目的进行，还能指导生产结构、消费结构和技术结构的调整、变革和发展，使它们沿着符合客观规律的轨道进行。

美国的创新是市场主导、自发渐进型的，它是在基础研究上进行技术创新的；日本是政府主导、后发追赶型的，它是在引进技术的基础上重视应用技术和产品创新研究的。因此在技术创新政策中，美国主要是通过市场发挥作用，而日本主要是通过政府干预。

三、国际商务技术环境的特点

进入21世纪后，世界科学技术正在酝酿着新的突破，一场新的科技革命和产业革命正在孕育之中，在信息科学、生命科学、物质科学，以及脑与认知科学、地球与环境科学、数学与系统科学乃至社会科学之间的交叉领域已经形成新的科学前沿，促使新科技革命。

知识拓展

新科技革命

新科技革命的兴起主要源于三方面发展的实际需要。

首先是人类发展的内部需求。科技革命兴起的前提是科学技术的创新。当科学技术发展到一定水平,必然带动新一轮的科技革命浪潮。进入21世纪后,人们的物质生活已经非常丰富,人们开始追求高品质的生活和精神满足,终极目标转变为克服死亡和追求永恒的快乐幸福,因此科技的重点将转向生命科学领域,新科技革命将可能是一次新生物学革命,致力于利用生命科学手段帮助人们延长生命的极限,获得永恒的快乐和幸福。

其次是国家竞争的外部需求。在国际竞争呈现白热化趋势的当前,科技革命在重塑大国地位、调整世界经济政治格局等方面具有决定性的作用。历史经验证明,英国、德国、美国等国家之所以能够走上发达道路,成为世界强国,最主要的原因是其抓住了科技革命的机遇,并在世界现代化过程中持续处于世界先进水平。

最后是产业结构变革的经济需要。世界科技革命发展的主要特点是从科学向技术的转化,最终要实现重大研究成果的产业化。科学革命、技术革命和产业革命三者紧密相关。现如今科学理论被更好地运用于实践并带来产业领域的一系列创新。例如,联合国开发计划署就提出工业革命4.0时代的主要特征是人工智能、物联网、3D打印和机器人等技术与生产领域的融合,从而实现物理、数字和生物领域的融合。

综观当今世界技术环境的发展趋势,国际商务技术环境呈现出以下特征。

(1) 科技创新、转化和产业化的速度不断加快,原始创新阶段、原始创新能力、关键技术创新和系统集成能力已经成为国家之间科技竞争的核心,成为决定国际产业分工地位和全球经济格局的基础条件。

(2) 科技发展呈现出群体突破的态势。当代的科学发展由信息科技、生命科学和生物技术、纳米科技、新材料与先进制造科技、航空航天科技、新能源与环保科技等构成的高科技群体所引领,标志着科学技术进入了一个前所未有的创新群体集聚时代。

(3) 科技与经济、社会、教育、文化的关系日益紧密。现在的一些经济社会发展中的重大科技问题,已不单纯是自然科学与技术问题。例如,温室效应,重大流行性疾病的预防控制与治疗,如何实现人类与自然和谐发展,这些问题不仅涉及自然科学的认知和技术支撑,同时涉及经济、政治、法律、社会发展、文化和教育等。这些问题的解决超出了自然科学技术能力的范围,必须综合运用自然科学、技术手段和人文社会科学协同解决。

(4) 国际科技存在合作与竞争。这是由科学技术的本质特点决定的,科学没有国界,技术的发展也必须着眼于全球竞争与合作。全球经济一体化的进程进一步加快,国与国之间的关系通过贸易与合作产生了千丝万缕的联系,保护自己国家的利益就成为各国政府首先要面临的问题。而知识产权制度、技术壁垒在国际科技合作中的特殊性也必须有国家政府参与其中,制定相应的管理规章和制度,切实保护好国家的利益和安全。

思政园地

习近平:努力成为世界主要科学中心和创新高地(节选)

进入21世纪以来,全球科技创新进入空前密集活跃的时期,新一轮科技革命和产业变革正在重构全球创新版图、重塑全球经济结构。以人工智能、量子信息、移动通信、物联网、区块链为代表的新一代信息技术加速突破应用,以合成生物学、基因编辑、脑科学、再生医学等为代表的生命科学领域孕育新的变革,融合机器人、数字化、新材料的先进制造技术正在加速推进制造业向智能化、服务化、绿色化转型,以清洁高效可持续为目标的能源技术加速发展将引发全球能源变革,空间和海洋技术正在拓展人类生存发展新疆域。总之,信息、生命、制造、能源、空间、海洋等的原创突破为前沿技术、颠覆性技术提供了更多创新源泉,学科之间、科学和技术之间、技术之间、自然科学和人文社会科学之间日益呈现交叉融合趋势,科学技术从来没有像今天这样深刻影响着国家前途命运,从来没有像今天这样深刻影响着人民生活福祉。

视频:Flash 的前世今生与未来

世界正在进入以信息产业为主导的经济发展时期。我们要把握数字化、网络化、智能化融合发展的契机,以信息化、智能化为杠杆培育新动能。要突出先导性和支柱性,优先培育和大力发展一批战略性新兴产业集群,构建产业体系新支柱。要推进互联网、大数据、人工智能同实体经济深度融合,做大做强数字经济。要以智能制造为主攻方向推动产业技术变革和优化升级,推动制造业产业模式和企业形态根本性转变,以"鼎新"带动"革故",以增量带动存量,促进我国产业迈向全球价值链中高端。

学习单元二　技术变革对国际商务的影响

数字技术主导的新一轮技术革命正在推动社会产业体系的深刻变革,并将引发新的产业变革(革命),对全球创新、产业分工、价值链、贸易、投资等带来全面而深刻的影响,尤其是以大数据及人工智能为代表的数字技术正在改变国际商务活动范围、结构及效率。

一、数字技术对国际商务的影响

1. 国际供应链结构的改变

生产分工进一步深化调整并伴随着分布式生产逐步发展,终端生产与消费之间的供应链逐渐缩短。主要体现在以下几个方面。

动画:数字技术

(1) 数字化推动生产服务化程度加深,专业化、外包化程度提高。数字技术进一步加深了制造业服务化程度,使许多以前"隐藏"在制造业的服务活动能够独立出来,相关服务可以合并为独立的业务实体,或外包给外部服务提供者。

(2) 制造环节融入数字附加值成为价值链高端环节,新一轮价值转移将产生新受益者。数字技术、机器人、智能制造等技术应用将使传统大规模制造向个性化定制转变,研发、设计和制造呈现出一体化和社会化趋势。

(3) 物联网、工业互联网、3D 打印等数字技术在推进生产分工进一步深化的同时伴随着局部分布式生产逐步发展。

(4) 非中介化销售模式使终端产品与消费之间的供应链缩短。在供应链下游,数字化的作用可能是最明显的。它可以绕过批发商和分销商,使商品直接进入最终交付阶段。对消费者需求的有效把握可以实现更直接的交付。

 微案例

提升供应链效率将更加重视数字化

荷兰皇家菲仕兰康柏尼公司是全球最大的乳制品企业之一,公司旗下有 1.2 万名牧场主,雅布·维斯特霍夫是其中的一员。作为荷兰皇家菲仕兰康柏尼公司全球生产和供应链条上起始的环节,维斯特霍夫正改变着传统的生产方式:为农场中的奶牛定制身份数码项圈,随时观察每头奶牛的健康以及饮食和运动情况,并将相关数据汇总到管理系统中;与此同时,自动挤奶系统观察记录着牛奶的品质,为检测提供依据。

在供应链的另一端,消费者只要掏出手机,扫描一下位于奶粉罐底部的二维码,便可立刻获得关于这罐奶粉生产管控流程的全部信息,包括源头牧场的位置,当地空气和土壤的质量,运输流程,牛奶采集、生产、检测、出厂以及入关的准确日期等。

维斯特霍夫表示,新技术的应用提升了生产效率,更重要的是,为企业带来了声誉。"用户不仅买到了一罐奶粉,而且可以了解这罐奶粉背后所发生的故事。"

荷兰皇家菲仕兰康柏尼公司推出的这套产品信息溯源系统,是该公司推动供应链数字化变革的一项重要内容——通过大数据、沉浸式体验等数字技术,提升供应链的透明度和可靠性,满足消费者对产品质量可控性的需求。公司集团业务总监哈恩·坎普曼表示:"实现'从牧场到餐桌全程管控',是我们提出的核心竞争理念。未来,建立数字化供应链,将越来越成为企业保持竞争力的关键。"

供应链围绕核心企业,贯穿配套部件、中间产品及最终产品,将供应商、制造商、分销商以至于最终用户进行链接,成为一个整体的功能网络结构。其数字化变革与工业和技术的整体发展密切相连。

2. 国际投资方向的改变

跨境有形资产投资相对减少,数据等无形资产投资上升。进入数字经济时代,依靠互联网平台、电子商务、数字解决方案和数字内容提供商等数字基础设施进行生产经营活动的数字跨国公司迅速增长。新技术革命下的跨境投资将主要通过三个方面的变化,加强向知识和技术密集国家流动,调整投资的重点和目标。

(1) 跨境有形资产投资将逐渐下降。数字经济从根本上改变了企业进行跨境生产和销售的方式,跨国公司可以通过网络与海外客户进行沟通,并出口销售。因此,数字技术促使跨国公司可以在拥有更少的海外资产和员工的情况下进入国外市场,而不需要在国外目标市场进行大量的投资,从而在一定程度上减少了海外投资。

(2) 传统跨国公司利用发展中国家的低劳动力成本进行生产的局面,会因为机器人、智能工厂的应用而发生改变,使有形资产投资强度总体下降,并导致更多分散的、个性化的生产活动(如3D打印等)。与其他跨国公司不同的是,大多数数字化跨国公司的总部集中于少数几个发达国家。

(3) 跨国公司跨境投资的重点将转向获取数据、人才和技术等智力资源,推动数据等无形资产投资上升。数字化跨国公司在发展中国家寻求市场和资源,而在发达国家或成熟企业中寻求知识(如获取品牌、技术、研发、管理和运营等方面的专业知识)。

中国数字人民币的研发进展

随着网络技术和数字经济蓬勃发展,社会公众对零售支付便捷性、安全性、普惠性、隐私性等方面的需求日益提高。不少国家和地区的中央银行或货币当局紧密跟踪金融科技发展成果,积极探索法定货币的数字化形态,法定数字货币正从理论走向现实。

中国人民银行高度重视法定数字货币的研究开发。2014年,成立法定数字货币研究小组,开始对发行框架、关键技术、发行流通环境及相关国际经验等进行专项研究。2016年,成立数字货币研究所,完成法定数字货币第一代原型系统搭建。2017年年末,经国务院批准,人民银行开始组织商业机构共同开展法定数字货币(简称数字人民币,字母缩写按照国际使用惯例暂定为e-CNY)研发试验。2021年7月,研发试验已基本完成顶层设计、功能研发、系统调试等工作,正遵循稳步、安全、可控、创新、实用的原则,选择部分有代表性的地区开展试点测试。

资料来源:https://www.gov.cn/xinwen/2021-07/16/content_5625569.htm.

3. 国际贸易结构的改变

国际贸易总体规模持续扩大,数字贸易比重快速上升。信息通信技术的进步降低了贸易成本和门槛,为中小企业参与国际贸易提供了机遇,从而促进国际贸易持续扩大。信息通信技术降低了国际贸易的信息获取和沟通成本、营销成本,减少信息不对称,有助于拓展市场,为更多企业提供了参与全球市场的机会。

近年来,涉及信息、搜索、图像、视频和商业数字流一直在激增。预计未来国际贸易将出现实物商品贸易和数字贸易并举的局面。此外,国际贸易模式也将由传统跨国企业主导的大宗贸易模式向分散化、平台模式转变。随着数字经济发展,跨境电商等新商业模式兴起并将占据主导地位,一些中小微企业甚至个人通过电商平台参与国际贸易,平台交易在国际贸易中发挥越来越重要的作用。

4. 国际竞争格局的改变

企业成长更替加速,数字技术公司崛起。数字化提升了中小企业参与全球价值链的机会和能力,初创企业和小企业成长机会增多,数字化为全球价值链的管理和参与提供了新的模式。

虽然短期跨国公司主导地位一时难以撼动,但更替兴衰加快。数字技术为小微企业快速成长提供了新的机会。在数字化生产体系下,即使是小微企业面对的也是全球市场,能够将产品和服务方便快捷地推销到全球,从而使企业有机会成为"微型跨国企业",劳动全球市场快速增长。

视频:摩托罗拉的兴衰

二、大数据对国际商务的影响

大数据是指需要通过快速获取、处理、分析以从中提取价值的海量多样化的交易数据、交互数据与传感数据。所涉及的数据量规模巨大到无法通过人工在合理时间内完成信息的采集、处理、管理,并将其整理成为人类所能解读的信息。它具有"海量的数据规模、快速的数据流转、多样的数据类型和价值密度低"的特征。大数据技术已经广泛地应用于社会经济中,发挥着巨大的经济价值,同样大数据对国际商务活动的方方面面也带来了影响。

视频:步入大数据时代

1. 大数据为国际商务活动提供动力

作为一种信息载体,数字已经变成企业的一项关键资产,对企业业务的运行产生深远影响,已经成为企业提高效益的动力之一,同时也是企业提升经济水平的核心。从国家角度来看,想要提升自身在国际层面中的竞争力,也必须掌握数据信息资源。大数据能够给企业带来的发展机遇是巨大的,它能够成为促进国际商务活动的动力,从而提升世界贸易发展水平。

2. 大数据为国际商务活动丰富内容

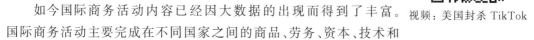

视频：美国封杀TikTok

如今国际商务活动内容已经因大数据的出现而得到了丰富。国际商务活动主要完成在不同国家之间的商品、劳务、资本、技术和信息等资源的国际转移,传统国际商务活动的主要内容是国际商品贸易以及国际服务贸易,信息交换仅以商品、服务的附属形态出现。在大数据时代下,跨国企业渐渐意识到数据信息的重要性,逐步开展信息贸易,借助数据信息对企业的市场定位以及对消费者行为的追踪,精准地实施市场营销策略。

3. 大数据为国际商务活动优化流程

传统国际商务活动的过程较为复杂,涉及商品、劳务、资本、技术和信息等资源的国际转移相关环节,而大数据则对国际商务活动进行了优化,有效整合市场调研、业务咨询、货物运输及财务结算相关流程,减少了繁复的传统步骤。从未来发展角度来看,立足于经济全球化以及大数据的背景,企业必须在一定程度上对大数据的作用进行明确,并持续采取创新模式。

微案例

上海海关跨境贸易大数据平台

2018年1月,上海海关正式提出了建设跨境贸易大数据平台的构想,并会同中远海运、上港集团联手启动大数据平台建设。经过两年多的努力,大数据平台已汇集了生产、贸易、物流、税务、工商、外汇等各方7亿多条数据,并与"单一窗口"、船公司和港务部门实现了无缝对接。运用大数据平台,上海海关建立了一系列安全便利有机统一的智慧通关新模式。

2020年以来,上海海关推广应用大数据平台供应链安全评估模块,运用大数据对货物从发货到收货的全过程全链条实施安全风险评估,将海关风险分析处置从进出口环节向供应链全程延伸。给予安全供应链货物最大限度通关便利,推出"靠泊直提""机坪直提""卡口直放"等配套便利措施,实现守法企业的"无干预通关"。参与供应链安全评估的上药康德乐（上海）医药有限公司负责人表示："供应链安全评估对我们的业务开展很有帮助,成功解决了我司货物过去遇到的诸多查验问题,查验比例大幅下降。"

上海海关还开发了大数据平台"通关全程可视化"功能,企业可对海关通关系统中单据审核、拟证出证、涉税化验等环节的时间节点、经办部门等进行全流程可视化查询,促进通关全程透明可预期。上海盛大报关有限公司总经理助理田久伟说："通关全程可视化大大方便了我们对货物的全程跟踪,能够对申报、接单、放行及后续出证进行统一查询,为我们节约了时间,提高了工作效率。该功能还可以查询到涉税化验的进度,这个在其他平台上是没有的。"

接下来,上海海关还将依托大数据平台做好进博会监管服务,实现对展商、展品和展位的精准监管;做好大数据平台与自贸区临港新片区信息化平台的对接建设,实现高风险目标精准锁定、高资信企业无感监管,打造国际公认、竞争力最强的自由贸易园区。

三、人工智能对国际商务的影响

作为新一轮科技革命的主导技术，人工智能将革新技术范式与生产方式，形成数据资源等新的关键生产要素并改变各生产要素在经济中的回报份额，使各国的比较优势发生转变，进而对国际商务产生变革性影响。

（一）对国际贸易规模的影响

1. 提高生产率从而扩大国际贸易规模

人工智能将有效扩大国际贸易规模。一方面，人工智能等技术进步能够通过提高企业生产率促进企业的进出口，促使更多的企业参与全球价值链竞争，推动国际贸易发展。另一方面，自由贸易使资源由低生产率企业、低收益产品向高生产率企业、高收益产品重新配置，进出口产品种类的增多将提高市场竞争程度，在企业的"干中学"效应下，国际贸易可能反向推动人工智能技术创新，进一步提高企业生产率，形成良性循环。

2. 降低出口固定成本从而扩大国际贸易规模

人工智能技术变革从多个方面大幅度降低企业的出口固定成本，促进更多的企业选择出口，从而扩大国际贸易规模。第一，利用智能数据分析技术，从历史客户数据中挖掘成交客户的特征，识别出成交潜力较大的客户，并通过智能建站、智能编辑内容、智能翻译等技术对不同国家的客户推送个性化信息，实现自动化营销，有利于提升营销的效率和精准度，降低企业的出口营销成本。第二，应用物流大数据、机器学习、地图优化引擎等技术，智能制订科学的配送方案，降低物流运输空载率，减少或避免迂回运输和物流资源浪费，将有效降低企业的出口物流成本。第三，利用搬运机器人、分拣机器人、计算机视觉识别监管等智能应用实现自动化仓储，提高仓库作业效率，并通过大数据预测产品需求量，避免库存积压或备货不足，有助于节约企业的出口仓储成本。

（二）对国际生产分工格局的影响

1. 促使国际制造业转移分化

人工智能技术变革会减弱发展中国家的劳动力成本优势。从短期来看，由于劳动力成本原因，全球制造业的重心向劳动力成本低地区转移。从长期来看，随着人工智能技术的广泛应用，发达国家将愈加充分发挥其在先进制造业中的人才、技术和资本优势，实施"再工业化"战略，以高效的智能化生产缓解劳动力短缺、人力成本高的劣势，停止向发展中国家大规模转移劳动密集型行业的贸易和投资活动，实现制造业与价值链回流，强化发达国家在国际分工中的主导地位。

2. 促进国际服务贸易比重提升

（1）在传统贸易和外国直接投资流量等全球化指标增速放缓之际，跨境数据流动的增速持续增长。

（2）以人工智能技术为核心的数字经济推动着贸易形式的变革和创新，不断产生新的服务贸易行业，增加相关服务出口，促进贸易增长。

（3）随着自动化程度的不断提高，工业机器人造成的就业率下降的影响在制造业蓝领工人中尤为显著，失业的蓝领工人不得不转向服务业等其他部门。同时人工智能先进制造技术强调对工人进行特殊技能培训的需求,进一步扩大了服务部门在生产与贸易中的份额。

知识拓展

国际服务贸易

国际服务贸易是指国际服务的输入和输出的一种贸易方式。贸易一方向另一方提供服务并获得收入的过程称为服务出口或服务输出,购买他人服务的一方称为服务进口或服务输入。国际贸易狭义的概念是指传统的为国际货物贸易服务的运输、保险、金融、旅游等无形贸易。而广义的概念还包括除与货物贸易有关的服务以外的新的贸易活动,如承包劳务、卫星传送和传播等。

视频:2022年中国国际服务贸易交易会

(三)对国际贸易交易模式的影响

1. 国际贸易交易模式平台化

随着新一代信息技术的推广应用,国际贸易交易模式将由传统线下贸易模式向线上平台贸易模式转变,使国际贸易过程更为便捷,降低国际贸易交易成本和进入门槛,为中小企业参与国际贸易创造更多的机会。

2. 国际贸易交易模式小宗化和分散化

国际贸易交易模式也将由传统大宗贸易模式向小宗化、分散化贸易模式转变,同样有助于中小企业甚至个人走出本土市场,向全世界销售产品或服务,为国际贸易带来新的发展方式。

学习单元三　企业如何应对专利壁垒和技术壁垒

随着知识经济和经济全球化迅猛发展,知识产权日益成为国家发展的战略性资源和国际竞争力的核心要素,在经济社会发展中发挥着越来越重要的作用。在国际商务活动中,专利壁垒和技术壁垒成为新的国际贸易壁垒,如何应对新型贸易壁垒,在境外顺利开展国际商务活动,成为跨国公司面临的新挑战。

一、专利壁垒含义及应对措施

(一)专利壁垒

1. 专利壁垒的含义

专利壁垒是指一国政府或企业(主要是发达国家制造商)依靠其技术垄断优势,以保护专利等知识产权的名义,利用甚至滥用专利制度的法律保护,实施各种不合理措施限制其他国家的产品的进口,使国外非专利权人处于一种十分不利的地位。专利壁垒是知识产权壁垒的一种重要形式。

2. 专利壁垒的实施主体

(1)发达国家政府实施的专利壁垒。发达国家实施的专利壁垒主要体现在政府签署的国际条约和国内法律。在与知识产权有关的国际条约和多边协议中,发达国家是规则的主导者和制定者,无不体现出发达国家为保护自己利益,无视发展中国家客观发展水平的状况。发达国家国内法律的一些内容违背国际公约的条法和规定,形成知识产权壁垒。

(2)跨国公司实施的专利壁垒。跨国公司是专利壁垒的主要实施者,跨国公司凭借其技术上的领先和垄断优势,在本国政府的支持下,不合理地行使专利权,限制竞争,损害消费者和其他竞争者特别是发展中国家企业的利益。

3. 专利壁垒的表现形式

(1)专利技术壁垒。发达国家利用其强大的技术优势制定一系列技术标准,筑起由专利权构成的技术性贸易壁垒。高新技术的发明者都有着极强的知识产权保护意识,高新技术领域的技术成果几乎被专利技术所覆盖。而在高新技术领域制定技术标准时,没有成熟的公知技术可供使用,一些标准化组织为了制定法定标准,就要与知识产权人谈判,签订合同,当然在使权利人得到利益的同时,对权利也做出一定的限制,如专利权人应对使用者提供不可撤销的权利许可等。

(2)专利注册陷阱。典型的注册陷阱是设置专利网,即企业的某个技术获得专利后,以其为基本专利,将改进技术和外围相关技术均申请专利,形成一个由基本技术同改进技术、外围相关技术共同构成的专利网,从而形成本企业强项技术的专利壁垒,使竞争对手无法突破。

(3)择时起诉侵权专利。在市场比较幼稚、起诉侵权得不到利益时,被侵权的知识产权拥有者并不起诉,等到市场培育起来以后,知识产权拥有者便可理所当然地利用知识产权保护条款逼迫侵权企业要么退出市场,要么支付巨额的专利使用费,借鸡生蛋,坐收渔利。

(4)知识产权内部化。知识产权内部化是指一些发达国家的跨国公司为保持在高技术领域的垄断优势,其高技术或含有技术专利的商品、专有技术的商品主要流向拥有多数或全部股权的国外子公司,即使在技术创新成果与企业现有经营不相吻合的情况下,企业也往往不是轻易地单方面出让该项技术成果,而是将它作为交叉许可的筹码以换取自己所需要的其他企业技术成果。

专利贸易壁垒限制货物的国际流通必须依赖于其在进口国国内专利权的行使,因此基础专利贸易壁垒的有效性完全取决于专利权的有效性。这使基础专利贸易壁垒的应用存在一些局限:第一,受专利权私权性质的限制;第二,受专利权地域性的限制;第三,受专利有效时间的限制。

(二)专利壁垒的应对措施

国际贸易的发展使利用专利制度作为贸易壁垒的优势不断显现,专利制度也通过与贸易壁垒相结合而使自身向更高的形式发展,围绕专利贸易壁垒的博弈也将继续在发达国家和发展中国家不断展开。中国企业受到专利壁垒的影响较大,主要从以下几个方面应对专利壁垒。

1. 实施专利技术本土化

企业应加强国内技术创新能力和水平,争取技术优势,做好专利布局,加强专利技术的研发。在开展国际商务活动中,企业可通过将专利创新技术与当地市场相结合,对专利技术创新进行本土化改进,使其更适合当地消费者的需求。同时,可以确定以市场为导向的原发技术创新,积极实施专利技术创新的产业化。

2. 构筑专利战略保护网

企业在应对跨国公司的专利竞争时,配合企业的整体发展战略,通过构筑专利战略保护网,有针对性地运用专利战略防御来自跨国公司的挑战,甚至可以利用专利战略主动进攻。企业在完成自主研究开发后,应尽快将所取得的具有核心技术地位的智力成果在国内和国际上申请基本专利,获得企业核心专利,从而在根本上遏制跨国公司在全球市场上通过专利限制企业的发展,并且为企业主动实施专利战略打下基础。同时构筑外围专利网,突破跨国公司的垄断,在竞争的博弈中变被动为主动。

3. 科学应对专利侵权诉讼

企业在受到侵权指控时,首先,应当以积极的姿态应对诉讼。其次,企业要科学对待专利诉讼问题。同时企业还要注意保护专利权利,充分运用专利制度的保护功能,主动跟踪和搜集竞争对手的专利侵权证据,及时向竞争对手提出侵权警告或向司法机关提起诉讼,迫使对方停止侵权,支付侵权赔偿金,以维护自己的合法权利。

4. 建立企业自有标准

企业应适应专利战略的新发展,高度重视自有标准的建立工作,尽快摆脱跨国公司的标准控制。企业之间还可以结成技术战略联盟,彼此取长补短,加快标准的形成与应用,通过共享市场,最终达成双赢的局面。

5. 加强专利管理

企业应加强专利管理工作,充分、全方位地利用专利战略,最大限度地在市场上谋求自己的最大利益。企业应该建立健全专利管理体制,设计适合的专利管理制度。

知识拓展

专利合作条约

《专利合作条约》(简称为 PCT)是继保护工业产权《巴黎公约》之后专利领域的最重要的国际条约,是国际专利制度发展史上的又一个里程碑。该条约于 1970 年 6 月 19 日由 35 个国家在华盛顿签订。1978 年 6 月 1 日开始实施,现有成员 60 多个,由总部设在日内瓦的世界知识产权组织管辖。

视频:中国民企海外打赢"洋官司"

《专利合作条约》对专利申请的受理和审查标准做了国际性统一规定,在成员国的范围内,申请人只要使用一种规定的语言在一个国家提交一件国际申请,在申请中指定要取得专利保护的国家,就产生了分别向各国提交国家专利申请的效力,条约规定的申请程序简化了申请人就同样内容的发明向多国申请专利的手续,也减少了各国专利局的重复劳动。

国际申请程序分为"国际阶段"和"国家阶段"。在"国际阶段"受理局受理国际申请,国际检察单位检索已有技术并提出国际检索报告。申请人要求初步审查的,国际初步审查单位审查发明是否具备新颖性、创造性、实用性,并提出国际初步审查报告。申请人在规定的期限内没有要求国际初步审查的,国际申请自优先权日起 20 个月内进入"国家阶段"。要求国际初步审查的,自优先权日起 30 个月内进入"国家阶段",在"国家阶段"中,各国专利局按照本国法律规定的条件和程序审查并批准专利。

二、技术壁垒含义及应对措施

(一) 技术壁垒

1. 技术壁垒的含义

动画：技术壁垒

技术壁垒是以技术为支撑条件，即商品进口国在实施贸易进口管制时，通过颁布法律、法令、条例、规定，建立技术标准、认证制度、卫生检验检疫制度、检验程序以及包装、规格和标签标准等，提高对进口产品的技术要求，增加进口难度，最终达到保障国家安全、保护消费者利益和保持国际收支平衡的目的。

由于技术壁垒经常会披上合法的外衣，使技术壁垒具有很强的隐蔽性，同时也是最难应对的贸易壁垒之一。

2. 技术壁垒产生的原因

技术壁垒产生的原因突出体现在两个方面：一方面是由于一些国家为了维护本国的经济利益，特别是为了能够使本国的产业、企业以及产品具有国际竞争力，因而人为地设置了技术壁垒，减少相关产品的进口，进而达到发展本国相关产品的目的。另一方面随着经济发展模式转型，特别是在绿色经济越来越受到重视的新形势下，一些国家更加重视环境保护，也更加重视技术创新，因而设置了一些技术壁垒，以更好地保护本国环境，以促进本国经济发展。

3. 技术壁垒的类别

《世界贸易组织贸易技术壁垒协议》将技术性贸易壁垒分为技术法规、技术标准和合格评定程序。

(1) 技术法规。技术法规是规定强制执行的产品特性或其相关工艺和生产方法，包括可适用的管理规定在内的文件，如有关产品、工艺或生产方法的专门术语、符号、包装、标志或标签要求。

(2) 技术标准。技术标准是经公认机构批准的、规定非强制执行的、供通用或反复使用的产品或相关工艺和生产方法的规则、指南或特性的文件。技术法规与技术标准性质不同，技术法规具有强制性，而技术标准才具有强制性。

(3) 合格评定程序。合格评定程序是指按照国际标准化组织(International Organization for Standardization, ISO)的规定，依据技术规则和技术标准，对生产、产品、质量、安全、环境等环节以及整个保障体系进行全面监督、审查和检验，合格后由国家或国外权威机构授予合格证书或合格标志，以证明某项产品或服务是符合规定的标准和技术规范。

合格评定程序包括产品认证和体系认证两个方面：产品认证是指确认产品是否符合技术规定或标准的规定；体系认证是指确认生产或管理体系是否符合相应规定。当代最流行的国际体系认证有 ISO 9000 质量管理体系认证和 ISO 14000 环境管理体系认证。

(二) 技术壁垒的应对措施

1. 提升标准意识

企业在开展国际贸易的过程中，有效应对技术壁垒需要提升标准意识，既要严格按照国际标准进行生产,同时也要发挥自身的优势,提升自身的标准水平。大力提升自身的创新能力,特别是要运用创新理念和战略思维,加强对国际经济法律、法规的研究,加强对各个国家技术壁垒的研究力度,使应对技术壁垒更具有针对性。

2. 强化技术创新

企业在开展国际贸易的过程中,要不断推动技术创新,这是应对技术壁垒的战略性举措。企业从自身的实际情况入手,要切实加大相关技术的投入力度。

3. 完善应对机制

国际贸易中的技术壁垒具有一定的隐蔽性,企业在开展国际贸易的过程中,要进一步健全和完善技术壁垒的应对机制,特别是对于那些出口规模较大的企业来说更要如此。例如,企业可以建立专门的技术壁垒应对机构,专门负责研究和分析国际贸易中的技术壁垒,并提出有针对性的应对策略,进而使应对技术壁垒更具有战略性和针对性。

思政园地

走出中国特色知识产权发展道路

党的十八大以来,我国知识产权事业不断发展,走出了一条中国特色知识产权发展之路。习近平总书记从国家战略高度,多次对推进知识产权领域国际合作和竞争提出重要要求。

2019年4月26日,习近平总书记在第二届"一带一路"国际合作高峰论坛开幕式上的主旨演讲中指出:更大力度加强知识产权保护国际合作。加强知识产权保护,不仅是维护内外资企业合法权益的需要,更是推进创新型国家建设、推动高质量发展的内在要求。

视频:中国外贸企业
将加强管理
应对技术壁垒

2019年11月5日,习近平总书记在第二届中国国际进口博览会开幕式上的主旨演讲中指出:各国应该加强创新合作,推动科技同经济深度融合,加强创新成果共享,努力打破制约知识、技术、人才等创新要素流动的壁垒,支持企业自主开展技术交流合作,让创新源泉充分涌流。为了更好运用知识的创造以造福人类,我们应该共同加强知识产权保护,而不是搞知识封锁,制造甚至扩大科技鸿沟。

2020年11月30日,习近平总书记在中央政治局第二十五次集体学习时强调:要坚持人类命运共同体理念,坚持开放包容、平衡普惠的原则,深度参与世界知识产权组织框架下的全球知识产权治理,推动完善知识产权及相关国际贸易、国际投资等国际规则和标准,推动全球知识产权治理体制向着更加公正合理方向发展。

视频:全面加强知识
产权保护工作

视频:高铁时代

视频:中国航天

展望未来

新兴科学技术的发展特征

未来数十年人类社会将在新科技革命的影响下发生翻天覆地的变化,例如,经济发展将走向共享经济方向;人工智能技术将会被运用到生活的各个领域;大数据将会被用来管理我们日常工作中的诸多事情。

新科技革命将涌现出大量有特色的新兴技术,通过这些技术的融合与发展,人类未来几十年的福祉和幸福感将会得到极大提升。

总之,由这些科学技术引发的新一轮科技革命将呈现颠覆性、智能化、绿色化、国际化的特征。

(1) 颠覆性。在新科技革命的背景下,产业结构将实现颠覆性的转型升级,旧的产业形态将逐渐由新的产业形态所取代,大规模流水线生产将转向定制化规模生产,生产型制造将向服务型制造转变。大量简单、机械的工作将会被机器替代,劳动生产率随之提高。与此同时,由于信息科技、纳米科技等一系列科学技术应用于生产,带动与之相关且发展前景广阔的新产业诞生,催生出新的职业岗位,成为新的经济增长点,人们会在新的生产力水平上发现新的职业,实现自身经济价值。

(2) 智能化。随着"互联网+"应用于教育、科技、金融等领域,各行各业正在发生智能化的变革。新科技革命发展的方向更是要将人工智能与人类智能相结合,带来人类历史上的跨越式发展。

(3) 绿色化。煤炭、石油和天然气是推动历次科技革命发展的主要能源,在加速经济发展和人类进步的同时,煤炭、石油和天然气也造成了严重的环境污染问题。而新科技革命将充分开发与运用可再生能源,以缓解地球发展之危机。

(4) 国际化。在世界经济贸易一体化的驱动下,各国之间的联系与合作愈发紧密,在新科技革命不可阻挡的趋势下,各国在科技上的交流与合作将会发展到前所未有的程度,这种交流主要体现在:一是科学技术人才之间的交流。各国科研人员跨国交流的机会将会逐渐增多,通过彼此之间的交流与合作,提高创新型人才质量,推动新科技革命向更有益于人类的方向发展。二是科学理论的交流。各国对于科学理论的相互交流可以打破原有的研究范式,突破原有的思维定式,通过借鉴他国优秀理论,创新本国特色理论体系,探索出适合本国科技创新的新路径,以加快理论转化为科研成果的速度。

学习总结

以大数据、物联网、人工智能、3D打印等数字技术主导的新一轮技术革命正在世界范围内酝酿生产方式的重要变革,进而引发全球生产、投资和贸易格局的深刻变化,这种变化直接影响着国际商务技术环境。

国际商务技术环境是指东道国的科学技术发展水平及其应用程度。影响国际商务技术环境的因素主要有技术水平、技术贸易、知识产权和技术政策。国际商务技术环境具有四个方面的特点,即科技创新、转化和产业化速度不断加快;科技发展呈现出群体突破的态势;科技与社会、经济、文化的关系日益紧密;国际科技存在着合作与竞争。

技术变革对国际商务活动产生影响,其中数字技术将改变国际供应链的结构、国际投资的方向、国际贸易的结构和国际竞争的格局;大数据技术将为国际商务活动提供动力、丰富的内容和流程的优化;人工智能通过提高企业的生产效率和降低出口成本,扩大国际贸易规格,通过促进国际制造业转移分化、提高国际服务贸易比例改变国家贸易分工格局,通过国际贸易交易的平台化、小宗化、分散化改变国家贸易交易模式。

随着知识经济和经济全球化迅猛发展,知识产权日益成为国家发展的战略性资源和国际竞争力的核心要素,在经济社会发展中发挥着越来越重要的作用。在国际商务活动中,专利壁垒和技术壁垒成为新的国际贸易壁垒。专利壁垒主要表现为专利技术壁垒、专利注册陷阱、择时起诉侵权专利。企业可以通过实施专利技术本土化、构筑专利战略保护网、科学应对专利侵权诉讼、建立企业自身标准、加强专利管理等措施应对专利壁垒。技术壁垒也是国际商务活动中的一个障碍,《世界贸易组织贸易技术壁垒协议》将技术性贸易壁垒分为技术法规、技术标准和合格评定程序,企业通过提高标准意识、强化技术创新、完善应对机制来应对技术壁垒。

学习测试

一、选择题

1. 下列属于新技术革命代表的是( )。
   A. 人工智能　　B. 大数据　　C. 量子信息　　D. 生物技术
2. 技术环境的四个基本要素是( )。
   A. 社会科技水平　　　　　　B. 社会科技力量
   C. 国家科技体制　　　　　　D. 国家科技政策和科技立法
3. 下列( )数字技术在推进生产分工进一步深化的同时伴随着局部分布式生产逐步发展。
   A. 物联网　　B. 工业互联网　　C. 3D打印　　D. 数据库
4. 下列不属于大数据对国际商务活动影响的是( )。
   A. 大数据为国际经济贸易提供了动力　　B. 大数据为国际经济贸易丰富了内容
   C. 大数据对国际经济贸易简化了流程　　D. 大数据对国际经济贸易提高了门槛
5. 下列不属于新技术革命下的跨境投资变化的是( )。
   A. 跨境有形资产投资将逐渐下降
   B. 有形资产投资强度总体下降,并导致更多分散的、个性化的生产活动
   C. 跨国公司跨境投资的重点将转向获取数据、人才和技术等智力资源,推动数据等无形资产投资上升
   D. 数字跨国公司在发达国家寻求市场和资源,而在发展中国家寻求知识

二、简答题

1. 什么是技术环境?
2. 国际商务技术环境的影响因素有哪些?
3. 国际商务技术环境有何特点?
4. 数字技术、大数据和人工智能对国际商务有何影响?
5. 专利壁垒主要表现是什么?如何防范?
6. 技术壁垒有哪几类?如何防范?

三、案例分析题

国际社会充分认可中国保护知识产权成效

中国国家知识产权局发布的调查结果显示,中国知识产权保护社会满意度由2012年的63.69分提升到2020年的80.05分(百分制),创历史新高。国际社会充分认可中国保护知识产权的努力和成效。中国加强知识产权保护,为外国投资者和外商投资企业营造了更加市场化、法治化、国际化的投资环境。2020年,中国已成为全球最大外资流入国,引资规模和全球占比创历史新高。

1. 加大知识产权保护力度对外资吸引力显著提升

2020年,中国在统筹推进疫情防控和经济社会发展的同时,持续加大打击侵权假冒工作力度,知识产权保护迈出坚实步伐。

美国高通公司是在中国获得发明专利最多的外国企业之一。高通公司高级副总裁兼副总法律顾问马克·斯奈德表示,公司正不断扩大在华知识产权投入。

法国泰雷兹集团在华发展40多年,先后成立多家合资企业,涉及轨道交通、空中交通管理、航空电子等领域,并与中国伙伴签署了多份技术许可与合作协议。2020年起施行的外商投资法及实施条例,为泰雷兹集团在华持续开展高科技合作及本地化创新提供了诸多便利,中国完善知识产权保护制度,也为泰雷兹集团进一步在华开展技术许可与合作营造了良好环境。

随着一系列加大知识产权保护和优化营商环境的政策法规出台,中国对外资吸引力显著提升。2020年中国新设外商投资企业5.1万户,吸引外资增长4.5%,成为全球最大外资流入国。

2. 注重高价值发明专利驱动全球创新力发展

2020年,中国发明专利申请受理量超过120万件,授权超过50万件,居世界首位。在专利合作条约国际专利申请数量方面,中国同样引领全球。

欧洲专利局相关数据显示,2020年收到来自中国的专利申请达13 432项,同比增长9.9%,在主要专利申请国家中增速最快。中国加大知识产权保护力度,创新水平和创新能力得到提升。"十四五"规划纲要首次将"每万人口高价值发明专利拥有量"纳入经济社会发展主要指标。云计算、大数据、物联网、区块链、人工智能等列入数字经济重点产业。

在世界知识产权组织联合美国康奈尔大学、欧洲工商管理学院发布的《2020年全球创新指数》报告中,中国的创新力排名提升到第十四位,位居中等收入经济体之首。世界知识产权组织称赞,中国全球创新指数连续两年位居前15名,成为名副其实的"全球创新的领导者"。中国取得的创新成绩,得益于中国日益完善的知识产权保护相关政策实施,得益于大众创业万众创新所迸发出的活力与韧性,得益于更加开放的创新创造环境。

3. "一带一路"国家加强合作推动完善全球治理体系

中国国家知识产权局发布的数据显示,2020年,"一带一路"沿线国家和地区加大在华专利布局力度,其中在华发明专利申请为2.3万件,同比增长3.9%。这个数据反映出中国与"一带一路"沿线国家和地区的国际贸易合作日益紧密。

目前,中国国家知识产权局已与"一带一路"沿线的40余个国家建立正式合作关系,与海湾阿拉伯国家合作委员会专利局、东盟、欧亚专利局等地区性组织深入开展合作,与世界知识产权组织签署加强"一带一路"知识产权合作政府间协议等,中国专利在更多国家得到认可。区域全面经济伙伴关系协定(RCEP)将促进中国同"一带一路"沿线国家和地区在知识产权方面加强合作。

当前,全球治理体系面临严峻挑战,开展知识产权国际合作,维护知识产权多边体制,是推动全球治理体系进步的重要一环。与"一带一路"沿线伙伴加强知识产权合作,有助于完善知识产权国际治理体系,全面提升相关国家的知识产权整体保护水平,对于促进合作伙伴之间的科技和知识分享,推动构建人类命运共同体具有重要意义。

根据以上资料,回答下列问题:
1. 我国知识产权的现状如何?
2. 知识产权保护在国际商务活动中的影响如何?
3. 未来我国需要在知识产权保护上继续加大哪些方面工作?

学习评价

核心价值观评价

	核心价值观	是否提高
通过本项目学习,你的	科技强国意识	
	开放共赢观念	
	技术共享观念	
自评人(签字)　　　年　月　日		教师(签字)　　　年　月　日

专业能力评价

	能/否	准确程度	专业能力目标
通过本项目学习,你			分析技术变革给国际商务带来的影响
			辨识企业面临的专利壁垒和技术壁垒
			提出应对专利壁垒和技术壁垒的措施
自评人(签字)　　　年　月　日			教师(签字)　　　年　月　日

专业知识评价

	能/否	精准程度	知识能力目标
通过本项目学习,你			掌握技术环境的含义和基本要素
			理解影响国际商务技术环境的因素
			熟悉国际商务技术环境的特点
			理解数字技术、大数据和人工智能对国际商务活动的影响
			理解专利壁垒的含义和表现形式
			理解技术壁垒的含义和类别
自评人(签字)　　　年　月　日			教师(签字)　　　年　月　日

学习项目六

国际商务法律环境

学习目标

知识目标

1. 掌握法律环境与国际商务法律环境的特征。
2. 掌握大陆法系和英美法系的内容及区别。
3. 理解法律冲突与冲突规范。
4. 理解法律体系差异和法律制度内容差异对国际商务的影响。
5. 掌握国际货物贸易、境外投资和知识产权保护的国际法律和国际惯例。
6. 熟悉企业境外法律风险的特点及影响。
7. 掌握国际货物贸易、境外投资和知识产权保护的法律风险及防范。

能力目标

1. 能够正确地认识国际商务活动所处的法律环境。
2. 能够分析法律体系差异或法律制度内容差异引起的国际贸易与投资纠纷。
3. 能够针对具体案例,提出适用的法律,解决国际贸易与投资纠纷。

素养目标

1. 培养辩证思维观,从经济全球化角度认识各国的法律、法规,从各国法律的角度认识法律全球化。
2. 培养法律意识,认识到跨国企业应该尊重东道国法律、法规,按照国际法律与国际惯例从事商务活动。
3. 培养民族维权意识,用法律手段维护本国企业在国际商务纠纷中的利益。
4. 培养法律风险意识,积极主动地防控国际商务活动中的法律风险。

学习导图

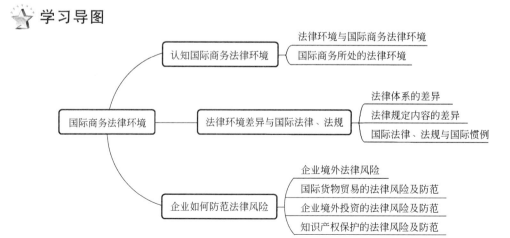

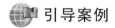 **引导案例**

五矿资源有限公司成功收购 Anvil 矿业有限公司

五矿资源有限公司（Minmetals Resources）是中国五矿集团所属中国香港上市子公司五矿有色（Album Enterprises）的附属公司。2012年2月16日，五矿资源有限公司成功收购刚果（金）Anvil Mining Limited 矿业有限公司，收购总价为13.3亿加拿大元（约合12.8亿美元）。收购协议签署后，五矿资源有限公司获得了 Anvil 矿业有限公司 100%的股份，掌握了该公司的控制权。

Anvil 矿业有限公司是由澳大利亚和加拿大两国企业在刚果（金）共同出资注册成立的，2002年投产，在加拿大和澳大利亚分别上市。该公司主要业务为开采和勘探铜钴矿，在刚果（金）南部的加丹加省拥有两个铜矿的控股权：一是在 Kinsevere 矿中占股 95%，持有从刚果（金）国有矿业商 Gecamines 租赁的相关矿产开采期，其余 5%的权益由一家刚果（金）私人公司持有。二是在 Mutoshi 矿中占股 70%，Gecamines 持股 30%。Anvil 矿业有限公司年产电解铜6万吨。

Anvil 矿业有限公司的收购属于招标项目，从招标公布到递交标书只有两个月的时间。五矿资源有限公司投标后，于2011年第三季度开始与 Anvil 矿业有限公司就收购事宜进行谈判。2011年9月30日，五矿资源有限公司发布公告，已与 Anvil 矿业有限公司签订收购要约协议，持有 Anvil 矿业有限公司 40.1%股权的股东支持每股8加元的收购提议，其中包括 Anvil 矿业有限公司最大的股东、国际贸易商行 Trafigura Beheer BV。五矿资源有限公司提出的收购价较 Anvil 矿业有限公司 2011年9月29日于多伦多证交所收盘价 5.77 加元收盘价高出 39%。该并购项目在 2011年10月24日获得澳大利亚外资审查委员会（FIRB）书面批准。

然而并购并非一帆风顺，谈判中曾一度受到刚果（金）国家矿业公司的阻挠。在具体谈判中，Anvil 矿业有限公司表示，其合作伙伴刚果（金）国有矿业商 Gecamines 对五矿资源有限公司收购 Anvil 矿业有限公司一事存在异议。考虑到与 Anvil 矿业有限公司的合资项目 Kinsevere 当时的矿床吨位及收购对各方的经济影响，Gecamines 表示需要审阅租赁协议的财务条款，以及另一项目 Mutoshi 的合资协议条款，五矿资源有限公司没有放弃。五矿资源有限公司在10月31日发布公告，就刚果（金）国有矿业商 Gecamines 对收购 Anvil 矿业有限公司要约存在异议一事，公司指出，收购要约的其中一个条件是"Gecamines 事件"得以在五矿资源有限公司认可的条件下解决，否则收购事项可能流产。

经过长达四个多月的商讨，直至 2012年2月13日，五矿资源有限公司再次公告称，Anvil 矿业有限公司已经与刚果（金）利益相关者达成协议，同意上述收购。五矿资源有限公司最终成功签约。五矿资源有限公司2月17日发布公告宣布，五矿有色已按上述价格以现金收购90%以上的已发行普通股，因此五矿有色有意按照强制收购条件项下的权利，收购其目前尚未拥有的全部已发行普通股，获得 Anvil 矿业有限公司 100%股权。并即将向其余的所有普通股持有人邮寄强制收购通知。在强制收购完成后，五矿有色有意促使 Anvil 矿业有限公司申请将普通股从多伦多证交所除牌及其 CHESS 预托权益所代表的股份从澳大利亚证交所除牌。2012年3月19日，五矿资源有限公司宣布，普通股已分别从加拿大的多伦多证券交易所除牌以及其CHESS预托权益所代表的股份从悉尼的澳大利亚证券交易所除牌。

资料来源：廖鸿程，刘德标．企业境外法律风险防控［M］．北京：人民法院出版社，2016．

案例分析：企业在境外从事国际商务活动，无论是贸易还是投资，要了解目标国家的法律环境，了解目标国家的法律、法规及国际法律、法规和国际惯例，运用法律手段维护自身权益，防范法律风险，这是企业成功地进行国际商务活动的重要保障。

学习单元一　认知国际商务法律环境

一、法律环境与国际商务法律环境

(一) 法律环境

1. 法律环境的概念

法律环境是指本国和东道国的各种法规(主要是指经济法规)，各国之间缔结的贸易投资条约、协定和国际贸易投资法规等。

世界各国的法律环境差别很大，对国际商务活动产生影响。东道国的法律环境对企业开展国际商务活动具有一定的调节作用，对市场消费需求的形成和实现也具有一定的调节作用。

2. 法律环境的特征

(1) 系统性。法律环境是由多元的、相互联系的要素构成的系统，在该系统中又包含着若干不同层次的子系统。在法律环境系统中，不仅各种不同层次的子系统上下左右之间存在必然的联系，而且各要素之间也是相互影响、相互制约和相互作用的。

(2) 相对稳定性。法律环境在一定时期内是相对稳定的，其质和量在短期内并不发生显著变化。它取决于构成法律环境的各种要素存在发展状况、规律及相对稳定性，以及各个要素之间相互联系和作用的状况。法律环境的相对稳定性，使不同国家和地区的法律环境呈现不同特征、不同的发展状况和水平，为人们对一定时期内的法律环境状况做出客观评价。

(3) 适应性。法律环境的适应性是指法律的存在与发展要以环境条件为基础，法律的发展不可能超越它所处的环境状况和环境发展水平。

(4) 可变性。法律环境的可变性是指法律环境作为一个系统或整体所具有的、不以人的主观意志为转移的变化和发展的属性，其主要表现为法律环境质量、水平等方面的变化。

(5) 可改造性。法律环境的可改造性是指人们在遵循事物运动发展规律的前提下，可以通过对各种环境要素积极改造，不断地改善法律环境，使之日益接近或达到预期的状况和水平。

(二) 国际商务法律环境

1. 国际商务法律环境的概念

国际商务法律环境是指国际商务活动所处的法律环境。国际商务活动所处的法律环境是国际商务法律制度以及国际商务法律制度中各种具体规则规范作用的发挥，为国际商务活动所构建起的存在及发展环境,具体包括国际商务法律制度体系的建立、发展和完善,国际商务活动各参与主体对于国际商务法律规范地位和作用的认识,国际法律规范在国际商务司法体系实践活动中的适用情况等。

2. 国际商务法律环境的特征

(1) 国际商务法律制度体系日益完善,国际商务法律规则、规范具有普遍适用性。

(2) 现代国际商法多是成文化的实体法律、法规。

(3) 在维护社会公共利益的前提下,尊重当事人意思自治,解决争议的途径和方式具有较高的灵活性。

(4) 法律规范的专业性和技术性愈加增强。

(5) 国民待遇原则和互惠主义成为国际商务法律领域最重要的两个原则。

二、国际商务所处的法律环境

(一) 主要的法律体系

法律体系(legal system)通常是指一个国家全部现行法律规范分类组合为不同的法律部门而形成的有机联系的统一整体。简单地说,法律体系就是部门法体系。部门法(又称法律部门)是根据一定标准、原则所制定的同类规范的总称。世界上比较常见的法律体系通常分为大陆法系和英美法系。

动画:法律体系

1. 大陆法系

大陆法系(civil law system)又称成文法,是指欧洲大陆上源于罗马法,以1804年《法国民法典》为代表的各国法律,是世界上最普遍的法律体系。大多数欧洲大陆国家如法国、德国及其前属殖民地国家,整个拉丁美洲,以及非洲、亚洲的大部分国家采用该法系。

动画:大陆法系

大陆法系的特点是强调成文法的作用,法律判决的准则是一套系统的、条理化的、详尽的法律条文,可以表现为刑法、民法和商法等形式。

2. 英美法系

英美法系(common law system)又称普通法系,是指以英国普通法为基础发展起来的法律总称。英美法系包括英国法系和美国法系。英美法系的实施范围,除英国(不包括苏格兰)、美国以外,还包括曾经是英国殖民地、附属国的许多国家和地区,如加拿大、印度、巴基斯坦、孟加拉国、马来西亚、新加坡、澳大利亚、新西兰以及非洲的个别国家和地区,中国香港地区属于英美法系。

动画:英美法系

英美法系的特点是基于不成文的原则以及习惯、惯例和以前裁决所确定的判例,具有很强的历史追溯性。

知识拓展

宗 教 法 系

宗教法系泛指适用于特定宗教信仰成员的法律。它不同于适用于特定国家公民的一般法律。例如中世纪罗马天主教、东正教的教会法,印度等国的印度教法系,伊斯兰教法,以及影响较小的犹太教法。

宗教法的特点是宗教、道德和法律三种规范结合在一起,强调义务而忽视权利。这种法律在国家中的地位取决于它与国家政权之间的关系。在政教合一的国家,宗教法的地位高于世俗法律,甚至取代世俗法律;在政教分开的国家,宗教法的影响仅涉及某些领域。

(二) 法律冲突与冲突规范

1. 法律冲突

(1) 法律冲突的概念。法律冲突,又称法律抵触,是指两个或两个以上的不同法律同时调整一个相同的法律关系,而在这些法律之间产生矛盾的社会现象。国际商务领域的法律冲突也称国际民事法律冲突,是指两个或两个以上不同国家或地区的民法都可被用于调整同一涉外民事法律关系,从而在这些法律之间产生的法律适用上的矛盾和争执。

(2) 法律冲突的成因。国际民事法律冲突的产生是下列条件相互作用的结果:①各国民事法律制度不同;②国内承认并赋予外国人民事权利;③国内在一定条件下承认外国民事法律在内国的域外效力。

(3) 法律冲突解决方法。国际民事法律冲突的解决方法主要有两种:①间接调整方法,即通过制定国内或国际的冲突规范,只指出适用哪个国家的法律来调整某种涉外民事法律关系当事人的权利义务,而不直接规定当事人的权利义务关系。②直接调整的方法,指通过统一实体法调整的方法,即通过双边或多边的国际条约和国际惯例来直接确定当事人权利义务,从而避免或消除法律冲突。

2. 冲突规范

冲突规范(conflict rules)又称法律适用规范(rules of application of law)、法律选择规范(choice of law rules),是由国内法或国际条约规定的,指明不同性质的涉外民商事法律关系应适用何种法律的规范总称。

冲突规范并不直接规定涉外民商事法律关系当事人的权利义务,只是指明某种法律关系应如何适用法,其结构由"范围""系属""关联词"三部分组成。范围(categories)又称连接对象(object of connection),是冲突规范所调整的法律关系或所要解决的法律问题;系属是指明冲突规范所涉及法律关系应适用的法律;关联词是从语法结构上将范围与系属性接起来。

动画:冲突规范

(1) 连接点。连接点又称连接根据(connecting ground)或连接因素(connecting factor),指冲突规范借以确定涉外民商事法律关系应适用什么法律的根据。

连接点可以分为客观连接点和主观连接点。客观连接点是指客观实在的标志,主要有国籍、住所、营业地、物之所在地、行为地、法院地等。主观连接点是指"当事人的合意"或"当事人的选择"。

连接点还可分为静态连接点和动态连接点。静态连接点是指固定不变的连接点,主要是不动产所在地以及涉及过去的行为或事件的连接点,如婚姻举行地、合同缔结地、法人登记地、侵权行为地等;动态连接点是指可变的连接点,如国籍、住所、居所、营业地、动产所在地等。动态连接点既加强了冲突规范的灵活性,也为当事人规避法律提供了可能的条件。

(2) 冲突规范的类型。按系属中连接点的不同规定,冲突规范可分为四种。

① 单边冲突规范。它是指直接规定某些涉外民商事法律关系应当适用某国法律的冲

突规范。它既可以明确规定内国法,也可以明确规定适用外国法。在适用上比较简单,但法律适用上的灵活性较差。

② 双边冲突规范。其系属既不明确规定适用内国法,也不明确规定适用外国法,而是提供一个以某种标志(即连接点)为导向的法律适用原则。双边冲突规范所指的准据法既可能是内国法,也可能是外国法,它体现了内外国法律的平等对待,符合国际私法的发展方向,因此,它是一类最常见的冲突规范。

③ 选择型冲突规范。这类冲突规范有两个或两个以上的系属,即规定了两种或两种以上可以适用的法律,但实际上只能选择其中的一种。根据选择方式可分为无条件的选择型冲突规范和有条件的选择型冲突规范。无条件的选择型冲突规范系属指明的几种法律具有同等地位,可以不分先后顺序而任意进行选择。有条件的选择型冲突规范系属指明的几种法律处于不同的地位,首先适用顺序排在首位的法律,只有当该法律无法适用时,才能选择其后一顺序的法律。

④ 重叠型冲突规范。其系属指明必须同时适用两种或两种以上的法律。

思政园地

习近平法治思想关于新时代中国特色社会主义法治建设的三个维度

2020 年 11 月 16 日,中央全面依法治国工作会议正式提出"习近平法治思想",这标志着中国法治文明进入高质量发展阶段。法治文明是人类社会文明进程的重要组成部分,法治文明的发展是法治国家走向现代化的重要路径,标志着国家政治文明的成熟发展。在改革开放 40 余年的发展历程中,中国法治文明建设与社会转型发展始终相伴而行。尤其是党的十八大以来,以习近平同志为核心的党中央,对于"新时代改革开放如何推进""法治中国如何建设""国家治理体系和治理能力如何提升"等重大问题,在法治理论、顶层设计和法治实践上给出中国方案,引领中国切准新时代法治建设脉搏,形成以"法理中国、法制中国、法治强国"为主线的法治格局,最终上升发展成规律性认识——习近平法治思想。其中"法理中国"是理论建构,"法制中国"是制度创新,"法治强国"是实践目标。这三个维度相辅相成、科学严密,是新时代具有中国特色的法学思想体系,体现中国法理优势,符合中国法学逻辑,是引领中国法治文明发展和治理现代化的科学行动指南和根本遵循。

资料来源:李娜,夏银平. 习近平法治思想关于新时代中国特色社会主义法治建设的三个维度[J]. 公共治理研究,2022 年,34(2).

学习单元二 法律环境差异与国际法律、法规

世界各国法律环境的差异很大,主要表现在法律体系的差异和法律规定的内容的差异,由此对国际商务产生重要影响。

一、法律体系的差异

大陆法系和英美法系是当今世界两大法系,包括世界上的大多数国家。法律体系的差异主要是大陆法系与英美法系在法律形式、司法诉讼制度上的差异,以及两大法系对一些具体问题的法律解释的差异,造成了跨国企业从事国际商务活动的障碍。

1. 法律形式的差异

大陆法系和英美法系在法律形式上的区别在于：一是大陆法系以法典式的成文法为主，判例一般不被认为是法的渊源，不承认判例有拘束力。而英美法系中判例是法的一个重要渊源，即判例法。二是大陆法系的结构单纯，有比较系统、完整的民法、商法、刑法、诉讼法等成文法典（包括基本原则和细则），从内容到体系，形式完整，自成一体，内容严谨，遵循条款原则。而英美法系的法律结构是由许多形式不同、来源不一的法律集合而成，其中主要是判例法和制定法两种，缺乏综合性、系统性的规定和内容严谨、条款原则。

2. 司法诉讼制度的差异

大陆法系和英美法系在司法诉讼制度上的区别在于：一是大陆法系的传统是实体法，更加注重法律的制定与修订，英美法系则重视程序法。二是大陆法系坚持立法中心主义原则，在立法与司法的相互关系中，立法居于中心地位，司法属于从属地位，法官在审理案件中，对法律的解释要探寻立法者的意图。英美法系在立法与司法的相互关系中，司法的地位在更加重要，判例法的地位在一定程度上高于实体法，法官有较大的自由性，属于司法中心主义原则。三是大陆法系的法官在审理案件的过程中处于积极地位，采用询问式，扮演审判利者的角色，英美法系国家主要采用辩论式，法官扮演裁利者角色，处于消极地位。

3. 法律解释的差异

除上述基本区别以外，大陆法系和英美法系对一些具体问题的解释也存在着差异。例如对合同的解释不一致，英美法系认为"合同是两个或两个以上的人之间的协议，该协议创设做或不做某特定事情的义务"。合同的本质是许诺。英美法系认为"各方意思的一致"，合同的本质是合意。在国际货物买卖合同中，两大法系的法律解释也存在着明显的差异。又如，根据大陆法系，工业产权的使用权是按照注册在先的原则，根据英美法系，工业产权的使用权是按照使用在先的原则。

二、法律规定内容的差异

（一）有关国际贸易合同的差异

合同是一份法律文件，它规定了交易发生的条件、交易双方具体的权利和义务。合同法是监管合同执行的法律，当一方认为另一方违反了协议文本或原则时，合同相关方通常会通过合同法来解决。各国对合同形式、合同磋商过程的法律规定各不相同。

1. 合同形式的差异

在合同形式上，我国《民法典》第四百九十一条规定：当事人采用信件、数据电文等形式订立合同要求签订确认书的，签订确认书时合同成立。英国法规定，海上保险合同必须用书面形式，否则无效。

2. 合同磋商过程的差异

合同磋商过程中的要约和承诺，各国法律规定也不尽相同。大陆法系规定要约对要约人具有约束力，在有效期内不可被撤销。英美法系规定，只要受要约人尚未接受要约，要约人可以随时撤销其要约，即使要约规定了承诺的有效期限，也可以在期限届满之前随时将要约撤销。对于承诺生效的时间，大陆法系采取"到达主义"，英美法系采取"投邮主义"。

（二）有关外商投资法规的差异

对外直接投资是指在投资者所属经济体（国家）以外的经济体所经营的企业中拥有持续

利益的一种投资,其目的在于对该企业的经营管理具有有效的发言权。对外直接投资的方式有新建投资(绿地投资)和并购投资。

各国对外商投资都有一定程度的法律限制,但侧重点有所不同。这些限制主要包括:对外资进入行业的限制,对外资抽回或利息与盈余汇出的限制,对在某些特定产业部门,如航空运输、金融服务、通信等行业外资股权的限制。

美国在部门法中对某些行业的外资准入进行限制。例如,《联邦通信法》规定,广播(包括电视台、无线电视台)及其设施等行业,严格限制外国企业的投资,由联邦通信委员会基于公共利益的考虑决定是否拒绝或撤销发给外国人的许可证。对于航空、沿海和内河航运等交通运输领域、土地、水电等自然资源领域以及不动产的取得、占有和开发等,美国的部门法针对外国直接投资也都有不同程度的限制。

澳大利亚在部门中限制外资投资敏感行业。这类敏感行业主要集中在金融、传媒、民航及电信业等。对外资的投资股权比例也做了限制。在传媒行业,外资进行任何规模的直接投资,必须获得审查委员会的预先审批;如果以证券投资的方式投资传媒业,其股份超过5%时,必须向澳大利亚政府提交申请。在民航业,对于在澳大利亚的国际航空企业,外资的总投资额必须控制在49%以下,单个外国股东的股权必须小于25%,外国航空公司的合计股权最多为35%。在电信行业,外国投资者的个人股份不能超过5%,外国投资者的总计股权不能超过非上市股份的35%。

(三) 有关知识产权法规的差异

知识产权是一种智力创造,是科学技术和文学艺术产生的巨大物质成果,各国都相应地制定保护知识产权的法律、法规,但是差异较大。

1. 专利法的差异

各国专利法有较大差别。对于专利法所保护的专利范围,德国、法国和日本等国家的专利法所保护的专利种类仅包括发明专利。美国专利法规定,凡发明或发现任何新颖而实用的方法、机器、产品、物质合成,或其他任何新颖而实用之改进者,均可依专利法所规定的条件和要求获得专利。中国专利法规定,中国发明创造包括发明、实用新型和外观设计。对于有权申请专利的主体,加拿大专利法规定,只有发明人才有资格申请。中国专利法规定,专利申请权和专利权可以转让,专利申请人除发明人或设计人之外,其他人可以通过专利申请权的受让而申请专利。在专利申请制度中,包括中国在内的大多数国家采取的是先申请原则,加拿大和菲律宾等极少数国家采用的是先发明原则。

2. 著作权法的差异

各国著作权法也存在较大差异。根据《伯尔尼公约》规定的自动保护原则,著作权的享有和行使不以任何形式为前提,不需要履行任何程序。但是著作权登记制度仍然在某些国家存在,而且在不同的国家有不同的效力。在美国,根据美国1976年颁布的版权法,著作权登记手续是行使起诉权和寻求司法保护的前提条件,否则"任何作品版权侵权诉讼均不成立"。在很多亚洲国家,著作权登记是权属的初步证明,例如中国《计算机软件保护条例》中的规定,而在某些拉美国家,著作权登记却是取得著作权的要件。对于委托作品,各国的法律规定也有所不同。例如,对于委托作品,加拿大法律规定著作权属于委托人。而在中国,委托作品的著作权归属首先由双方约定,没有约定或约定不明确的,版权属于受托人。

三、国际法律、法规与国际惯例

跨国公司在开展国际商务活动过程中,当发生国际贸易纠纷时,当自身权利受到侵害时,由于各国法律规定不同,究竟运用哪个国家的法律来解决纠纷就成为跨国企业的障碍。

为了解决这一问题,国际组织制定了一系列国际法律、法规和国际惯例。国际法律、法规包括国家之间双边或多边的国际条约、协定和决议。目前国际上有很多关于国际商务的公约和条约,例如《联合国国际货物销售合同公约》(The United Convention on Contracts for the International Sale of Goods,CISG)《联合国海上货物运输公约》《统一国际航空运输某些规则的公约》等。

(一)国际货物贸易方面

国际货物买卖合同法的统一规范主要包括《联合国国际货物销售合同公约》《国际货物买卖时效期限公约》《国际商事合同通则》《国际贸易术语解释通则》《统一提单的若干法律规定的国际公约》(简称海牙规则)和《跟单信用证统一惯例》等。

1.《联合国国际货物销售合同公约》

《联合国国际货物销售合同公约》(CISG,简称公约),主要有四大部分:基本原则、适用范围、合同的订立、买方和卖方的权利义务。公约只适用于国际货物销售合同,公约规定了包括合同订立的形式和发盘(要约)与接受(承诺)的法律效力。公约规定了合同的主要内容包括:第一,买方和卖方的权利义务。第二,详细规定卖方和买方违反合同时的补救办法。第三,规定了风险转移的几种情况。第四,明确了根本违反合同和预期违反合同的含义以及当这种情况发生时,当事人双方所应履行的义务。第五,规定了免责根据的条件。

动画:《联合国国际货物销售合同公约》(GISG)

微案例

国际货物销售合同买卖双方的责任与义务

中国建龙公司与美国康杰公司签订了一项买卖合同,合同约定,美国康杰公司向中国建龙公司出售一批机床,而且中国建龙公司明确告诉美国康杰公司,这批机床将转口丹麦,并在丹麦使用。交货地点在为中国建龙公司所在地,若发生争议,选择美国法院为管辖法院。合同签订后,由于某种原因,这批机床并未转销丹麦,而是转销到比利时,一位比利时生产商发现该批机床的制造工艺侵犯了其两项专项权利,故要求中国建龙公司明确告诉美国康杰公司停止在美国销售这批机床,并要求赔偿损害。后据调查,该批机床的制造工艺确实侵犯了比利时的两项专项权利,这两项专利是在比利时批准注册的,其中有一项专利还在中国注册了。中国建龙公司及时将此情况通知给美国康杰公司,并要求其承担违约责任。美国康杰公司以在订立合同时不知道该批机床转口到比利时为由,拒绝承担违约责任,在协商未果的情况下,中国建龙公司在中国法院向美国康杰公司提起违约之诉,并要求美国康杰公司赔偿损失。

案例分析

2.《国际商事合同通则》

《国际商事合同通则》(PICC,简称通则)规范国际贸易的合同内容不仅包括有形贸易还包括无形贸易,它所适用的国际商事合同类型,既有国际货物买卖合同,又有国际服务贸易合同和国际知识产权转让合同,即适用于国际商事合同的全部,并拓展到了一般民事关系。通则分别规定了国际商事合同的基本原则、合同的订立、合同的效力、合同的解释、合同的内容、合同的履行和合同的不履行;有关不一致的行为和合意免除、代理人的权限、第三人权利、抵消、权利的让与、义务的转移和合同的转让、时效期间的规则,附条件合同,多数债务人及债权人、恢复原状、违法情形等。

通则的内容从广度和深度来说都超过了公约,但两者在调整事项上也有大量重合之处,公约的调整事项基本上都被通则所覆盖。通则不是国际条约,属于不具有当然拘束力的重述性文件,它的接受程度和效用的发挥基本上都依赖于其本身的科学性和权威性。

3.《国际贸易术语解释通则》

《国际贸易术语解释通则》(INCOTERMS)是国际商会为统一各种贸易术语的不同解释而制定的。贸易术语是确定交货地点、商品的价格构成和买卖双方有关费用、风险和责任的划分,确定卖方交货和买方接货应尽的义务的专门用语。《国际贸易术语解释通则》(2010年版)将贸易术语划分为适用于各种运输的 CIP、CPT、DAP、DAT、DDP、EXW、FCA 和只适用于海运和内水运输的 CFR、CIF、FAS、FOB,并将术语的适用范围扩大到国内贸易,赋予电子单据与书面单据同样的效力,增加对出口国安检的义务分配,要求双方明确交货位置,将承运人定义为缔约承运人。

动画:国际贸易术语解释通则

4.海牙规则

海牙规则(Hague Rules)全称为《统一提单的若干法律规定的国际公约》,是为统一世界各国关于提单的不同法律规定,并确定承运人与托运人在海上货物运输中的权利和义务而制定的国际协议,是关于提单法律规定的第一部国际公约,于1931年6月2日正式生效。

动画:海牙规则

海牙规则共16条,其中第1条至第10条是实质性条款,第11条至第16条是程序性条款。主要是有关公约的批准、加入和修改程序性条款。实质性条款主要包括以下内容:承运人最低限度的义务,承运人运输货物的责任期间,承运人的赔偿责任限额,承运人的免责、索赔与诉讼时效,托运人的义务和责任以及适用范围等。

总体上,海牙规则对承运人义务的规定和免责事项、索赔诉讼、责任限制,都倾向于承运方的利益,对货主的保护则相对较少。随着国际经贸的发展,海牙规则的部分内容已落后,不适应新的需要。国际海事委员会于1968年2月通过了《关于修订统一提单若干法律规定的国际公约议定书》,简称维斯比规则,并于1977年6月生效,是对海牙规则的修改和补充规定。维斯比规则虽比海牙规则有所进步,但对承运人的主要责任与义务并未做大的修改,依然偏袒承运人的利益。为此,联合国际贸易法委员会1978年制定了《联合国海上货物运输公约》(United Nations Contravention the Carriage of Goods by Sea,1978,简称汉堡规则),于1992年11月1日生效,进一步完善了海上货物运输规则。2008年12月11日联合国大会第63届大会第67次全体会议审议了《联合国全程或者部分海上国际货物运输合同公约》(UN Convention on Contract for the International Carriage of Goods Wholly or

Partly by Sea,简称鹿特丹规则),它创新了承运人责任制度,使海运的责任阶段延伸至国际多式联运的适用范围。

 微案例

承运人延期交货不得以凭空援引不可抗力条款

某年10月30日,我国B船公司承运A公司价值5.6666万美元的圣诞货物,从上海开往汉堡的直达班轮。按照B船公司的船期表,该船应于11月27日抵达目的港,航程29天。然而11月24日B船公司给A公司来电称"在印度洋上遇上风暴",预计11月29日抵达。但却迟迟未能抵达,经A公司多次催问,B船公司又称"受恶劣天气影响,抵达卸货港日推至12月16日"。最终该船迟至12月16日抵达,总共用了48天,晚了19天。由于延迟交货,影响了圣诞货物的销售,收货人要求赔偿,以弥补损失。

A公司对B船公司的上述说法深表怀疑,认为并非风暴天气原因造成船期推迟,而是另有隐情。为此A公司请该承运人B船公司做出解释和举证,然而B船公司却不置一词。在此情况下,A公司只好促请B船公司给予收货人一定赔偿。B船公司传真答复:根据《中华人民共和国海商法》(简称《海商法》)第50条之规定,迟延交付的定义是,货物未能在明确约定的时间内,在约定的卸货港交付,货主托运此票货物时,未与我司约定明确的交货期,我司在香港中转并选择合适的中转方式完全符合提单条款和航运惯例。因此不承认迟延交付,拒绝赔偿。此时,B船公司已回避风暴天气原因,却露出了"在中国香港中转"之语。

针对上述说法,A公司于12月20日正式拟文传真B船公司:《海商法》规定,承运人应当按照约定的或习惯的或地理上的航线将货物运往卸货港。此次,A公司约定的是直达船,B船公司习惯的或地理上的航线也是直达方式,交付A公司的也是直达提单,但实际上B船公司可能已进行不合理的转船造成延误,但不肯做出合理的解释。因此,A公司代收货人向B船公司索赔1万美元。

12月22日,B船公司对此传真答复,"发货人提出的理由无事实和法律依据。经查该票货并未安排在中国香港中转。"再次拒绝赔偿。

于是,A公司12月26日传真反驳:按照《海商法》迟延交货的定义,这个明确约定的时间,即为B船公司船期表公布的10月30日出发11月27日到达,船程29天。根据中国合同法理论,承运人所做的航行公告(船期表)应该作为确定合同条款的依据,因此,船期表即是承运人对货主做出的明确的时间约定,是对货主的确切承诺。至于是否在中国香港中转,这是B船公司在传真中泄露的。A公司坚持要求赔偿,否则将考虑依据《海商法》第59条关于"迟延交付是由于承运人的故意或者明知可能造成损失而轻率地作为或者不作为造成的,承运人不得援用本法第56条或者第57条限制赔偿责任的规定"的规定进行起诉。接到A公司这次传真后,B船公司权衡再三,终于同意按运费金额赔偿A公司。

案例分析

(二)企业境外投资方面

企业境外投资,一般要受到东道国外资法、母国法律和国际条约协定的约束。

1. 东道国外资法

东道国外资法是指各国作为资本输入国,制定的关于调整外国投资者投资关系的法律规范的总和。各国调整外国投资行为的法律形式主要有三种：①制定统一的外国投资法典；②颁布专门的单行法规；③适用一般的国内法。

2. 母国法律

目前，各国关于国外投资者在本国投资设立企业的法律规定一般都分为四大部分：基本法、外资法、国际协定、部门法。

基本法主要是指宪法中以及宪法性文件中有关外国投资者的地位、市场准入条件等相关内容，从总体上规定对外国投资者合法权利进行保护，给予外国投资者某种待遇等规定。

外资法分为两类：一类是有专门的外国投资法，对外国投资的投资者的权利和义务进行较为系统和具体的规定，这种立法类型主要在发展中国家中使用。另一类则没有专门针对外国人投资的法律，对外国人直接投资适用所有设立本土公司的法律、法规，跟本国人一样依照相关法律规定进行办理。外资法主要包括公司法、证券法、关税法、贸易协定法等部门法规定的关于外商投资市场准入、税收等商事行为以及国际贸易的相关内容，这种立法类型主要在市场经济发达的国家使用。然而，这些国家给予外国投资者的市场自由并不是绝对的，它们对于外资准入制度还是有诸多限制，这些限制也散见于相应的部门法中，例如，美国、英国等国家对外国投资者都有市场准入的限制，还有严格的国家安全审查制度等。

3. 国际条约协定

国际条约协定是指东道国参加或缔结的与投资有关的国际条约或协定。国际条约协定主要包括东道国与其他国家签订的关于贸易投资的双边协定、区域贸易协定以及多边国际公约或协定。这些国际协定是东道国外资法的重要组成部分，其中双边投资协定是投资者在东道国最为有效的外资保护法律规定。

微案例

我国三一集团起诉美国总统达成和解

三一集团是我国著名的工程机械制造商。风电业务是其旗下全资子公司"三一电气"的核心业务。2010年8月，三一集团在美国注册成立罗尔斯公司(Ralls Corporation)，开展风电投资。

2012年3月，罗尔斯公司购买了俄勒冈中北部的四家有限责任公司，想用它们来建立风力发电厂。罗尔斯公司虽然在美国联邦航空管理局(FAA)已获得"无潜在危险"许可，但俄勒冈州海军武器系统训练场以影响军事飞行训练为由，要求其中的一处风场迁址，罗尔斯公司将厂址南移1.5英里。但美国外国投资委员会(CFIUS)认为这个在美国海军基地附近建立风力发电厂的项目"涉嫌危害国家安全"，发布临时阻止令，命令罗尔斯公司不能进入和继续这个风力发电厂的项目，然后按程序把此项目上报到当时的美国总统奥巴马。奥巴马也认为该项目对国家安全有威胁。2012年9月28日，奥巴马颁发了总统行政令禁止这个风力发电厂的项目，并要求罗尔斯公司在两个星期之内从相关场地撤走全部的财产和装置，在90天之内从这个风力发电项目中撤出全部投资。

罗尔斯公司不服，于是将美国外国投资委员会告到华盛顿地区联邦地区法院，根据美国宪法第五修正案，剥夺任何人的财产需要经过正式的法律程序，而美国总统和外国投资委员会却没有给出任何"夺走"自己投资财产的合理原因，属违宪，罗尔斯公司有权知道政府作出这项决定所依赖的根据。

2013年10月9日,法院判决罗尔斯公司起诉总统令一案的证据不足,驳回其对美国外国投资委员会的所有指控。罗尔斯公司不服,于2013年10月16日向地区上诉法庭上诉。2014年7月15日,美国哥伦比亚特区的联邦上诉法庭做出了裁决,认为由美国外国投资委员会提议、奥巴马签署的总统行政令未经适当的法律程序,剥夺了罗尔斯公司风电项目依据美国宪法应享有的保护财产的权利,以威胁国家安全的名义,阻止了由中国三一集团控股的罗尔斯公司在俄勒冈州沿岸、美国海军基地附近建立风力发电的项目。裁定罗尔斯公司"有权知道政府做这个决定时依赖的所有不属于保密范围的证据"。但该裁决仅给予三一集团质询美国外国投资委员会和总统做出决定的权利,并没有否定奥巴马的决议内容。三一集团只取得阶段性胜利,该案诉讼继续。

2015年11月4日,罗尔斯公司和美国政府达成全面和解,罗尔斯公司撤销了对奥巴马和美国外国投资委员会的诉讼,美国政府也相应撤销了对该公司强制执行总统令的诉讼。和解协议条款指出,罗尔斯公司可以将在俄勒冈州的4个风电项目转让给一个由该公司选定的买方。CFIUS认定罗尔斯在美国的其他风电项目收购交易不涉及国家安全问题,并欢迎罗尔斯公司和三一集团就未来更多的在美交易和投资项目向其提出申报。

案例分析

(三) 知识产权保护方面

各国在知识产权保护和实施方面的标准存在广泛差距,并由于知识产权的地域性和时间性等特点,国内法不足以保护知识产权权利人在其他国家的利益,各国逐渐开始产生了对知识产权给予国际保护的需要。为了使知识产权在国际社会得到有效的保护,协调各国法律在申请程序、审查标准、保护期限等方面的差异,知识产权开始从国内法发展成为一项国际法制度。

以1883年《保护工业产权巴黎公约》(简称巴黎公约)和1858年《保护文学艺术作品伯尔尼公约》(简称伯尔尼公约)为代表的知识产权公约确定了国民待遇原则、独立保护原则、工业产权优先权原则和著作权自动保护原则。1970年根据《建立世界知识产权组织公约》成立的世界知识产权组织(WIPO),不断地致力于新的知识产权公约的缔结,知识产权保护体系逐步全面系统化。随着科学技术的不断发展,知识产权涉及的范围逐步扩大,与国际经济贸易的关系越来越密切,知识产权所有权和使用权的转移已成为国际贸易的重要组成部分,知识产权保护成为国际经济贸易摩擦日益严重的起因之一。1994年世贸组织达成的《与贸易有关的知识产权协定》(简称知识产权协定,TRIPs)将知识产权的保护推进到一个前所未有的高度,形成了一套包括处理冒牌商品贸易的多边规则和纪律,知识产权的保护措施从民事保护、行政保护,发展到刑事保护与边境措施。

此外,一些区域性组织也制定了一些知识产权方面的条约协定,如欧盟的《欧洲共同体商标条例》、非洲知识产权组织(法语国家)的《班吉协定》、非洲知识产权组织(英语国家)的《卢萨卡协议》、拉丁美洲安第斯共同体的《卡塔赫纳协定》等。

1. 专利保护的国际法规

巴黎公约确立了国际工业产权保护的基础和框架。公约第1条第4款对专利进行了限定,包括公约联盟成员国法律上承认的各种工业专利,如输入专利、改进专利、增补专利和增补证书等。

有关专利的国际公约还有《专利法条约》《国际专利分类斯特拉斯堡协定》《国际承认用于专利程序的微生物保存布达佩斯条约》《工业品外观设计国际保存海牙协定》《建立工业品外观设计国际分类洛迦诺协定》等。

视频:苹果公司专利侵权案

2. 商标权保护的国际法规

根据巴黎公约第6条第5款,在原属国注册的每一商标,公约缔约国应当与原属国一样接受申请和批准,除非存在侵犯第三人的在先权利、缺乏显著特征、违反社会道德或公共秩序的情况。

《商标国际注册马德里协定》是对商标权保护有重要价值的国际条约,其特点是侧重于程序。根据协定规定,缔约国国民通过原始注册国的商标注册管理部门向世界知识产权组织国际局提出注册申请,注册生效后,可以要求在其他缔约国取得商标注册。我国主要的贸易伙伴基本都是该协定的缔约国。

2006年世界知识产权组织通过的《商标法新加坡条约》,将全息商标、三维标志、动态标志、声音、嗅觉等可感觉的标志等非传统类型的商标纳入了保护范围。

视频:小明与商标的故事

有关商标保护国际公约还有《商标法条约》《商标注册条约》《商标注册用商品和服务国际分类尼斯协定》《建立商标图形要素国际分类维也纳协定》等。

3. 著作权保护的国际法规

伯尔尼公约是保护著作权最早的多边条约并成为著作权国际保护法律框架的基础,标志着国际著作权保护体系的初步形成。公约从保护范围、权利内容、保护期限和权利限制等方面规定了各缔约国著作权保护的最低标准。根据公约第2条规定,其保护的文学艺术作品包括"文学、科学与艺术领域内的任何原作品,无论其表现形式或方式如何"和对"原作品的翻译、改编、汇编等产生的演绎作品"。作者对其作品享有署名权和财产权。这些财产权包括翻译权、复制权、表演权、广播权、朗诵权、改编权和制片权等权利。保护期限为"作者有生之年及其死后50年内。"公约从合理使用、强制许可使用、限制复制权三方面对作者的权利进行了限制。

动画:依法保护著作权

《知识产权协定》将伯尔尼公约的保护范围扩大到表达方式、计算机程序和数据汇编,但不涉及思想、程序、操作方法或数学上的概念等;权利内容增加了对电影作品和计算机程序的出租权保护;同时将表演者、唱片制作者和广播机构的权利列为著作权的相关权利。

有关著作权保护国际公约还有《世界版权公约》《世界知识产权组织版权条约》《保护表演者、音像制品制作者和广播组织罗马公约》《世界知识产权组织表演和录音制品条约》《保护录制者、防止录制品被擅自复制的日内瓦公约》《保护集成电路知识产权的华盛顿公约》《避免双重征收版税马德里多边条约》等。

视频：王致和与德国
公司商标纠纷

视频：《流浪地球》著作
权侵权案

 微案例

计算机软件智能生成内容不构成作品

北京菲林律师事务所于2018年9月9日首次在其微信公众号上发表文章《影视娱乐行业司法大数据分析报告——电影卷·北京篇》(以下简称涉案文章)，文章由文字作品和图形作品两部分构成。2018年9月10日，被告北京百度网讯科技有限公司经营的百家号平台上发布了被诉侵权文章，该文章内容与涉案文章基本一致，但删除了署名、引言、检索概况等部分。原告主张被告侵害其信息网络传播权和署名权，故诉至法院要求被告承担侵权责任。被告认为涉案文章是采用法律统计数据分析软件智能生成的报告，并非原告通过自己的智力劳动创造所得，不属于著作权法的保护范围。

案例分析

北京知识产权法院判决：被告刊登声明为原告消除影响，并赔偿原告经济损失1 000元及合理费用560元。一审判决后，原告提起上诉，北京知识产权法院二审判决驳回上诉，维持原判。

 知识拓展

数据产权保护

根据中国信息通信研究院发布的《中国数字经济发展白皮书(2020年)》显示，我国数字经济规模不断扩张，贡献不断增强。2019年，我国数字经济增加值规模达到35.8万亿元，占GDP比重达到36.2%。2019年，我国数字经济在GDP的占比同比提升1.4%，按照可比口径计算，2019年我国数字经济名义增长15.6%，高于同期GDP名义增速约7.85%，数字经济在国民经济中的地位进一步凸显。

由于数据产业属于新兴产业，近年来又发展迅猛，目前我国法律制度对数据产权权属、利用和保护尚未予以有效回应，导致人民法院在处理相关案件时面临困境，如对数据采集或爬取如何规制、对数据创造运用保护过程中个人利益和社会公共利益如何平衡等，都缺乏明确法律依据。

目前，人民法院受理和审结的涉及数据知识产权的纠纷案件，主要依据著作权法的相关规定和反不正当竞争法的一般条款进行裁决，争议焦点也集中在数据的法律定性、保护范围和权利类型确定等问题上。

近五年来，人民法院受理的涉及数据的诉讼案件持续增多，从中国裁判文书网能够检索到的相关裁判文书有120余份，实际数量可能更多。从时间上看，2018年以来案件数量逐年快速递增，截至2020年10月，涉及数据的诉讼案件已经超过2019年全年的总和。从地域上看,案件主要集中于北、上、广、浙、苏等经济较为发达的地区。从案由上看,著作权纠纷与不正当竞争纠纷最多,约八成诉讼的知识产权客体类型为著作权,其中多为侵害作品信息网络传播权纠纷案件,此外还有数据交易争议纠纷、数据爬取争议纠纷等。从案件性质上看,以民事案件为主,也有少量行政诉讼与刑事诉讼。

完善数据产权的知识产权司法保护,主要应当从以下两个方面着手:一是建议充分利用现有知识产权法律。可以将数据相关权利拆分为各种细小的权利,或将数据相关产品套用至现行知识产权法可以保护的各领域之内,相关法律适用问题尽量在专利法、著作权法、反不正当竞争法、数据库保护等现有知识产权法律框架内解决。同时,也应当严格依法对数据产权予以一定限制,设定一定的数据使用豁免,破解数据流通与垄断之间的矛盾。二是建议尽快制定出台关于审理数据产权纠纷案件适用知识产权法律的规范性文件,对数据创造、运用、保护中产生的突出法律问题加以明确、规范,进一步明晰裁判标准,统一裁判尺度。规范性文件可以对下列问题予以明确:数据产权纠纷案件的受理和管辖问题、公共数据利用问题、社会利益和权利主体合法权益平衡问题、促进数据流通与共享和避免数据流通停滞和滥用问题、数据爬取规范问题、大数据和数据库等汇编作品保护问题等。此外,数据产权的知识产权司法保护还应当注意与行政保护相衔接,尽快形成数据产权的全链条大保护格局。

资料来源:秦元明.数据产权知识产权司法保护相关法律问题研究[N].人民法院报,2021-04-29.

思政园地

我国法治建设亮点纷呈

2021年7月,中国法学会发布《中国法治建设年度报告(2020)》。该报告从人大立法与监督、依法行政、政法领域改革、公检法工作、人权法治保障、知识产权保护、生态文明法治建设、法治宣传与法学教育研究,以及国际交流合作等多个方面,全面梳理总结了我国2020年法治建设的主要成就,充分彰显了社会主义法治的显著优势。

第一,党的领导核心作用进一步凸显。宪法规定,中国共产党领导是中国特色社会主义最本质的特征,建设社会主义法治的一条根本经验,就是坚持党的集中统一领导。党的十八大以来,中国全面依法治国取得重大进展。在此基础上,2020年颁布的《法治中国建设规划(2020—2025年)》《法治社会建设实施纲要(2020—2025年)》进一步为未来的法治建设指明了路线与方向。党在历史上首次召开中央全面依法治国工作会议,明确了习近平法治思想在全面依法治国中的指导地位,为全面依法治国提供了根本遵循和行动指南。

第二,人民基本权利得到充分保障。全面依法治国最广泛、最深厚的基础是人民。2020年,我国法治建设始终坚持以人民为中心的根本立场。《中华人民共和国民法典》的颁布为我国经济发展和人民群众日常生活提供了基本遵循,体现了增进人民福祉、维护最广大人民根本利益的必然要求。《未成年人保护法》《退役军人保障法》等法律相继得到制定或修订,为特定群体权益保护提供了坚实的法律保障。《全国人民代表大会和地方各级人民代表大会选举法》经过修订后,强调了党的领导和民主法治在选举工作中的重要作用,切实保障了人民当家作主的权利。

第三,国家治理现代化水平显著提升。推进国家治理体系和治理能力现代化,是发挥社会主义制度优势,彰显"中国之治"强大生命力的必然要求。2020年,中国立法工作进一步加强,全国人大及其常委会制定和修改法律、法律解释与决定33件,国务院制定和修改行政法规10件，两高发布司法解释31件，从基本人权、生态文明、劳动就业、受教育权等多方面完善了社会主义法律体系。网信技术在法治建设中的作用日益突出，各级党政司法机关积极运用最新互联网发展成果，开展各项在线业务，有效解决了人民群众的办事需求，提高了执法司法工作的效率与公开性。

第四，社会主义法治文化深入人心。社会主义法治文化是社会主义法治国家建设的重要支撑。2020年，中国法治文化建设取得突出成就。《中华人民共和国国旗法》《中华人民共和国国徽法》等重要法律的修改，为增强公民国家观念，弘扬爱国主义精神提供了法律保障。领导干部作为关键少数，法治意识与法治思维显著提升。法治宣传交流活动深入开展，各地积极落实普法责任制，依托线上线下平台举办宪法宣传、国家安全教育、国家工作人员学法用法、青少年法治教育以及对外法治交流等活动，树立全民法治信仰，彰显了我国的制度自信与文化自信。

资料来源：http://cn.chinagate.cn/news/2021-07/15/content_77629440.htm.

学习单元三　企业如何防范法律风险

随着我国进一步扩大开放和"一带一路"倡议的实施，我国企业在"走出去"方面，取得了重大进展，同时，遇到了日益增多的挑战和风险。中国企业"走出去"进行贸易和投资的风险包括自然风险、商业风险、法律风险等，商业风险随机多变，具有不可预期性和防控性，而法律风险在一定意义上而言还是可防控的。所以，防控企业境外法律风险既有可能，也十分必要。

一、企业境外法律风险

（一）企业境外法律风险的概念

企业境外法律风险是指由于企业未遵守相关国家的法律以及国际经济贸易法，疏于法律审查，或逃避法律监管而违反相关国家的法律、法规或其他规章制度，导致承担法律责任或受到法律制裁的风险，主观上未采取法律手段对自己的权利或将要遭受的经济损失进行法律救济所带来的经济损失的风险。

（二）企业境外法律风险的特点

1. 法律风险具有相对法定性和相对确定性

一方面，法律风险具有相对法定性，由于法律风险主要是由于企业违反法律规定、合同约定、侵权，或是怠于行使法律赋予的权利，没有及时采取法律手段进行救济所导致的。这些风险导致原因都是由法律规定或合同等约定的，否则不能直接导致法律风险的发生。另一方面，法律风险还具有相对确定性，例如侵犯他人知识产权的行为，如果该知识产权人追究侵权人的民事责任，该企业就一定会承担民事责任；也可能该企业由于某种原因，没有追究其侵权责任从而使侵权企业的这种法律风险不发生。但通常这种法律风险的发生是必然的，不发生是偶然的。法律风险的相对确定性主要表现在两个方面：一是法律风险的发生具有相对确定性；二是法律风险给企业带来的经济损失是相对确定的。

2. 法律风险的发生与后果具有可预测性

法律风险的发生是可以通过法律规定、违法行为等情况予以预见的。法律通过授权或禁止的方式规定了一定的行为模式及违反该行为模式的法律后果。根据法律规定可以判断企业的行为是否违法、会导致什么样的不利后果。法律风险是由法律规定的原因产生的法定后果，因此，事前是可以预见的，可以通过各种有效手段加以防范和控制。

3. 法律风险具有可防可控性

法律风险可以从根源上加以防范和控制。只要企业建立了完善的境外法律风险防控机制，在懂法、守法的基础上从事各种生产经营活动，在他人侵犯自己的合法权利时能够及时拿起法律武器，法律风险的发生基本上是可以得到控制的。

4. 法律风险发生结果的强制性

企业境外的经营活动如果违反法律、法规，侵害其他企业、单位或个人的合法权益时，势必要承担相应的民事责任、行政责任甚至刑事责任。而法律责任具有强制性，法律风险一旦发生，企业必然处于被动承受其结果的窘迫境地。企业境外发生法律风险的结果往往十分严重，有时甚至是颠覆性的。

5. 法律风险发生领域的广泛性、普遍性和多样性

企业境外的所有经营活动都离不开法律规范的调整，企业实施任何行为都需要遵守法律规定。法律是贯穿企业经营活动始终的一个基本依据。企业与政府、企业与企业、企业与消费者以及企业内部的关系，都要通过相应的法律来调整和规范。因此，企业法律风险存在于企业生产经营各个环节和各项业务活动之中，存在于企业从设立到终止的全过程。

现代市场经济导致的激烈竞争，市场经济行为的频繁和企业管理机制的复杂必然会给企业带来相当普遍的法律风险。企业法律风险的多种表现形式导致了法律风险的多样性特征，在解决和应对这些多样化的法律问题时所涉及的将分别是不同部门的法律，这本身也反映了企业法律风险的复杂多样性。

6. 法律风险发生形式的关联性

在企业境外风险体系中，许多风险并不是截然分开的，往往可能互相转化，存在交叉和重叠。法律风险与其他各种风险的联系最为密切，关联度最高。如企业发生财务风险、销售风险，往往也包含法律风险。在企业境外风险体系中，法律风险是最需要防控的基本风险。

（三）境外法律风险给企业带来的影响

境外法律风险给企业带来的影响是多方面的，具体而言，主要有三个方面。

1. 法律风险带来的结果都有商业的损失

不管是出于何种原因，法律风险的发生，或导致企业花费增加，或失去商机或商业优势，严重时则导致企业彻底丧失竞争力，从市场上败下阵来。

2. 法律风险对企业的影响是连锁反应

由于企业经营行为的连续性，法律风险可招致连锁反应，并非单一的商业性损失。一旦其中一个环节出现法律问题，必然引发企业一系列经营活动受到损害。在企业存在大量类似法律行为时，企业的法律风险很可能会导致同类事件同时爆发的可能性。一些法律风险的发生，可能引发企业商誉的极大损害，从而导致企业失去公众认同感，即使化解了法律风险，企业若想恢复到原来的商业信誉也将会变得非常困难。

3. 法律风险对企业的损害程度难以估量

法律风险一旦爆发，企业自身往往难以掌控，很可能会带来相当严重的后果，有时甚至是致命之灾。企业作为市场主体，必须了解市场规则、运用市场规则、遵守市场规则，否则，就要付出高昂代价甚至被逐出市场。

此外,企业若发生境外法律风险,打官司将是一件耗时、耗财、费力、损名誉的事情,如果当初企业稍加防范和控制,很多官司和损失就可以避免,企业会发展得更好,没有哪个大企业是靠着打官司发展起来的。作为企业,存在风险并不可怕,可怕的是对潜在的法律风险不知道或明知存在风险却视而不见。企业管理者应加强守法意识和风险观念,否则可能招致不利后果。

二、国际货物贸易的法律风险及防范

国际货物贸易涉及许多方面的问题,处处都存在法律风险。在国际贸易中的纠纷具有"国际性""多样性"和"复杂性"特点,这大幅增加了企业从事国际贸易的总体风险。因为在国际贸易中,除了签约和履行,还涉及跨国运输、货物保险、国际支付等关键步骤,必然增加贸易纠纷的可能性和多样性。并且因为纠纷涉及外国当事人的利益,而且存在着繁多国际公约和惯例约束着人们的贸易行为,甚至需要适用某个主权国家的法律、规定处理争议。

(一)合同订立中的法律风险及防范

1. 合同订立中的法律风险

合同订立方面的法律风险主要表现在以下几方面。

(1)合同主体方面的法律风险。合同主体签约资格的有效性关系到合同的有效性、履行及纠纷的解决。在签订合同时,在合同主体方面容易产生的风险有代理人无权代理或超越权限,法定代表人超越公司章程赋予的权限签订合同,员工代表人未经授权对外签约,履约主体虚假或不能履约,造成合同纠纷的风险。

(2)合同成立方面的法律风险。在国际货物买卖合同成立方面容易引起纠纷的法律风险主要有买卖双方当事人对于要约有效期的争议、因要约撤销引起的争议、因要约撤回引起的争议、因承诺修改要约内容引起的争议、对于沉默是否构成承诺的争议。

(3)合同形式方面的法律风险。在当事人双方之间就特定交易标的生效的合同,并非仅限于双方共同签字的那份合同书上所载的内容,而是包括双方就同一标的达成的所有协议的总和。这些协议如果未经双方确认或丢失,易产生误解和纠纷,导致法律风险。

(4)合同条款方面的法律风险。由于所签合同内容不全面、不严密,导致企业在履约过程中遭受损失引起的法律风险。在合同中的任何约定不明确的条款,都将会导致对合同的误解,合同双方也将可能因此而遭受巨大的经济损失,引起法律纠纷导致索赔或撤销合同的风险。

2. 合同订立中法律风险的防范措施

(1)合同主体方面的法律风险防控。国际货物买卖合同法律关系中主体众多,法律关系复杂,境外企业应尽可能地在磋商过程中签订书面合同,明确各方的法律关系。签约前要审查签约、履约主体的基本情况,确定交易主体真实存在,严格审查代表外商个人签约时是否有合法授权(如授权书、委托书),对大宗交易或非主营业务的,审查其公司章程,调查了解外商的商业信誉及履约能力。慎重对待外国企业驻华代表机构的签约。

(2)合同成立方面的法律风险防控。在对外商签订贸易合同时,要确认要约是向一个还是一个以上的特定人发出的,要约是否规定了有效期,是否已经撤销或撤回。在与英美法系国家的客户洽谈贸易合同时,要注意《联合国国际货物买卖合同公约》与英美法系的规定不同的。

(3) 合同形式方面的法律风险防控。采用书面合同来确定双方的权利和义务,依据《联合国国际货物买卖合同公约》对合同形式的规定,签订的国际货物买卖合同须采用书面形式(包括修改、终止合同)。书面合同是合同存在的最终依据,可使合同内容、生效时间、双方权利义务等各方面更加明确;书面合同具有确定性、公开性和告诫性,在发生纠纷解决争议时,证据作用强。

(4) 合同条款方面的法律风险防控。双方在签订合同时,对商品品质的描述应当清楚和准确,以免产生误解。对于重要的合同,应有法务人员进行审查。要规定标的物的具体数量及溢短装、计量单位、计量方法的约定明确;要明确规定标的物的具体品质、技术指标、规格、型号要求等;要规定质量检验的机构、时间、地点、标准等。价格条款要考虑汇率变动的风险;要恰当选择包装方式与要求。

(二) 货物运输中的法律风险及防范

1. 货物运输中的法律风险

(1) 装运的法律风险。有关装运方面的风险包括是否按合同规定的装运时间装上预定的运输工具,是否按规定的装运港发货并按期运到规定的目的港,是否按允许或不允许分批装运或转船运输、溢短装及幅度的条款履行,以及货物损坏、灭失的风险。

(2) 有关提单的法律风险。提单是指用以证明海上货物运输合同和货物已经由承运人接收或装船,以及承运人保证据以交付货物的单证。在国际运输中,提单存在下列风险:如果卖方因为履行合同不适当,在装船、开单、交单、结汇等环节出现问题,或承运人因揽货、船期、港口拥挤等其他原因,或承运人与托运人串通在货物未装船或未装船完毕却预借提单或签发已装船提单,甚至倒签提单,造成提单日期不适当或提单后到,导致提单持有人利益受损,买卖双方当事人因此引起纠纷的风险;承运人或其代理人在收货人未出示正本提单情况下交付所承运货物的无单放货风险;目的港无人提货的风险等。

2. 货物运输中法律风险的防范措施

要订好货物运输条款,特别是转运条款,必须认真考虑,细致商议,以避免日后因履约发生问题导致损失。出口方在签订合同前应事先掌握货源和运输条件,在货物装运时间规定上留有余地,合同签订后要与承运人协调,严格按照合同规定的时间交货。提前或延迟交货,除经双方协商同意修改原订合同外,均构成违约,买方有权拒收货物,解除合同,同时提出损害赔偿要求。在装运港和目的港的选择上要根据生产、交货、港口等条件的具体情况,事前商定一个以上的可以灵活使用的港口,也可以采取在装运时商定选择港的做法。对货物是否允许分批装运和转运,要综合考虑货源运输、船舶、运输方式等实际情况并在合同中写明确。并与合同其他条款相衔接、配合。合同签订后,还要注意与承运合同、信用证等条款的衔接、配合,严格按合同条款规定执行,以防范风险。

三、企业境外投资的法律风险及防范

境外投资企业的法律风险是指因为法律原因而在境外设立企业方面给投资者带来的风险。这类风险往往源于各国在政治体制、经济发展战略以及产业政策等因素而造成外资立法的差异,是多重法律环境体制差异的产物,是投资国企业在走出国门时必将面临的问题。

(一)境外投资企业设立前的法律风险及防范

1. 境外投资企业设立前的法律风险

东道国对外资的国家安全审查制度、对外资的行业市场准入限制以及对外商投资成立企业的具体法律规定各不相同,同一家企业投资不同国家的相同行业领域,选择组建新的子公司、分公司或其他公司组织形式,也会出现不同的法律后果。

(1)国家审查制度引发的风险。国家安全审查是指东道国为了保障本国的国家安全利益,授权特定的机关对可能威胁国家安全的外国投资行为进行审查,对严重威胁本国国家安全的行为采取限制性措施的法律制度。目前大多数的国家都有国家安全审查制度,而国家安全审查制度引发的法律风险也是所有法律风险中后果最严重的一种。目前,各国在审查国家安全时,对"国家安全"并没有严格明确的定义,也没有对其作强制性法律规定,大多采取个案处理原则。这种做法在给审查主体带来自由裁量的空间同时,也给外商投资增加了法律风险。

(2)投资主体选择投资方式的法律风险。境外投资企业选择不同的投资方式可能蕴含不同的法律风险,这种风险的出现往往是由于对东道国法律规范研究不够、缺乏科学的境外投资决策机制造成的。究竟在境外投资选择独资企业,还是选择合资企业或合作企业,要结合不同东道国对相关投资方式赋予的有差异性的法律权利和义务,选择最有利于自身发展的投资方式。投资方式的选择是跨国企业所面临的主要法律风险。

(3)投资主体选择组织形式的法律风险。目前大多数国家对外商投资设立企业的形式主要是在境外成立子公司、分公司。不同的形式有着不同的法律属性,选择不同的组织形式进行投资依据的法律不同,相应的注册登记程序也会有所差别,更重要的是会影响企业日后的管理规划和经营发展。因此,投资企业组织形式的选择是跨国企业所面临的主要法律风险。

2. 境外投资企业设立前法律风险的防范措施

(1)了解东道国投资环境及相关法律政策。对于境外投资企业而言,最先面临的就是对东道国的法律制度和相关政策缺乏了解而产生的法律风险。为了防范风险,首先,要深入了解投资所在国家和地区外资准入、国家安全审查、反垄断审查等程序、规则及标准,以便妥善应对境外投资审查及相关法律风险。其次,应当咨询商务部、行业协会负责境外投资的相关部门,或向当地政府、中介机构或咨询公司等了解东道国的投资环境。

(2)进行事前法律风险评估,选择合适的投资方式和组织形式。投资企业应当对设立境外企业的方案进行可行性分析。根据前期调查研究,制定最有利自身发展的设立方案,并对该方案的合法性和可操作性进行科学论证,进行事前法律风险评估。首先,选择合适的投资方式。选择不同的投资方式蕴含不同的投资风险,不能简单地将各种投资方式进行优劣比较,而要根据不同投资方式的法律属性,结合不同东道国对相关投资方式赋予的有差异的法律权利和义务,寻求最合适的投资方式。其次,选择合适的组织形式。不同的组织形式的法律属性不同,在公司股东成员、出资比例、登记程序以及公司行为能力范围等内容方面存在差异,会影响企业的发展。因此,跨国企业可以听取法律顾问或外聘律师的法律意见,根据自己的具体需要选择适当的投资组织形式。

(3)控制国家安全审查制度的法律风险。跨国企业要从事前和事后两个方面进行防控。一是对国家安全审查制度法律风险的事前预防,在投资方式的选择上,尽量选择绿地投资。在进行对外投资时,要投入大量的人力和物力进行游说和公关,主动与东道国的决策者和监管部门取得联系,得到他们的支持。做好调研评估工作,对东道国规定的某些敏感行业的投资采取企业转投资的方式进行。二是对国家安全审查决定的事后救济措施,企业对外投资在遇到不公正的国家安全审查时,可以向东道国提请司法审查,就安全审查结果的合理性、合法性提起诉讼。目前,大多数拥有国家安全审查制度的国家都有法律规定,针对安全审查机关做出的决定可以提起司法诉讼。

(二)境外投资企业设立中的法律风险及防范

1. 境外投资企业设立中的法律风险

(1)股东瑕疵的法律风险。股东瑕疵是指在设立公司活动中公司股东不符合法律相关规定,股东资格或权利存在瑕疵的行为。它主要表现为股东人数上的瑕疵和股东资格上的瑕疵。股东人数上的瑕疵是股东人数不符合东道国公司法、商法等法律关于股东人数的限制规定,既包括低于股东最低人数的瑕疵,也包括高于股东最高人数的瑕疵。股东资格上的瑕疵是指法律规定的不得担任公司股东的自然人或法人成为新设立公司股东的情形。

(2)资本瑕疵的法律风险。资本瑕疵是指投资者违反公司法和公司章程的规定未缴纳或未足额缴纳出资而导致公司资本出资瑕疵的状况。在境外投资设立公司之初,常见的出资瑕疵形式及法律风险主要包括:一是虚假出资瑕疵,即在公司设立中股东并未实际出资,却向工商登记部门或在对外公开股东信息中载明已出资的情形。这种情形会导致公司在设立时因股东没有实际出资使公司实收资本虚假,是最为严重的一种资本瑕疵情形,多数国家将该行为规定为违法行为,严重的则视为犯罪予以严惩。二是出资不实的瑕疵,即在公司设立中股东未足额缴纳工商登记部门或对外公开股东信息中载明的实际出资额的情形。它具体分为股东未足额缴纳,公司实收资本未达到公司注册资本额或未达到法定最低注册资本额这些情形。不少法定资本制国家将这种出资不实的瑕疵行为纳入法律规制的范围,部分国家对严重的出资不实行为也会动用刑罚。三是出资形式瑕疵,即出资人以不符合法定的出资形式进行出资的行为。例如,我国和部分国家公司法均规定不得以劳务为出资的方式,《法国商事公司法》规定有限责任公司的股份原则上不得以技艺出资方式认购,如果出资人以劳务或技艺进行出资,就属于出资形式瑕疵。

2. 境外投资企业设立中法律风险的防范措施

股东的资格和资本的缴纳都是公司设立中的重要内容,投资者必须根据自己的情况对可能出现的股东瑕疵和资本瑕疵问题进行风险防控。通常情况下,境外投资合同的拟定和境外投资企业章程的设计是我国境外"绿地投资"法律风险防控的重要工具。在当事人意思自治的立法理念下,境外投资合同和境外投资公司章程是投资当事人之间的法律,是双方投资争议解决的重要法律依据,也是解决股东瑕疵、资本瑕疵的重要手段。

境外投资合同和公司章程针对股东大会、股东成员以及董事会的组成进行详细的规定,包括对执行业务负责人等规定也会根据东道国的相关法律要求进行协商确定,避免股东瑕疵问题的出现,以及出现股东瑕疵时的补救措施。此外,境外投资合同和公司章程还会规定投资者的出资额、出资比例、缴纳时间以及其他实物、知识产权等出资估值作价等内容,详细规定虚假出资、出资不实,以及其他资本瑕疵需要承担的责任。

(三) 境外投资企业设立后的法律风险及防范

1. 境外投资企业设立后的法律风险

(1) 境外隐名投资的法律风险。"隐名投资"是指一方投资人实际出资认购公司股份，但公司章程、股东名册或其他工商登记材料记载的投资人却显示为他人的法律现象。实际出资人即为"隐名股东"，而在实际中并未出资但登记材料中记载的投资人，则为"显名股东"。

有些国家或地区的法律对隐名投资股东的权益提供保护，而大多数国家对于隐名投资并没有明确规定，或保护力度不够，因而隐名投资存在较大的法律风险，主要的风险包括：一是若隐名投资进入的行业是东道国明文禁止的，如果事后与显名股东发生纠纷，诉诸法院，有可能会因为合同约定的内容与法律的禁止性规范相悖，而导致协议无效。二是在公司法确立股东身份采取登记主义立法模式的国家，显名股东是名义上的合法股东，拥有实际支配公司股权的权利。如果显名股东以自己的名义转让股权，即使未征得隐名股东的同意，其转让的行为依然有效。三是如果隐名股东所托非诚信之人，显名股东因公司发展壮大而踢开"隐名投资人"，则隐名投资人很难主张自己的股东权利，从而丧失对公司的控制。四是如果显名股东利用自己的股东身份，擅自处分公司资产，则会严重损害隐名投资人的财产利益。

(2) "揭开公司面纱"制度对境外投资母公司的法律风险。所谓"公司面纱"，是指公司作为法人必须以其全部出资独立地对其法律行为和债务承担责任，公司的股东以其出资额为限对公司承担有限责任。公司与其股东具有相互独立的人格，当公司资产不足偿付其债务时，法律不能透过公司这层"面纱"要求股东承担责任。"揭开公司面纱"，是在某些情形下，为保护公司的债权人，法院可揭开公司的面纱，否定股东与公司分别独立的人格，令股东直接负责清偿公司债务。

2. 境外投资企业设立后法律风险的防范措施

(1) 确保境外投资企业的合规运作。企业自觉遵守投资所在国家或地区法律、法规，坚持企业独立市场主体地位，做好信息披露、关联交易、公司治理、产权管理等合规工作。依法规范员工管理，做好与工会组织的集体协商谈判，加强员工知识和技能培训，保障其合法权益，避免劳动争议。要善于运用世界贸易组织规则、相关国际条约、双边贸易投资保护协定以及所在国家和地区行政、司法救济途径等，维护自身合法权益和公平待遇。要重视运用合同约定、商业保险和投资保险等多种途径和方式，有效防范投资所在国家和地区因政府更迭、国有化、征收以及法律变更等导致的法律风险。

(2) 防范隐名投资方式的法律风险。在境外投资企业设立后的法律风险中，境外隐名投资的法律风险比较突出。跨国企业采用隐名投资时，应事先充分了解东道国国内的投资现状和法律制度，对显名股东的情况进行全面调查，签订严密的隐名投资协议并保存实际出资的各种证据。

此外，投资企业要和当地政府部门加强联系，重视企业社会责任，密切关注与外国投资相关的动态。投资企业和媒体建立良好互动关系，借助多种媒体宣传企业，打造良好的企业形象。

四、知识产权保护的法律风险及防范

(一)知识产权面临的主要法律风险

1. 失权风险

失权是指企业对知识产权资产丧失专有权,导致失权的原因主要有以下几种。

(1) 因作价投资入股。企业以其知识产权作价出资,该知识产权即依法成为新成立企业的资产,不再是股东的财产,股东企业因而丧失对该知识产权的专有权;如果该企业所持新企业股权(或出资份额)比例不足以对新企业的经营管理形成控制,那么,该知识产权还可能被企业转让他人或许可他人独占使用。

(2) 因保护期限届满。知识产权保护有一定期限限制,期满后权利自动终止。工业产权中,专利保护期限届满,相关专利技术即成为公知技术;商标到期可以依法续展,其保护期从而得以延长,若未在法定期限内申请续展,则到期商标权自动终止。

(3) 因淡化而被撤销。商标权是企业知识产权资产的重要组成部分,各国商标法均要求注册商标应具有显著性特征。然而,企业自身在使用、宣传该商标时的不当行为,例如,将商标当作商品名称使用,或是未有效阻止同业竞争者对该注册商标的淡化行为等,将会导致已注册商标原有的显著性特征逐渐丧失,最终可能被依法撤销。

2. 价值风险

价值风险是指企业拥有的知识产权资产,其价值可能因下列原因降低或完全丧失。

(1) 技术升级更新。随着社会的发展,知识更新周期越来越短。据联合国教科文组织的一项调查,进入 21 世纪后,许多学科的知识更新周期已缩短至 2~3 年。因此,企业所拥有的知识产权即使还在保护期限内,其实际价值则可能已被科技进步所带来的无形损耗消失殆尽。

(2) 公众信任危机。工业产权中的商标、商号和服务标志的价值,与持有人或使用人的商誉密切相关。若持有人或使用人有违诚信经营原则,从而引发公众信任危机,进而影响其商誉,则其所持有或使用的商标、商号和服务标志的价值就会相应降低甚至丧失。

(3) 泄密。这种价值风险主要出现在专利申请权转让、专有技术和商业秘密的投资和交易过程中。由于技术具有可复制性并可以脱离权利主体而存在,如果他人已实际掌握了某一技术秘密,就会在事实上导致权利人的权利价值下降,并且还可能是权利人无法控制或阻止技术的再复制。即使双方当事人正常履约,在合作期满后,对方仍然可以在事实上掌握利用,从而使商业秘密的价值受损。

3. 复制风险

由于知识产权的可复制性,以及知识产权保护的地域性,从而被他人仿冒,或在其他国家或地区进行抢注商标或申请专利。

微案例

隆鑫控股有限公司诉讼法国公司商标侵权

隆鑫控股有限公司是生产摩托车及相关产品的民营企业,其产品在欧盟市场非常受欢迎。2016 年,隆鑫公司发现一家名为 Fangli Marketing 的法国公司未经隆鑫公司授权许可,在法兰克福销售假冒隆鑫沙滩车产品,随后向法国当地法院起诉 Fangli Marketing 公司侵犯其商标权。根据《法国知识产权法典》的规定，"注册商标权人享有正反两方面的权利，即有权禁止他人未经许可使用与自己相同或相近的商标，也有权禁止他人未经许可撤换自己依法贴在商品上的商标标识"。Fangli Marketing 公司侵犯了隆鑫公司的商标权，因此主动提出和解。2017 年 6 月，双方达成和解协议。根据协议，法国 Fangli Marketing 公司向隆鑫公司赔偿经济损失 6 万欧元。而法国 Fangli Marketing 公司因为这次诉讼主动向隆鑫公司提出合作请求，成为隆鑫公司在法国的产品经销商。

案例分析

（二）知识产权法律风险的防范措施

随着我国出口产品结构的转型和对外投资的迅速发展，涉外知识产权诉讼风险已经成为我国产品进入国外市场和企业走出去发展必须面对的现实，尤其是美国的"337 调查"更需引起我们的重视，应采取得力措施，做好法律风险防控。

1. 提高知识产权保护意识

在进入海外市场前，企业应充分了解同类企业在国外的知识产权状况、所在国家或地区法律制度以及该国知识产权诉讼环境。企业应围绕境外投资合作发展战略，根据自身情况、竞争对手状况以及市场所在地状况，合理、经济地建立海外知识产权战略，建立专利、商标、版权等相关知识产权海外策略与布局，在已经和即将进入的海外市场，积极寻求知识产权的保护。

（1）在专利领域，企业应将自己拥有的自主创新核心技术尽早申请专利，纳入法律的保护范围，否则当别人侵犯自己的知识产权时，就无法采取有效措施进行保护。企业在申请专利时，不但要对核心技术申请专利，也要对相应的外围技术及时进行研发和申请，以避免因不掌握外围专利，影响核心专利的使用范围，引发不必要的侵权或纠纷。企业根据市场动向及时调整专利策略，并分析以往的专利，找出防御性专利和竞争对手可能用来攻击的专利，以更好应对潜在的专利纠纷。

（2）在商标权领域，我国企业对于自己的产品商标，应及时注册和保护。申请注册商标才是最稳妥和最有效地防范侵权风险的措施，商标权是各个国家的法律都认可的权利。企业应根据自身经营战略，重点选择相关海外市场提出商标申请。企业在产品进入特定海外市场之前先行申请商标注册，以防止被竞争对手抢注，避免不必要的商标侵权或纠纷。

（3）在著作权领域，企业应根据所在国家或地区法律申请作品登记，以此获得权利的初步证明，避免或减少因著作权归属问题发生纠纷。

（4）企业从事境外销售时，应聘请专业知识产权机构对自身销售产品所涉及的技术、商标等是否侵犯该国专利、商标等知识产权进行调查。经调查后，如果有侵权情况存在，可对自己的产品进行改进，避免侵权结果的发生。要尊重他人的知识产权，尤其是出口产品时应避免侵权；对于承接贴牌加工业务的企业，在接受订单时，应当设法证实委托方是否确实拥有专利权、商标权或相关知识产权授权证明文件，并在合同中明确知识产权侵权问题应由委托方负责，以免由于知识产权侵权而给自己带来不利后果。

2. 重视知识产权检索，建立预警机制

《国家知识产权战略纲要》指出，应引导企业在研究开发立项及开展经营活动前进行知识产权信息检索、制定知识产权信息检索和重大事项预警等制度。

（1）对于专利领域，企业在产品研发期应当充分进行专利检索，专利信息检索有利于我国企业对专利侵权风险进行有效分析,防止因重复研发侵权。国外拥有技术优势的公司往往将自己的专利组成专利网络,从而掌握行业的技术标准主动权。我国企业在进行研发和进军国际市场前,有必要对本行业的核心技术的情况做细致的研究,搜集对比同行业的知识产权,分析竞争对手的专利,掌握核心技术的专利状况,对竞争对手的专利技术了然于心,准确评估可能面临的侵权风险,从权利要求、保护范围和潜在风险方面对每项技术方案进行研究,作出准确表述和评估,才能有效地避免侵权风险。

(2)对于商标保护,侵权监测预警制度则是重要的保障措施。预警监测制度主要是通过对产品或服务所在国进行商标检索和监控,评估国内外的侵权风险,对已发生的侵权行为及时采取措施。公司可以自己或通过知识产权部门、商标代理机构或法律服务机构进行商标侵权预警,定期对国内外商标公告进行检索,更好地保护自己的知识产权,并为拓展国际市场奠定良好的基础。

展望未来

经济全球化环境下的法律全球化

"法律全球化"是在经济全球化和公共事务全球化的背景下发生的现象,当两者发展到相当阶段,全球范围内不同国家和地域之间法律的交流与融合成为必然的趋势。地区性的规范逐渐从其产生的地域中脱离出去,对全球范围的其他空间产生影响;另外,在部分地区法律产生跨国影响的同时,作为受其影响的其他地区的法律自觉地发生着与之趋同的过程。法律全球化是一种交互作用、普遍联系的过程。法律全球化打破了民族国家疆域对法律的限制,法律开始超越政治共同体的局限,在国家以外的多重空间发挥着作用。民族国家及主权不再是决定实在法的唯一因素,全球性的、区域性的国际组织、专门性的行业组织、社区间的宗教团体、亚国家的公共机构都在承担着立法者的实际角色,对国家与国家之间、国家与区域之间、国家与个人之间的关系起到调整与规范作用,公共和半公共网络发挥着越来越重要的作用,传统国家法理论正在不断遭受挑战。与此同时,国家法本身也在全球化的冲击下发生着剧烈的变革,主动调整或被动适应,全球化在经济、政治、文化领域的影响将最终折射到法律领域。

法律全球化在全球化与地方主义的交互作用下呈现以下四种趋势。

1. 全球化法制

传统的"国际法治"理念(intentional rule or law)强调"法治"的超越国家性,各民族国家必须遵守和服从共同确立的国际秩序和基本的法律价值,遵守基本的国际法原则与精神。国际法治的实现途径主要有两个:一是联合国以及《联合国宪章》和相关国际条约体系,它们构成了国际法治的基本构架,具有了"准世界宪法"的性质。《联合国宪章》和相关国际条约使国际法治有法可依,弥补了全球治理中长期存在的规范缺失困境,推进全球法治进程。二是以国际法院为代表的国际司法机制,有力地保障了国际条约的落实,使《联合国宪章》确立的国际法治制度化、司法化、常态化,国际层面法律规则的普遍适用和法律纠纷的司法解决成为可能,促进了世界宪法和全球法治的生成。联合国和国际法院分别从立法和司法两个层面,有力地推动在全球范围确立宪法与法治,同时也发挥着法律统一化、全球化的示范作用。

近十年来,法律全球化运动呈现出两方面的鲜明特征:一是法律的全球化并没有完全消除民族国家的界限,甚至在某种程度上反而得到了增强。以民族国家为界限,在各民族国家内部确立起全球范围的宪政与法治,对内强调规范的治理、权力限制和人权保障,外部国家并不干涉国家内部的法律体系和法治建设,对外强调通过民族国家之间的磋商与协调来遵守国际公约,确保国际的纠纷解决以国际条约、法律规范的方式予以达成,以此来实现从民族国家内部开始法治建设,扩展到国家之间的规范服从,最终实现法治在世界范围的确立。二是以美国为代表的传统国际法秩序主导者,由于受经济下滑、失业率增加、收入差距拉大、社会融合困难等危机的冲击,国内的民粹主义势力不断抬头,导致其在国际法体系中愈加呈现保守甚至失语的态势,此前高举"国际法治"大旗的西方国家为了缓解日益加深的国内矛盾,屡有出现以贸易战为手段的破坏国际秩序的行为,反而是中国和其他发展中国家不断呼吁遵守国际法规定,在联合国和世贸组织等框架内合理有序地解决贸易争端。

尽管如此,毫无疑问的是,对民主、法治、人权等基本价值的承认是法律全球化的根本前提,法律全球化是在联合国的法律框架内展开的,对基本法律价值的违背不仅是对法律全球化的叛逆,也是丧失了共商基础的不正当行为。

2. 全球化下的地方法律

全球化下的地方法律,也被称为全球法律的地方化,各民族国家在加入国际组织或国际条约的过程中,超国家的法律被全部或部分承认、接受,内化为国内法的一部分,借由此种形式,其他国家的法律以及国际法得以在经过包装后移植到发展中国家。最为典型的是在人权保障和国际贸易领域,国内法在很大程度上吸收了国际条约的规范内容。在法律全球化的背景下,各个国家的地方法律都不可避免地朝着相同方向发展,这种局面的形成一方面是国际社会达成的共识所致,另一方面也是跨国贸易往来日益频繁的需要。

从2013年国家主席习近平先后提出共建"丝绸之路经济带"和"21世纪海上丝绸之路"的重大倡议,到2015年国家发展改革委、外交部、商务部联合发布推动"一带一路"的框架思路与合作机制,再到2017年中国共产党第十九次全国代表大会将推进"一带一路"倡议写入党章,"一带一路"逐渐上升成为涵盖经济、政治、法律、文化的全方位筹划。"一带一路"在经济全球化方面取得的巨大成就,迫切需要一套成熟、有效的法律系统为之保驾护航,日益频繁的商业往来和跨国贸易使世界各国之间法律制度与法律理念的相互交流提升到了前所未有的重要程度,法律全球化的倾向愈加势不可挡,并在"一带一路"倡议的推动下日益增强。

为了配合"一带一路"的开展,我国的司法体系也在多方面作出调整,以应对全球化对国内司法制度形成的冲击和挑战。为了应对今后在"一带一路"推进中出现的各种法律问题,更好地与国际社会进行嫁接,为经济发展提供法律支撑,国内的司法实践越来越强调与国际接轨,贸易双方的人身和财产权益都必须得到充分的法律保障。同时,最高人民法院还出台了相关司法文件,为"一带一路"倡议提供司法服务和保障,强调司法机关准确适用国际条约和惯例,不断提高适用国际条约和惯例的司法能力。

3. 地方法律的全球化

地方法律的全球化,原本是指发达国家将自己的地方性法律上升到全球法的高度,发达国家的地方性法律经由某种途径被全球化了。最典型的代表是前面所论述的美国通过两次法律与发展运动将美国法推向全球。地方法的全球化在传统意义上专属于发达国家,尤其是法律体系和法律思想在全球占据强势主导地位的国家。肯尼迪教授所论述的西方三次法律和法律思想的全球化,即可被视为此种范畴的特定民族国家法的全球化。第一次法律全球化以法典的起草和编纂为特征,是由德国式的法学家所主导。第二次法律全球化以社会性立法为特征,引领者是法国。第三次法律全球化强调的司法能动主义,是美国法律现实主义的外化。这三次法律全球化在很大意义上被视为德国、法国和美国地方法的全球化。

随着2008年全球经济危机的爆发,发达国家与发展中国家在全球化中的地位与角色似乎发生了攻守易势,欧洲各国和美国等发达国家在意识形态上越来越采取一种保守主义的立场,甚至对全球化产生了立场上的动摇,反而是以中国为首的发展中国家延续着经济一体化的发展趋势。而联合国、世界贸易组织等机构所提供的交流磋商机制使发展中国家在国际条约的制定中得以发出自己的声音,在无形中削弱了法律全球化所蕴含的西方主义色彩。尤以商法领域在跨国规范及适用方面取得了令人瞩目的成就。发展中国家可以充分利用商事规范的全球化来为自身的经济发展创造有利条件。

4. 世界主义和人类共同遗产

民族、宗教、文化的多元既是客观的现实状况,也是法律全球化应当追求的方向。在法律全球化的情势下,无论是通过地方法律的全球化,还是全球法律的地方化,世界各国的法律发展总体趋势还是统一的、同向的,但是"当不同国家、不同地区、不同民族之间在发展水平与市场成熟度上还存在相当大差距的情况下,指望法律走向全面的一致或统一,既不客观,也不公平"。比较法学家皮埃尔·罗格朗就曾批评过,欧洲私法的融合不可能而且是痴心妄想。民法进路与普通法进路水火不容,它们的法律推理、法律实践与发展方式,以及它们对法律渊源和职业传统的态度都是根本不同的。既然在有着共同的罗马法和教会法历史背景的欧洲,法律的统一都如此困难,那么,法律全球化在遭遇儒家文化、印度教文化、伊斯兰教文化时,面临的困难又将何其之大呢?

法律全球化在刺激经济发展等方面取得了显著成效,但是也面临着欧洲难民、恐怖袭击等一系列问题。这些问题的解决有赖于法律全球化在其推进过程中决不能有一刀切的武断,而应充分尊重各个国家、各种文化之间的差异。法律多元主义理论需要关注民族国家之法与各种伦理、文化和宗教共同体之法之间的内部关系,以世界主义的立场,平等地尊重和对待各个国家与地区的法律文化。在这种情势下,每一个个体都有保卫自己声称差异、要求自己的主观经历在自己法律文化中受到尊重和重视、不被消除和同化的权利,每一个民族的文化资源也是人类共同的法律遗产。

在推进法律全球化的进程中,无论遇到多大的障碍,法律全球化的发展趋势与终极目标是确定和共通的:"用自然科学的成果来增进入生的幸福、用社会化的经济制度来提高人类的生活程度、用民主自由的政治制度来造成自由独立的人格。"自2018年以来,世界范围内不断兴起的贸易战、关税战为法律全球化的前景蒙上了一层阴影,贸易保护和关税壁垒不断升级,不同国家之间的差异、矛盾和冲突被前所未有地放大,对全球法治和跨国间的法律合作形成了非常大的冲击。冲突与对抗对于解决全球范围内兴起的经济危机无益,以自动驾驶、3D打印、人工智能等为标志的第四次科技革命及其带来的产业变革对国内法和国际法都提出了新的需求,知识产权保护、环境治理、反垄断、跨国犯罪打击等一系列问题都需要国际社会的通力合作,需要不断调整和优化法律保障。

文献来源:王涛."一带一路"视域下的法律全球化:属性、路径与趋势[J].西北民族大学学报:哲学社会科学版,2019(4):116-123.

学习总结

随着"一带一路"倡议的实施,我国经济融入全球经济的步伐越来越快。在我国企业"走出去"进行国际贸易和投资的过程中,面临着复杂的法律环境。国际商务的法律环境是国际商务法律制度以及国际商务法律制度中各种具体规则之规范作用的发挥,为国际商务活动所构建起存在及发展的环境,法律体系和法律适用是国际商务环境的重要组成部分。

目前世界主要的法律体系是大陆法系和英美法系,由于两大法律体系发源地不同,法律思想和理念不同,在法律形式、司法诉讼制度和法律解释上存在着差异,各国的法律制度内容存在差异,导致法律冲突。在国际商务活动中发生的法律纠纷应该如何选择适用法律解决纠纷成为国际商务中的一个重要问题。为了协调法律冲突,国际组织制定了一系列调整和规范国际商务活动的法律、法规和国际惯例。国际法律和惯例成为世界上大多数国家遵循的法律准则。

本学习项目聚焦于国际货物贸易、企业境外投资和知识产权保护三个领域,系统地阐述了各国的法律差异、相关的国际法律和法规以及企业面临的法律风险及防范。

由于各国在国际货物贸易、企业境外投资和知识产权三个领域的法律标准存在着广泛的差异,国际货物贸易适用于《联合国国际货物销售合同公约》《国际商事合同通则》《国际贸易术语解释通则》和海牙规则等国际法律、法规和国际惯例,企业境外投资适用于国际投资的双边协定、区域贸易协定和双边国际公约或协定,涉外知识产权适用于巴黎公约、尼泊尔公约、《知识产权协定》等国际法律、法规和国际惯例。

跨国公司在从事国际商务过程中面临着诸多境外法律风险,但是从一定意义上来说法律风险可防控的。跨国公司在国际贸易面临的法律风险是在合同订立过程中有关合同主体、合同成立、合同形式、合同条款的风险,以及货物运输过程中的有关装运和提单的风险;跨国企业在境外投资面临的法律风险是境外投资企业设立前东道国对外资的国家审查制度、投资主体选择投资方式和组织形式的风险,境外投资企业设立中股东瑕疵和资本瑕疵带来的风险,境外投资企业设立后遭遇的境外隐名投资的法律风险和"揭开公司面纱"制度对境外投资母公司带来的法律风险;跨国企业在知识产权上面临失权风险、价值风险、复制风险。针对上述风险跨国企业采取积极的防范措施,运用法律手段维护自身的合法权益。

学习测试

一、选择题

1. 法国法强调合同的概念为(　　)。
   A. 当事人达成协议的事实　　　　B. 须依法成立
   C. 当事人所作出的一种允诺　　　D. 是当事人的一种合意

2. 英美普通法强调合同的实质在于当事人所作出的(　　)。
   A. 合意　　　B. 法律行为　　　C. 协议　　　D. 许诺

3. 下列选项中属于要约撤销的是(　　)。
   A. 在要约发出之后到达受要约人之前,撤销其效力

B. 在要约发出之后到达受要约人之前,收回要约使其不生效

C. 在要约已到达受要约人尚未生效之前,撤回要约

D. 在要约送达要约人之后已生效,亦可消灭要约的效力

4. 以下选项中属于要约邀请的是(　　)。

   A. 商业广告中注明"本广告构成发价"

   B. 商业广告注明所列的各种商品将售于最先支付现金的人

   C. 商业广告注明所列的各种商品将售于最先开来信用证的人

   D. 商业广告中标注产品价格的产品目录

5. 大陆法和英美普通法都一致要求要约的内容必须(　　)。

   A. 明确肯定　　　　　　　　B. 真实合法

   C. 必须有对价　　　　　　　D. 必须到达受要约人

6. 依照美国统一商法典的规定,在合同已经部分履行时,但没有采用书面形式的,该合同的效力为(　　)。

   A. 全部无效

   B. 已履行部分是否有强制力须依双方商议

   C. 已履行部分是否有强制力须依法院判决

   D. 已履行的部分,仍具有强制执行力

二、简答题

1. 简述国际商务法律环境的特点。
2. 大陆法系和英美法系的核心要素是什么?两大法律体系有什么不同?
3. 国际货物贸易适用的国际法律和国际惯例有哪些?
4. 境外企业法律风险有哪些特点?会带来什么样的影响?
5. 涉外知识产权面临哪些法律风险?如何进行防控?

三、案例分析题

"刷单"形成的虚假交易量可作为计算侵权赔偿数额的依据

原告恒信玺利实业股份有限公司北京朝阳分公司诉称,其系美术作品真爱加冕系列公主"戒指"的著作权人,被告张某某在未经许可的情况下,在其经营的淘宝网店生产、销售、展示被控侵权商品,侵害原告对涉案作品享有的复制权、发行权和信息网络传播权。被告张某某辩称,原告诉请保护的戒指系工业产品,不应受到著作权法保护,且该商品实际销售仅60件,共计刷单500笔左右,并主张刷单部分不应作为衡量损害后果的实际销售额,应在赔偿损失时予以扣除。

根据以上资料,回答下列问题:

1. "戒指"是否应受著作权法保护?
2. 被告应承担哪些损害赔偿责任?
3. 如果你是审判员,如何做出判决?

学习评价

核心价值观评价

	核心价值观	是否提高
通过本项目学习，你的	辩证思维观	
	法律意识	
	民族维权意识	
	法律风险意识	
自评人（签字）　　　　　　　　　　年　月　日		教师（签字）　　　　　　　　　　年　月　日

专业能力评价

	能/否	准确程度	专业能力目标
通过本项目学习，你			正确认识国际商务活动所处法律环境
			分析法律体系差异和法律制度内容差异引起的国际贸易和投资纠纷
			根据具体情况，提出适用的法律，解决国际贸易和投资纠纷
自评人（签字）　　　　　　　　　年　月　日			教师（签字）　　　　　　　　　年　月　日

专业知识评价

	能/否	精准程度	知识能力目标
通过本项目学习，你			掌握法律环境与国际商务法律环境的特点
			掌握大陆法系和英美法系的内容及区别
			理解法律冲突与冲突规范
			掌握国际商务环境的基本要素
			理解法律体系差异和法律制度内容差异对国际商务的影响
			掌握国际贸易合同、对外投资和知识产权保护的国际法律和惯例
			熟悉企业境外法律风险的特点及影响
			掌握国际贸易合同、对外投资和知识产权保护的法律风险及防控
自评人（签字）　　　　　　　　　年　月　日			教师（签字）　　　　　　　　　年　月　日

学习项目七

国际商务贸易环境

📰 学习目标

知识目标

1. 了解国际贸易理论的演进路径。
2. 了解中国对外贸易政策的历史发展。
3. 掌握主要国际贸易措施的特点。
4. 熟悉国际贸易大国及重要的双边贸易关系。
5. 掌握中国对外贸易结构。
6. 理解全球价值链对国际贸易结构的影响。
7. 理解中国在全球价值链中的地位及变化。
8. 了解区域经济一体化的主要形式、组织及合作机制。
9. 掌握世界贸易组织的基本职能与原则。

能力目标

1. 能对比分析不同类型对外贸易政策的作用。
2. 能从全球价值链视角分析国际贸易结构。
3. 能结合全球价值链重构的趋势分析国际贸易的发展方向。

素养目标

1. 通过学习国际贸易政策与措施,学会用纵览全局、动态发展、辩证思维分析问题。
2. 通过学习国际贸易结构与全球价值链,认识中国经贸发展取得的重大成就,坚定中国特色社会主义道路自信和制度自信。
3. 通过学习区域经济一体化组织与WTO基本原则,认识开放合作、公平竞争、维护全球贸易新秩序的重要性,树立构建人类命运共同体的理念。

⭐ 学习导图

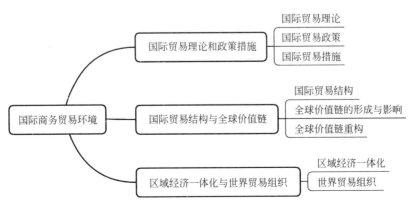

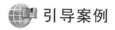 引导案例

苹果手机的全球价值链

据苹果公司对外公布的2017年物料清单显示,iPhone的供货商涉及14个国家和地区的183家企业。就关键零部件供货商数目来说,美国、日本和中国台湾最多,合计占比达69.74%。这183家供货商共有748家工厂为苹果公司供货,遍布奥地利、捷克、巴西、墨西哥、菲律宾、印度尼西亚、越南和中国大陆等,其中的347家工厂设在中国大陆,比例高达46.4%。

根据2018—2020年不同价值链环节供应商及苹果公司的利润数据,各个环节销售利润率差距非常明显。其中,苹果公司控制价值链曲线的两端(系统和品牌),平均销售利润率高达25.1%;高价值零部件供应商,平均销售利润率为17.5%,主要来自美国、日本、中国大陆、中国台湾、韩国;中价值零部件供应商的销售利润率次之,平均销售利润率为8.9%,主要来自中国台湾、日本、中国大陆、美国、韩国、德国;低价值零部件供应商的平均销售利润率约为7.0%,主要来自中国大陆和中国台湾;组装代工环节供应商的平均销售利润率最低,为1.9%,主要以中国大陆企业为主。

中国大陆供应商主要优势集中在价值链的中、低端环节,但其在全球价值链中的地位攀升明显,尤其是在中、高等价值链环节嵌入程度加深。

2009年,iPhone 3G仅在中国大陆企业组装,在179美元的报关价格中创造了6.5美元的价值,占总值的3.6%;到2018年的iPhone X,中国大陆企业在组装之外,还提供了触屏、3D传感、扬声器、相机模块等零部件,其价值总额达到104美元,占报关价格499美元的20.8%。

资料来源:邢予青.中国出口之谜:解码"全球价值链"[M].北京:生活·读书·新知三联书店,2022.
康江江,宁越敏.苹果产品零部件全球价值链分布格局变化及驱动机制[J].地理研究,2023(03).

案例分析:苹果手机的设计和品牌营销在美国总部,而其零部件供应和组装生产则遍布全球。跨国公司的经营活动带来了众多国家和地区企业之间的贸易往来与商业合作。跨国公司所主导的全球价值链是细化国际分工、推动国际贸易、促进国际商务的重要驱动力。

学习单元一 国际贸易理论和政策措施

一、国际贸易理论

随着经济学理论与国际经贸实践的不断发展,国际贸易理论经历了从古典贸易理论到新古典贸易理论,再到新贸易理论、新新贸易理论四个发展阶段。国际贸易理论要回答三个基本问题,即国际贸易的原因、结构和结果。国际贸易的原因要说明一国参与国际贸易的动力是什么;国际贸易的结构要回答国际贸易的生产结构或分工结构是什么,进而说明一国在国际贸易中进出口的商品结构;而国际贸易的结果要回答国际贸易能否给参加国带来经济利益。

1. 古典贸易理论

16世纪资本主义原始积累时期,英国经济学家托马斯·孟(Thomas Mun)提出了最早的国际贸易理论,即重商主义,也称贸易差额理论。重商主义认为财富多少是衡量国家富裕程度的唯一尺度,而出口是获得财富的主要手段,政府应当鼓励出口、限制进口,采取奖出限入的政策干预国际贸易。

18世纪,英国经济学家亚当·斯密(Adam Smith)对重商主义进行了批评,认为社会财富应以商品劳务的生产来衡量,贸易的利益应是双方的,反对政府干预,创立了自由放任的资本主义经济贸易理论,即绝对优势理论,认为一国只要专门生产本国成本绝对低于他国的产品,用以交换本国生产成本绝对高于他国的产品,就会使各国的资源得到最有效率的利用,获得总产量增加、消费水平提高及节约劳动时间的利益。一国的绝对成本优势来源于先天的自然条件优势或后天经训练、教育而获得的劳动生产率优势,具有绝对成本优势的产品生产成本会低于他国,从而取得价格优势,这样基于国际分工,各国可以专业化生产有价格优势的产品,然后通过自由贸易进行交换,实现双赢。而分工越彻底、贸易越自由,各国从国际贸易中的获利越大。

动画:绝对优势理论

19世纪初,英国政治经济学家大卫·李嘉图(David Ricardo)指出了绝对优势理论的缺陷,认为在国际贸易中起决定作用的是比较优势,即使一国在两种商品的生产中劳动生产率都处于优势或劣势,仍可遵循"两利相权取其重,两弊相衡取其轻"的原则进行专业化分工和国际交换,贸易双方均可获利。如A国在大豆和服装生产上与B国相比都有较高的劳动生产率,即有成本优势,但大豆的优势比服装的优势更大,则A国可专门生产大豆,B国专门生产服装,相互贸易仍能给双方带来利益。

动画:比较优势理论

2. 新古典贸易理论

20世纪初,瑞典经济学家赫克歇尔(Heckscher)和俄林(Ohlin)提出了生产要素禀赋理论,也称H-O理论。这一理论认为在现实生产中投入的生产要素不只有劳动力,还有其他要素,生产同一种产品的价格差异来自成本差异,而成本差异原因则是由两国生产要素丰裕程度不同而带来的生产要素价格差异,再加上各种产品生产投入的生产要素比例不同,那么密集使用本国相对丰裕的生产要素产品,相对成本就低,更有价格优势,应该专门生产并与他国交换。相反,密集使用他国相对丰裕的生产要素产品,相对成本就高,宜向他国进口。如A国与B国相比,土地资源相对丰裕,劳动力资源相对缺乏,则A国宜专门生产大豆这种密集使用土地的产品,而B国宜专门生产服装这种密集使用劳动力的产品。

3. 新贸易理论

20世纪中叶,美籍苏联经济学家里昂惕夫(Leontiev)通过分析美日贸易发现,当时美国是资本、技术密集型国家,而日本是劳动密集型国家,根据H-O模型,美国应大量出口技术型产品,进口劳动密集型产品,日本应大量出口劳动密集型产品,进口技术密集型产品,但实际情况却与之相反,这一现象被称为"里昂惕夫之谜(Leontiev Paradox)"。随后其他经济学家也找到了类似的反例,在国际贸易实践领域也出现了很多用原有国际贸易理论无法解释的变化,如生产要素禀赋相似的发达工业国之间的贸易不断增长,大幅超过生产要素禀赋差异大的发达国家与发展中国家之间的贸易规模;而产业内贸易(即同类产品在不同国家之间的交换)急剧上升,跨国公司迅速发展,很多行业的市场结构从竞争格局向垄断竞争格局发展。这些现象引起了关于国际贸易理论的争论和新研究,研究的中心由国家之间差异转向市场结构和厂商行为等方面。

20世纪70年代末至80年代初,克鲁格曼、赫尔普曼等人以不完全竞争为基本假设,考虑规模经济和产品差异化需求的影响,生产的规模经济排除了企业自由进入某些产业的可能性,而生产差异化产品意味着企业可以获得价格控制权或市场垄断,这是当时市场结构正在发生的变化和厂商所追求的。然而在一国市场范围内,追求规模经济效果(同质产品的大批量生产)和追求差异化产品(异质产品的小批量生产)是矛盾的,所以差异化产品在不同国家之间分工生产再进行国际贸易是解决这一矛盾的最佳途径。因而,新贸易理论认为发达国家与发展中国家之间的贸易主要是产业间贸易,由生产要素禀赋差异驱动;而发达国家之间的贸易主要是产业内贸易,由生产的规模经济引起的专业化分工所驱动,尤其产品异质性是产业内贸易的基础。

动画:规模经济理论

4. 新新贸易理论

进入21世纪以来,随着跨国企业活动在国际分工中作用的不断提升,以企业为核心的国际贸易新格局出现。梅里兹(Melitz)提出的"异质企业贸易模型",以微观企业为研究对象,以企业异质性、不完全竞争和规模经济为基本假定,研究企业的国际化路径选择和全球生产组织行为,认为由于企业异质性的存在,高生产率的企业会进入国际市场,占据更高市场份额,而低生产率的企业则可能被迫退出市场。安特拉斯(Antras)构建了"企业内生边界模型",解释了跨国公司内部贸易占国际贸易很大份额的原因,分析了企业进入国际市场时所选择的方式,如美国的跨国公司会将资本密集型产品以对外直接投资的方式在国外生产,其中生产要素的投入会以公司内贸易的方式实现。

5. 国际贸易理论的演进路径

上述古典和新古典贸易理论从根本上都以各国生产同一产品的价格或成本差别作为国际分工和国际贸易的原因,以完全竞争、规模报酬不变为基本前提,而新贸易理论和新新贸易理论则逐渐引入不完全竞争、规模报酬递增、产品和企业异质化等假设,国际分工的视角也沿着国家—国家、产业—产业、产品—产品这一主线延伸。

国际贸易的影响因素既有市场因素也有政策因素,其中市场因素包含自由和干预两个维度,政策因素包含合作与竞争两个维度。当自由市场和竞争更起作用时,一系列自由贸易理论更能解释和预测各种贸易现象,而当政府干预更起作用时,一系列保护贸易理论和措施则会占上风。国家之间既有竞争也有合作,在经济全球化的今天,国与国之间的利益博弈转向合作共赢,在自由市场下的国家之间合作演化出共赢贸易相关理论,如世界贸易体制经济性、共赢性博弈理论,而政府对国家合作的干预则形成贸易与发展、公平、环保等课题。

图7-1展示了国际贸易理论的演化路径,不同维度的组合构成四种不同的贸易理论类型,分别为自由贸易(自由和竞争)、保护贸易(竞争和干预)、管理贸易(干预和合作)和共赢贸易(合作和自由)。

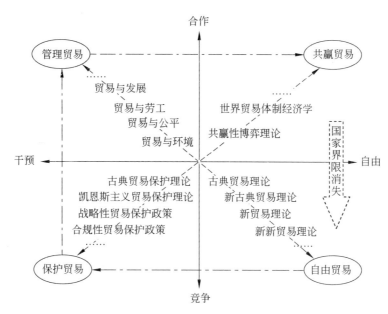

图 7-1 国际贸易理论的演化路径

资料来源：庄惠明，黄建忠. 国际贸易理论的演化：维度、路径与逻辑[J]. 国际贸易问题，2008(11)：123-138.

二、国际贸易政策

国际贸易政策是由各国实行的对外贸易政策所决定的，是对外贸易政策的概括与总和。各国在不同时期可能实行不同的进出口贸易政策，目的是保护本国市场、扩大本国产品出口市场、促进本国产业结构改善、积累资本及支持对外政治政策等。各国的对外贸易政策对国际商务活动的影响是直接而巨大的，往往决定了国际业务拓展的方向和手段。

1. 对外贸易政策的类型与构成

对外贸易政策的两种基本类型是自由贸易政策和保护贸易政策。自由贸易政策是通过消除进出口贸易的限制、取消对本国商品的各种优待来鼓励商品的自由进出口及国内外市场上的自由竞争。保护贸易政策则是通过广泛利用各种限制进出口贸易的措施来保护本国市场免受外国商品的竞争，并对本国出口商品给予优待以鼓励商品出口。

对外贸易政策由三方面内容构成：一是对外贸易总政策，包括进口总政策和出口总政策，通常在较长时期内实行，根据需要选择不同程度的自由贸易或保护贸易；二是商品进出口政策，是为扶持或限制某些商品的出口或进口而分别制定的，通常对于本国有比较优势或重点产业的商品会鼓励出口、限制进口，对于本国不具有比较优势、短缺或急需的商品会限制出口、鼓励进口；三是国别贸易政策，即针对与不同国家或地区之间的进出口而制定的差别化政策，如美国特朗普政府针对一系列来自中国的进口产品提升关税，以期达到减少贸易逆差、保护美国本国企业的目的，而作为反击，中国也提升了部分自美国进口产品的关税。

2. 国际贸易政策的演变

国际贸易政策的演变过程就是自由贸易政策和保护贸易政策交替发展和变化的过程，不同时期、不同国家的自由贸易、保护贸易程度是不同的。发达国家在资本主义原始积累时期多实行重商主义的保护贸易政策,通过奖出罚入扩大财富积累;在资本主义生产方式盛行的时期,经济发展水平比较高的国家,如英国,开始实行自由贸易政策;第二次世界大战后,随着生产和资本的国际化,出现世界范围内的贸易自由化,而很多发展中国家的经济则刚刚起步,多实行贸易保护主义;20世纪70年代中期,主要资本主义国家开始面临新兴经济体的挑战,如第二次世界大战后在全球经济中领先的美国开始面临日本和欧洲国家的竞争压力,出现贸易逆差,加上国内经济的危机,率先转向保护贸易政策,引起各国效仿,通过设置多样化的贸易限制措施、鼓励出口、寻求双边或多边谈判等手段形成有组织管理的自由贸易政策。近年来,以美国为首的一些国家将中国的经济崛起视为一种挑战,奖出限入的贸易保护主义更加盛行,双边或区域范围内的贸易自由化更成为主流。

3. 中国对外贸易政策

我国经济现代化的起步较晚,改革开放40余年以来,对外贸易政策的总基调是以保护为主,实行有限的、循序渐进的贸易自由化。改革开放初期实行有管制的开放式贸易保护政策,鼓励出口、限制进口、鼓励吸收外国直接投资和引进先进技术;1992年进入深化改革阶段,开始实行自由化倾向的贸易保护政策,即放松进口限制、完善涉外法律、继续鼓励出口,这些奖出限入的对外贸易政策使我国连年贸易顺差(即出口额大于进口额),外汇储备大幅增加,以加工贸易为主出口贸易方式盛行,外资企业出口比例越来越大;2001年我国加入世界贸易组织(WTO),改革开放进入全方位宽领域对外开放时期,对外贸易政策向有协调管理的一般自由贸易政策转变,对外开放从以前由政策导向的开放转变为按WTO规则,从货物市场开放延伸到服务市场开放,同时鼓励我国企业"走出去",这一阶段是公平贸易与保护并行,推动开放型经济向一个全新领域发展;2008年国际金融危机时,我国对外贸易连续出现大幅下降,说明中国市场与世界市场的联系已非常紧密,之后,在各国纷纷实施贸易保护主义的形势下,我国确定了扩大内需、稳定外需、积极进口的对外贸易政策,受到主要贸易伙伴国的欢迎。我国的对外贸易政策从奖出限入逐渐转向进出口平衡的扩大对外开放阶段,这一阶段的主要对外贸易政策如表7-1所示。

表7-1 我国扩大对外开放阶段的主要对外贸易政策汇总

发布时间	政策名称	主要内容
2012年	《国务院关于加强进口促进对外贸易平衡发展的指导意见》	进一步优化进口商品结构,稳定和引导大宗商品进口,积极扩大先进技术设备、关键零部件和能源原材料进口,适度扩大消费品进口。 进一步优化进口国别和地区结构,鼓励自不发达国家进口,扩大自发展中国家进口,拓展自发达国家进口。 进一步优化进口贸易结构,鼓励开展直接贸易,增强稳定进口能力,支持具备条件的企业"走出去"
2016年	《对外贸易发展"十三五"规划》	加快培育外贸竞争新优势,推动出口迈向中高端,提升外贸企业跨国经营能力,提升与"一带一路"沿线国家的贸易合作水平,促进加工贸易和边境贸易的创新发展,积极发展外贸新业态,实施积极的进口政策,推进外贸转型升级基地、贸易平台、国际营销网络"三项建设"

续表

发布时间	政策名称	主要内容
2018年	《关于扩大进口促进对外贸易平衡发展的意见》	聚焦进口环节的突出困难和问题,立足于优化进口结构、优化国际市场布局、积极发挥多渠道促进作用、改善贸易自由化便利化条件,提出15条具体政策
2019年	《关于推进贸易高质量发展的指导意见》	明确强化科技创新、制度创新、模式和业态创新,推动货物贸易和服务贸易、双向投资、产业协调发展等

思政园地

我国积极鼓励进口

自"十三五"规划以来,我国积极鼓励进口,给予了大量的政策支持。首先,鼓励先进技术、设备和关键零部件进口,完善进口贴息政策,每年及时调整《鼓励进口技术和产品目录》,鼓励企业引进消化吸收再创新,促进国内产业结构调整和优化升级,提高国际竞争能力。其次,鼓励能源资源商品贸易持续稳定增长,保障国内市场供应,并明确加快建设能源国际化平台,推动能源资源国际贸易人民币结算,增强我国在能源资源国际市场战略买家的力量,提升在国际大宗商品市场的影响力。另外在消费市场上,中国需求提升和结构转变已成为进口增长的最大动力,消费品进口的比例越来越大,进口政策和措施随之调整,近年来消费品的关税水平大幅降低,涉及服装鞋帽、家用电器、食品饮料、日化用品等品类。

4. 对外贸易政策的制定与实行

各国在制定对外贸易政策时需要考虑的因素很多,首先是本国经济结构、产业的比较优势、本国产品在国际市场上的竞争力,一国往往在政策上鼓励发展和出口有比较优势、有竞争力的产业、产品;其次会结合本国国内物价、就业及其他战略需要调整某些商品的进出口政策。另外,还要考虑本国与他国在经济方面的合作情况及政治方面的双边关系、本国在世界经贸中的地位等制定国别贸易政策和调整总贸易政策。

各国实行对外贸易政策的具体手段就是对外贸易措施,通过一系列政府主管部门来执行。其中,海关是最直接的执行部门,其主要职能是对货物、物品、运输工具的进出境进行监管、征税,并查禁走私,这一过程中按对外贸易政策的规定对进口自和出口至不同国家的不同商品执行不同的监管条件、进出口关税和其他税费。商务部是我国对外贸易的主管部门,往往负责制定针对不同商品、国别的对外贸易政策细则,而发改委、财政部、外汇管理机构、中央银行等部门都可能参与其中。政府还会参与对外贸易政策实施过程中的各部门协调、参加各种与国际贸易相关的国际组织、组织相关力量代表国家与他国进行国际贸易方面的双边或多边谈判等。

三、国际贸易措施

国际贸易措施是执行对外贸易政策时采取的具体手段,通常有限制进口的关税和非关税壁垒、鼓励出口的措施等。

(一)关税措施

关税是进出口商品经过一国关境时由海关所征的税收,它是一国财政收入的重要来源,与其他税收一样具有强制性、无偿性和预定性。征收关税是对外贸易政策中的一项传统而直接的措施。对于出口,各国通常仅对小部分限制出口的商品征收出口税,如我国2020年征收出口税的商品有铬铁等107项;对于进口,通常对不同进口来源地的不同商品种类征收不同程度的进口关税。调整关税率和减免关税等是鼓励或限制各种商品进出口的主要手段。

针对不同进口来源地,进口关税率分为最惠国税率、协定税率、特惠税率等不同类别。最惠国税率是给予进口自最惠国的商品的进口税率,根据WTO的规则,所有WTO成员之间相互给予最惠国待遇。我国自加入WTO以来已按计划多次减让最惠国税率,如2020年7月1日起对关税减让计划中的信息技术产品实施第五步减税。协定税率是一国根据其与别国签订的贸易条约或协定而制定的关税税率,这种税率会随着双边贸易谈判或区域贸易协定的内容而调整,如2020年1月1日起,我国与新西兰、瑞士、冰岛、新加坡、澳大利亚、韩国等11个国家的协定税率进一步降低。特惠税率是一种特别优惠的税率,最早在宗主国和其殖民地之间实行,现在给予签订含有特殊关税优惠条款的贸易协定的国家或地区的进口货物,这种关税安排可以是一国单方面、无条件提供给另一国而不要求对等回报。国际上最有影响的特惠关税协定是1975年缔结的《洛美协定》,约定当时的欧洲共同市场国家向参加协定的非洲、加勒比、太平洋地区的发展中国家单方面提供特惠关税,旨在促进这些国家的经济发展。我国目前对已建交的最不发达国家实施特惠税率。

动画:关税　　　　　　视频:中国对自美进口　　　　动画:倾销与反倾销
　　　　　　　　　　　部分商品加征关税

进口关税常被用于保护和促进本国幼稚产业,这时除了一般进口关税,还会加征临时的、额外的进口附加税,如针对低价倾销的进口商品征收反倾销税,针对接受外国政府补贴的进口商品征收反补贴税,这能防止外国商品在本国进行低价、恶意竞争,或作为对某个国家实行歧视或报复的手段,从而保护本国相关产业。在我国出口额不断增加的过程中,很多商品种类都遭遇过其他国家发起的反倾销、反补贴调查,很多企业通过积极应诉免于被歧视,但仍有一些商品被征收了高额的进口附加税。

知识拓展

倾　销

倾销是指一国产品以低于正常价值的价格进入另一国市场而使另一国国内相关产业受到损害的行为。判定倾销的三个要素包括:产品以低于正常价值的价格销售;低价销售的行为给进口国产业造成实质性损害、实质性威胁和实质性阻碍;损害是因低价销售造成的,两者之间存在因果关系。确认正常价值的方法主要有出口国国内市场销售价格、出口至第三国的价格和出口国结构价格(即在原产国的生产成本加合理费用、利润)三种。

微案例

2019年美国对华反倾销调查

在贸易保护主义升温的2019年,全球对中国发起的贸易救济案件中,反倾销28起,反补贴6起。多年来,美国对中国以所谓滥用贸易救济措施的理由,频频发起对华反倾销调查,裁定出高额反倾销税率。例如,仅2019年5月,美国商务部初裁宣布对中国床垫出口企业征收反倾销税,最高的竟然高达1 731%;对中国瓷砖进行反倾销、反补贴的初裁;对进口自中国的铝线电线电缆进行反倾销初裁,普遍倾销率认定为63.47%。

(二) 非关税壁垒

非关税壁垒是指除关税外的一切限制进口的措施,其名目繁多,比关税措施更具灵活性、针对性、限制性和隐蔽性。首先,非关税壁垒通常程序简便、使用灵活,比调整关税快速。其次,非关税措施能随时针对某国的某种商品限制进口,且措施可以更严格,限制作用更大。最后,非关税壁垒不必都公布于众,可以隐藏在某些标准、规范、手续中,借此将一些商品拒之门外。常见的非关税壁垒有以下几种。

1. 进口配额制

进口配额制是一国直接限制在一定时期内(如一年)对某些商品的进口数量或金额,超过配额则不能进口(即绝对配额)或需征收高关税或罚款(关税配额)。绝对配额既可以是任何国家和地区同等适用的全球配额,由进口商按先后顺序申请,额满为止;也可以是按国家或地区分配的国别配额,进口商申请获得配额后还需提供原产地证书。关税配额则是对配额内的进口商品实施低税、减税或免税待遇,对超过配额的进口商品则征收较高的关税,也可以全球统一或按国别分别设定。

2. 进口许可证制

进口许可证制是指进口国家规定某些商品进口必须事先领取许可证,否则不准进口。从进口许可证与进口配额的关系看,预先规定有关商品的进口配额,在配额限度内发放的称为有定额的进口许可证,相反,无定额的进口许可证则不设定额而有其他申请进口许可证的条件。同进口配额类似,进口许可证分为公开一般进口许可证和特殊进口许可证,前者对进口国别或地区没有限制,统一对待,获准手续简便;后者则需逐笔审查,一般都指定进口国家或地区。

3. 外汇管制

外汇管制是指一国政府为平衡国际收支和维持本国货币汇率而对国际结算和外汇买卖实行的限制性措施,分为数量管制和成本管理。前者是指国际外汇管理机构对外汇买卖的数量直接加以限制和分配,以此达到限制进口目的;后者是对外汇买卖实行复汇率制,利用外汇买卖成本的差异间接影响不同商品的进口,调节进口商品结构。

4. 技术性限制进口的措施

技术性限制进口的措施是指以维护生产、消费、安全及保障卫生健康等为理由制定的一些复杂而苛刻的技术性规定,从而阻止一些商品的进口。这种措施包括产品标准、产品试验检验标准、卫生检疫规定、商品包装和标签规定等形式。

5. 其他非关税壁垒

除上述措施外,还有以下非关税壁垒。例如,歧视性政府采购、进口最低限价和进口存款等。歧视性政府采购是指一国政府通过法令规定政府机构在采购时要优先购买本国产品;进口最低限价是直接规定某种商品的进口最低价格,低于此价格则要征收高额进口附加税或禁止进口,常作为反倾销的一种措施;进口存款是指进口商必须预先按进口金额的一定比率在规定时间内在政府指定银行无息存储一笔现金,从而加重进口商资金负担、提高进口成本。

(三)鼓励进出口的措施

1. 出口信贷

出口信贷是一国为支持和鼓励本国大型设备、工程项目的出口,加强国际竞争力,以向本国出口商或国外进口商提供利息补贴和信贷担保的优惠贷款方式,鼓励本国银行提供较低利率的贷款,以解决本国出口商或国外进口商的资金周转困难。

贷款给本国出口方的方式称为卖方信贷,基于此,出口方允许进口方先赊购自己的产品和设备、延期支付大部分货款。而贷款给国外进口方的方式称为买方信贷,通常由出口国出口信用保险机构提供信贷保险,贷款用于即期支付进出口货款。

2. 出口补贴

出口补贴是一国政府为了降低出口商品的价格,提高其在国际市场上的竞争力,在出口某商品时给予出口商的现金补贴(即直接补贴)或财政上的优惠待遇(即间接补贴)。直接补贴的目的一般是弥补出口商品在国际、国内市场价格差造成的损失,是奖励和鼓励的最直接手段。间接补贴包括退还或减免出口商品所缴纳的各种国内税、对进口原材料或半成品加工再出口免税或退还进口税、实行优惠汇率等。

知识拓展

出 口 退 税

出口退税是指对报关出口的商品退还在国内各生产和流转环节缴纳的增值税和消费税。出口退税可以降低出口商品的整体税负,有效避免国际双重课税,有利于增强本国商品在国际市场上的竞争力,是鼓励某类商品出口的有效手段。通过调整不同商品的出口退税率高低,可以达到促进或抑制不同商品出口的目的,如 2020 年我国将瓷制卫生器具等 1 084 项商品、植物生长调节剂等 380 项商品的出口退税率分别提升至 13%、9%。

动画:出口退税

3. 促进贸易的组织措施

为了鼓励对外贸易,许多国家会在组织方面采取一些措施,如建立商业情报网和咨询机构为进出口企业提供商业服务,建设贸易平台吸引各国企业进驻,组织贸易展览会,组织贸易代表团和接待来访等。

知识拓展

中国国际进口博览会

为了主动向世界开放,支持贸易自由化和经济全球化,我国自 2018 年以来推出全球首个以进口为主题的大型国家级展会——中国国际进口博览会,目前已连续举办三届。2020年 11 月召开的第三届进博会在新冠疫情全球肆虐的特殊背景下更吸引了全球的目光,呈现出更大展览规模、更具智慧创新、更强政策支持、更多新品首发和合作机遇等特点,意向成交额 726.2 亿美元。

本届博览会总展览面积近36万平方米,比上届扩大近3万平方米,共展示新产品、新技术、新服务411项,世界500强及行业龙头企业连续参展比例近80%,多个国家部委继续推出税收优惠、通关便利、市场准入等支持政策,为展客商带来更多实惠。六大展区中,食品及农产品展区参展企业数量最多,有来自93个国家的1 264家企业参展。汽车展区世界前七大整车集团悉数到场,展区内500强和行业龙头企业参展面积超过90%。技术装备展区突出展示自动化、智能制造、工业数字化、能源、整体解决方案等内容,引领行业创新趋势。消费品展区展览面积超过9万平方米,成为本届进博会面积最大的展区。服务贸易展区汇集金融、物流、咨询、检验检测、文化旅游等五大板块全球顶尖企业,全力打造智慧服务赋能全产业链。医疗器械及医药保健展区新产品新技术首发数量最多,总数超过120件,制药行业排名前10位和医疗器械行业排名前14位的企业全部参展。首次设立的公共卫生防疫专区集约化展示国际先进公共卫生防疫产品、技术和服务,企业报名踊跃,面积多次扩容。

学习单元二　国际贸易结构与全球价值链

一、国际贸易结构

(一)各国对外贸易体量

21世纪以来,经济全球化愈加明显,国际贸易的增长比全球经济的增长更为迅速。同时,经济发展的多极化趋势日益明显,前十大经济体的经济总量占全球经济总量的比重下降,一些新兴经济体和发展中国家的发展迅速。如中国、俄罗斯、印度、南非和巴西被称为"金砖五国",其经济增速在多数年份都超过G7国家(即七国集团,指七个最发达的工业化国家,含美国、日本、德国、法国、英国、加拿大、意大利)的平均增速。全球经济的密集度正在下降,但富裕国家与贫穷国家的两极分化仍然严重。

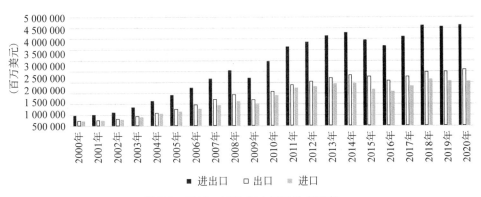

图7-2　2000—2020年中国对外贸易额

21世纪国际贸易国别结构最明显的变化就是中国的崛起。中国的对外贸易额快速增长(图7-2),在全球的贸易地位飞速上升,先后在2001年超越加拿大和意大利,2003年超越法国、日本和澳大利亚,2009年超过德国,成为全球第二大贸易国。2012年中国对外货物贸易总额首次超越美国,在2016年被美国反超,2017年之后又跃居第一。到2020年,中国对外贸易额46 462.57亿美元,比2019年增长1.9%,贸易顺差高达5 350.34亿美元,比2019年增加26.9%。根据WTO和各国已公布的数据,仅2020年前10个月,中国进出口、出口、进口在国际市场的份额就分别达到12.8%、14.2%、11.5%,创历史最好纪录。在全球受新冠疫情影响的背景下,中国不仅成为全球唯一实现对外货物贸易正增长的主要经济体,而且货物贸易大国的地位进一步巩固。

根据2019年的统计数据,中国和美国处于贸易大国第一梯队,对外货物贸易总额各占全球的10%以上,远超其他国家。德国处于第二梯队,虽然经济总量不及日本,但对外货物贸易总额占全球的8%左右。日本、荷兰、法国、英国、韩国、意大利、加拿大、印度位于第三梯队,对外货物贸易额占全球的比例为2%~4%。其他位于第四梯队的国家主要有墨西哥、比利时、新加坡、西班牙、俄罗斯、瑞士、波兰、泰国、澳大利亚等。

(二)双边贸易关系

从21世纪以来双边贸易额的变化来看,随着中国对外贸易的迅速发展,中国在与美国、日本等贸易伙伴国的关系中地位不断提高,前30对双边贸易关系排名情况(图7-3)来看,中国已经超过美国成为日本最大的贸易伙伴。中国在美国贸易伙伴中的地位从较长时段内看已经超过墨西哥,也曾在较短时段内超过加拿大和墨西哥而成为美国最大的贸易伙伴。此外,中国与韩国、东南亚国家、澳大利亚等国的贸易合作在不断加强。同时,中东地区的贸易地位比20世纪90年代有所回升,与中国、韩国、印度等新兴经济体的合作不断加强,与日本、美国等发达国家的合作在石油危机后有所回升。2012—2016年,前30大双边贸易关系中有25对与美国、中国和德国有关,而这三个国家正是对外贸易总额最大的经济体,其贸易地位遥遥领先于世界其他国家。

(三)中国的对外贸易结构

1. 中国对外贸易地理结构

进入21世纪以来,中国对外贸易伙伴国的组成更加多元化,东盟等新兴市场的贸易地位逐步凸显。根据中国海关2020年统计数据,从区域看,亚洲是中国对外贸易的最主要区域,贸易额23 865.6亿美元,占中国对外贸易总额的51.4%,同比增长0.8%;其次是欧洲,贸易额9 075.57亿美元,同比增长3.5%,体量远低于亚洲。从单一国家和地区看,美国是中国的第一大贸易伙伴国。2020年中美双边贸易额达5 867.2亿美元,同比增长8.3%,占中国对外贸易总额的12.63%。其中,中国出口至美国4 518.12亿美元,同比增长7.9%,占中国出口总额的17.44%;中国从美国进口1 349.1亿美元,同比增长9.8%,占中国进口总额的6.56%,可见中美贸易顺差十分明显。日本与韩国是中国第二和第三大贸易伙伴国,中日、中韩双边贸易额分别达3 175.37亿美元和2 852.6亿美元,同比分别增长0.8%和0.3%。2020年中国的15大贸易伙伴如图7-4所示。

中国是全球第一大出口国,出口目的地日益多元化,截至2019年遍布全球236个国家和地区,其中主要贸易伙伴国的进口来源地日益向中国倾斜。根据2019年的数据,中国的十大出口目的国家或地区是美国、中国香港、日本、韩国、越南、德国、印度、荷兰、英国、中国台湾,合计出口额占出口总额的55.86%。与往年相比,除东盟国家和美国外,中国向其他主要贸易伙伴出口的份额没有明显增长。而2000年以来,主要贸易伙伴从中国进口占其总进口的比重,总体处于上升趋势,从2000—2017年的数据看,美国从中国进口份额提高了13.3%,欧盟从中国进口份额提高了12.6%,日本从中国进口份额提高了10%,韩国从中国进口份额提高了12.5%。从2017—2019年的数据来看,中国贸易顺差主要来源于美国、中国

国家	贸易伙伴	2007—2011 占比	排名	国家	贸易伙伴	2012—2016 占比	排名
美国	加拿大	0.85%	1	美国	加拿大	0.79%	1
美国	中国	0.68%	2	美国	中国	0.75%	2
美国	墨西哥	0.59%	3	美国	墨西哥	0.68%	3
中国	日本	0.43%	4	中国	中国香港	0.46%	4
德国	荷兰	0.36%	5	中国	日本	0.40%	5
中国	中国香港	0.34%	6	中国	韩国	0.35%	6
德国	法国	0.33%	7	德国	荷兰	0.31%	7
中国	韩国	0.30%	8	中国	中东	0.31%	8
美国	日本	0.30%	9	德国	法国	0.28%	9
日本	中东	0.24%	10	美国	日本	0.26%	10
中国	中东	0.22%	11	中国	中国台湾	0.25%	11
德国	意大利	0.22%	12	印度	中东	0.22%	12
德国	比利时	0.22%	13	德国	中国	0.22%	13
德国	英国	0.22%	14	美国	德国	0.22%	14
美国	德国	0.22%	15	日本	中东	0.20%	15
德国	中国	0.21%	16	德国	英国	0.19%	16
中国	中国台湾	0.21%	17	德国	英国	0.18%	17
印度	中东	0.20%	18	美国	中东	0.17%	18
荷兰	比利时	0.19%	19	德国	意大利	0.17%	19
德国	英国	0.19%	20	韩国	中东	0.17%	20
德国	奥地利	0.19%	21	荷兰	比利时	0.16%	21
美国	中东	0.18%	22	德国	比利时	0.16%	22
法国	比利时	0.18%	23	德国	奥地利	0.16%	23
韩国	中东	0.17%	24	中国	澳大利亚	0.15%	24
美国	英国	0.16%	25	德国	波兰	0.14%	25
德国	瑞士	0.15%	26	法国	比利时	0.14%	26
德国	波兰	0.14%	27	美国	韩国	0.14%	27
美国	韩国	0.13%	28	美国	英国	0.14%	28
中国	澳大利亚	0.11%	29	德国	瑞士	0.14%	29
中国	马来西亚	0.10%	30	中国	马来西亚	0.13%	30

图 7-3 前 30 对双边贸易关系

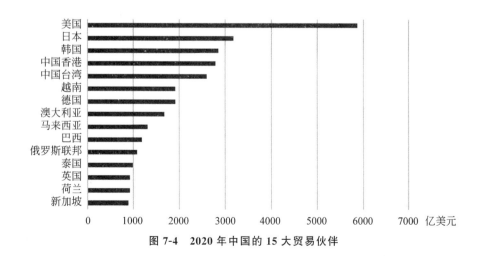

图 7-4 2020 年中国的 15 大贸易伙伴

香港、荷兰、印度、英国、越南、墨西哥、菲律宾、波兰、新加坡等国家或地区。

进口方面,中国仅次于美国,是全球第二大进口国。2019 年,中国的进口来源地遍布全球 235 个国家和地区,十大进口来源地分别是韩国、中国台湾、日本、美国、澳大利亚、德国、巴西、马来西亚、越南、俄罗斯,合计进口额为 11 399.03 亿美元,占中国进口总额的 55.11%。从 2017—2019 年的数据来看,中国的贸易逆差主要来源于中国台湾、澳大利亚、韩国、巴西、沙特阿拉伯、日本、德国、瑞士、安哥拉、马来西亚。

2. 中国对外贸易商品结构

总体来看,初级产品在中国的出口占比越来越小,工业制品的出口份额越来越大,但中国出口依然是以基础制造产品为主,装备制造设备、高新技术产品进口额度仍较高,结构失衡的情况还比较突出。2019 年,中国出口的前 20 类商品出口额为 9 501.93 亿美元,约占中国出口总额的 38.04%。排在前 5 位的是数据通信设备、自动数据处理设备及部件、集成电路、石油制品、半导体器件,分别占中国出口总额的 8.97%、5.94%、4.09%、1.54%、1.39%,具体如表 7-2 所示。

表 7-2　2019 年中国前 20 大出口商品类别

排序	HS 码	商品名称	出口额/亿美元			占比/%			同比±%
			2017 年	2018 年	2019 年	2017 年	2018 年	2019 年	19/18
1	8517	电话机,发送或接收声音、图像等数据用的设备	2 201.46	2 404.27	2 240.70	9.66	9.65	8.97	−6.80
2	8471	自动数据处理设备及部件等	1 421.87	1 542.36	1 484.63	6.24	6.19	5.94	−3.74
3	8542	集成电路	666.34	845.79	1 021.88	2.92	3.39	4.09	20.82
4	2710	石油及从沥青矿物提取的油类及制品;废油	255.00	357.32	383.45	1.12	1.43	1.54	7.31
5	8541	半导体器件等;已装配的压电晶体	267.30	290.56	345.99	1.17	1.17	1.39	19.08
6	8708	8701 至 8705 所列机动车辆的零件、附件	310.73	348.54	336.26	1.36	1.40	1.35	−3.52
7	9405	未列名灯具及照明装置;发光标志、名牌等	295.57	307.33	331.98	1.30	1.23	1.33	8.02
8	8473	专门或主要用于品目 8469 至 8472 机器的零件、	328.58	460.28	324.35	1.44	1.81	1.30	−27.97
9	9503	玩具;娱乐用模型;各种智力玩具	244.34	255.17	313.42	1.07	1.02	1.25	22.83
10	8528	监视器及投影机;电视接收装置	314.97	334.52	312.14	1.38	1.34	1.25	−6.69
11	9403	其他家具及零件	268.28	281.71	277.85	1.18	1.13	1.11	−1.37
12	8504	变压器、静止式变流器(如整流器)及电感	253.58	267.34	277.11	1.11	1.07	1.11	3.06

续表

排序	HS 码	商品名称	出口额/亿美元 2017年	2018年	2019年	占比/% 2017年	2018年	2019年	同比±% 19/18
13	4202	衣箱、手提包及类似容器	270.97	274.95	273.67	1.19	1.10	1.10	−0.47
14	9401	坐具(包括能用作床的两用椅)及零件	236.32	259.96	264.41	1.04	1.04	1.06	1.72
15	9013	未列名液晶装置,光学仪器及器具;激光器	285.04	257.04	238.41	1.25	1.03	0.95	−7.25
16	8544	绝缘电线、电缆及其他绝缘电导体;光缆	221.90	235.57	223.84	0.97	0.95	0.90	−4.98
17	8516	电热水器、浸入式液体加热器等电热设备	196.67	211.26	218.46	0.86	0.85	0.87	3.41
18	3926	其他塑料制品及3901至3914的其他材料的制品	181.03	195.58	214.40	0.79	0.79	0.86	9.62
19	6204	女西或便服套装,上衣,裙,裙裤,长短裤及马裤	249.57	230.55	213.03	1.09	0.93	0.85	−7.60
20	6402	橡胶或塑料制外底及鞋面的其他鞋靴	216.77	200.72	205.95	0.95	0.81	0.82	2.60
		小计	8 686.29	9 550.81	9 501.93	38.09	38.33	38.04	−0.51

资料来源:中华人民共和国海关总署.

中国进口的前20类商品进口额为11 589.73亿美元,同比下降1.21%,约占中国进口总额的56.03%。其中,排在前5位的是集成电路、石油原油、铁矿砂及精矿、石油气、载人机动车辆,分别占中国总进口的14.79%、11.54%、4.83%、2.53%、2.27%,具体如表7-3所示。

表7-3 2019年中国前20大进口商品类别

排序	HS 码	商品名称	进口额/亿美元 2017年	2018年	2019年	占进口比重/% 2017年	2018年	2019年	同比±% 19/18
1	8542	集成电路	2 595.63	3 130.88	3 068.98	14.50	14.85	14.79	−2.30
2	2709	石油原油及从沥青矿物提取的原油	1 607.51	2 387.61	2 387.07	8.98	11.32	11.54	−0.02
3	2601	铁矿砂及精矿,包括焙烧黄铁矿	759.60	748.84	998.43	4.24	3.55	4.83	33.33
4	2711	石油气及其他烃类气	329.46	500.56	523.54	1.84	2.37	2.53	4.59
5	8703	主要载人的机动车辆(8702的车辆除外)	499.47	496.23	470.58	2.79	2.35	2.27	−5.17
6	7108	金,未锻造、半制成或粉末状	0.00	457.94	439.32	0.00	2.17	2.12	−4.07
7	8517	电话机,发送或接收声音、图像等数据用的设备	477.64	489.12	425.64	2.67	2.32	2.06	−12.98

续表

排序	HS 码	商品名称	进口额/亿美元			占进口比重/%			同比±% 19/18
			2017年	2018年	2019年	2017年	2018年	2019年	
8	1201	大豆,不论是否破碎	397.39	380.88	354.20	2.22	1.81	1.71	−7.01
9	2603	铜矿砂及精矿	259.71	327.28	340.81	1.45	1.55	1.65	4.13
10	8471	自动数据处理设备及部件等	261.56	312.89	305.58	1.46	1.48	1.48	−2.34
11	9013	未列名液晶装置、光学仪器及器具；激光器	371.98	336.51	281.37	2.08	1.60	1.36	−16.38
12	8486	制造半导体器件等的机器及装置；零件及附件	196.66	305.94	266.13	1.10	1.45	1.29	−13.01
13	8541	半导体器件等；已装配的压电晶体	280.03	286.18	261.28	1.56	1.36	1.26	−8.70
14	8708	8701至8705所列机动车辆的零件、附件	270.78	293.15	252.21	1.51	1.39	1.22	−13.96
15	7403	未锻轧的精炼铜及铜合金	206.36	256.42	225.02	1.15	1.22	1.09	−12.25
16	3004	由混合或非混合产品构成的药品,已配定剂量	171.59	181.33	211.80	0.96	0.86	1.02	16.81
17	3901	初级形状的乙烯聚合物	169.44	207.44	206.89	0.95	0.98	1	−0.26
18	2902	环烃	197.99	247.28	197.39	1.11	1.17	0.95	−20.17
19	8473	专门或主要用于品目8469至8472机器的零件	148.46	189.61	194.19	0.83	0.90	0.94	2.42
20	2701	煤；煤砖、煤球及用煤制成的类似固体燃料	185.29	195.60	189.30	1.04	0.93	0.92	−3.22
		小 计	9 386.55	11 731.69	11 589.73	52.44	55.63	56.03	−1.21

资料来源：中华人民共和国海关总署.

 思政园地

中国成为全球对外贸易的领跑者

视频：中国何以成为全球对外贸易的领跑者

视频：中国外贸一分钟

二、全球价值链的形成与影响

1. 全球价值链的形成

从近十年的全球贸易格局来看,贸易中心正在由北美和欧洲地区向东亚及太平洋地区转移,以北美、东亚、欧洲三极为特征的多极全球地理结构已经成型。国际贸易的动因是各国的国际分工,而一国在国际分工中的地位则与其在全球价值链中的地位密切相关。

微课:说一说全球价值链

20 世纪 90 年代,全球价值链开始兴起,源于全球化发展背景下国际贸易和国际投资便利化的不断推进,跨国公司得以在全球范围内进行资源配置,在成本最低的国家或地区进行设计、采购、生产、营销、售后、回收利用等各种价值增值活动,从而产生了由部分跨国公司主导的全球价值链,以实现盈利最大化。典型的案例包括半导体等电子产品、家用汽车的全球化采购、生产和销售。

在 2000 年前后,全球价值链由两个彼此稍有分立的网络构成,分别位于欧洲和亚太地区,价值链组合与转换的核心分别是德国和美国,即这两个国家分别从多国进口中间产品,再进行加工组装后出口。当时中国位于亚太价值链的边缘,主要通过对中国台湾和韩国的贸易进入全球价值链。随着中国加入 WTO,中国在全球价值链的地位明显提升,2005 年亚太价值链网络中分化出东亚价值链网络,中国取代日本成为东亚价值链的组合核心。自此,全球三大价值链网络与三个核心的格局逐渐形成,德国是欧洲价值链的核心,美国是北美价值链的核心,中国则成为东亚价值链的核心。

2011 年,中国在外国价值利用与组合规模上超越了美国和德国,成为全球价值链三大核心之首,在亚太地区形成了美国和中国两个价值链组合核心并存的格局。再到 2015 年,亚太价值链中把中国作为核心连接的国家开始多于美国,影响了美国的经济利益,由此引发中美贸易摩擦。

目前,全球产业链"三足鼎立"格局已经形成,区域性产业集群逐渐成熟,中国、美国和德国分别作为亚洲、美洲和欧洲的中心国,形成各自价值链"闭环",中国又成为发达国家与新兴发展中国家价值链之间的枢纽。全球价值链总体上呈现出发达国家在高端,发达国家与中国在中端的激烈竞争,低端以中国为主,但已有部分转移到新兴发展中国家。经过了长期磨合,各国在全球价值链上的分工位置难以在短期内发生大范围的更替。

视频:美国挑起贸易战的实质是什么

2. 全球价值链对国际贸易结构的影响

世界各国在全球价值链网络中的地位如图 7-5 所示,线条越粗表示连接越紧密。作为核心的中国、美国、德国正是对外贸易额最高的三个国家,三国对外贸易额合计占世界贸易总额的近 1/3。除核心国外,东亚价值链中的主要经济体有日本、韩国、新加坡、马来西亚、印度、越南等,其首要的中间品供应国多为中国或日本;欧洲价值链中的主体经济体有法国、意大利、荷兰、英国、比利时、西班牙、瑞士、俄罗斯等,德国均为其首位或第二位中间品供应国;北美价值链中主要有加拿大、墨西哥,美国均为其首位中间品供应国。贸易强国不仅主导本地区价值链,还深度嵌入全球价值链,在未形成区域价值链的南美洲、大洋洲和非洲成为主要的中间品供应国,在已形成区域价值链的地区成为非本国所在洲经济体的主要中间

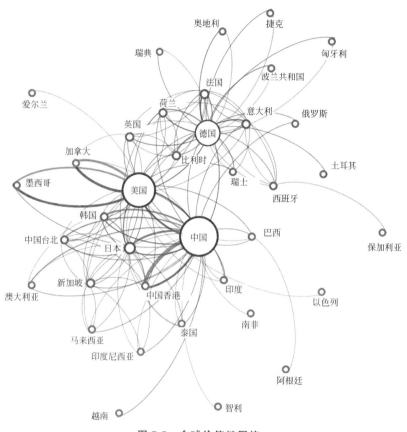

图 7-5 全球价值链网络

品供应国。

3. 全球价值链下的中国产业结构调整

整体而言,中国在全球价值链中的传统角色是"承上启下",即从东盟等国进口原材料,从日本、韩国等国进口零部件,并将它们组装加工成最终消费品向美国、欧洲等地出口。例如,智能手机在美国或日本设计,其关键部件半导体、处理器等在韩国和中国台湾生产,在中国进行组装,最后运往欧洲和美国等市场进行销售和售后服务。整条价值链的价值增值呈现出"微笑曲线",即上游的设计开发环节和下游的品牌营销、售后服务等市场运营环节价值增值大、利润丰厚,中上游的关键部件次之,中游的加工组装价值增值最小、利润微薄,更多靠低人工成本实现盈利。

近年来,中国在全球价值链分工中的角色和定位出现了新变化。

一方面,中国的产业升级实现了很多全球价值链环节的国内化,产品价值链不再需要大量进口中间品。随着中国劳动力成本、环境成本的日益增加,低端的劳动密集型产业在中国丧失了国际竞争力,逐渐向越南等东南亚国家转移。不仅跨国公司的订单,中国自身产业也在向劳动力成本更低国家转移,中国的低端制成品产量下降,部分产品开始进口。依照WIOD(世界投入产出数据库)投入产出表来看,2000年以来,我国全球价值链的后向参与度显著下降,表明我国从进口中间产品进行代工生产的阶段逐渐转向自主研发生产的阶段。亚洲开发银行利用ADB-MRIO投入产出表研究发现,中国的高新技术产业出口中来自国外的中间投入品占比明显下降,2010—2017年从18.7%下降到12.7%。

另一方面,中国企业的核心竞争力向偏上游的关键零部件等中间品转化,并重视高科技产业的创新发展。例如,中国纺织服装产业的关键原材料出口给越南,越南加工组装以后再出口到美国和欧盟国家;中国新兴的科技型企业得以迅猛发展并成功走向国际市场。2008年以来,中国在全球价值链上游的参与度不断提升,到2019年已经成为美国、德国、日本等贸易大国的第一大中间品供应商,在亚洲、欧洲、南美洲、大洋洲、非洲及"一带一路"沿线国家,中国都是最大的上游供应国,在北美洲,中国是第二大上游供应国。

中国在全球价值链中已经实现全面布局,是世界最大的制造业大国,具备行业齐全、技术水平较高的现代工业体系,是全世界唯一拥有联合国产业分类中所列全部工业门类的国家,在16个制造业门类中有12个拥有世界上最长的价值链,形成了在全球范围内都难以被替代的价值链网络。其他经济体在全球价值链中的竞争地位与中国差距巨大,一些发达国家将产业链向其他新兴经济体转移以替代中国的意愿难以在短期内实现。支撑中国全球价值链位置的动能已经从低成本生产要素和价格竞争转向依靠技术、品牌、质量、服务、标准等的新动能,目前新能源汽车、集成电路、光伏、通信、电力、医疗器械等价值链构成了最具竞争力的产业价值链。

在全球需求萎缩和政治因素干预下,中国须继续加大在全球价值链中的产业竞争优势,强化国内国际双循环圈,尽快实现全球价值链的重构与产业转型升级。中国产业整体和最具优势的制造业全球价值链地位有了长足的进步,但产业竞争地位与发达国家相比仍存在较大差距。因此,继续全力推进创新、促进技术进步、真正摆脱在全球价值链的关键环节受制于人,是中国在未来的全球价值链重构竞争中获胜的关键。

知识拓展

微 笑 曲 线

微笑曲线是对产业价值链的一种形象描绘,它是1992年由时任宏碁电脑董事长的施振荣在《再造宏碁:开创、成长与挑战》一书中所提出的企业竞争战略。当时针对IT制造业的各个环节价值增值如何变化做出可视化图形,如图7-6所示。Y轴为价值增值,X轴为产业价值链的各个阶段,左段代表上游的研发设计(含创新、技术、专利等),中段为生产制造(含加工、组装等),右段代表下游的营销品牌、市场运作、售后服务等,而曲线代表的是附加价值。可见,价值链上下游两端的价值增值大于中间,要增加企业的附加值、赚取更多利润,应该向两端转移。

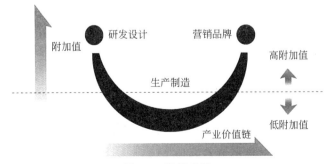

图7-6 微笑曲线

动画:微笑曲线

三、全球价值链重构

(一) 推动全球价值链重构的原因

自 2008 年全球金融危机以来,贸易增长乏力,全球价值链扩张放缓,世界主要经济体参与全球价值链的程度显著下降。同时,发达国家实行再工业化和贸易保护,限制从中国等新兴国家的进口,吸引跨国公司回流本国;一些区域贸易一体化集团开始出现分化,如英国脱欧、美国退出或重启一些贸易协定的谈判等,这都呈现出一种逆全球化趋势。随着智能化和数字化的发展,新的生产技术以及数字化平台等新的分销技术的出现,影响了一些传统产业的价值链,催生了新的贸易商品和服务,从而带来新的贸易增长、形成新的价值链。有数据显示,2017 年全球有 65% 的贸易属于 1992 年尚不存在的类别。这些新机遇和新技术,创造了市场机会、降低了贸易成本,为更加有市场活力的中小企业参与全球价值链创造了大量机会。另外,大国之间的贸易冲突、新冠疫情等风险事件都会导致全球价值链的收缩或分裂。

(二) 全球价值链重构的主要趋势

根据麦肯锡全球研究院 2019 年发布的报告,基于对 43 个国家中 23 个行业的全球价值链动态分析,覆盖了 96% 的全球贸易、69% 的全球产出和 68% 的全球就业人口,研究表明全球化正在经历深刻变革,显示出一些发展趋势,深刻理解这种变革将有助于政策制定者和商业领袖抓住机遇、直面挑战,迎接全球化的新时代。

1. 全球货物贸易占生产总值的比例减小

2007 年以来,虽然全球货物贸易的绝对值总体仍在增长,但占生产总值的比例连续减小,贸易额的增速也已放缓,几乎所有行业的全球价值链都呈现这种趋势。这说明各国自产自销的程度提高了。

2. 国际服务贸易的增长快于货物贸易

2007—2017 年,服务贸易平均增速约为 3.9%,比货物贸易高出 60%,其中一些领域的增速甚至是货物贸易增速的 2~3 倍,如电信和 IT 服务、商业服务和知识产权服务等。而且传统的贸易统计数据小于服务贸易的实际规模,如货物贸易中的增加值有 1/3 归功于服务业,跨国公司内部进行的软件、品牌、知识产权等无形资产的转移都未计入贸易统计。

3. 依靠劳动力成本低而获利的贸易份额减少

中国等发展中国家工资水平上涨,同时新技术降低了全球化生产对低劳动力成本的追求,劳动密集型制造逐渐向资本密集型制造转变,超过 80% 的国际货物贸易不是从低工资国流向高工资国。

4. 全球价值链的知识密集度提高

企业对研发和无形资产的投入增加,高技能劳动力、创新研发能力和知识产权保护是各国在这一趋势下获益的保障,价值创造更加向"微笑曲线"上下游转移,这一趋势在制药和消费电子行业尤为明显,行业中出现了一批"虚拟制造"企业,将生产制造外包给代工厂,自己则集中精力搞创新、研发和营销、服务。

5. 国际贸易的区域化属性增强

随着自动化技术的持续发展,企业选择生产基地之时更重视上市速度,而非劳动力成本,靠近消费地安排生产成为趋势,这就使远距离的货物贸易份额减少。根据 2017 年的数据,欧盟和亚洲有超过半数的货物贸易发生在区域内。该趋势在全球创新价值链中表现最明显,因为这类价值链需要密切整合许多供应商展开准时制生产。

(三) 全球价值链重构的启示

面对全球价值链重构的趋势,从事国际商务的企业首先应该重新评估应在价值链的哪个环节开展竞争,更注重创新、研发和分销,靠近消费者采取本地化、定制化模式;要考虑如何从服务中增值,重视软件、设计、知识产权、分销、营销以及售后服务等为企业带来的竞争优势,甚至转变商业模式,转向服务贸易;要保持灵活性和弹性,以便应对新的国际贸易规则和秩序,在业务层面采取多种措施增加采购、生产和销售的敏捷高效。

在国家层面,发展中国家应该继续深化改革、鼓励创新,以积极的对外贸易政策促进产业升级和竞争力提升,巩固区域内价值链,发展数字化技术。发达工业国则应保持开放,实行可预测的贸易政策,继续发展优势产业。所有国家应重振多边合作,确定新的贸易规则,创造新的贸易机会。这样全球价值链就能继续增长、创造更好的就业岗位和削减贫困。

学习单元三 区域经济一体化与世界贸易组织

一、区域经济一体化

区域经济一体化是指同一地理范围内的两个或两个以上国家逐步让渡经济主权、采取共同的经济政策并形成排他性的经济集团的过程。区域经济一体化的主要实现形式是区域贸易协定,一般包括两国之间经贸协定和区域内多国或跨区域多边协定。据WTO统计,截至2020年12月23日,全球生效并实施的区域贸易协定有305个,虽然增长速度较21世纪第一个10年明显走弱,但区域贸易安排的总量仍在上扬。尤其在国际贸易和全球价值链区域化属性愈加明显的背景下,区域贸易协定是各国扩大对外经贸合作、确保区域安全、加快全球布局的重要手段。

(一) 区域经济一体化的组织形式

在区域经济一体化的进程中会产生不同的组织形式。美国著名经济学家贝拉·巴拉萨(Bela Balasa)把经济一体化的进程分为四个阶段:贸易一体化,即取消对商品流动的限制;要素一体化,即实行生产要素的自由流动;政策一体化,即在集团内达到国家经济政策的协调一致;完全一体化,即所有政策的全面统一。这一进程是一体化程度由低到高的过程,对应五类具体的组织形式,即自由贸易区(成员国之间取消关税和其他贸易壁垒,实现商品自由流动,对非成员国各自征收关税)、关税同盟(成员国之间商品自由流动、对非成员国统一关税)、共同市场(成员国之间不仅商品自由流动,劳动力、资本、技术等生产要素也实现自由流动)、经济联盟(在共同市场基础上,还制定共同的经济、贸易政策)和完全的经济一体化(在经济联盟的基础上全面实行统一的经济、财政、金融政策,甚至统一政治和法律制度,使用统一货币,成立超国家的管理机构行使立法、行政、司法等权力)。目前,区域经济一体化最主流、影响最大的组织形式是自由贸易区,而一体化程度最高的区域经济集团是欧洲联盟(简称欧盟),尚未形成完全的经济一体化组织。

(二) 区域经济一体化组织

全球范围内影响最大的区域经济一体化组织有北美自由贸易区(NAFTA)、欧洲联盟(EU)、中国－东盟自由贸易区(CAFTA,亚洲地区)、南方共同市场(MERCOSUR,南美地区)。值得一提的是,2020年由东盟及其他五国共同签订的区域全面经济伙伴关系协定(RCEP)是最新且影响范围最大的区域经济一体化协定。

1. 北美自由贸易区(NAFTA)

视频:北美自由贸易区　　　　　　　动画:北美自由贸易协定

北美自由贸易区由美国、加拿大、墨西哥三国组成,于1992年签订《北美自由贸易区协议》。区内国家之间的货物流通减免关税,而对区外国家则维持原贸易壁垒。北美自由贸易区是发达国家和发展中国家组成自由贸易区的第一次尝试,利用经济上的互补关系促进各国发展,美国和加拿大利用先进技术和知识密集型产业,通过商品和资本的流动加强在墨西哥市场的优势地位;而墨西哥则利用本国廉价的劳动力来降低成本,大力发展劳动密集型产业,并出口到美国、加拿大,同时获得巨额投资和技术转让以促进本国产品的更新换代。北美自由贸易区主要在纺织品、汽车产品、农产品、运输业、通信业、汽车保险业、能源工业等方面进行关税减免、开放投资等安排。从北美自由贸易区内的经济实力看,美国占有90%的经济实力和2/3的人口,在贸易区内拥有绝对的主导权,可以说北美自由贸易区的建立和发展都反映了美国的战略意图,在此基础上推动了向中南美洲及全球的贸易扩张。2020年,美国主导签署的更新版北美自由贸易协定生效,墨西哥、加拿大两国在美国的压力下做出了许多妥协与让步,放开了国内一些长期保护的领域,受特朗普政府贸易保护主义的影响,设置了更严格的原产地规则,并使北美区域合作具有强烈的排他性,这可能会对全球价值链形成割裂作用。

2. 欧洲联盟(EU)

动画:欧洲联盟　　　　　　　视频:欧盟对自美国进口部分商品加征关税

欧洲联盟由欧洲共同体发展而来,于1993年正式成立,在一体化组织形式上从要素一体化的共同市场转变为政策一体化的经济联盟,并努力向完全一体化发展。欧洲共同体的创始国是德国、法国、比利时、荷兰、意大利和卢森堡,之后英国、丹麦、爱尔兰、希腊、葡萄牙和西班牙陆续加入,欧盟成立时一共有12个成员国。1995年,奥地利、瑞典、芬兰正式加入。2002年欧元正式流通,除英国、丹麦、瑞典外的12个欧元区国家开始将欧元作为唯一法定货币,这在区域经济一体化进程中具有划时代的意义。2004年中东欧的马耳他、塞浦路斯、波兰、匈牙利、捷克、斯洛伐克、斯洛文尼亚、爱沙尼亚、拉脱维亚、立陶宛10个国家正式加入欧盟。随后欧盟开始在军事、法制等方面深入推进政治一体化。2007年罗马尼亚、保加利亚正式入盟,2013年克罗地亚正式入盟,欧盟成员国达到28个。同时,2008年金融危机、2009年欧债危机之后,欧元区扩展至19个成员国,覆盖3.2亿人口。受历史和地理因素的影响,英国与欧洲大陆长期若即若离,且英国并未加入欧元区,在许多欧洲共同事务的处理上存在利益分歧,2016年,英国举行全民公投的结果决定脱离欧盟,2020年欧盟正式批准英国脱欧,双方就包括贸易在内的一系列合作关系达成协议。脱欧对于英国而言利益难辨,长期来看可能损害英国的国际地位,对于欧盟而言可能延后其一体化进程,甚至带来倒退的危险。

3. 中国-东盟自由贸易区(CAFTA)

东盟(ASEAN),全称东南亚国家联盟,于1967年在泰国曼谷成立,截至2019年有10个成员国,即印度尼西亚、马来西亚、菲律宾、泰国、新加坡、文莱、柬埔寨、老挝、越南、缅甸,2022年11月11日,东盟接纳东帝汶为第11个东南亚国家联盟成员国。20世纪90年代初,东盟发起了区域合作进程,提出建立自由贸易区,并于2002年正式启动,目标是实现区域内贸易的零关税。2005年,以政治安全共同体、经济共同体和社会文化共同体三大支柱为基础的东盟共同体正式成立,其中经济共同体的目标是在区域内实现自由贸易、自由投资以及劳动力的自由流动。

2002年11月,中国与东盟签署了《中国-东盟全面经济合作框架协议》,提出了加强和增进各缔约方之间的经济、贸易和投资合作;促进货物和服务贸易,逐步实现货物和服务贸易自由化,并创造透明、自由和便利的投资机制;为各缔约方之间更紧密的经济合作开辟新领域等全面经济合作的目标,标志着中国-东盟自由贸易区正式启动,成为由发展中国家组成的最大自由贸易区。多年来,自贸区内的经贸合作密切加强、成果显著,2020年东盟已超过欧盟成为中国第一大贸易伙伴。

动画:区域全面经济伙伴关系协定(RCEP)

视频:区域全面经济合作伙伴协定(RCEP)

2012年东盟提出了"区域全面经济伙伴关系"倡议并邀请其6个自由贸易区伙伴国(中国、日本、韩国、澳大利亚、新西兰、印度)参与谈判,最终于2020年11月由15个成员国(印度退出)正式签订了区域全面经济伙伴关系协定(RCEP),标志着当前世界上覆盖人口最多(占世界近半人口)、经贸规模最大(占全球近1/3贸易量)、成员最多元(含发达国家、新兴经济体、欠发达国家)、最具发展潜力(有利于产业价值链的多元融合)的自由贸易区正式启航。RCEP的签订是亚太区域自由贸易进程迈出的重要一步,是对原有5个"东盟+1"自由贸易区的统合和升级,能大幅降低贸易成本、扩大一体化市场,在货物贸易、服务贸易、投资和规则领域各方面平衡考虑、互惠互利。在逆全球化思潮、贸易保护抬头、地缘政治因素干扰的背景下,RCEP的签订能够积极推动区域经济一体化,提振全球范围内区域合作的信心。

4. 南方共同市场（MERCOSUR）

南方共同市场是世界上第一个完全有发展中国家组成的共同市场，于 1991 年由阿根廷、巴西、乌拉圭、巴拉圭四国共同建立，此后先后接纳智利、玻利维亚、秘鲁、厄瓜多尔、哥伦比亚为联系国。成员国之间绝大部分商品实现了零关税，统一对外关税，不仅显著增加了成员国之间的贸易规模，还通过积极对外合作为成员国带来巨大的现实利益，成为第四大区域经济一体化集团。该组织的宗旨是通过有效利用资源、保护环境、协调宏观经济政策、加强经济互补，促进成员国科技进步，最终实现经济政治一体化。成员国希望将该区域打造成类似欧盟的一体化区域，目前其统一货币的日程已经迈开第一步。

视频：南方共同市场

（三）中国发起和参与的区域经济合作机制

1. "一带一路"合作倡议

"一带一路"（the Belt and Road，缩写 B&R）是"丝绸之路经济带"和"21 世纪海上丝绸之路"的简称，2013 年 9 月和 10 月由中国国家主席习近平分别提出建设"新丝绸之路经济带"和"21 世纪海上丝绸之路"的合作倡议。

动画：一带一路

依靠中国与有关国家既有的双多边机制，借助既有的、行之有效的区域合作平台，"一带一路"旨在借用古代丝绸之路的历史符号，高举和平发展的旗帜，积极发展与沿线国家的经济合作伙伴关系，共同打造政治互信、经济融合、文化包容的利益共同体、命运共同体和责任共同体。博鳌亚洲论坛发布的《亚洲竞争力 2018 年度报告》指出，"一带一路"倡议的红利集中显现，提供了更多就业岗位、更高的收入，中国企业已经在 20 多个国家建设 56 个经贸合作区，为有关国家创造近 11 亿美元税收和近 18 万个就业岗位，夯实了亚洲区域经济一体化的社会基础。此外，在"一带一路"倡议的推动下，沿线国家陆上、海上、天上、网上交通四位一体连通，方便了沿线国家的交往与经济合作。"一带一路"倡议还在推动跨越"数字鸿沟"、教育减贫、普惠金融、改善生态、发展特色旅游、加强文化交流、开展医疗合作、更多民众分享经济全球化一体化的红利。在此推动下，上海合作组织、中国-中东欧"16+1"合作机制、中日韩自由贸易合作机制、亚太经合组织等多边合作机制正在推动所属经济体发展战略与中国"一带一路"倡议对接，形成更大范围内的自由贸易区，亚洲区域统一大市场加速形成。截至 2020 年 11 月，中国已经与 138 个国家、31 个国际组织签署 201 份共建"一带一路"合作文件，成为亚洲区域经济一体化的重要拉动力，有助于帮助亚洲各经济体提升竞争力，为应对逆全球化的挑战提供了新的路径和方法，也是实现经济社会发展经验分享和成果共享的平台。

2. 上海合作组织

上海合作组织，简称上合组织（SCO），成立于 2001 年 6 月 15 日，是中国、哈萨克斯坦、吉尔吉斯斯坦、俄罗斯、塔吉克斯坦、乌兹别克斯坦在中国上海宣布成立的永久性政府间国际组织。2017 年，印度和巴基斯坦正式加入上合组织。2023 年 7 月，伊朗成为正式成员国，上合组织成员国增至 9 个（印度、伊朗、哈萨克斯坦、中国、吉尔吉斯、巴基斯坦、俄罗斯、塔吉克斯坦、乌兹别克斯坦），3 个观察员国（阿富汗、白俄罗斯、蒙古国）和 14 个对话伙伴国（阿塞拜疆、亚美尼亚、巴林、埃及、柬埔寨、卡塔尔、科威特、马尔代夫、缅甸、尼泊尔、阿联酋、沙特阿拉伯、土耳其、斯里兰卡）。上海合作组织的宗旨和原则，集中体现在上海精神，即"互信、互利、平等、协商、尊重多样文明、谋求共同发展"。主张加强成员国的相互信任与睦邻友好;维护和加强地区和平、安全与稳定,共同打击恐怖主义、分裂主义和极端主义、毒品走私、非法贩运武器和其他跨国犯罪;开展经贸、环保、文化、科技、教育、能源、交通、金融等领域的合作,促进地区经济、社会、文化的全面均衡发展,不断提高成员国人民的生活水平;推动建立民主、公正、合理的国际政治经济新秩序;相互尊重独立、主权和领土完整,互不干涉内政,互不使用或威胁使用武力;平等互利,通过相互协商解决所有问题;奉行不结盟、不针对其他国家和组织及对外开放原则。上合组织确立了区域经济合作的法律基础,建立了区域经济合作机制,促进成员国经济实现了快速增长,使区域贸易规模迅速扩大,区域投资稳步推进,贸易便利化程度大幅提升。

3. 亚太经济合作组织（APEC）

动画：亚太经济合作组织　　视频：亚太经合组织成立的　　视频：亚太经合组织方式
　　　　　　　　　　　　　　　历史背景和宗旨

亚太经济合作组织,简称亚太经合组织,是亚太地区重要的经济合作论坛,也是亚太地区最高级别的政府间经济合作机制。亚太经合组织诞生于全球冷战结束的 20 世纪 80 年代末,定期召开成员领导人非正式会议、部长级会议等,主要讨论与全球及区域经济有关的议题,如促进全球多边贸易体制,实施亚太地区贸易投资自由化和便利化,推动金融稳定和改革,开展经济技术合作和能力建设等,也开始介入一些与经济相关的其他议题,如人类安全（包括反恐、卫生和能源）、反腐败、备灾和文化合作等。截至 2019 年 12 月,亚太经济合作组织有 21 个成员,分别是澳大利亚、文莱、加拿大、智利、中国、中国香港、印度尼西亚、日本、韩国、墨西哥、马来西亚、新西兰、巴布亚新几内亚、秘鲁、菲律宾、俄罗斯、新加坡、中国台北、泰国、美国和越南。该组织为推动区域贸易投资自由化,加强成员间经济技术合作等方面发挥了不可替代的作用。

二、世界贸易组织

世界贸易组织（WTO）是一个独立于联合国的永久性国际组织,其前身是 1947 年签订的关税与贸易总协定,1995 年 1 与 1 日,世界贸易组织正式开始运作。2001 年 12 月 11 日,中国正式加入世界贸易组织,迈出加速融入经济全球化的重要一步。该机构是当代最重要的国际经济组织之一,其成员之间的贸易额占世界的绝大多数,被称为"经济联合国"。

动画：关税与贸易总协定　　动画：世界贸易组织（WTO）　　视频：见证中国入世

（一）WTO 基本职能

WTO 的目标是建立一个完整的、更具有活力的和永久性的多边贸易体制。相比关税与贸易总协定，其管辖的范围除货物贸易外，还包括知识产权、投资措施和服务贸易等领域。WTO 具有法人地位，它在调解成员争端方面具有更高的权威性和有效性，其主要职能是调解纷争。它是贸易体制的组织基础和法律基础，还是众多贸易协定的管理者、各成员贸易立法的监督者以及为贸易提供解决争端和进行谈判的场所。具体说来，WTO 具有五大职能。

(1) 管理职能：世界贸易组织负责对各成员的贸易政策和法规进行监督和管理，定期评审，以保证其合法性。

(2) 组织职能：为实现各项协定和协议的既定目标，世界贸易组织有权组织实施其管辖的各项贸易协定和协议，并积极采取各种有效措施。

(3) 协调职能：世界贸易组织协调其与国际货币基金组织和世界银行等国际组织和机构的关系，以保障全球经济决策的一致性和凝聚力。

(4) 调节职能：当成员之间发生争执和冲突时，世界贸易组织负责解决。

(5) 提供职能：世界贸易组织为其成员提供处理各项协定和协议有关事务的谈判场所，并向发展中国家提供必要的技术援助以帮助其发展。

（二）WTO 基本原则

1995 年 1 月 1 日正式生效的《建立世界贸易组织协定》及若干附件是 WTO 各成员在制定国际贸易领域中有关货物贸易、服务贸易和知识产权的政策和做法时所必须遵循的一整套原则。

1. 非歧视原则

由于 WTO 的主要目标是为各成员之间贸易提供充分的竞争机会，所以非歧视原则被视为 WTO 的基石，包含两条基本原则，即最惠国待遇和国民待遇原则。"最惠国待遇"是指在货物贸易的关税、费用等方面，一成员给予其他任一成员的优惠和好处，都须立即无条件地给予所有成员。而"国民待遇"是指在征收国内税费和实施国内法规时，成员对进口产品和本国（或地区）产品要一视同仁，不得歧视。

2. 自由贸易原则

自由贸易原则倡导成员在权利与义务平衡的基础上，依其自身的经济状况及竞争力，通过谈判不断降低关税和非关税壁垒，逐步开放市场，实行贸易自由化。

3. 市场开放和公平贸易原则

市场开放和公平贸易原则要求各成员之间对等开放市场，不应采取不公正的贸易手段进行竞争，禁止成员采用倾销或补贴等不公平贸易手段扰乱正常贸易的行为，并允许采取反倾销和反补贴的贸易补救措施，保证国际贸易在公平的基础上进行。

4. 透明度原则

透明度原则要求成员应公布所制定和实施的贸易措施及变化情况，没有公布的措施不得实施，同时还应将这些贸易措施及变化情况通知 WTO。此外，成员方所参加的有关影响国际贸易政策的国际协定，也应及时公布和通知 WTO。这对促进公平贸易和自由贸易十分重要。

(三) 全球贸易规则面临的挑战

WTO面临的最直接挑战是美国贸易保护主义及美国、欧洲各国、日本联合制定新规则、新标准所带来的边缘化问题。特朗普政府多次表达美国在WTO框架下受到不公平待遇，甚至提出不排除退出WTO的选项。国际社会和众多世贸组织成员对美国滥用"一票否决"机制导致世贸组织上诉机构"停摆"表示失望，其他国家可能不得不在WTO之外寻求解决方式或采取贸易保护措施。上诉机构是世贸组织争端解决机制的重要组成部分，若其作用不能正常发挥，WTO将丧失其最主要的争端解决职能，公平贸易、非歧视、自由贸易等WTO原则都将受到挑战，后果可能是国际贸易退回"丛林法则、弱肉强食"的时代，国际经贸秩序将陷入混乱。另外，美国、欧洲各国、日本正在WTO体系之外联手谋划新的规则标准，WTO被边缘化的挑战越发突出。

WTO面临的深层次挑战在于如何解决全球经贸合作的不平衡问题。WTO促进全球合作深化的事实有目共睹，其重要的作用在于搭建一个全球多边平台，促使世界各国发挥各自比较优势，通过优势互补促进全球经济更快发展。但这种发展并非简单的平均主义，世界各国从中受益的感受会存在差异，容易产生保护主义或质疑全球化的做法，所以解决不平衡问题是深化WTO经贸合作的深层挑战。

WTO面临的治理挑战在于如何提高成员谈判决策效率的问题。自2006年结束多哈回合多边谈判以来，WTO多边协定未取得重大进展。虽然世界各国对于继续深化合作的诉求存在差异，但本质上却揭示了WTO的低决策效率问题。如何推动WTO继续深化改革，使之既有效反映各方诉求，又能有效推动世界各国的开放合作，成为当前WTO面临的治理挑战。

全球化是人类社会发展的大势所趋，WTO的全球多边贸易体制和区域贸易一体化推动着世界各国深化开放合作，也是各国对外开放的主要途径。然而，2008年全球金融危机以来世界格局正在加速变革，WTO面临着如何应对贸易保护主义、世界发展不平衡及治理效率较低等挑战。在此背景下，中国主张发挥负责任大国的作用，积极参与全球治理，为WTO改革提供合作共赢的中国方案，促进世界各国走开放融通、互利共赢之路，推动构建人类命运共同体。

展望未来

全球价值链的发展方向

近年来，全球价值链的贸易强度和人口强度呈下降趋势，发达国家和发展中国家分别出现了产业空心化和低端制造业锁定现象。服务贸易在全球价值链中的地位和作用越来越重要。

1. 全球价值链不可能"去中国化"

（1）扁平化和多元化是提升价值链安全的主要方向

在地缘政治和风险规避因素驱动下，全球价值链将从两个方向提升安全性：一是扁平化，适度缩短过长的供应链条，集中到一个国家或一个区域，以提升外部环境的可预期性；二是多元化，对同一种产品建立多个供应渠道，通过"备份"的方式，在略微提高成本的条件下，降低外部冲击导致"断供"带来的风险。新冠疫情发生后,美国、日本等部分国家出台措施,鼓励本国企业尤其是医药企业回迁本土,就是价值链扁平化的重要体现。

(2) 复杂产品价值链调整难度较大,短期内难以实现

经济全球化和国际竞争的加剧推动了生产要素在全球范围内的自由流动和合理配置,企业之间竞争与合作的结果使生产环节的细分越来越细致,工业品的制造工序越来越复杂,国际分工越来越专业,供应链的效率也越来越高。例如,苹果手机、波音客机、福特汽车作为复杂产品,在全球几十个国家和地区有上千家供应商,其体系构建经历的时间长、技术门槛和准入条件高。例如,苹果手机关键零部件制造商和供应商分布于美国、中国、德国、爱尔兰、以色列、日本、韩国、马来西亚、荷兰、菲律宾、泰国和新加坡,波音787飞机90%的设计和子系统依靠外购,进口比重高达70%。对这类复杂产品价值链的调整难度极大,需要花费极大的时间和成本。

(3) "去中国化"缺乏经济基础

跨国公司在全球价值链中处于核心主导地位,是重要的推动力量。跨国公司内部和跨国公司之间为了同一种产品而展开生产合作,分散在全球各个生产环节在跨国公司的主导下串联起来,从而形成全球生产网络。从中国的消费市场和制造业基础来看,全球价值链"去中国化"不可能成为现实。首先,中国对外资企业的吸引力仍然存在。在全球跨境直接投资持续多年下降的背景下,2019年我国吸收外资保持逆势增长,全年实际使用外资9 415.2亿元,同比增长5.8%,稳居发展中国家首位、全球第二位。其次,外资企业已经深入融入中国市场。根据美国经济分析局(BEA)2017年的数据,在华美国企业约80%的产品都在满足中国本地需求,外资企业离开中国后,将在物流、税收等方面大幅增加其产品进入中国市场的成本。全球跨国企业在华每年收入约2万亿美元,且仍在稳步增长,相比那些业务只集中在本地的企业,毛利率高出5%~8%,表明跨国企业从跨国业务包括中国业务中明显受益。最后,中国已经成为全球经济增长的重要支柱,如贡献了全球制造业总产出的35%,尽管在全球家庭消费中的占比仅为10%,但在2010—2017年贡献了31%的增长额。

2. 全球供应链的贸易强度和人口红利下降

(1) 贸易强度下降

20世纪90年代至2007年,全球贸易增长迅速,平均增速与生产总值快2.1倍。但2007年以后,几乎所有商品供应链中的贸易强度(即总出口与总产出的比率)都有所下降,贸易量增长有所放缓。这种趋势并非表明全球化已经结束,它反映了中国和其他新兴经济体消耗了更多的产品。

(2) 人口红利减弱

在20世纪90年代到21世纪初时期,全球价值链上生产地的选择主要基于劳动力成本,特别是在劳动密集型的行业。目前,只有少数商品贸易是基于劳动力成本红利,全球80%以上的商品贸易不是从低工资国家到高工资国家。生产地的选择开始考虑其他因素,如获得熟练劳动力或自然资源、接近消费者以及基础设施的质量等。在未来,自动化和人工智能可能会放大这一趋势,将劳动密集型制造业转变为资本密集型制造业。这种转变将对低收入国家如何参与全球供应链产生重要影响。

3. 发达国家吸引制造业回流，发展中国家推动制造业转型升级

（1）发达国家多种措施吸引制造业回流，但效果有限

发达国家在开展全球生产布局时，往往选择将自身不具备优势的环节外包给供应商或转移至其他国家生产，伴随着对外直接投资规模的持续扩张和阶段演进，导致以制造业为代表的实体经济不断弱化，竞争力不断下降，最终诱发投资国的制造业空心化。因此，美国、日本等多个国家近年来积极出台措施，吸引制造业尤其是中高端制造业向本国回流。从实施效果来看，短期内很难见到明显的效果。制造业回流发达经济体后，无论从产业配套、真实劳动力价格还是物流成本（距离主要消费市场更远）都有明显的上升，政府的补贴和上升的成本相比只是杯水车薪。

（2）发展中国家推动制造业向中高端攀升

发展中国家为了提升自身在全球产业链体系中的地位和作用，摆脱"低端制造业锁定"的格局，开始从加强设计研发、提升技术水平等方面提升本国制造业的附加值。例如，近年来印度多次提出让印度成为"全球制造中心"，并从改善基础设施、优化营商环境、加大对外开放力度等方面出台措施，以全面提升印度的制造业。2019年8月，越南计划投资部公布了第四次工业革命国家战略，提出于2025年以前成立五家市值10亿美元的科技公司，用于研发的社会总投资额预计占GDP的1.5%。

4. 服务在全球产业链中发挥着越来越重要的作用

在过去十年中，服务贸易的增长速度比货物贸易快了60%以上。一些子行业，包括电信和IT服务、商业服务和知识产权收费，增长速度提高了2~3倍。首先，服务创造了大约1/3的交易制成品价值。研发、工程、销售和营销、财务和人力资源都可以使货物进入市场。此外，几乎所有价值链中的进口服务都在替代国内服务。随着制造商越来越多地引入新型租赁、订阅和其他"即服务"商业模式，商品和服务之间的区别将继续变得模糊。其次，跨国公司向其全球附属公司发送的无形资产，包括软件、品牌、设计、运营流程以及总部开发的其他知识产权，都代表着巨大的价值。这对于公司和国家未来如何参与全球价值链和贸易将变得越来越重要。

资料来源：节选并改编自对外经贸大学全球价值链研究院发布《后疫情时代的全球供应链革命》研究报告；郑江淮、李强"疫情产业影响：短期难撼动我国全球价值链地位，长期是机遇"，澎湃新闻.

学习总结

国际贸易理论要回答三个基本问题，即国际贸易的原因、结构和结果。古典和新古典贸易理论以各国生产同一产品的价格或成本差别作为国际分工的原因，以完全竞争、规模报酬不变为基本前提，而新贸易理论和新新贸易理论则逐渐引入不完全竞争、规模报酬递增、产品和企业异质化等假设，国际分工的视角也沿着国家-国家、产业-产业、产品-产品这一主线延伸。国际贸易的演进取决于国家之间是竞争还是合作、市场环境是自由的还是有干预的。一国对外贸易政策的基本类型包括自由贸易政策和贸易保护政策，在不同时期或背景下切换，形成对外贸易总政策，再根据本国产业优劣势与市场需求制定商品进出口政策，结合双边或区域贸易关系制定国别贸易政策。国际贸易政策的具体实施措施有关税、非关税壁垒

及其他鼓励进出口的措施。

21世纪以来,国际贸易增长迅速,全球经济发展呈现出多极化趋势,形成以北美、东亚、欧洲三极为特征的多极全球地理结构。中国、美国、德国三国的对外贸易额合计占全球的近1/3,其次是日本、荷兰、法国、英国、韩国、意大利、加拿大、印度等国。中国的崛起是国际贸易结构的最大变化,目前中国是世界第二大经济体和第一大货物贸易国,最大区域经济集团是东盟和欧盟,三大贸易伙伴国是美国、日本和韩国,出口以基础制造产品为主,进口以装备制造设备、高新技术产品为主,进出口结构失衡比较突出。

一国在国际贸易中的地位与其在全球价值链中的地位密切相关,目前全球价值链已形成欧洲、北美和东亚三足鼎立的格局,分别以德国、美国、中国为核心,成为最重要的中间品供应国连接着区域内的其他国家和地区。中国在全球价值链中的传统角色是"承上启下",处于微笑曲线的中、底部,研发、创新、品牌营销等高附加值的环节仍更多被美国、日本等发达国家占据。随着产业结构的不断升级,中国企业的核心竞争力向较高附加值的关键零部件等中间品转化,在全球价值链中端与发达国家激烈竞争,低端产业则逐渐向其他国家转移。2008年全球金融危机以来,全球价值链的扩张放缓,呈现出以下重构趋势:全球货物贸易占生产总值的比例减小;国际服务贸易的增长快于货物贸易;依靠劳动力成本低而获利的贸易份额减少;知识密集度提高;区域化属性增强。在此背景下,中国企业应积极创新,促进技术进步,真正摆脱在全球价值链的关键环节受制于人的局面,这是中国在全球价值链重构竞争中获胜的关键。

在国际贸易区域化属性愈加明显的背景下,区域贸易协定是各国扩大对外经贸合作、确保区域安全、加快全球布局的重要手段。全球最主要的区域经济一体化组织和合作机制有北美自由贸易区、欧洲联盟、亚太经济合作组织、东盟共同体、南方共同市场等,中国发起的"一带一路"倡议已成为亚洲区域经济一体化的重要拉动力。世界贸易组织作为最重要的国际经济组织之一,其倡导的非歧视、自由贸易、开放公平、透明等原则对于调解贸易争端、促进贸易公平发挥了巨大的作用。在国际贸易环境变化的背景下,WTO面临着如何应对贸易保护主义、世界发展不平衡及治理效率较低等挑战,中国主张发挥负责任大国的作用,积极参与全球治理,推动各国共赢发展。

学习测试

一、选择题

1. 国际贸易理论要回答的三个基本问题是( )。
   A. 国际贸易的原因 　　　　　　　　B. 国际贸易的优势
   C. 国际贸易的结构 　　　　　　　　D. 国际贸易的结果
2. 我国改革开放40余年以来,对外贸易政策的总基调是以( )为主,实行有限的、循序渐进的贸易自由化。
   A. 出口 　　　B. 进口 　　　C. 保护 　　　D. 自由
3. 非关税壁垒是指除关税外的一切限制进口的措施,它比关税措施( )。
   A. 更直接 　　　B. 更灵活 　　　C. 更隐蔽 　　　D. 更具针对性
4. ( )是欧洲价值链的核心。

  A. 英国　　　　　B. 德国　　　　　C. 法国　　　　　D. 美国
5. 区域经济一体化的组织形式中,一体化程度最低的是(　　)。
  A. 自由贸易区　　B. 关税同盟　　C. 共同市场　　　D. 经济联盟
  E. 完全的经济一体化
6. WTO 的基本原则包括(　　)。
  A. 非歧视贸易原则　　　　　　　　B. 关税保护原则
  C. 公平交易原则　　　　　　　　　D. 贸易自由化原则
7. 以下选项中是全球价值链重构的主要趋势的是(　　)。
  A. 全球货物贸易占生产总值的比例增加
  B. 国际服务贸易的增长快于货物贸易
  C. 依靠劳动力成本低而获利的贸易份额增加
  D. 知识密集度提高
  E. 区域化属性增强
8. 新贸易保护主义的形式有(　　)。
  A. 提高关税　　　B. 进口限额　　　C. 绿色壁垒　　　D. 知识产权保护

二、简答题

1. 简述对外贸易政策的内容构成。
2. 一国可以给予不同进口来源地不同种类的关税率,请简述这些关税率的种类。
3. 简述我国对外贸易的地理结构。
4. 简述全球价值链网络的构成。
5. 简述 WTO 的基本原则。

三、案例分析题

利用自贸区叠加效应优化投资布局

  江苏某服装公司熟练运用我国与东盟签订的自由贸易区协定优惠政策,不仅享受到关税减免,还在海外投资中实现资源优化配置,提升了产品市场竞争力。具体如下。

  该公司利用中国—东盟自贸区优惠政策将原辅材料出口到其在越南和柬埔寨的工厂,再根据客户所在国自贸协定网络和订单品种进行合理分配。如将出口到欧盟、日本的订单放在柬埔寨工厂生产,只要缝制工艺在柬埔寨进行,达到相关原产地标准,出口到欧盟和日本便可享受零关税。而若放在国内生产,出口日本时关税则高达 11.8%;若放在越南生产,则需要一件成衣 70% 以上原辅材料自东盟地区采购,才能在出口日本时享受零关税。此外,该企业将国内成本较高的部分材料放在柬埔寨、越南生产,再进口回国内加工成成衣,节约生产成本。

  充分利用自贸区优惠政策,该企业每年节省大量关税额和生产成本。

  根据以上资料,回答下列问题:
1. 中国—东盟自由贸易区包含哪些国家?
2. 概括案例中的企业节约了哪些环节的关税?
3. 该企业的做法给出了怎样的启示?

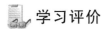 学习评价

核心价值观评价

	核心价值观	是 否 提 高
通过本项目学习,你的	动态发展观和辩证思维观	
	道路自信和制度自信	
	人类命运共同体理念	
自评人(签字)　　　　　年　月　日		教师(签字)　　　　　年　月　日

专业能力评价

	能/否	准确程度	专业能力目标
通过本项目学习,你			能对比分析不同类型对外贸易政策的作用
			能从全球价值链视角分析国际贸易结构
			能结合全球价值链重构的趋势分析国际贸易的发展方向
自评人(签字)　　　　　年　月　日			教师(签字)　　　　　年　月　日

专业知识评价

	能/否	精准程度	知识能力目标
通过本项目学习,你			了解国际贸易理论的演进路径
			了解中国对外贸易政策的历史发展
			掌握主要国际贸易措施的特点
			熟悉国际贸易大国及重要的双边贸易关系
			掌握中国对外贸易结构
			理解全球价值链对国际贸易结构的影响
			理解中国在全球价值链中的地位及变化
			了解区域经济一体化的主要形式、组织及合作机制
			掌握世界贸易组织的基本职能与原则
自评人(签字)　　　　　年　月　日			教师(签字)　　　　　年　月　日

学习项目八

国际商务金融环境

 学习目标

知识目标

1. 熟悉国际货币体系的概念和演进路径。
2. 理解各类汇率制度及特点。
3. 掌握外汇市场的结构与功能。
4. 理解全球主要外汇市场的运行特点。
5. 掌握影响汇率变化的主要因素及机制。
6. 理解汇率变化对国际商务的影响。
7. 掌握外汇风险及种类。
8. 掌握主要外汇风险管理工具和策略。

能力目标

1. 能够结合当前国际货币体系特点分析重大事件对国际金融环境的影响。
2. 能够根据外汇交易需要选择合适的外汇市场和交易对手。
3. 能够运用汇率决定理论和影响因素分析主要货币的汇率变化趋势。
4. 能够分析汇率变化对国际商务的影响。
5. 能够识别各类汇率风险,有针对性地设计风险防范预案。

素养目标

1. 从我国汇率及外汇市场的长期稳定中体会中国特色社会主义制度的优越性,坚定制度自信。
2. 系统地、历史地看待国际货币体系的形成与发展,培养系统思维、历史思维、战略思维。
3. 结合国际经济环境系统全面地从战略层面看待汇率影响因素,培养系统思维、战略思维和国际视野。
4. 从人民币国际化的进程和作用中感知推动构建国际金融新秩序的中国担当。
5. 面对汇率变化环境,树立风险意识,通过设计风险防范预案强化责任担当。

学习导图

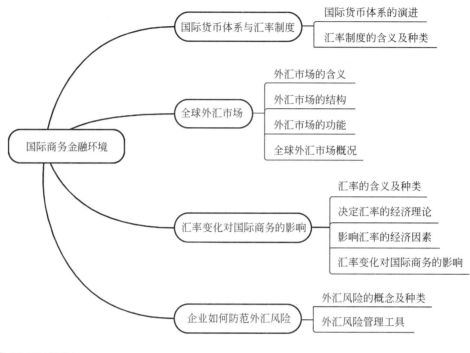

引导案例

中国铝业的国际化脚步

中国铝业股份有限公司(简称中铝)是全球最大的氧化铝生产商,第二大原铝生产商。中国铝业从 2001 年完成资产重组以来,持续推进国际化进程,经营触角不断向外延伸。2008 年,中国铝业通过其新加坡的全资子公司和美国铝业联合,在伦敦市场公开收购了全球第三大多元化矿产资源公司力拓英国(Rio Tinto Plc)12%的股份,成为该公司单一最大股东。这宗收购交易总对价折合 140.5 亿美元,其中美国铝业出资 12 亿美元,在这宗收购交易中占少数份额,中国铝业出资 128.5 亿美元,是这宗交易的主要出资方。这是中国铝业公司历史上及中国企业历史上规模最大的一次海外投资,也是截至 2008 年 2 月全球交易金额最大的股票交易项目。

这笔交易达成于 2008 年 1 月,当时美元兑人民币平均汇率是 7.2478,如果中铝以自有现金全额支付的方式完成这笔交易,大约需要支付 931.34 亿元。然而,中铝在这宗交易中采取了国际并购中通行的杠杆收购方式,也就是使用银行融资来支付收购价款。这笔交易达成后,人民币兑美元进入了长期升值通道。如果中铝在并购交易完成 3 年后偿还收购价款,按照 2011 年 1 月的平均汇率 6.602 7 测算,大约需要支付 848.45 亿元,比达成交易时一次性全额支付的方式节省人民币资金 82.89 亿元。金融工具的合理使用创造了巨大经济效益。

2016 年,中国铝业与几内亚政府、几内亚国家矿业公司就博法区块开发签署合作框架协议。2018年10月,在中几合作双方的多轮磋商和共同努力下,博法项目正式开工。博法铝土矿项目储量24.1亿吨,保有可开发资源量约17.5亿吨,可持续开采约60年,将使中国铝业矿山自采率提高到75%。一期工程总投资约5.85亿美元,设计规模为年产铝土矿1200万吨。工程开工以后进展迅速,2019年10月启动现场采矿作业,2020年4月,项目皮带输送系统带料重载联调一次成功,刷新了非洲最长的单条皮带机记录,树立了全球单吨矿石运输能耗最低的新标杆。2020年6月18日,中铝几内亚博法项目首艘大型远洋货轮,满载17.5万吨优质铝土矿正式抵达广西防城港港口,这个我国在几内亚投资建设的最大铝土矿项目正式进入收获期。

博法项目从达成合作意向到产出第一船矿石历时近五年,这五年也是人民币汇率形成机制加速改革的五年。2015年8月,人民银行实行汇率中间价报价机制改革,由过去的人民银行公布中间价改为参考市场收盘价决定人民币中间价;2015年12月,人民币加入IMF特别提款权,人民币汇率中间价定价机制进一步优化为"收盘价+一篮子货币"模式。2017年2月,人民币货币篮子品种扩容,同年5月,逆周期因子被引入中间价报价模型。此后,人民银行按照稳定宏观金融环境的需要,适时进行逆周期因子的引入和退出,同时逐渐淡出直接的外汇市场干预。在这一系列重要改革的作用下,人民币汇率的市场化程度显著提升,人民币兑美元汇率期间最大波动幅度接近15%。

近30年来,人民币汇率制度经历了多次重大的跨越式改革。伴随着人民币汇率制度的改革,人民币开启了兑主要币种持续和强劲的升值过程。2005—2020年,人民币兑美元升值25.85%。2008—2020年,人民币兑欧元升值17.58%,兑英镑升值26.74%。

案例分析:中国铝业的国际化进程是千千万万中资企业"走出去",深化国际商务合作的一个缩影。在这个过程中,既有合作周期长,影响深远的对外直接投资合作,也有快节奏的商品货物贸易合作。伴随着人民币汇率形成机制愈加市场化,人民币的价值中枢随国内国际经济金融环境变化而波动成为常态。与此同时,随着企业不断扩充国际商务合作地域范围,在对外贸易金融往来中涉及的币种越来越丰富。如何防范因汇率波动带来的风险,实现经营效益最大化,是企业在国际化经营中面临的重要课题。

学习单元一　国际货币体系与汇率制度

一、国际货币体系的演进

国际货币体系(international monetary system)是世界各国对涉及国际货币流通的各个方面,包括货币的兑换性、汇率制度、国际收支的调节机制、国际结算制度、国际储备体系、国际货币关系及其他国际金融事务,在国际范围内自发地或通过政府之间协商安排而确立的一整套系统的原则、办法、规章制度和机构。

国际货币体系的演进先后经历了三个主要阶段:金本位制时代、布雷顿森林体系时代和牙买加体系时代。每个国际货币体系的产生和消亡都有其特定的历史背景。

动画:国际货币体系

1. 国际金本位制度

从 1880 年到 1914 年第一次世界大战爆发,世界经济处于金本位制(gold standard)下。各国使用具有一定成色和重量的金币作为货币,金币可以自由铸造、自由兑换和自由输入输出。各国政府规定单位货币的含金量,各国货币的汇率由它们各自的含金量比值(金平价,gold parity)决定,货币的实际汇率围绕金平价上下浮动。由于主要货币都有黄金作为支撑且货币的含金量由政府通过立法程序进行明确,因此货币的价值易于确定。同时,"黄金输送点"的存在,提供了汇率自动调节机制,使主要货币之间的汇率相对稳定。

金本位制消除了由汇率波动引起的不确定性,推动了国际贸易和国际投资的发展。但是,金本位制要求各国的货币发行量不能超出其黄金存量可支撑的货币量,这就意味着难以根据本国经济发展的需要执行有力的货币政策。

第一次世界大战爆发后,黄金的自由流动受到破坏,国际金本位制受到严重削弱,在1929—1933 年大萧条期间瓦解。金本位制瓦解后,布雷顿森林体系重构了国际货币流通规则,对当今世界货币金融格局产生了深远影响。

2. 布雷顿森林体系

第二次世界大战爆发后,欧洲各国经济实力大幅削弱,美国成为世界上最大的债权国,其黄金储备迅速增长至约占当时世界黄金储备的 60%,获得了事实上的资本主义世界盟主地位。建立一个以美元为中心的,有利于美国对外扩张的货币体系符合当时美国的核心利益。与此同时,英国仍然在世界上保持着相当重要的地位,英镑仍是世界主要储备货币,国际贸易的 40%用英镑结算。在此背景下,美国财政部官员怀特和英国财政部顾问凯恩斯分别从本国利益出发,设计战后国际货币金融体系,分别提出"怀特计划"和"凯恩斯计划"。

"怀特计划"主张取消外汇管制和各国对国际资金转移的限制,设立一个国际稳定基金组织发行一种国际货币,使各国货币与这种国际货币保持固定比价。"怀特计划"的核心是国际基金货币与美元和黄金挂钩,各国货币与国际基金货币挂钩且不得随意进行竞争性贬值。"凯恩斯计划"则是立足于英国黄金储备不足,主张建立一个世界性的中央银行,各国的债权债务通过它进行清算。

1944 年 7 月,在美国新罕布什尔州的布雷顿森林召开由 44 国参加的"联合国联盟国家国际货币金融会议",通过了以"怀特计划"为基础的《国际货币基金协定》和《国际复兴开发银行协定》,总称《布雷顿森林协定》,建立了以美元为中心的国际货币体系,史称布雷顿森林体系,其主要内容如下。

动画:国际货币基金组织

(1) 成立国际货币基金组织(International Monetary Fund,IMF),负责协调国际之间货币事务,为成员国解决短期国际收支逆差提供信贷支持。

(2) 美元与黄金挂钩,IMF 成员国货币与美元挂钩,实行可调整的固定汇率制度。

(3) IMF 成员国取消经常项目交易的外汇管制,不得采取歧视性的货币措施。

(4) 建立国际复兴开发银行,也就是后来的世界银行(World Bank),

动画:世界银行

帮助在第二次世界大战中遭受严重破坏的国家进行战后重建,并约定成员国如欲申请世界银行贷款,需首先成为IMF成员国。

布雷顿森林体系将国际货币金融运行重新纳入有序框架,为战后世界经济恢复增长和国际贸易发展创造了良好的外部条件。在布雷顿森林体系下,美元发挥着世界货币的职能。一方面,美元作为国际支付和储备货币,需要维持稳定的币值,才能被世界各国广泛使用;另一方面,为了满足迅速增长的国际支付和储备需求,需要美国不断向世界输出美元,这就要求美国保持大量且不断增长的国际收支逆差。而在存在大量国际收支逆差的情况下,美元的贬值压力巨大,保持币值稳定成为不可能完成的任务。在布雷顿森林体系后期,美国出现大量国际收支逆差,黄金储备大量外流,美元危机频繁爆发,美国无力继续维持美元币值。1971年,美联储开始拒绝向国外央行出售黄金,美元与黄金的挂钩名存实亡。1973年美元进一步贬值,世界主要货币受投机商冲击被迫实行浮动汇率制,以美元为中心的布雷顿森林体系瓦解。

3. 牙买加体系

布雷顿森林体系瓦解后,国际货币流通再次陷入混乱。1972年,IMF成立了一个专门委员会研究国际货币制度的改革问题。该委员会对黄金、汇率、储备资产、国际收支调节等方面提出了一些原则性的建议。1976年,在该委员会研究的基础上,IMF理事会在牙买加达成"牙买加协议"。同年,"牙买加协议"的主要内容以IMF官方文件《国际货币基金协定第二次修正案》的形式发布,宣告新的国际货币体系——牙买加体系形成。它的主要内容如下。

(1)实行浮动汇率制度改革。承认固定汇率制与浮动汇率制并存的局面,IMF成员国可自由选择汇率制度。同时IMF继续对各国货币汇率政策实行监督,并协调成员国的经济政策,促进金融稳定,缩小汇率波动范围。

(2)推行黄金非货币化。废除黄金条款,取消黄金官价,成员国中央银行可按市价自由进行黄金交易;取消成员国相互之间以及成员国与IMF之间须用黄金清算债权债务的规定,IMF逐步处理其持有的黄金。

(3)增强特别提款权的作用。提高特别提款权的国际储备地位,扩大其在IMF一般业务中的使用范围,并适时修订特别提款权的有关条款。

(4)增加成员国基金份额。

(5)扩大信贷额度,以增加对发展中国家的融资。

牙买加体系针对布雷顿森林体系的缺陷做了以下优化。一是储备货币多元化。增加欧元、日元等强势币种以及特别提款权作为国际货币,美元的地位有所削弱。二是汇率安排多样化。对各国采取的汇率制度不设置任何约束,承认浮动汇率和固定汇率并存。三是多渠道调节国际收支。IMF成员国可以综合利用汇率、利率机制进行国际收支调节,同时,IMF的国际协调职能也得到进一步增强。

然而,牙买加体系的实质是放任自由制度,它只是对布雷顿森林体系做出了局部修正,没有很好地解决后布雷顿森林体系时代国际金融环境的新问题。尤其是进入20世纪80年代后,在国际资本流动日趋活跃的时代背景下,各国的国际收支、货币汇率、利率、通货膨胀等经济变量相互交织、互相影响,使全球货币事务复杂性倍增,局部危机溢出效应明显。先后发生诸如拉美债务危机、日本金融危机、亚洲金融危机、美国次贷危机等重大金融危机,波及范围和破坏性不断扩大。牙买加体系显然不具备有效机制来预防和应对这些危机。

2008年美国次贷危机以后,现行国际货币体系更显得难以为继。一方面,新兴国家快速增长,国际贸易与全球化飞速推进,跨境资本流动更加活跃,国际经济实体面需要更加稳定和强有力的货币体系支持。另一方面,国际货币发行国基于本国利益出发采取的宏观政策可能对他国造成负外部性,美元信用基础进入长期下滑通道,世界各国对以美国为首的世界货币发行国独揽铸币税的不满日渐加深。与此同时,现行国际货币体系没有充分体现新兴市场国家快速发展对世界经济格局的影响,国际上对于建立新货币体系的需求日渐强烈。人民币的国际化可能成为国际货币体系改革中的重要一环。

知识拓展

中国与国际货币体系

中国并没有像其他新兴市场国家一样遭受货币高估和资产价格上升的困扰。尽管中国已实行市场经济,但仍然实行严格的资本流动管制,使本国免遭全球危机和外国信用条件的影响。

2009年3月,中国央行行长周小川在其文章中批评了基于美元的全球货币体系,中国开始着手一项重大计划,鼓励扩大人民币的使用范围,在国际贸易中更多地使用人民币结算。7月,中国启动了试点项目,参加试点的中国内地五个城市的企业与中国香港地区及东盟国家之间的贸易往来以人民币结算。中国香港的银行已经于2004年获批开展人民币存款业务,人民币存款数额随着跨境贸易人民币结算业务的开展增长迅猛。这项计划使各方受益:存款人获得利息,银行可以将人民币资金借给到中国购买商品或投资的公司。

有必要回顾一下中国推进人民币国际化的进程及动因。首先,为中国银行与企业开展跨国人民币交易提供便利,人民币使用范围的扩大降低了中国进出口商和金融服务业务对美元(即对美国银行和美联储)的依赖程度。其次,由几个主导的商业和金融主权货币组成更加多元化的国际货币和金融体系,与更加多元化的世界经济更匹配。随着新兴市场国家的快速崛起,显然仅依靠美国一个国家无法继续满足世界经济对流动性的大量需求。如果集中主要货币,不仅是美元,还包括人民币、欧元及其他货币,用于跨境贸易,将会极大丰富国际流动性。如果其中某种货币出现问题,则其他货币可以替代,使货币体系更具弹性。

自2011年起,跨境贸易人民币结算的适用范围对内已扩展到全国,对外已扩展到全部国家。中国企业和境外贸易伙伴之间,只要双方协商一致,就可以自由使用人民币进行经常项目下的商品和服务贸易结算。

资料来源:巴里·埃森格林.资本全球化:一部国际货币体系史(原书第3版)[M].麻勇爱,译.北京:机械工业出版社,2022.

二、汇率制度的含义及种类

(一)汇率制度的含义

汇率制度(exchange regime)又称汇率安排(exchange arrangements),指各国或国际社会对于确定、维持、调整与管理汇率的原则、方法、方式和机构等所做出的系统规定。

动画:汇率制度

汇率制度的主要内容如下。

（1）确定汇率的原则和依据。例如，以货币本身的价值为依据还是以法定价值为依据。

（2）维持与调整汇率的办法。例如，币值是通过法定程序调整，还是由市场交易自主确定。

（3）管理汇率的法令、体制和政策等。其包括是否实行外汇管制，以及具体的外汇管制方式。

（4）制定、维持与管理汇率的机构。其包括外汇管理局、金融管理局、外汇平准基金等。

（二）汇率制度的种类

IMF 从 1950 年开始每年发布《汇率安排和外汇管制年度报告》（Annual Report on Exchange Arrangements and Exchange Restrictions），对成员经济体的汇率制度进行全面分析。2019 年的报告覆盖 193 个成员国和经济体，将成员国汇率制度划分为四个大类：硬钉住汇率制、软钉住汇率制、浮动汇率制和其他汇率制。其中，每个大类又进一步细分为若干子类别。具体汇率制度类型如表 8-1 所示。

表 8-1　IMF 汇率制度分类

汇率制度大类	汇率制度分类				
硬钉住汇率制	没有独立法定货币的汇率安排	货币局制度			
软钉住汇率制	传统钉住汇率制度	钉住水平带的钉住汇率制度	稳定化安排	爬行钉住制度	类爬行汇率安排
浮动汇率制	浮动汇率制度	自由浮动汇率制度			
其他汇率制	其他有管理的汇率安排				

IMF 的研究结果显示，各国的汇率制度是动态变化的。近十年来，稳定化安排、类爬行安排和归属于其他有管理浮动汇率制度的成员国数量波动较大，总体上呈现出逐步向浮动汇率制演进的趋势，如图 8-1 所示。

1. 没有独立法定货币的汇率安排

在这一汇率制度下，另一个国家的货币作为唯一法定货币在本国流通。采用这种制度意味着货币管理部门完全放弃对国内货币政策的控制。需要注意的是，这种汇率安排应该和货币联盟加以区分。在货币联盟中，多个国家共同商议采用同一货币，货币联盟成员国采用的货币就是这一联盟的法定货币。而没有独立法定货币的汇率安排是指他国货币以法定货币地位直接在本国流通。代表国家：厄瓜多尔、帕劳使用美元；科索沃、黑山使用欧元；瑙鲁、图瓦卢使用澳大利亚元。

2. 货币局制度

在货币局制度下，一国以立法形式明确该国货币以固定汇率与特定货币挂钩，并且对货币发行管理部门施加一定的限制，以确保其履行法定义务。采用货币局制度的经济体中，本国货币通常完全由外国资产支持。同时，中央银行的职能严重弱化甚至消除，例如取消货币管制，不存在最后贷款人，对本国货币政策仅保留极小的自由裁量权等。在货币局制度下，

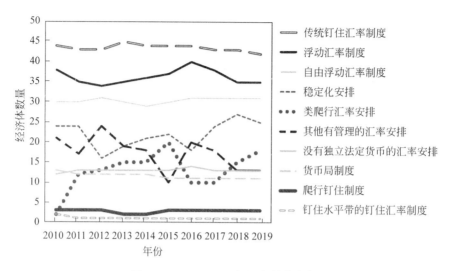

图 8-1 2010—2019 年汇率制度分布

图片来源：IMF《2019 年汇率安排和外汇管制报告》.

可能允许本国货币对挂钩货币存在一定的浮动，其幅度大小通过法律程序确定。代表国家和地区：中国香港、多米尼加、格林纳达钉住美元；波黑、保加利亚钉住欧元。

3. 传统钉住汇率制度

在传统钉住汇率制度下，经济体以立法形式将其货币与另一种或一篮子货币挂钩。作为锚的货币（钉住单一货币的情况）或货币篮子中各个币种的权重（钉住一篮子货币的情况）信息是公开的。货币管理部门随时准备以直接或间接的方式干预汇率，例如在公开市场上出售或购买外汇（直接干预），或利率政策、外汇管制、窗口指导等方式影响汇率（间接干预）。

传统钉住汇率制度下并不存在严格的货币汇率承诺，但是需要明确汇率必须在一个很小的幅度内波动。波动幅度一般不超过中心汇率的±1%，或在至少 6 个月的时间跨度内即期汇率最大值和最小值的差值不超过 2%。代表国家：阿鲁巴、伊拉克、巴哈马、巴林、卡塔尔、阿联酋钉住美元；喀麦隆、中非共和国、乍得钉住欧元；利比亚钉住 IMF 特别提款权。

4. 钉住水平区间的钉住汇率制度

国家货币管理部门以立法形式确认其汇率安排。汇率在中心汇率基础上波动幅度超过 1%，或者即期汇率最大值和最小值的差值超过 2%。代表国家：汤加。

5. 稳定化安排

即期汇率在 6 个月或更长时间内的波动幅度一般不超过 2%，但允许偶尔出现汇率较大幅度波动或突然变化。稳定系数可以通过钉住单一货币或一篮子货币实现，其中单一货币或货币篮子是通过统计的方式确认的。归类为稳定化安排的前提条件是统计指标全部满足，并且货币汇率的稳定是官方主动管理的结果。代表国家：圭亚那、黎巴嫩挂钩美元；克罗地亚、北马其顿挂钩欧元；摩洛哥、越南挂钩一篮子货币。

6. 爬行钉住制度

货币汇率在一个固定值或根据一些事先确定的量化指标基础上进行小幅调整。这些量化指标可以是本国和主要贸易伙伴通货膨胀率的差值、本国实际通货膨胀率和目标通货膨胀率差值与主要贸易伙伴相应指标的差值等。爬行率可以根据参数实际值确定（回顾式），也可以按照参数的预测值确定(前瞻式)。代表国家:洪都拉斯、尼加拉瓜挂钩美元;博茨瓦纳挂钩欧元。

7. 类爬行汇率安排

汇率必须在 6 个月或更长时间内相对于统计确定的趋势保持在 2% 的范围内小幅波动,允许少量的异常值存在。类爬行汇率安排允许的汇率波动幅度通常大于稳定化安排。但是,如果汇率以超过年化 1% 的幅度长期持续地升值或贬值,则应被分类为类似爬行的汇率安排。代表国家:利比里亚挂钩美元,新加坡挂钩一篮子货币。

8. 浮动汇率制度

汇率在很大程度上由市场决定,没有可确定或可预测的汇率变化路径。如果一个经济体的汇率表现在统计上满足稳定或爬行式安排的标准,这种稳定只有在明显不是官方行为的情况下,才能被归为浮动汇率制度。

浮动汇率制度下可以存在直接或间接的市场干预,但是市场干预行为只能是出于平滑汇率变化或防止汇率过度波动的目的,而不是为了使汇率维持在一个目标水平。是否存在对汇率的管理,在很大程度上需通过主观判断,如分析国际收支状况、外汇储备情况等。代表国家:阿根廷、津巴布韦、阿尔巴尼亚、巴西、乌干达、乌拉圭、马来西亚、瑞士。

9. 自由浮动汇率制度

自由浮动汇率制度是浮动汇率制度的特殊形式,需要满足的条件是:货币管理部门只在极少数情况下干预外汇市场,干预的目的仅是为了解决外汇市场上出现的失衡问题。这种干预活动在过去的 6 个月中发生次数不超过 3 次,每次持续时间不超过 3 个工作日。代表国家:澳大利亚、加拿大、智利、日本、瑞典、英国、美国、塞浦路斯、西班牙。

10. 其他汇率制度

无法归类为上述类别的经济体将被归为这一类别。代表国家:中国、蒙古、缅甸、阿富汗。

学习单元二 全球外汇市场

一、外汇市场的含义

外汇市场是进行外汇及衍生产品交易的市场。当今外汇市场不存在特定的物理边界,有形交易场所早已被电子化交易手段取代。全球不计其数的银行、外汇经纪商、自营外汇交易者、政府机构、非金融机构,以及个人交易者通过电子渠道随时随地进行外汇交易。

动画:外汇市场

与其他金融产品交易市场相比,外汇市场具有如下特点。

(1) 24 小时交易,全球金融中心接力形成了覆盖全球 24 个时区的市场。

(2) 成交量巨大,外汇市场的交易量远大于股票、债券、商品等交易品种。

(3) 没有固定场所,外汇交易服务商之间,外汇终端用户和外汇交易服务商之间通过便利的电子化手段进行交易。

(4) 柜面(over-the-counter,OTC)交易为主,这是与交易所交易相对的概念,除外汇期货等极少数在交易所交易的标准化品种外,绝大部分的外汇及衍生品交易都是由交易双方在交易所之外完成的。

(5) 投机交易活跃,除实体经济驱动的交易外,在全球主要金融中心,带数倍甚至数十倍杠杆的外汇投机交易也十分活跃。

(6) 交易费用低,不考虑杠杆因素,外汇交易本身的费率一般在万分之几级别,相比其他品种更为低廉。

二、外汇市场的结构

(一) 外汇市场的层次

全球主要外汇市场大体上都由两个层次构成:银行间市场(批发市场)和零售市场。

银行间市场具备高度流动性,主要由做市商(market makers)、主经纪商(prime brokers)及大型银行构成,通过电子化交易系统互相连接进行大宗外汇交易。参与银行间市场的外汇交易商们在为自身或代客户实现各类投资投机目标之外,也通过大额、迅速的交易,将市场上存在的各种信息不对称变现,从而实现外汇市场的价值发现功能。

零售市场由各类银行、货币公司、经纪机构和外汇产品终端用户构成,主要满足终端客户的支付结算、投资或投机需要。

(二) 外汇市场的参与者

外汇市场的参与者种类繁多,按照国际清算银行的分类方法,外汇市场的参与主体包括申报交易商、其他金融机构和非金融客户三大类。其中,其他金融机构又可以进一步细分为非报告银行、机构投资者、对冲基金和自营交易商、官方金融机构、其他金融机构五类。

1. 申报交易商

申报交易商主要是一些大型商业银行、投资银行和证券公司。它们一般直接参与银行间外汇交易,服务于大型企业客户、政府客户和中小银行客户。申报交易商是外汇市场上很活跃的参与者,他们很频繁地进行自营或代客性质的外汇以及外汇衍生品买卖。

2. 其他金融机构

国际清算银行将不能直接划分为申报交易商的金融机构划分为其他金融机构。归为这一类的金融机构一般是外汇及衍生品的最终用户,可以继续细分为以下五类。

(1) 非报告银行(non-reporting banks)。不能划分为申报交易商的中小型或地区性商业银行、投资银行或证券公司属于非报告银行。

(2) 机构投资者(institutional investors)。机构投资者主要包括共同基金、养老基金、保险公司、再保险公司、捐赠基金等的投资者。他们参与市场的主要动机是投资或风险管理。这类投资者还有一个别称,即实际投资者(real money investor)。

(3) 对冲基金和自营交易商(hedge funds and proprietary trading firms)。这类交易主体和普通的机构投资者不同,他们往往采取多样化的交易策略,在各种金融资产中进行交易,仅面向成熟投资者,如高净值个人客户或机构客户。他们的交易策略中常常包括多头和空头交易中的一方或两方,也常常进行杠杆交易。

自营交易商都以自身名义开展外汇交易,交易目的可能是投资,也可能是风险对冲或投机。自营交易商有时会使用算法交易策略在很短时间内进行频繁交易(高频交易)。

(4) 官方金融机构(official sector financial institutions)。官方金融机构主要包括中央银行、主权财富基金、IMF、BIS 等国际金融组织。

(5) 其他金融机构(other)。不能划分为上述四类的金融机构为其他金融机构。

3. 非金融客户

不能归类为申报交易商和其他金融机构的市场主体,主要是一些非金融的终端用户,如企业、非金融政府部门和自然人交易者。

这些市场主体绝大部分是出于经济上的目的参与外汇交易,而官方机构的角色和目的与其他机构不同。在外汇市场中,官方机构,尤其是中央银行和货币监管部门,往往承担着双重角色。一方面,中央银行和货币监管部门是所在国家和地区的外汇市场监管者,负责制定法规政策,维持市场秩序,或提供交易清算基础设施等。另一方面,它们还可能是市场的直接参与者,有时出于维护本币币值等宏观需要,会直接参与市场交易。

三、外汇市场的功能

外汇市场的功能主要包括以下三个方面。

1. 实现购买力的国际转移

不同的货币代表不同国家的购买力,国际商务交易至少涉及两种货币,需要进行两种购买力的转换。因此,需要将本国货币兑换成外币来结算对外贸易,或对外债权债务,这种兑换就是在外汇市场上进行的。外汇市场的存在,使外汇的需求方和供应方能够联系起来,达成交易。

2. 提供资金融通

沉淀在国际市场上的各种资金为各国的资金需求者提供了丰富的资金来源,在符合驻在国外汇管理政策的前提下,资金需求者可以通过外汇市场寻求更低的借贷成本。2008 年金融危机以来,美元长期维持低利率,日元无限趋近零利率,欧元长期维持负利率,都是国际市场上常用的融资币种。

3. 提供外汇保值和投机机制

在国际商务交易中,交易双方都面临着外汇风险。由于市场参与者对外汇风险的判断和偏好不同,有些参与者愿意花费一些成本来转移风险,而有的参与者愿意承担风险换取利润,因此产生了外汇保值和投机的需求。外汇市场为风险规避者提供了进行外汇保值的便利,同时为外汇投机者提供了承担风险、获取利润的机会。

四、全球外汇市场概况

(一) 全球外汇市场的主要特点

国际清算银行每 3 年组织一次由全球主要经济体货币管理部门参与的外汇市场调查。最近一次调查在 2019 年完成,有 53 个国家和地区的货币管理部门向国际清算银行提供了本地区 2019 年 4 月的日均交易数据。此次调查覆盖近 1 300 家银行和外汇交易商,多角度对所涉及国家和地区的外汇市场进行分析。

此次调查显示,全球日均外汇交易量达到 6.6 万亿美元,比 2016 年同期增长 29%。从交易额看,外汇市场是全球最大的金融产品交易市场,其日均交易量远大于股票、债券、贵金属等市场。全球外汇市场具备几个特点。

1. 外汇衍生品交易发展迅速

过去几十年来,全球外汇交易呈现持续增长的态势。其中,外汇衍生品交易(尤其是外汇掉期交易)的增长幅度大于外汇即期交易。虽然外汇即期交易的绝对值在持续增长,但在全部外汇交易品种中的份额却在不断下降,2019年的交易份额降到30%。与此同时,外汇掉期交易的份额增长到49%,如图8-2所示。

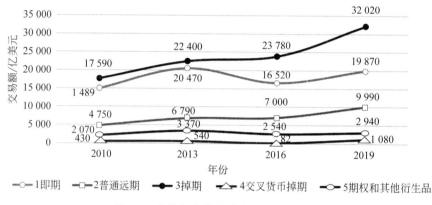

图8-2 各外汇交易品种交易量变化趋势

2. 美元仍占据绝对优势

2019年全球88%的外汇交易与美元相关。欧元为第二大交易货币,约32%的交易与欧元有关。其次是日元,约在17%的外汇交易中出现。

3. 新兴市场货币的地位正在提升

25%的交易与新兴市场货币有关。其中人民币的交易份额增长速度略高于市场平均增长速度,交易份额在2016年提升到第8位以后保持稳定,2019年调查结果显示人民币交易量仍然居于第8位,如图8-3所示。

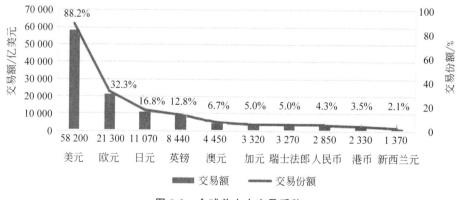

图8-3 全球前十大交易币种

4. "其他金融机构"交易活跃

全球外汇市场最大的交易主体是"其他金融机构",主要是一些中小型银行、对冲基金和自营交易商,他们参与了55%的交易。其次才是大型银行和外汇交易商,如图8-4所示。

在"其他金融机构"中,交易最活跃的是"非报告银行(non-reporting banks)",然后是各类机构投资者。对冲基金和自营交易商也是外汇市场中重要的交易主体,而官方机构(中央银行、货币管理部门等)参与的交易很少,如图8-5所示。

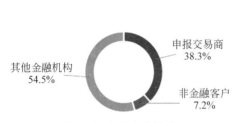

图8-4 交易主体构成

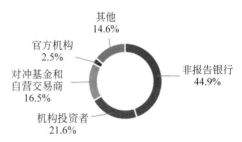

图8-5 "其他金融机构"交易分布

5. 金融中心地位显著

英国是全球最大的外汇交易市场,有43.1%的交易通过英国的机构达成,其次是美国、中国香港、新加坡和日本。前五大市场完成了全球79%的交易。而中国香港、新加坡和日本这三个亚洲金融中心总共达成近20%的交易,三者累计交易量占比超过美国(16.1%),如图8-6所示。

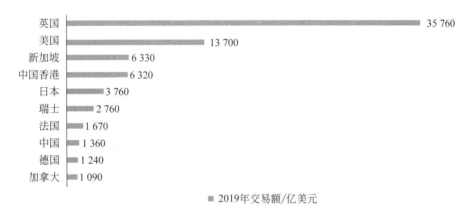

图8-6 主要市场交易额分布

(二) 全球主要外汇市场

1. 伦敦市场

在第一次世界大战以前,伦敦市场的外汇交易商们每周在皇家交易所(Royal Exchange)碰面两次,进行外币票据买卖。这种有形市场早已被电子化交易取代,当今的伦敦外汇市场是一个无形的市场,银行和外汇经纪商们通过EBS、彭博(Bloomberg)、路透(Reuters)等专业系统,或大型银行自身的交易系统进行外汇买卖。伦敦市场开展一切可兑换货币的即期交易。除外汇现货交易外,伦敦也是全球最大的外汇期货和期权交易市场。2019年11月,伦敦超越中国香港成为全球最大的离岸人民币交易中心。

伦敦市场成为全球最大的外汇市场有其历史原因。在伦敦市场,原本有来自亚洲、欧洲、美洲等各大洲的银行,这些银行首先在伦敦与同业建立起交易网络。在它们加入的同时,也将自身原有的服务网络引入伦敦。与此同时,英国在全球贸易中的领先地位和英镑作为全球贸易主要结算货币的地位,进一步助推了伦敦外汇市场的发展。伦敦独特的地理位置,使其可以很好地衔接亚洲和美洲的交易时段。在亚洲闭市时,伦敦市场刚好开市,伦敦交易日的下午时段和纽约市场重叠。时间上的重叠为市场提供了大量的流动性,这也是伦敦成为全球最大外汇市场的一个重要原因。

在英国,面向社会公众提供金融服务都需要向金融服务监管局(Financial Service Authority,FCA)申请牌照并接受其监管。英国对全额外汇交易不设置特殊的交易限制,这类交易适用金融业通用的 KYC 和反洗钱监管规定。而金融机构如果打算提供外汇杠杆交易服务,则需要向 FCA 专门申请许可并将交易对手严格限定在 FCA 允许的范围内。

2. 纽约市场

纽约是美元的国际结算中心,目前全球绝大部分美元交易最终都通过纽约清算所银行同业支付系统(the Clearing House Interbank Payment System,CHIPS)进行清算。鉴于美元在全球经济和全球外汇交易中的特殊地位,纽约外汇市场对全球外汇市场有重要影响。

美国对经营外汇业务没有限制,也没有专门指定的外汇银行,所以绝大部分美国银行和金融机构都可以办理外汇业务。美国的外汇市场参与主体主要包括美国联邦储备体系的成员银行和非成员银行(商业银行、储蓄银行等)、外国银行在纽约的分支机构、境外银行的代理行和代表处、证券公司、保险公司以及股票和外汇经纪商等。美国市场银行同业间的外汇买卖许多是通过外汇经纪人来办理。经纪人的业务不受任何监督,对其安排的交易也不承担任何经济责任,只是在每笔交易完成后收取佣金。

美国外汇保证金交易的两大监管机构——美国期货协会(National Futures Association,NFA)和美国商品期货交易委员会(Commodity Futures Trading Commission,CFTC)在金融危机过后全面加强了监管。给客户提供交易服务的每一个个人和公司必须在美国商品期货交易委员会(CFTC)注册并成为 NFA 成员。NFA 主要对经纪商的主体资格进行监管,包括核发外汇运营牌照,保证外汇经纪商符合必要的资金要求,对外汇经纪商的经营规范性进行监管。CFTC 主要对具体交易行为进行监管,包括设置交易杠杆比例限制以避免非专业投资者过度交易,规定外汇经纪商保管的客户资金只能由合格机构持有等。在此之外,外汇期权和期货交易还同时受美国证券交易委员会(U.S. Securities and Exchange Commission,SEC)的监管。这一严格的监管体系使美国零售外汇经纪商遭遇了前所未有的监管压力,许多零售经纪商在 2008 年以后离开了美国市场。

3. 中国香港市场

中国香港不存在外汇管制,各种币种都可以在中国香港市场上自由交易。自 20 世纪 70 年代实行钉住美元的汇率制度以来,得益于美元在全球的广泛流通,港币获得了稳定的发展。加上与新加坡相似的地理条件,使中国香港逐步成长为国际外汇市场。当前在中国香港市场上可以通过美元进行全球的全部可兑换货币的交易。中国香港自 2004 年开始开展离岸人民币业务,是全球最重要的离岸人民币交易和产品创新中心,离岸人民币的英文缩写 CNH 中的 H 即代表香港。

中国香港没有中央银行,中国香港政府不会主动干预外汇市场。中国香港金融管理局承担央行的角色,只在外汇市场的稳定遇到威胁时通过向市场买入美元或抛售美元来维护市场的稳定。

中国香港证券及期货事务监察委员会（Securities and Futures Commission,SFC）是外汇交易监管机构。如果经纪商想要向公众提供外汇杠杆交易，需要向SFC申请杠杆式外汇交易牌照。这张牌照只有管理规范、资金雄厚的大经纪商才能取得。近年来，持有这张牌照的经纪商数量维持在40家上下。获得这张牌照后，经纪商可以向有资格客户提供至多20倍杠杆的外汇交易服务。

2012年，中国香港交易所推出美元兑离岸人民币期货，是全球首只人民币期货。目前在中国香港交易所挂牌的外汇期货包括美元兑离岸人民币、欧元兑离岸人民币、印度卢比兑美元等7个品种，以及美元兑离岸人民币期权。除主流的普通远期和掉期外，中国香港市场的特色外汇衍生交易品种还有人民币、印度卢比、韩元和新台币的无本金交割远期，以及美元兑离岸人民币、美元兑港币的交叉货币掉期。

4. 中国内地外汇市场

与其他外汇市场一样，中国内地外汇市场也不存在实体交易场所和物理上的边界。中国人民银行下设的中国外汇交易中心是市场的核心，各类机构通过向中国外汇交易中心申请会员资格，接入其电子化交易平台而参与银行间市场交易。与此同时，这些会员机构面向全社会，在自身交易许可范围内提供外汇交易服务，如图8-7所示。

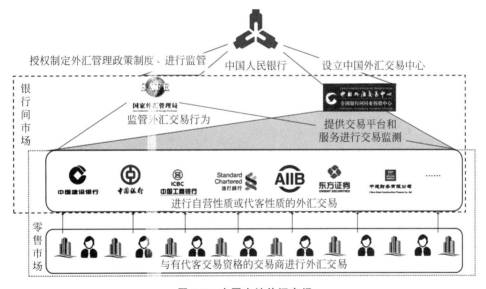

图8-7 中国内地外汇市场

中国外汇交易中心对会员单位实行分层分类授权。按照是否做市、是否开展外币对交易、是否开展衍生品交易等层次对会员单位进行授权。截至2020年12月末，有30家银行获得人民币外汇即期做市商资格，27家银行获得人民币外汇远期掉期做市商资格，另外对除美元以外的21种直接交易货币均单独进行做市商资格认定。做市商全部为大型中资、外资银行和国有政策性银行。人民币外汇即期交易会员单位约720家，包括大中型银行本部及分支机构、中外政策性银行、大型企业集团财务公司、证券公司、地区性城市商业银行、农村商业银行等。中国外汇交易中心按照会员的交易执行情况对会员资格进行动态调整。

中国内地外汇市场可以进行即期、远期、掉期、期权交易，支持人民币和美元、欧元、挪威克朗、土耳其里拉、墨西哥比索、泰铢等22种货币的直接交易,在此基础上可通过货币之间的交叉交易实现人民币和全球全部可兑换货币的间接交易。与国外市场不同,中国内地外汇市场对投机性外汇交易实行严格限制,因此交易主要受实体经济需求驱动,单纯以投机为目的的交易较少。

学习单元三　汇率变化对国际商务的影响

一、汇率的含义及种类

汇率(exchange rate)是两种货币之间的相对价格。汇率表达式中,作为计价基础的货币称为基准货币(base currency),在汇率表达式中处于"分母"的位置;作为被表达对象的货币称为标价货币(price currency),在汇率表达式中处于"分子"的位置。例如,EUR/USD=1.220 8用文字表述为欧元兑美元汇率为1.220 8,其中美元是基准货币,欧元是标价货币,这个汇率表达1个单位欧元的价值等于1.220 8个单位的美元。

动画:汇率

按照不同视角,汇率可以分为不同的种类。

(1) 官方汇率和市场汇率。由官方确定的汇率为官方汇率。而由市场通过其价格表现功能确定的汇率为市场汇率。

(2) 直接汇率和交叉汇率。直接汇率是两个币种之间直接交易确定的汇率,全球主要交易币种之间,以及大部分币种和美元之间的汇率都属于基本汇率。交叉汇率,又称套算汇率,是两种货币通过一个共同的第三方币种作为交换媒介而间接得出的汇率。不可兑换币种之间的汇率一般是以美元为媒介套算得出。

除此以外,按照外汇交易的方向,可分为买入汇率和卖出汇率;按照交易期限,可分为即期汇率、远期汇率和掉期汇率;按使用的国际结算工具,可分为电汇汇率、信汇汇率和票汇汇率等方式。

二、决定汇率的经济理论

微课:决定汇率的经济理论

动画:购买力平价

汇率是国际金融学的一个核心变量,是长期以来理论界的重要研究对象。随着各国逐渐放弃金本位制,开始发行信用货币,先后发展出购买力平价说、利率平价说、国际收支说和汇兑心理说等汇率决定理论学说。20世纪70年代以后,国际资金流动对汇率的影响日益凸显,更多变量被引入汇率决定理论,产生了资产市场说、宏观均衡分析法、微观结构分析法等。传统汇率决定理论的体系和思想较为成熟,其中的几个主要理论如表8-2所示。

表 8-2　传统汇率决定理论

时代背景	年代	学说	主要观点
金币本位制	1930 年前	铸币平价理论	铸币平价加上黄金运送费是汇率上涨的最高点,铸币平价减去黄金运送费是汇率下跌的最低点
金块本位和金汇兑本位制	1930 年前	金平价理论	货币汇率由政府公布的纸币所代表的金量之比决定(法定平价),市场汇率围绕法定平价上下波动,波动的驱动因素为市场供求关系
信用货币制	1922 年	购买力平价说	货币的价值在于其购买力,不同货币之间的兑换率取决于其购买力之比。进一步分为以下两个分支。 ① 绝对购买力平价说。汇率取决于以不同货币衡量的两国一般物价水平之比。 ② 相对购买力平价说。汇率取决于两国物价的相对变动,物价上升速度较快的国家,其货币会贬值
信用货币制	1923 年	利率平价说	两国之间即期汇率和远期汇率的关系与两国的利率差有密切关系,进一步分为以下两个分支。 ① 抛补利率平价说。外币汇率的远期升贴水率等于两国利率之差。 ② 无抛补利率平价说。预期的汇率变动率等于两国利率之差
信用货币制	1927 年	汇兑心理说	人们对外币的主观欲望是外币价值的基础。 人们的欲望包括支付、投资、投机等
信用货币制	1981 年	国际收支说	外汇汇率取决于外汇供求,而外汇供求取决于国际收支状况。因此影响国际收支,也就是影响经常账户和资本账户收支状况的因素,都会影响汇率

知识拓展

当代汇率决定理论的发展

20 世纪 70 年代以来,浮动汇率成为世界汇率制度的主流,国际金融市场上的资金流动成为影响汇率的重要因素,汇率变动跌宕起伏,传统汇率理论常常不能解释汇率的这种易变性。基于这一经济金融环境,不断有新的汇率理论产生,试图对汇率变化机制进行更有力的解释。总体上讲,汇率决定理论的发展呈现以下趋势和特点。

第一,新的汇率理论突破了传统的分析框架,引进新的变量。这种研究进一步分成两个方向。一种方向是继续从传统的基本经济因素出发,寻找新的基本因素来对传统模型进行扩充,或是对其假设前提进行质疑和修正。另一种方向是突破传统基本因素分析的框架,引进预期、信息等新的非基本因素的概念,甚至引进外汇市场上用于实际操作的基本分析和技术分析等手段,并试图将其量化。

第二,为汇率的决定建立微观基础成为汇率研究的重点之一。尽管汇率均衡点的确定仍然是汇率理论的重要研究对象,但是已有越来越多的学者把精力放在对汇率波动的微观解释上,并提出了许多政策建议。

第三,新的汇率理论大量使用计量经济学和统计工具。许多经济学家认为传统模型采用的是单一方程的简化形式,解释力不足,因此,现代汇率模型越来越多引进联立方程,试图更好体现多种经济变量变动对汇率水平的影响,以及这些变量之间的相互作用。

三、影响汇率的经济因素

1. 国际收支

当一国出现国际收支顺差时,外汇的供应大于需求,因而本国货币升值,外国货币贬值。与之相反,当一国出现国际收支逆差时,本国货币有贬值压力。需要注意的是,国际收支长期、持续性地变化才会对汇率产生实际影响。短期的、临时性变化可能会被其他因素所抵消,对汇率的影响不明确。

2. 相对通货膨胀率

货币对外价格的基础是对内价值。如果货币的对内价值持续降低,其对外价值也随之下降,相对通货膨胀率持续较高的国家,其货币相对于外国货币将贬值。

3. 相对利率

当本国利率较高时,本币持有者将本币兑换为外币投资到他国的动力较弱,并且有利于吸引外国投资者进入本国投资,因此对本币的需求增加,本币有升值动力,反之,本币有贬值压力。需要注意的是,在跨境资本流动管制的经济体中,由于资本追逐高息的通道受阻,相对利率对汇率的影响容易减弱甚至失效。

4. 财政赤字

本国财政赤字往往导致货币供应增加,本币的对内价值下降,容易导致本国货币贬值。与国际收支相似,临时性、短期的财政赤字不一定会影响货币汇率,长期、持续性的财政赤字则较容易引起本币贬值。

5. 国际储备

外汇储备数量反映政府稳定外汇市场的能力,储备增加有利于增加国际社会对本币的信心,是本币币值的重要支撑因素。

以上因素对外汇汇率的影响都不是孤立的。在实务中,长期汇率变化与上述经济因素的相关性较强,其中的一个方面或几个方面的综合作用可以较好地解释汇率中枢变动趋势,但短期汇率更容易受市场流动性、突发事件等因素驱动,往往呈现出由上述经济因素无法解释的变化。

微案例

人民币汇率受消息影响大幅上升

当前,国际外汇市场的价格发现效率高,市场对主要币种的信息变化反应灵敏。在没有突发事件的情况下,主要币种的日内波动一般比较平稳,波动幅度多在 0.2%~1%,很少超过 1%。但如果有重大事件发生,汇率可能在短时间内出现较大幅度快速波动,具体示例如图 8-8 所示。

2020 年 12 月 29 日,外汇市场消息面平静,流动性平稳,当日美元兑人民币汇率波动幅度在 102 个基点左右,折合日内波动幅度约 0.16%。

2020 年 12 月 31 日是年末最后一日,市场流动性变化比较大,汇率波动幅度扩大到 400 个基点,折合日内波动幅度约 0.62%。

2021 年 1 月 4 日,中国人民银行等六部门联合发布《关于进一步优化跨境人民币政策支持稳外贸稳外资的通知》。这一政策为正常经贸和投融资往来背景下的跨境人民币使用创造了更加宽松的条件,市场对这一政策出台表示欢迎,人民币兑美元汇率比上一日收盘跳升 693 个基点,相当于一夜之间升值 1.06%。

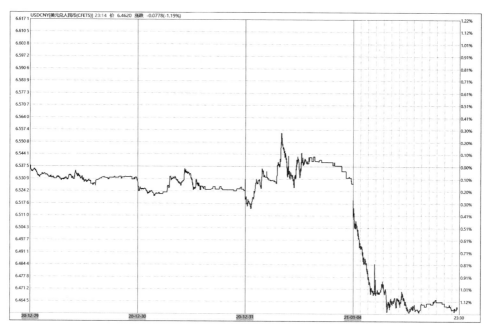

图8-8 2020年12月29日—2021年1月4日人民币即期汇率走势

思政园地

人民币国际化再进一步 港交所双柜台模式落地

2023年6月19日,香港交易所正式在香港证券市场推出"港币—人民币双柜台模式"及"双柜台庄家机制",双柜台模式将丰富港交所的人民币产品,为投资者提供更多交易选择,也为企业提供了一个利用香港离岸人民币资金池的渠道。

在双柜台模式推出当日,24只证券成为双柜台证券。港交所联席营运总监及股本证券主管姚嘉仁介绍,双柜台模式是同一只股票分别有港币和人民币柜台,投资者可自由选择交易任何一个柜台。对于在双柜台交易模式下港股上市公司股票,投资者可以选择用港币或人民币交易。目前,已获批的双柜台证券既包括百度、阿里巴巴、腾讯、京东等互联网大厂,也有中国海洋石油、中国移动、友邦保险等大蓝筹股。

第一,双柜台模式有助于减少汇兑风险。在双柜台模式下,同时具备港币及人民币柜台的指定证券可以通过人民币或港币交易及结算。双柜台交易模式推出,对港股市场投资者来说是双赢的。一方面,持有港股的投资者,如希望持有或增持人民币,可直接在人民币交易柜台套现股票取得;另一方面,持有离岸人民币又希望投资港股的投资者,无须先兑换港币再交易。

第二,双柜台模式推动人民币国际化进程。双柜台模式推出为香港金融市场增添新动力,巩固了香港作为全球最大离岸人民币中心的地位,也进一步推动人民币国际化。在双柜台模式下,发行人能为投资者提供人民币计价股票的选择,促进人民币在港股交易中的使用,开辟人民币流通的新的潜在渠道,将有更多人民币资产在香港这个国际市场定价,为推进人民币国际化打下良好基础。

双柜台模式是首次在海外市场有如此大规模的人民币计价的股票交易,港币与人民币双币报价的落地有望吸引更多内地投资者参与港股通交易。双柜台模式与"扩容互联互通"

的政策组合拳有助于扩大人民币双向跨境资本流通的渠道,为香港证券市场带来更多增量交易,提升香港离岸人民币市场流动性,推动人民币国际化进程。

资料来源:人民币国际化再进一步 港交所双柜台模式落地. 中国证券报,2023-06-20.

四、汇率变化对国际商务的影响

汇率变化和国际贸易互相交织,相互影响。货币汇率变化直接反映各国的购买力变化,进而对国际贸易产生直接影响;贸易活动反过来影响各国国际收支,进而影响本外币的供求关系,最终作用于汇率。

动画:汇率变动

1. 马歇尔-勒纳条件

马歇尔-勒纳条件认为,只有一国商品的进口和出口需求弹性之和大于1,该国货币对外贬值才能够改善其贸易收支状况;而这两个需求弹性的绝对值之和越大,本币贬值后,贸易盈余的增加越多。本币贬值对贸易的影响机制:在其他条件不变的情况下,本国货币贬值引起的商品相对价格变化将改变本国与外国消费者对各种商品的需求,进而影响进口与出口的流量,而流量的变化最终导致贸易收支状况的变化。马歇尔-勒纳条件是各国试图通过货币升贬值政策来调节贸易收支的主要理论依据。

2. J曲线效应

即使马歇尔-勒纳条件成立,在本币贬值的初期,一国贸易收支不仅得不到改善,反而容易因为汇率贬值而暂时恶化,而等到贸易量调整充分之后,本币贬值改善贸易收支的作用才会显现出来。本币贬值时贸易收支的走势类似英文字母"J"的形状,于是"J曲线"效应就被用来代指汇率变动对贸易收支的时滞效应。汇率调整影响贸易收支的过程可分为三个阶段,依次为货币合约阶段(currency contract period)、汇率传递阶段(pass-through period)和数量调整阶段(quantity adjustment period)。

在货币合约阶段,厂商仍在履行货币贬值前的合约,本币贬值使本国厂商出口收入相对下降,进口支出相对增加,整体贸易逆差扩大。在汇率传递阶段,进出口价格已经根据汇率变动而进行调整,但进出口贸易的数量对新价格的反应滞后于价格调整,汇率变动对贸易收支的影响取决于价格的调整程度和进出口供求的相对无弹性状况。在数量调整阶段,进出口贸易的数量根据价格实际变化进行调整,贬值对贸易收支改善效应显现。

3. 吸收分析法

吸收分析法认为,贸易差额是国民收入与国内吸收(包括消费支出和投资支出)的差额,只有当一个国家生产与服务的增加超过它的吸收能力时,该国的贸易差额才能得到改善。因此,一国的国际收支状况反映了其商品和劳务的总产出与用于消费支出和投资支出的总吸收之间的差额。本币贬值对贸易收支的影响取决于三个方面:一是贬值对本国收入的影响;二是收入变化对吸收的影响;三是贬值对自主性吸收的影响。总体而言,只有当贬值能相对于吸收提高收入时,贸易收支才能得到改善。

4. 汇率传递的不完全性

汇率传递效应(exchange rate pass-through effect)是进口国货币与出口国货币之间汇率变化对商品的进口国货币价格的影响程度。传统的汇率传递理论以一价定律为基础,认为在一价定律成立时,汇率变动将引起进出口商品价格同比例地变动,汇率传递是完全的。然而,实证研究表明汇率传递是不完全的,影响进口价格汇率传递系数的关键因素包括市场分割程度、产品差异程度、需求曲线的函数形式、市场结构及厂商的战略合作程度。不完全汇率传递理论揭示了汇率变动对国际贸易影响的有限性,从而对浮动汇率制下汇率波动幅度增大而贸易却快速增长的现象提供了一种合理的解释。

学习单元四　企业如何防范外汇风险

一、外汇风险的概念及种类

(一) 外汇风险的概念

外汇风险是指企业在国际化经营中以外币定值或衡量的资产与负债、收入与支出,以及未来的经营活动可能产生的现金流量的本币价值因货币汇率变动而产生变化的可能性。

风险本质上是一种不确定性,外汇风险对企业造成的影响是双向的,可能会造成损失,也可能带来收益。

动画:汇率风险

(二) 外汇风险的种类

外汇风险一般可以划分为交易风险、折算风险和经济风险三类。

1. 交易风险

交易风险(transaction risk)也称交易结算风险,是指运用外币进行计价收付的交易中,因外汇汇率变动而可能蒙受的损失或非预期收益。交易风险的主要表现形式如下。

(1) 在商品、劳务的进出口交易中和跨境直接投资交易中,从合同签订到资金结算期间外汇汇率变化所产生的风险。

(2) 在以外币结算的国际借贷关系中,债权债务未清偿之前存在的风险。

举例:中国企业 A 公司是一家电缆生产企业,产品主要销往欧洲市场,铜是 A 公司的重要原材料。2020 年 12 月 1 日,伦敦金属交易所(London Metal Exchange,LME)标准铜报价为 7 644 美元/t,A 公司当天与国外供应商签订了一份采购 100t 伦敦铜的合同,价值 764 400 美元。当天美元兑人民币汇率为 6.592 1,按当日汇率折算,这份采购合同价值人民币 $7\,644 \times 6.592\,1 \times 100 = 5\,039\,001$(元)。合同约定 A 公司在 12 月 30 日一次性全额向供应商支付货款,支付币种为美元。

12 月 30 日,A 公司准备按照合同约定向供应商支付货款。到银行查询得知,当天的美元兑人民币汇率为 6.532 5,按照当天的汇率,A 公司支付了人民币 $7\,644 \times 6.532\,5 \times 100 = 4\,993\,443$(元),兑换为 764 400 美元支付给供应商。A 公司实际花费的人民币金额比合同签订时减少了 45 558 元。由于 A 公司在签订采购合同时并没有办法预测 30 天以后的汇率,少支付的 4.5 万元就是汇率非预期变化给 A 公司带来的收益。

2. 折算风险

折算风险(translation risk)又称会计风险,是国际化经营的企业在对财务报表进行会计处理的过程中,因汇率变动而引起以外币计价的资产和负债价值变化而产生的风险。

举例:2020 年 12 月 31 日是 A 公司编制 2020 年度财务报表的日期。如果 A 公司不是以自身名义采购这批铜,而是让其在美国设立的全资子公司进行采购并以美元付款。到 A 公司编制合并财务报表时,美国子公司持有的这 100t 铜将以 12 月 31 日的人民币价值计入 A 公司的财务报表。

12 月 31 日美元兑人民币汇率为 6.524 9,这批铜当日的人民币价值为 $7\,644 \times 6.524\,9 \times$

100＝4 987 634(元)，比 A 公司 12 月 30 日支付的人民币金额减少 5 809 元。A 公司在制作合并资产负债表中将按照 4 987 634 元计入这 100t 铜材，同时在利润表中计入 5 809 元的汇兑损失。

3. 经济风险

经济风险(economic risk)又称经营风险，是指非预期的汇率变化对企业生产成本、销售价格及产销数量等基本经营活动所产生的风险。经济风险对企业经营效益的影响往往是深层次的，综合性的。

举例：A 公司与欧洲的客户保持着长期合作关系，双方的电缆贸易一直以欧元计价。2017 年 7 月，欧元兑人民币汇率最高到达 7.97，公司收到的欧元结汇成人民币以后利润情况还不错。但是这几年欧盟经济发展一直不太稳定，欧元汇率波动很大，汇率最低到达 7.39，下降幅度接近 10%。对于 A 公司这样一个制造企业来讲，欧元汇率的大幅下降吞噬了很大一部分利润。为了减少欧元汇率变化造成的损失，A 公司打算开拓一些其他地区的客户，以减少对欧洲客户的依赖。另外，公司也在和现有的欧洲客户谈判，希望能减少欧元结算的比例，增加美元或人民币结算比例。

二、外汇风险管理工具

外汇风险来自两种差异：币种差异和时间差异。外汇风险管理是采用适当的策略和工具管理这两种差异的过程。企业可以根据自身对未来汇率变化趋势的判断和自身需求采取策略消除或扩大这种差异。常见的外汇风险管理工具包括即期交易、远期交易、掉期交易和外汇期权，其中除即期交易以外的工具统称外汇衍生品。一些外汇吞吐量特别巨大的企业可能使用外汇期货及组合策略等更复杂的工具进行外汇风险的管理。

(一) 即期交易

外汇即期交易(foreign exchange spot)是外汇交易中最基础的品种，交易双方在订立合同时确定两种货币的换算汇率，并在达成交易后 2 个工作日内完成交割。即期交易在达成交易的当时即消除了造成汇率风险的货币差异和时间差异，即期交易结构如图 8-9 所示。

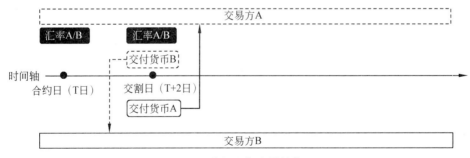

图 8-9　外汇即期交易结构

在零售市场中，不同规模的外汇交易服务商支持的即期交易币种和交割时间不同。外汇做市商流动性最佳，往往能够提供最好的价格、最充裕的额度和最快捷的交割。主流币种只要不是数额特别巨大，一般情况下可以实现随需交易，即时交割。非主流币种和超大额交易可能需要事前沟通。非做市大型银行流动性次之，与非做市商交易，仍有可能通过议价获得主流币种很好的交易价格；在提前沟通的情况下，仍有可能完成较大额度的交易。更小规模的外汇交易服务机构更多面向零星交易需求，报价一般不如大型银行，但胜在服务方式灵活，手续简便。

外汇交易的最小报价单位为基点(pip)，主流币种中，日元的一个基点变动为1/100，美元、英镑、欧元等其他主要币种的一个基点变动为1/10 000。外汇交易服务商对同一交易品种报出的买入价(bid)和卖出价(ask)之间的差值叫做买卖价差(bid-ask spread)。买卖价差是反映外汇交易服务商交易能力和流动性的重要指标，也是反映币种流动性的重要指标。交易能力越强、流动性越好的服务商买卖价差越小；同时，流动性越好的币种，买卖价差也越小。

图8-10展示了一个真实的人民币外汇即期报价，从中可以看到，流动性强的币种买卖价差较小，如美元兑人民币的买卖价差是34个基点，欧元兑人民币的买卖价差是48个基点；而流动性弱的币种买卖价差较大，如人民币兑俄罗斯卢布的买卖价差是211个基点，而马来西亚林吉特在报价当日没有交易商报买入价，只有卖出价。

人民币外汇即期报价 12-31 23:30　　　　人民币汇率中间价　人民币外汇即期月报

货币对	买报价	卖报价	货币对	买报价	卖报价
USD/CNY	6.525 0	6.528 4	EUR/CNY	7.999 0	8.003 8
100JPY/CNY	6.332 5	6.336 4	HKD/CNY	0.841 53	0.841 98
GBP/CNY	8.908 5	8.915 2	AUD/CNY	5.046 4	5.049 7
NZD/CNY	4.717 6	4.720 7	SGD/CNY	4.937 7	4.941 3
CHF/CNY	7.403 0	7.408 0	CAD/CNY	5.127 9	5.131 4
CNY/MYR	—	0.618 80	CNY/RUB	11.315 6	11.336 7

图8-10　人民币外汇即期报价

举例：B公司从加拿大进口一批货物，需要向银行购买100万加拿大元用于支付货款。公司向银行询价时，银行以加元卖出价向B公司报价(图8-10)，也就是说，这笔交易的执行汇率为5.131 4，B公司需要准备513.14万元人民币用于购买这笔加元。

（二）普通远期交易

普通远期交易(outright forward)是指交易双方在订立合同时约定在将来的某个特定日期(至少2个交易日以后)按照交易合同中约定的汇率进行两种货币的交换。普通远期交易的交割日距离交易日的期间比即期交易长，最短为T+3日，最长可能到数年。随着交易期限延长，交割汇率与当前汇率的差异逐渐变大。

普通远期是常见的外汇衍生交易工具，规模较大的银行，无论是否具备做市商地位，一般都能够提供普通远期交易服务。远期交易的具体交易条件都是由双方谈判形成，个性化程度更高，不同交易服务商报出的价格可能差异很大。外汇做市商的成本优势更加明显，大概率能够比其他交易服务商提供更有竞争力的价格。普通远期交易的结构如图8-11所示。

远期交易达成后，无论交割日当天的市场汇率如何，交易双方均按照在远期交易合同中事先约定的汇率进行两个币种的交换。通过远期交易买入币种的一方，在达成交易时即放弃了被买入币种将来贬值可能带来的好处，规避了被买入币种升值可能带来的损失。

举例：2021年1月6日，B公司向英国的供应商采购了一批货物，双方约定2021年4月6日付款。考虑到英镑的汇率波动很大，B公司担心到付款日的时候英镑汇率大幅上涨，

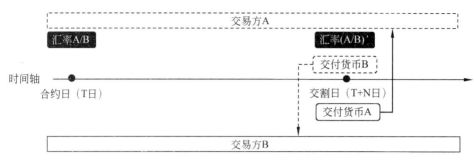

图 8-11 普通远期交易结构

以至于公司无法承受,于是找到银行咨询远期交易价格。银行向 B 公司报出 2021 年 4 月 6 日交割的英镑卖出价 8.972 7 作为这笔远期交易的汇率。B 公司经过计算后确定,按照这个汇率购入英镑锁定采购成本,能够保证这笔贸易有利润,于是接受了银行的报价,与银行敲定了这笔远期交易。

这笔 3 个月远期报价中英镑年化升值幅度如下:

$$(8.972\ 7-8.915\ 2)\div 8.915\ 2\times 360\div 90=2.579\ 9\%$$

B 公司计划并购英国的贸易伙伴,有可能近期达成交易,在 2 年以后进行款项支付和股权交割。这次在向银行询价时,B 公司顺便询问了 2 年期的英镑远期汇率。银行按照 2023 年 1 月 5 日交割的英镑卖出价 9.362 8 向 B 公司报价。B 公司考虑到这个汇率比当前汇率高太多,决定先观望一下,暂时不做这笔 2 年期远期交易。

这笔 2 年期远期报价中英镑年化升值幅度如下:

$$(9.362\ 8-8.915\ 2)\div 8.915\ 2\times 360\div 720=2.510\ 3\%$$

本案例中使用的即期汇率如图 8-12 所示,远期汇率如图 8-13 所示。

(三) 外汇掉期交易

外汇掉期交易(foreign exchange swap)是指交易双方在订立合同时约定在现在或将来的某个特定日期,按照合同约定的近端汇率(near-leg exchange rate)进行两种货币的交换;并在更远的将来的某个日期,按照合同约定的远端汇率(far-leg exchange rate)进行一笔方向相反的交易。外汇掉期交易的结构如图 8-14 所示。

当企业需要使用一个币种进行临时性、偶然性商务活动,但并不打算保有这种币种时,可以使用掉期交易关闭与这一币种相关的外汇风险敞口。

实务中,掉期交易报价更习惯以掉期点的形式报出。掉期交易的名义汇率按照报价时点的即期汇率+掉期点的方式计算得出。其中,掉期点可能是正数,也可能是负数。当掉期点为正数(升水)时,为标价货币对应基准货币升值;当掉期点为负数(贴水)时,为标价货币对应基准货币贬值。

举例:B 公司接到了一笔订单,要为法国客户定做一批高档服装。这份合同价值 1 000 万欧元。合同约定,法国客户将在 6 个月后一次性以欧元支付全款。这个客户是全球知名的高档服装品牌,对原材料的要求极为严格,已指定几家欧洲著名企业作为服装材料供应商。B 公司将在 2 周后向这些供应商支付 700 万欧元的采购款。这笔订单是 B 公司第一笔以欧元计价的订单,B 公司在日常经营中并没有保留欧元的需要,也不打算承担欧元汇率波动的风险。

为了完全消除欧元的汇率风险敞口,B 公司到银行办理了两笔交易,使用的具体汇率如

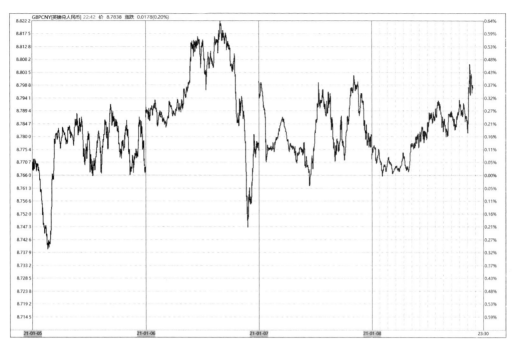

图 8-12　英镑即期汇率走势（2021 年 1 月 5 日—2021 年 1 月 8 日）

到期日	名称	买价	卖价
21/01/05	GBPCNY	8.908 5	8.915 2
21/01/04	GBPCNYONF	8.893 3	8.900 3
21/01/05	GBPCNYTNF	8.907 7	8.914 4
21/01/06	GBPCNYSNF	8.909 3	8.916 0
21/01/12	GBPCNYSWF	8.913 1	8.919 8
21/01/19	GBPCNY2WF	8.917 6	8.924 4
21/01/26	GBPCNY3WF	8.921 9	8.928 8
21/02/05	GBPCNY1MF	8.928 3	8.935 0
21/03/05	GBPCNY2MF	8.948 7	8.955 5
21/04/06	GBPCNY3MF	8.965 8	8.972 7
21/05/06	GBPCNY4MF	8.982 0	8.990 0
21/06/07	GBPCNY5MF	8.999 7	9.007 2
21/07/05	GBPCNY6MF	9.016 0	9.024 3
21/10/08	GBPCNY9MF	9.069 9	9.077 0
22/01/05	GBPCNY1YF	9.124 7	9.131 4
22/07/05	GBPCNY18MF	9.210 3	9.218 0
23/01/05	GBPCNY2YF	9.353 7	9.362 8
-	GBPCNY3YF	9.598 0	9.604 7

图 8-13　英镑对人民币远期汇率报价

图 8-15 所示。

1. 掉期交易一笔

近端买入欧元，远端卖出欧元，名义本金 700 万欧元。近端汇率适用即期卖出价＋2 周掉期点，为 7.916 4＋72.6÷10 000＝7.923 7，也就是说 B 公将在 2 周后向银行支付人民币

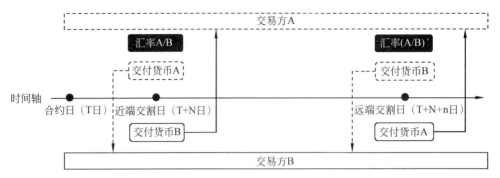

图 8-14 外汇掉期交易结构

到期日	名称	买价	卖价	报价时间	成交价	成交时间
21/01/12	EURCNY	7.915 8	7.916 4	23:30	7.933 8	01/08
21/01/11	EURCNYONS	12.330 0	12.330 0	23:29	-	01/08
21/01/12	EURCNYTNS	4.620 0	4.710 0	23:29	4.800 0	01/08
21/01/13	EURCNYSNS	4.620 0	4.640 0	23:29	16.200 0	01/08
21/01/19	EURCNYSWS	35.940 0	36.130 0	23:29	-	01/08
21/01/26	EURCNY2WS	72.110 0	72.600 0	23:29	-	01/08
21/02/02	EURCNY3WS	120.400 0	128.220 0	23:29	-	01/08
21/02/18	EURCNY1MS	240.150 0	240.450 0	23:29	241.020 0	01/08
21/03/12	EURCNY2MS	374.200 0	376.080 0	23:29	-	01/08
21/04/12	EURCNY3MS	565.330 0	565.490 0	23:29	-	01/08
21/05/12	EURCNY4MS	743.410 0	743.460 0	23:29	-	01/08
21/06/15	EURCNY5MS	941.260 0	942.450 0	23:29	-	01/08
21/07/12	EURCNY6MS	1 101.120 0	1 103.070 0	23:29	-	01/08
21/10/12	EURCNY9MS	1 657.010 0	1 659.080 0	23:29	-	01/08
22/01/12	EURCNY1YS	2 249.750 0	2 252.970 0	23:29	-	01/08
22/07/12	EURCNY18MS	3 433.330 0	3 435.170 0	23:29	-	01/08
23/01/12	EURCNY2YS	4 770.040 0	4 781.040 0	23:29	-	01/08
24/01/12	EURCNY3YS	7 438.380 0	7 475.750 0	23:29	-	01/08

图 8-15 欧元对人民币掉期报价

7 000 000×7.923 7=55 465 620(元)，购得 700 万欧元付给欧洲供应商。

远端汇率适用即期买入价+6 个月掉期点，为 7.915 8+1101.12÷10 000=8.025 9，也就是说 B 公司将在 6 个月后向银行卖出 700 万欧元，得到人民币 56 181 384 元。

做完这笔掉期交易以后，无论未来 6 个月内欧元汇率如何波动，都不会影响 B 公司以人民币计算的成本和收益。B 公司成功消除了原材料采购相关的欧元汇率风险，同时，还兑现了欧元对人民币升值收益 56 181 384−55 465 620=715 764(元)。

2. 远期售汇交易一笔

办理完上述掉期交易后，还剩余 300 万欧元的盈利部分暴露在欧元汇率风险中。B 公司同步向银行卖出 6 个月远期欧元 300 万元，将汇率锁定在 7.915 8+1 101.12÷10 000=8.025 9。办理完这笔远期售汇后，可以确定获得人民币 3 000 000×8.025 9=24 077 736(元)。与这笔订单相关的欧元汇率风险敞口完全消除。

(四) 交叉货币掉期交易

交叉货币掉期(Cross Currency Swap，CCS)是外汇掉期和利率掉期(Interest Rate Swap，IRS)的组合。交易双方在合同中约定，期初按照特定的近端汇率互换两种货币的本金，期末按照特定的远端汇率换回与期初交割币种相同的货币。同时约定，在交易存续期内,按特定的计息频率和计息标准互相支付相应货币的利息。

交叉货币掉期交易在实务中常用于国际借贷场景,主要功能是在压缩甚至消除汇率和利率风险的前提下降低融资成本。交叉货币掉期交易结构如图8-16所示。

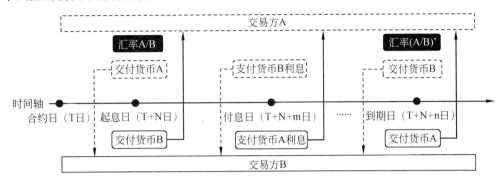

图 8-16 交叉货币掉期交易结构

举例：C银行是B公司的合作银行。近期,B公司需要5亿元人民币的短期贷款,期限6个月。B公司找到C银行咨询贷款利率。C银行当前在国内市场筹集资金的成本约4%,向B公司报出贷款利率4.8%/年。B公司感觉这个利率较高,希望C银行能够提供更优惠的融资。

C银行在国际市场上询价后发现,通过从国际市场融入欧元配套交叉货币掉期转换成人民币贷给B公司,能够在风险可控的情况下实现更低的融资利率。

C银行向境外交易对手借入欧元属于银行间拆借,融资利率为年利率0.5%。但是借入欧元、贷人民币给B公司的交易结构存在货币差异,带来了外汇风险。C银行希望消除这笔业务的外汇风险敞口,因此为这笔资金拆借做了配套的汇率风险对冲。C银行的策略如下(涉及的汇率参见图8-16)。

(1) 拆入 500 000 000÷7.915 8＝63 164 809.62(欧元),配套办理1年期欧元人民币掉期,远端需要人民币 63 164 809.62×(7.9164＋1 103.07÷10 000)＝507 005 419.5(元)。

(2) 考虑到需要每3个月向交易对手支付利息 63 164 809.62×0.5%÷4＝78 956.01(欧元)。C银行为未来两期的利息支付配套了两个远期。

支付第一期利息需要人民币 78 956.01×(7.916 4＋565.49÷10 000)＝629 512.26(元)

支付第二期利息需要人民币 78 956.01×(7.916 4＋1 103.07÷10 000)＝633 756.77(元)

完成上述策略后,C银行的人民币融资净本利和如下：

507 005 419.5＋629 512.26＋633 756.77＝508 268 688.6(元)

折合年化融资成本：

(508 268 688.6－500 000 000)÷500 000 000×2＝3.31%

其中,0.5%为欧元净融资成本,3.31%－0.5%＝2.81%为汇率风险对冲策略的成本。

经过以上操作以后,C银行的融资成本降低了约0.7%,于是向B公司重新报出4.1%的贷款利率。B公司欣然接受,申请了这笔贷款。贷款发放后,B公司每三个月向C银行以人民币支付一次利息,C银行收到B公司支付的利息后,先将其中一部分按照事先锁定的汇率兑换成欧元支付给境外交易对手,剩余部分作为C银行的利差收入留存下来,偿还本金时也作同样操作。

以上案例演示了一个相对简化的交易结构。实务中,借入外币的利率常常是浮动利率,期初难以直接预估每个计息期所需要付出的外币金额。在这种情况下,如果希望完全消除汇率和利率的风险敞口,可以在交易策略中再叠加一个利率掉期,将浮动利率转换成固定利率,事先锁定外币利息金额,然后在此基础上锁定外币汇率,从而实现完全消除风险敞口的目的。

(五) 外汇期权

外汇期权(foreign exchange options)是指交易双方在订立合同时约定,授予期权买方在未来的某一时点按照约定汇率买入/卖出某种货币的权力。期权的买方是通过付出期权费买入了一种"可能性"。

按照行权规则不同,外汇期权可以分为美式期权、欧式期权和百慕大期权三类。美式期权在到期日前的任意交易日都可以行权,欧式期权只能在指定交易日行权,百慕大期权为前两者的结合。美式期权赋予期权买方的权力最大,因此期权费也最高,百慕大期权次之,欧式期权的费用最为经济,实务中欧式期权应用最多。外汇期权交易结构如图8-17所示。

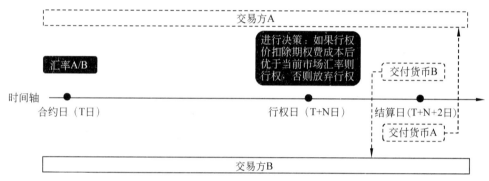

图 8-17 外汇期权交易结构

期权交换的是一种权力,期权买方通过购买期权取得这种权力以后,在指定行权日可以根据当时的市场情况匡算行权的综合成本。如果在考虑期权费的基础上,行权后实现的综合汇率比当时的市场汇率更优,则会选择行权;如果市场汇率显著优于行权汇率,则会放弃行权。

需要特别注意的是,期权是带有方向性的。买入或卖出一份期权,是交易者针对这份期权所做出的行为;而这份期权是买入期权还是卖出期权,表达的是这份期权针对交易标的的行为。当交易者买入卖出期权的时候,他买入的是按照约定价格卖出标的物的权力。当交易者卖出买入期权的时候,他向交易对手收取期权费,同时赋予交易对手在将来的某个时刻按照约定价格从自己手中买入标的物的权力。

举例:B公司预计3个月以后会收到500万美元。美元是B公司经营最常用的币种,B公司对于判断美元走势很有经验,认为到时候美元可能会大幅升值,因此并不急于锁定汇率。同时,B公司很清楚,汇率可能受突发事件影响而出现意料之外的波动,希望锁定一个最低汇率,以规避突发情况可能带来的汇率风险。于是向银行购买了一份3个月到期的美元欧式卖出期权,行权价6.55,银行向B公司收取了100点的期权费。

3个月以后,如果当时的即期汇率为6.7,则B公司将放弃行权,选择以更高的市场汇率将这笔美元兑换为人民币,获得 $6.7 \times 5\,000\,000 = 33\,500\,000$(元),扣除期权费成本 $5\,000\,000 \times 100 \div 10\,000 = 50\,000$(元)后,比直接按6.55行权多获得人民币 $33\,500\,000 - 6.55 \times 5\,000\,000 - 50\,000 = 7\,00\,000$(元)。

如果当时的即期汇率为 6.5,则 B 公司将选择行权,以 6.55 的汇率用美元换取人民币。与不使用期权相比,B 公司可以多获得人民币 $(6.55-6.5) \times 5\,000\,000 - 50\,000 = 200\,000$(元)。

期权的费率高度依赖于外汇交易服务商的交易能力。流动性越好,交易能力越强的交易服务商,能够提供的期权品种越多,期权费越低。当前,期权的整体流动性不如远期或掉期,合并考虑期权费以后,企业通过期权可获得的综合汇率往往不如远期或掉期。企业在实务中可以根据这三种产品的报价综合考虑,选择最优方案。

(六)外汇衍生品交易的风险

使用外汇衍生品可以消除因外汇汇率波动引起的市场风险,但同时会带来新的风险。伴生于外汇衍生品交易的风险主要有两类。

(1)信用风险。信用风险是指因交易对手违约带来的信用风险。当市场遭遇重大突发事件时,可能出现市场行情一边倒、局部流动性消失的情况。这种情况下,实力较弱的外汇交易服务商有可能无力履行合同义务。选择实力雄厚的顶级做市商开展外汇衍生品交易,能较好地规避信用风险。

(2)策略风险。策略风险是指因自身风险管理策略失察,风险管理工具与实际需求脱节带来的风险。企业应将衍生品交易限定于自身实际经营所需,以及自身能力范围内,避免随意加杠杆或使用结构过于复杂的工具,以避免在避险过程中扩大风险敞口。

除使用上述工具进行外汇风险管理外,企业还可以在商业模式上进行调整,从根源上控制外汇风险。例如,拓宽国际市场地域覆盖面,降低国别和交易对手的集中度,减少对单一币种的依赖程度。再如,促进进口和出口协同发展,使用同一币种开展双向交易,在常规支付结算过程中自然对冲外汇敞口。还可以提升自身的国际竞争力,提高议价能力,更多采用本币进行结算。

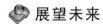 展望未来

国际货币体系发展趋势

商务部、国家统计局和国家外汇管理局联合发布的《2019 年度中国对外直接投资统计公报》显示,我国对外直接投资流量蝉联全球第二,存量保持全球第三。2019 年中国对外直接投资 1 369.1 亿美元,同比下降 4.3%,流量规模仅次于日本(2 266.5 亿美元)。2019 年年末,中国对外直接投资存量达 2.2 万亿美元,次于美国(7.7 万亿美元)和荷兰(2.6 万亿美元)。中国在全球外国直接投资中的影响力不断扩大,流量占全球比重连续 4 年超过一成,2019 年占 10.4%;存量占 6.4%,与 2018 年持平。我国对外投资覆盖全球 188 个国家和地区,对"一带一路"沿线国家投资稳步增长。

2020 年,我国先后达成两个重要的区域经济协定:《区域全面经济伙伴关系协定》(RCEP)和中欧投资协定(EU-China Comprehensive Agreement on Investment)。前者构建了迄今为止全球最大的自由贸易区,总人口、经济体量、贸易总额均占全球总量约 30%,将为推动区域经济更快更好发展提供重要支撑。后者将惠及中欧 19 亿消费者,为国内国际高水平双循环创造良好的政策环境。

可以看到,中国继续融入经济全球化的决心不会动摇。加速推进入民币国际化,提升中国在全球经济事务中的话语权,不仅符合中国的利益,也符合广大新兴市场国家优化国际货币体系的诉求。结合当前形势看,未来可能的国际货币体系演进方向有以下两种。

1. 建立超主权国际储备货币为核心的国际货币体系

以超主权国际储备货币为全球货币体系的核心,可以使国际货币发行不受控于单个主权国家的货币政策,国际储备货币的信用减少对单一国家信用的依赖,提升这一货币的稳定性。

从当前的情况看,强化 IMF 现有特别提款权是条件相对成熟的改革方向。具体需要做三方面的努力:一是大幅增加特别提款权的规模,以应对各国旺盛的流动性需要;二是继续扩大特别提款权的适用范围,推进其在私人部门中的使用,进一步提升其流通水平;三是对 IMF 进行深刻的改革,减少美国的控制力,增加 IMF 公信力以及对各国货币政策进行监督和协调的能力。

2. 形成多基准国际货币体系

这是一种相对多极化的制度安排,国际货币的发行将由若干主权国家共同掌握,旨在脱离美国对国际货币体系的绝对影响,增加货币体系的包容性和稳定性。综合考虑实体经济发展情况、外汇储备规模等因素看,这种体系较有可能由美元、欧元、人民币三种货币构成。

学习总结

国际货币体系经历了金本位制、布雷顿森林体系和牙买加体系三个主要阶段。

布雷顿森林体系确立了美元的世界货币地位,建立了国际货币基金组织,在全球范围内推动经常项目可兑换,对第二次世界大战战后世界产生了深远影响。布雷顿森林体系解体后,虽然国际社会没有停止建立新国际货币体系的努力,但美元的世界货币地位依然稳固。世界各国的汇率制度整体上呈现向浮动汇率制发展的趋势,而仍然实行钉住汇率的国家和地区多数选择钉住美元(考虑到美元自身是采取自由浮动汇率制,所以钉住美元实质上也是一种浮动汇率安排)。持续波动的汇率成为国际经济往来的重要底色。

国际外汇市场通过发达的电子化交易网络和不断创新的交易工具,持续不断地对影响货币汇率的长短期因素进行反应和变现。国际收支、相对通货膨胀率、相对利率、财政赤字、国际储备等因素影响货币的长期价值中枢,市场供求、投机交易和突发事件随时可能引发汇率的大幅短时波动。企业在国际化经营过程中,可以使用即期、远期、掉期、交叉货币掉期和外汇期权等工具管理汇率变化带来的风险,也可以通过增加本币结算、调整业务结构等深层次手段减少外汇风险敞口。在使用避险工具压缩外汇风险敞口的同时,需保持风险意识,避免在使用避险工具的过程中引入其他风险。

学习测试

一、选择题

1. 对当今国际金融市场格局产生深远影响的国际货币体系为( )。
   A. 金本位制　　　　　　　　B. 复本位制
   C. 布雷顿森林体系　　　　　D. 牙买加体系

2. 一个国家以立法的形式明确该国货币以固定汇率与欧元挂钩,本国不设货币管制,没有最后贷款人。这个国家执行的是( )。
   A. 没有独立法定货币的汇率安排　　B. 货币局制度

C. 类爬行盯住制度　　　　　　　　D. 浮动汇率制度

3. 下列外汇市场中,严格限制投机性外汇交易的市场是(　　)。
   A. 伦敦市场　　B. 纽约市场　　C. 中国香港市场　　D. 中国内地市场

4. 能够完全消除汇率风险敞口的交易工具是(　　)。
   A. 即期交易　　　　　　　　　　B. 远期交易
   C. 交叉货币掉期　　　　　　　　D. 外汇期权

5. 在资本输出中,如果外汇汇率在外汇债权债务清偿时较债权债务关系形成时发生下跌或上涨,当事人就会遭到风险,这种风险属于(　　)。
   A. 转换风险　　B. 交易风险　　C. 经济风险　　D. 时间风险

6. 利用不同外汇市场间的汇率差价赚取利润的交易是(　　)。
   A. 择期交易　　B. 套利交易　　C. 掉期交易　　D. 套汇交易

7. 能够根源性控制外汇风险敞口的手段包括(　　)。
   A. 减少商务合作伙伴集中度　　　B. 开展进口和出口双向交易
   C. 增加本币结算比例　　　　　　D. 使用外汇衍生品

8. 一种外币对其他国家而言要成为外汇,需要具备的条件包括(　　)。
   A. 自由兑换性　　B. 收益性　　C. 普遍接受性　　D. 可偿性

二、简答题

1. 什么是国际货币体系？国际货币体系是如何演进的？
2. 什么是外汇市场？外汇市场具有什么功能？
3. 影响汇率的因素有哪些？它们如何影响汇率？
4. 外汇风险包括哪些类型？如何管理这些外汇风险？

三、案例分析题

2020年铁矿石贸易热度不减

据海关数据统计,2020年1—11月中国累计进口铁矿石10.7亿吨,同比增长10.9%;1—11月,进口均价为99.9美元,同比增长4.5美元;在强劲需求的带动下铁矿石进口量不断攀升,2020年6月以来单月突破且持续亿吨以上,四大矿山对中国发货量均有所增加。

(1) 英国力拓：1—11月,力拓铁矿石发货量约为3.13亿吨,同比上涨2.6%,发至中国约2.38亿吨,同比上涨0.7%;2020年以来,其发货量最低位同样是在2月,低至2 092万吨,主要是受飓风天气的影响,其港口、铁路受损相对严重;年内高位在6月,达3 077万吨的水平。

(2) 澳大利亚必和必拓：1—11月,BHP铁矿石发货量约为2.74亿吨,同比上涨7.4%,其中发至中国约2.34亿吨,同比上涨11.4%;其发货量保持着良好的增长势头,同时也加大了对中国的发货力度,这与中国的需求与国外的疫情有关。

(3) 巴西淡水河谷：1—11月,Vale发货量约为2.48亿吨,同比微增0.2%。受一季度降雨天气导致其生产、发运受到影响,进入二季度,发货量有所回升,在6月恢复至单月2 300万吨以上的发货量水平,且8—10月均超过2 700万吨,11月发货量又回调至2 400万吨。

(4) 澳大利亚FMG：2020年,铁矿石市场需求旺盛,FMG一共发货1.782亿吨铁矿,销售额约为128亿美元,这其中95%提供给了中国客户。

2015—2019 年澳大利亚、英国、巴西通货膨胀率与 GDP 增长率对比见表 8-3。

表 8-3　2015—2019 年澳大利亚、英国、巴西通货膨胀率与 GDP 增长率对比　单位：%

年　份	通货膨胀率			GDP 增长率		
	澳大利亚	英国	巴西	澳大利亚	英国	巴西
2019	1.61	1.74	3.73	2.16	1.46	1.14
2018	1.91	2.29	3.66	2.95	1.34	1.32
2017	1.95	2.56	3.45	2.30	1.89	1.32
2016	1.28	1.01	8.74	2.77	1.92	−3.28
2015	1.51	0.37	9.03	2.19	2.36	−3.55

根据以上资料，回答下列问题：

1. 结合上述通胀率和 GDP 增长率数据，分析英镑、澳大利亚元和雷亚尔的价值中枢变化趋势。

2. 分析在与中国的铁矿石贸易中，四大矿山分别是否倾向于选择其本国货币作为贸易结算货币，为什么？

3. 中国进口商可以采用什么样的策略控制四大矿山选择强势币种作为结算货币可能带来的成本？

4. 当前英镑兑人民币汇率为 GBP/CNY＝9.029 0，3 个月远期掉期点为−230 点，6 个月远期掉期点为 445 点，1 年远期掉期点为 1 980 点。外汇交易商报出的 6 个月英镑买入欧式期权费为 285 点。

(1) 计算英镑兑人民币 3 个月远期汇率。

(2) 比较 6 个月远期和 6 个月英镑买入欧式期权，在期权行权日，英镑兑人民币汇率达到多少时，期权买方会放弃行权。

(3) 将 3 个月、6 个月和 1 年期掉期点分别进行年化处理并比较，分析外汇交易商认为人民币在未来的哪个时段将相对英镑较大幅度贬值，哪个时段可能升值，哪个时段相对平稳。

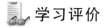
学习评价

核心价值观评价

	核心价值观	是否提高
通过本项目学习，你的	我国货币政策认同感和制度自信	
	系统思维、历史思维、战略思维	
	外汇风险意识和责任担当	
自评人(签字)　　　　　　　　　年　月　日		教师(签字)　　　　　　　　　年　月　日

专业能力评价

	能/否	准确程度	专业能力目标
通过本项目学习，你			结合当前国际货币体系判断重大事件对国际金融环境的影响
			根据外汇交易需要提出选择方案
			根据汇率理论分析主要货币的汇率变化趋势
			分析汇率变化对国际商务的影响
			识别汇率风险，设计风险防范方案
自评人（签字）　　　　　　　年　月　日			教师（签字）　　　　　　　年　月　日

专业知识评价

	能/否	精准程度	知识能力目标
通过本项目学习，你			理解国际货币体系的演化进程
			掌握各类汇率制度的特点
			掌握外汇市场的结构与功能
			掌握全球主要外汇市场的运行特点
			掌握汇率和国际商务之间相互影响的机制
			掌握汇率风险的类型及其对企业经营效益的影响
			掌握在不同场景下管理外汇汇率风险的工具和策略
自评人（签字）　　　　　　　年　月　日			教师（签字）　　　　　　　年　月　日

学习项目九

国际商务投资环境

 学习目标

知识目标

1. 掌握国际商务投资环境的概念和特点。
2. 掌握国际商务投资环境的基本分类。
3. 理解构成国际商务投资环境的各种因素。
4. 学会国际商务投资环境的主要评估方法。
5. 理解投资环境对跨国企业选址决策的影响。
6. 掌握国际投资选址的流程和方法。

能力目标

1. 能够用全球化视角认识国际商务投资环境。
2. 能够全方位地理解投资环境所包含的各类因素。
3. 能够运用科学的方法对一国的投资环境进行分析和评估。
4. 能够运用正确合理的思路和流程进行国际投资决策。

素养目标

1. 树立经济全球化的理念,积极吸纳有价值的外国直接投资,促进本国经济发展,同时也要积极进行对外投资,以帮助欠发达地区发展经济。
2. 树立"走出去"的思想,科学评估投资环境,正确选择投资东道国,与其他国家建立互利互赢的战略合作关系。
3. 在吸纳外来资本时,需要谨防外国资本对本国产业的控股权,在合作中维护国家主权与企业产权独立。

 学习导图

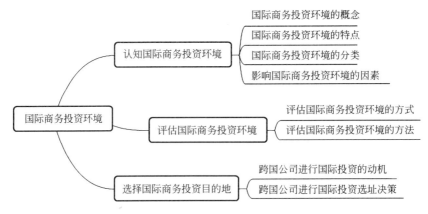

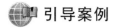 引导案例

跨国公司海外总部选址

近十年来,英国伦敦一直是跨国公司作为海外总部首选,即便是英国脱欧、大批银行相继离开伦敦金融城,跨国公司依旧持续青睐伦敦,继续选择伦敦作为欧洲总部和海外总部。

2012 年全球第二大保险经纪公司怡安将全球总部从芝加哥整体搬迁至伦敦;2013 年瑞士知名石油天然气服务商诺布尔公司将全球总部从瑞士巴尔迁至伦敦;2014 年星巴克将负责欧洲、中东与非洲业务的地区总部从荷兰阿姆斯特丹迁往伦敦,2018 年阿姆斯特丹办公室正式关闭。2017 年"阅后即焚"应用开发商 Snapchat 宣布在伦敦设立国际业务总部,包括脸书、谷歌、亚马逊在内的硅谷企业无一例外地都选择了扩建位于伦敦现有的地区总部。

一般而言,政治环境、基础设施条件、区位条件、政策与制度、行业集聚水平以及人力资源条件等因素是跨国企业选择地区总部的关键要素。

伦敦作为老牌发达国家的首都,天生具有政治稳定、法制体系完善、人才储备丰富、语言沟通无障碍等优势。尤其是在行业集聚效应上,伦敦市政府自从 2011 年起便开始大力推进东伦敦科技城(Tech City)项目,目前该科技城已经吸引包括思科、英特尔、高通、推特在内的多家硅谷公司。

距离牛津街一街之隔的脸书技术中心、位于国王十字的谷歌英国总部、南岸巴特西发电站旧址上的苹果英国总部以及入住伦敦科技城的亚马逊英国总部,四家巨头相当于在伦敦复制了迷你版的硅谷。

德国卡尔斯鲁厄大学 WBK 研究所 Giesla Lanza 教授表示,在欧洲各个城市政治、基础建设水平相差不大的情况下,经济成本则会成为决定地区总部选择的关键因素,其中包括辐射地区或全球市场的物理距离成本、文化或心理距离产生的社会沟通成本、与其他枢纽城市的连接成本以及最为重要的政府沟通成本,最典型的就是税收优惠政策。

英国具有强竞争力税收制度。自从前首相卡梅伦力主降低企业基础税率之后,英国的企业基础税率已经从 2010 年的 28% 降至 2018 年的 19%,该税率已经位列七国集团倒数第一。除大幅度下调企业基础税率外,英国政府分别于 2010 年和 2015 年明确了免征海外利润税及开征 25% 的海外利润转移税两大原则。这也是星巴克、联合利华、壳牌石油等顶级跨国公司放弃荷兰投奔伦敦的重要原因之一。

案例分析:作为西方"旧中心",英国仍在国际上具有影响力,长期以来,英国都是一个公平开放的投资市场,并致力于提供非歧视性的优良的营商环境。伦敦作为英国首都,天生具有政治稳定、法制体系完善、人才储备丰富、语言沟通无障碍等优势。与之相应的,该城市辐射地区或全球市场的物理距离成本、文化或心理距离产生的社会沟通成本、与其他枢纽城市的连接成本、与政府的沟通成本以及极具竞争力的税收政策,大大地降低了跨国企业总部选址的经济成本。由此可见,自然环境、区位条件、经济环境、政治环境、社会文化环境等都是影响投资环境的主要因素。

学习单元一 认知国际商务投资环境

一、国际商务投资环境的概念

国际商务投资环境是指以东道国为核心的制约和影响国际投资资本运行基本条件的总和,是在投资过程中影响跨国企业生产经营活动的各种外部条件或因素相互依赖、相互完善、相互制约所形成的有机统一体。

投资环境主要包括以下内容:一是宏观环境,指的是经济、政治的稳定性,包括财政金融、外汇外贸政策;二是制度环境,包括法律、法规的框架问题、效率问题。就企业来说,它涉及的内容包括市场的进入退出、劳动关系、劳动力市场的灵活程度、金融与税收执行效率、政策透明度,规章设计制度要把监管与激励机制有效地结合起来,避免逆向选择或道德风险的出现,做到有助于公众利益、易于实施;三是基础设施的数量和质量,包括硬件基础设施、金融服务,如电力的供应、交通运输、电信、银行服务。因此,投资环境关系到政府的宏观政策,关系到国家的制度框架,关系到企业的微观行为,也关系到基础设施。投资者对投资环境的了解程度与分析评估,将直接影响投资效益的高低。

知识拓展

对投资环境的不同理解

投资环境,国外文献中一般称为 investment climate(投资气候)或 business environment(商业环境),其讨论往往是和跨国直接投资所面临的环境相联系的。投资环境的概念在宏观经济学的文献中被称为"高质量的制度(high-quality institutions)"(Knack and Kefer,1995年;Acemoglu and Johnson,2001年)或"社会基础设施(social infrastructure)"(Hall and Jones,1999年)。国外学者认为投资环境是指制度、政策和规制环境,即影响公司经营从播种到收获链接的因素。其假设是资本积累和劳动生产率不同,因此和人均产出密切相关的社会基础设施在不同国家存在差异。社会的基础设施指的是相关的制度和政府政策,能够决定个人积累技能,公司积累资本的经济环境。社会的基础设施提供支持和鼓励资本积累、技术的获取、发明和技术转让。如果当地政府的高度官僚主义和腐败,或政府服务以及基础设施和金融服务效率低下导致公司无法获取可靠的服务——潜在投资回报将是低下的和不确定的,则在这种环境中,公司将无法期待良好的增长。另外,如果当地政府发展创造一个良好的环境,则公司的回报和未来增长将会较高。

世界银行的高级副总裁兼首席经济学家 Nicholas Stern 在《发展的策略》中,全面地阐述了"投资环境"的概念。他认为:流向中国或任何特定地区资金的数量与质量,总是依赖于投资者对可报的预期以及在取得相应回报方面存在的不确定性。这些预期可归纳为下面宽泛的但又互为联系的组成因素。

(1)一系列关于经济、政治稳定以及国家外贸外资政策的宏观或国家层面的问题。通常指的是宏观经济、财政、货币、汇率政策及政治的稳定性。

(2)一国监管框架的有效性问题。就企业来说,它涉及有关市场进入或退出、劳动关系、劳动市场的灵活性、金融与税收的效率与透明度的问题,以及与环境、安全、健康和其他合法的公益问题有关的监管效率等问题。问题不在于要监管还是不要监管,而是这些监管措施在设计上是否考虑到激励,是否能够服务公众利益,是否能够得到迅速执行而不会产生干扰和腐败,是否能够更容易地实现有效产出。

(3) 可利用的基础设施和金融服务的数量和质量,诸如电力、交通、电信、银行和金融;还有在熟练工人不能完全流动以及存在技术集群的情况下,技能与技术禀赋的状况。在问及企业家会碰到哪些问题或瓶颈时,他们常常提到基础设施的问题,如电力保障、运输时间和成本、融资渠道与效率,以及缺乏熟练工人和难以获得先进技术,他们认为这些是决定企业竞争力与盈利能力的主要因素。

高水平开放成效显著

中华人民共和国成立 70 多年来,中国的对外开放事业取得了历史性成就。近 10 年来,我国在吸引外资和对外投资合作方面量质齐升,在促进互利共赢、提升国际竞争力等方面发挥了显著的积极作用。

2013—2021 年,我国非金融领域累计利用外商直接投资金额 1.2 万亿美元,2021 年利用外资金额比 2012 年增长 55.3%,年均增长 5%。利用外资规模连续多年居发展中国家首位。外商投资企业数量快速增加,市场主体活力不断增强。

2013—2021 年,我国对外投资流量稳居全球前列,对外直接投资流量累计达 1.4 万亿美元,年均增长 8.2%。2021 年,我国对外直接投资流量为 1 788 亿美元,同比增长 16.3%,占当期全球对外直接投资流量的 10.5%,排名世界第 2 位。截至 2021 年年末,我国对外直接投资存量 27 851 亿美元,占当期全球存量的 6.7%,比 2012 年提高 4.4 个百分点,排名由第 13 位上升到第 3 位。

中国从一个资本极度短缺的贫困国家,逐步成长为世界第一大贸易国、世界第二大经济体,更是当今世界上极具影响力的对外投资大国。我们应当建立民族自豪感和中华民族接班人的使命感,坚定中国特色社会主义道路自信、理论自信、制度自信、文化自信,厚植爱国主义情怀和责任担当。

资料来源:http://www.stats.gov.cn/xxgk/jd/sjjd2020/202210/t20221009_1889045.html.

二、国际商务投资环境的特点

1. 综合性

投资环境是由许多因素交织而组成的矛盾综合体。这些众多的因素中,有的对投资的流量、流向、效益起决定作用,有的起次要作用或补充作用。一国的投资环境可能在某些方面具有优势,而在另一些方面却处于劣势,它们都是或多或少地对投资的结果起作用,形成整体合力后才具有吸引外资的功能。因此,投资者在进行投资决策时,必须对东道国的各种因素进行综合分析,统筹考虑。只强调投资环境的某一因素或几个因素,都会陷入片面性。

2. 系统性

投资环境是一个有机的整体,涉及范围广,包括内容多,各部分相互连接、协调,互为条件,构成一个纷繁复杂的庞大系统。可以将自然、政治、经济、法律、文化等各大因素分为若干中类因素,各中类因素又可分为若干小类因素等,这样就形成了投资环境评估指标体系。

其中任何一个因素发生变化,都可使涉及投资活动的其他因素发生连锁反应,进而导致整个投资环境的变化,从而影响投资者对投资环境的评价。要运用系统分析方法,在把握整个系统功能的基础上,分别考虑各子系统的结构功能。

3. 动态性

影响国际投资环境的各种因素都处于不断变化之中,因此投资环境也是在不断变化的,使投资环境整体表现出动态性。没有一成不变的投资环境,投资环境中各因素的变化使环境在改善或恶化。

三、国际商务投资环境的分类

按照不同的角度和方法,投资环境可以作如下分类。

1. 狭义的投资环境和广义的投资环境

按投资环境包含因素的多少,投资环境可分为狭义投资环境和广义投资环境。狭义的投资环境是指投资的经济环境,包括一国的经济发展水平、经济发展战略、经济体制、市场的完善程度、产业结构、外汇管制和物价的稳定程度等。广义的投资环境是指除经济环境外,还包括自然、政治、法律、社会文化等对投资产生影响的所有外部因素。我们所说的投资环境通常是指广义的投资环境。

2. 宏观投资环境和微观投资环境

按地域范围划分,投资环境可分为宏观投资环境和微观投资环境。宏观投资环境是指整个国家范围内影响投资的各种因素总和。微观投资环境则是指一个地区范围内影响投资的各种因素总和。微观投资环境是一国宏观投资环境的构成部分,微观投资环境因各个地区的经济状况、社会文化、基础设施、优惠政策等的不同而各异,但微观投资环境的改善会促进一国宏观投资环境的改善。

3. 前期环境、建设期环境、生产期环境

按照投资运动的过程,投资环境可分为前期环境、建设期环境、生产期环境。前期环境是指某一项目正式实施或某一企业正式营业之前所需的外部条件。建设期环境是指项目或企业在建过程中的外部条件。它是前期环境的继续,也是企业能否按时投产的基本前提。生产期环境是指项目或企业在生产过程中的外部条件,它直接决定着项目或企业效益的好坏。

4. 自然因素、人为自然因素和人为因素

按照各因素的稳定性和重要性,投资环境可分为自然因素、人为自然因素和人为因素。自然因素包括自然资源、人力资源和地理条件等。人为自然因素包括实际增长率、经济结构和劳动生产率等。人为因素包括开放进程、投资刺激和政策连续性等。

 微案例

南非的人为因素对自然资源的制约

南非是非洲大陆唯一拥有核电站的国家,并拥有丰富的天然铀资源。但南非自结束殖民统治以来,电力体制改革和建设滞后,全国电力仍然严重依赖煤炭发电,电力短缺已经限制了南非的经济增长。

2006年6月,中国与南非签署了《和平利用核能合作协定》。2014年两国签订核能合作协议,2015年两国在北京正式签订核能技术合作协议,计划建造8座新的核反应堆。合作内容包括许可程序、供应商检验、检验人员培训、联合检查和技术支持等多个方面。作为非洲工业化程度最高的经济体,南非此次计划建设的核电项目价值500亿美元(465亿欧元)。新建的核反应堆预计将增加960万千瓦发电量,这几乎是当前南非全国3 000万千瓦发电量的1/3,首批机组将于2023年投入使用。

5. 硬环境和软环境

按照各种环境因素所具有的物质和非物质性,投资环境可分为硬环境和软环境。硬环境是指能够影响投资的外部物质条件或因素。软环境是指能够影响国际投资的各种非物质形态因素,如外资政策、法规、经济管理水平、员工技术熟练程度以及社会文化传统等。

四、影响国际商务投资环境的因素

影响国际商务投资环境的因素按各因素的属性可分为自然环境、经济环境、基础设施、政治环境、法律环境和文化环境等。这些因素的相互作用,在每个国家会产生一系列的风险和机遇,而这些风险和机遇是企业进行国际商务活动时必须考虑的因素。

视频:看看地球村,
哪些国家投资
环境最好

知识拓展

国际投资环境影响因素

勒施(A. Lorsh,1939年)提出了影响FDI国际环境的五大因素,分别是:①经济因素,包括价格的地区差、供求关系、技术进步等;②自然因素,包括自然资源、气候、交通便利程度等;③人的因素,包括个别企业主的和一般性的国民性等;④政治因素,包括关税、政治制度、民族语言等;⑤其他因素,包括销售费用、商业风险、贸易障碍、消费者偏好、行政手续等。

邓宁(Dunning,1993年)提出了九种影响因素,分别是:①自然人和人造资源及市场的空间分布;②投入的价格、质量及生产率;③国际运输的通信成本;④投资优惠或歧视;⑤产品和劳务贸易的人为障碍(如进口控制);⑥基础设施保障(如商业、法律、教育、运输和通信等);⑦跨国之间的意识形态、语言、文化、商业惯例及政治差异;⑧研究与开发、生产和营销集中所带来的经济性;⑨经济体制和政策战略资源分配的制度框架。

1998年,联合国贸易与发展会议(United Nations Conference on Trade and Development,UNCTAD)设计了一套FDI的区位环境影响因素,包括建立对外直接投资(和贸易)运行框架,经济因素和企业运行的便利性等。其中经济因素又根据不同的投资动因,将东道国经济因素按市场开发型、资源开发型等4种类型进行进一步划分。

国内学者鲁明泓(2000年)将影响国际直接投资环境的因素分为制度因素和非制度因素。非制度因素包括经济因素、基础因素和区位因素;制度因素包括投资政策、金融管理和法律完善等。

(一)自然环境

自然环境是指自然或历史上长期形成的与投资有关的自然、人口及地理等条件。它由地理位置、气候、自然资源与人口等子因素组成。地理条件和自然资源禀赋还可影响一个国家的经济增长形态，不同的资源禀赋会影响一个国家的产业结构。然而，地理条件和自然资源禀赋并不是经济发展的根本障碍。经济发展的一个关键要素是资本积累。拥有优越的地理条件和资源条件，可以产生一种资源租金，这种增加的收入能否成为经济增长的长期引擎，又取决于所有者能否把收入转化为有效的资本积累，并且与其他的条件，包括体制、人力资本等相配合，进入库兹涅茨所谓的现代经济增长轨道。

新加坡的投资环境

作为亚洲"四小龙"之一的新加坡，原先所固有的自然资源极其缺乏。某种程度上讲，除天然的深水港和优越的地理位置等基础设施优势之外，新加坡并不具备发展经济的必要条件。而从20世纪60年代中期经济腾飞开始，新加坡经济年增长率一直保持在8%左右。这一发展很大程度上是靠外资的作用，早在1992年，外来投资占社会总投资的比例就高达81%，制造业方面的投资89%则来自外资。政治、经济、法律和有关政策管理方面的效率与优惠使其在短短的30多年间创造了举世瞩目的经济奇迹。新冠疫情期间，新加坡宣布了2020年新加坡财政预算案，其中与经济领域直接相关的是40亿新元（约为200亿元人民币）的经济稳定与支援配套计划，推出雇用补贴计划和加强加薪补贴计划，落实具体措施帮助企业降低资金周转压力，并采取加强应变与提升计划，有针对性地援助受疫情影响严重的旅游、航空、餐饮、零售及点对点服务五大行业。

1. 地理

地理因素包括地理位置、面积、地形条件、矿产资源、水资源、森林资源等。地理条件对一国投资者的投资活动会产生直接或间接的影响。FDI在某一地区的聚集，或跨国企业某一增值环节在某个城市的集中，一定和该地区或城市的自然地理环境有密切的关系。例如，国际投资集中在中国的沿海地区和大城市地区。

水浅导致的运输障碍

美国一位食品加工商在墨西哥一条河流的三角地带建造了一个菠萝罐头厂，由于菠萝种植园在该河流的上游，公司打算用船把成熟的菠萝运到罐头厂加工。然而，令人失望的是，在菠萝收获的季节里，河水太浅，无法行船。由于没有其他可行的运输方案，工厂被迫关闭，新设备以极低的价格卖给了墨西哥的一个社区，这使该公司付出了巨大代价。

2. 人口

人口因素对直接投资的影响是非常重大的。人口是构成市场必不可少的条件之一，它既能决定某一产品的需求规模，又能决定需求的种类。

3. 气候

气候主要研究气温、日照、降雨量、风暴及台风等。气候因素从不同侧面对许多行业的投资都会产生影响，气候的差异和变化不仅关系到企业的生产、运输，而且会影响消费市场的潜力。

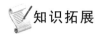知识拓展

气候与投资

自 20 世纪 80 年代末以来,气候变化深刻影响着人类的生存和发展。温室气体排放引起全球气候变暖,导致环境危机,使人类面临严峻挑战。为了有效应对气候变化,促进国际合作,国际社会先后签订了《联合国气候变化框架公约》京都议定书、巴黎协定等一系列应对气候变化的国际协定。各国政府为了履行国际气候协定的义务,在采取大量激励低碳领域投资发展措施的同时,也制定了不少限制甚至取消高耗能、高排放、高污染领域投资的措施。这些措施不仅促进了新型低碳经济的产生,也使那些不符合低碳经济特征、不能达到温室气体排放标准和减排要求的外国投资者处于不利竞争地位。

为应对气候变化,国际市场将投资分为气候友好型投资和非气候友好型投资,前者能够推动温室气体减排,促进应对气候变化措施的实行,而后者可能对应对气候变化产生阻碍作用。两者享有不同政策和待遇,对气候友好型投资,东道国往往采取税收优惠等一系列激励措施;对非气候友好型投资则不会。例如,同是汽车制造企业,采用低碳排放的新能源汽车制造企业会比采用高碳排放的传统柴油发动机汽车制造企业享有更多的优惠待遇。此外,气候变化可能会改变一个国家的比较优势,从而改变资本流向,影响国际投资格局,这对于比较优势源于气候和地理特征的国家,影响尤为明显。例如,若一国政府要求所有使用化石燃料的发电厂采用碳捕集与封存技术,就会增加发电厂投资的经营成本;如果政府对于碳密集型产业实施严格的排放标准,也会损害投资者的利润及竞争力。

资料来源:气候变化将给国际投资带来哪些变化?〔R/OL〕. https://baijia-hao.baidu.com/s? id=1705131847071643657&wfr=spider&for=pc.

(二) 经济环境

经济环境是指一国的经济发展状况(如国民收入水平、年增长率等)、经济发展前景以及影响投资的各种基础设施状况等。经济环境是影响国际投资的最直接、最基本的因素,也是国际投资决策中首先考虑的因素。对国际投资来说,经济环境重点考察经济发展水平、市场体系完善与市场开放程度、经济政策与外资政策。

1. 经济发展水平

一般来说,一国的经济发展水平较高,就意味着该国有较大的市场机会,对外国投资者就有较大的吸引力。对经济发展水平的衡量,是根据一国经济的发达程度,把不同的国家划分为发达国家和发展中国家。经济发展水平不同的国家,其投资需求和市场结构方面有着较大的差异。就工业品市场而言,发达国家偏重于资本和技术密集型产品,而发展中国家侧重于劳动密集型产品;就消费品市场而言,发达国家在市场营销中强调产品款式、性能和特色,品质竞争多于价格竞争;而发展中国家则侧重于产品的功能和实用性,销售活动因受到文化水平低和传媒少的限制,价格因素重于产品品质。

经济发展水平的高低所引起的市场结构和投资需求的不同,必然引起各个国家对外资利用规模和结构的差异。一个国家或区域经济发展的总体规模、速度是影响跨国企业进入最为重要的因素之一。因为较大的市场规模增加了跨国企业获得规模经济的潜力,降低了生产的边际成本。通常以国内生产总值(GDP)作为其衡量标准。

2. 市场体系完善与市场开放程度

市场体系完善，意味着各类主要市场如商品市场、金融市场、劳动力市场、技术市场、信息市场等已发育齐全，形成了一个有机联系的市场体系。市场开放程度，是指一国允许外国投资者不受限制地进入本国市场的程度。对外国投资者来说，一国市场的完善和开放是一个很关键的问题。完善和开放的市场是较好投资环境的重要内容，对外国投资者有较大的吸引力。反之，封闭和残缺的市场只会使外商望而却步。

3. 经济政策与外资政策

经济政策与外资政策主要包括产业和地区政策、税收政策、外汇政策、贸易政策。一国的经济政策往往和国际经济有着密切的联系，因而对国际投资也有着较大的影响。

（1）贸易和关税政策。很多国家会对用于出口生产的原材料、中间产品和机器设备减免关税。有些国家实行出口退税政策。

（2）经济开发政策。经济开发政策包括工业化政策、产业开发政策和地区开发政策等。很多发展中国家采用了进口替代政策。为了保护国内幼稚产业的发展，一般都限制成品的进口，原有的外国出口商品生产者往往采用在当地投资生产或其他的合作方式进入该国市场。

（3）外汇与外资政策。外汇和外资政策直接影响外国投资者的利益，关系到资本能否自由进出、利润和其他收益能否汇回的问题，所以一般也颇为被国际投资者所关注。

（4）税收优惠政策。为了吸引外资，很多国家政府出台税收优惠和税收减免政策，政府与投资者对激励重要性的认识比较如表 9-1 所示。

表 9-1　政府与投资者对激励重要性的认识比较

政　府		投　资　者	
激 励 内 容	重要性/%	激 励 内 容	重要性/%
税收减免	41	企业发展战略	79
国内外投资者享有相同待遇	37	资本与利润自由汇回制度	79
积极的经营环境	31	国外产权和控制的非限定性	67
资本与利润自由汇回制度	30	国民待遇	66
		最小的腐败成本	54

（三）基础设施

基础设施是影响一国投资环境的重要因素，基础设施对经济增长有直接的影响。基础设施包括交通、邮电、供水供电、商业服务、科研与技术服务、园林绿化、环境保护、文化教育、卫生事业等市政公用工程设施和公共生活服务设施等。基础设施状况包括两个方面的内容：一是工业基础设施的结构和状况；二是城市生活和服务设施的结构和状况。

基础设施的好坏是吸引国际直接投资的基本条件，主要包括以下内容。

（1）能源，包括基础能源和水力、电力、热力等供应系统和供应状况。

（2）交通运输，包括铁路、公路、水路和航空运输等方面的条件。

（3）通信设施，包括邮政、广播、电视、电话、电传等方面的设施。

（4）原材料供应系统。

(5) 金融和信息服务。
(6) 城市生活设施状况,如住房、娱乐、饮食等。
(7) 文教、卫生设施和其他服务设施。

基础设施建设是与国际投资密切相关的外部物质条件,外国投资者是不可能到一个能源供应短缺、交通不便、信息闭塞和生活条件艰苦的地区进行投资的。正因为如此,东道国政府都很重视基础设施的建设和完善。

基础设施投资

基础设施投资是指能够为企业提供作为中间投入用于生产的基本需求,能够为消费者提供所需要的基本消费服务,能够为社区提供用于改善不利的外部环境的服务等基本设施建设的投资。基础设施投资包括交通运输、邮政业,电信、广播电视和卫星传输服务业,互联网和相关服务业,水利、环境和公共设施管理业投资。

《中华人民共和国2022年国民经济和社会发展统计公报》显示,2022年,我国基础设施投资增长9.4%。

铁路运量不足导致投资计划夭折

美国汉纳矿业公司在巴西建立了一家生产精矿原料产品的子公司。其基本策略之一是随着时间的推移,逐渐增加精矿原料产品的产量。由于小规模生产无利可图,公司决定逐年扩大生产,在出口量达到两百万吨时成为一个获利的企业。然而,公司一开始就遇到了问题。由于当地的铁路部门不能满足合同中最大的运输要求而无法把产品运往市场,公司的策略招致失败。

(四)政治环境

政治环境直接影响国际投资的难易程度、资金的安全性、跨国企业经营活动及其效果。对国际投资来说,政治环境重点考察政治体制、政治稳定性及政府对外关系。

1. 政治体制

政治体制主要是指一个国家政治中的制度、政治组织、政治利益集团和其他制度之间的内在联系以及一国政府行使政治职责时的政治法则。一个国家的政治体制与该国的根本性质和社会经济基础相适应。一个国家总体的治理结构以及企业与政府之间的互动关系是投资环境的一个重要因素。概括地说,它包括企业遵守规则所要承受的负担、这些规章所提供的服务质量,以及与获得这些服务相连的腐败程度。

政治体制与治理

Kaufmann(1999年)等首先为治理下了定义:使权威在一个国家中运行的传统和制度。它包括:①选举政府、监管政府和更替政府的流程;②政府有效地形成和实施健康的政策的能力;③人民和国家对统治经济和社会的制度、公共机构的尊敬程度。Kaufmann 建立了一个包含300项治理衡量指标的数据库。数据来自两个途径：由商业风险评估机构和其他组织提供的、能反映国家情况的专家意见；由国际组织或其他非政府组织所做的居民跨国调查。他们的目的是衡量一个国家中的利益相关者（包括一国的居民、企业家、外国投资者及整个社会）对治理质量的感受。Kaufmann根据前面对治理的定义，将衡量治理的指标分为五类。他们首先把"政府有效地形成和实施健康的政策的能力"方面的指标分成"政府效率"和"监管负担"；然后把"人民和国家对统治经济和社会的制度及公共机构的尊敬程度"方面的指标分成"法治"和"腐败"；最后是"政治不稳定和暴力"。用这五个指标，Kaufmann就建立了衡量治理的综合指标，即可以建立治理结构的五边形。这个综合指标的好处是能够进行多个国家的跨国比较。更重要的是，综合指标提供了对国家治理的综合情况和治理的各方面情况的准确量化数值，这使Kaufmann可以对不同国家在治理的各个维度上存在差异的假设进行检验。研究发现世界各国在治理指标方面存在显著差异。

2. 政治稳定性

政治稳定性表现为政府的稳定性和政策的连续性。一般认为政府的稳定应不受任何内部与外部问题的困扰和动摇，如内部的分裂、反对党派的存在、民族问题、经济困难、潜在的政变因素、不规则的更迭等。一国的政策连续性越强，说明该国的政治稳定性越高，对外国投资者越有吸引力；否则，就缺乏吸引力。

 微案例

缅甸的民主转型对中国投资项目的影响

2008年开始，缅甸加快政治改革步伐，2011年3月，军政府向民选政府移交权力。两个月后缅甸总统吴登盛首访中国，中缅双方宣布建立"全面战略合作伙伴关系"。然而，民主转型对中缅关系的不利影响很快显现。自2011年开始，中国对缅甸直接投资连续大幅下滑，2011—2013分别减少69.11%、92.71%和48.43%。与此同时，中国在缅甸的大型投资项目也出现波折，尤其是在2011年9月，中国的密松水电站项目突然被缅甸政府单方面宣布暂停。随后的2012年3月，中国的莱比塘铜矿项目也引发当地民众抗议，此后多次停工复工。研究发现，项目公司与当地社区的利益分配，以及缅甸执政党与反对派的权力竞争，是影响中国在缅甸投资成败的核心因素。

资料来源：张聪，孙学峰. 中国在缅投资项目成败的原因（2011—2016）[J]. 国际政治科学，2016(4)：23-58.

3. 政府对外关系

政府对外关系包括与主要贸易伙伴的关系、与他国政府的正常关系等方面。一国政府对外关系现状和发展前景会影响外国投资者对该国政治环境的评价。一国政府对外关系良好，而且与越来越多的国家交往密切、关系友好，则外国投资者对该国的政治环境评价就会好一些。

思政园地

坚持对外开放，互利共赢

习近平总书记在党的二十大报告中多次提到对外开放，如："中国坚持对外开放的基本国策,坚定奉行互利共赢的开放战略,不断以中国新发展为世界提供新机遇,推动建设开放型世界经济,更好惠及各国人民","我们实行更加积极主动的开放战略,构建面向全球的高标准自由贸易区网络,加快推进自由贸易试验区、海南自由贸易港建设,共建'一带一路'成为深受欢迎的国际公共产品和国际合作平台","我国成为140多个国家和地区的主要贸易伙伴,货物贸易总额居世界第一,吸引外资和对外投资居世界前列,形成更大范围、更宽领域、更深层次对外开放格局","坚持高水平对外开放,加快构建以国内大循环为主体、国内国际双循环相互促进的新发展格局"。中国开放的大门不会关闭,"引进来"和"走出去"并重是我们始终秉持的态度,我们应该增强主人翁意识,认识"逆全球化"思潮和重新"闭关锁国"等错误思想的危害性,建立可持续发展的价值观。

(五)法律环境

法律环境是本国和东道国的各种法律,各国之间缔结的贸易投资条约、协定和国际贸易投资法。具有系统性、相对稳定性、适应性、可变性和可改造性等特点。一般而言,一国的法律、法规都是调整各类活动的基本准则,其中某些法规对外国投资者有着直接的关系。例如,商法、公司法、劳工法、税法、外资法、海关法等。尤其是各国的外资法更是投资者特别关注的法律,它是影响外资进入的重要因素之一。

世界各国无不以维护国家主权和经济利益为前提,制定本国利用外资的有关法律。发达国家对外资采取比较开放的立法态度,限制性措施比较少。发展中国家由于经济发展水平低,资金匮乏,技术落后,国际竞争能力弱,对外资的态度往往自相矛盾,一方面鼓励性措施较多,另一方面限制性措施也较多,其目的是在大力引进外资的同时,还要保护本国民族工业的发展。

知识拓展

中华人民共和国外商投资法

2019年3月15日,第十三届全国人民代表大会第二次会议表决通过了《中华人民共和国外商投资法》。这是中国第一部外商投资领域统一的基础性法律,自2020年1月1日起施行。外商投资法坚持"一视同仁、平等对待"的原则,对外资企业的知识产权和技术保护、准入前国民待遇加负面清单管理制度、外国投资者在中国境内的投资、收益和其他合法权益等问题都做出了明确规定。

专家表示,外商投资过程中的很多问题在十年前就已经开始出现,但当时中国市场对外开放的广度、深度远远不够,还没有足够的经验、资源、人才储备去解决这些问题。如今,中国已有足够的自信和能力处理国际性问题。制定外商投资法是营造法治化、国际化、便利化营商环境的必要步骤。该法的颁布是一次根本性、制度性的变革,政策的变化体现了中国的制度自信和市场成熟。

(六)文化环境

文化环境是世界各个国家和民族长期形成的,由于各国的社会文化不同,因而呈现出多样性的特点。对国际投资来说,文化环境重点考察文化传统、教育水平和宗教信仰。

1. 文化传统

文化传统的差异是影响国际投资活动的直接因素。不同的文化传统所造成的不同社会观念、消费习惯、生活准则、思维方式等,会对国际投资活动产生程度不同的影响。一般来说,语言和文化传统方面的差异越小,投资者与东道国越容易沟通,从而越有利于国际投资活动的开展;反之,则会阻碍国外投资者进入某一国家进行投资。

2. 教育水平

一国的教育水平高低,一般可以从以下几方面来考察:一是该国的教育制度和结构是否合理;二是教育的普及程度;三是教育与社会需要的结合;四是一般认字状况;五是基础教育、职业教育和专门教育的状况;六是国民对教育的基本态度。教育水平高,劳动力素质必然高,生产的效率和经济效益就高,投资的收益就好,对国外投资者就有吸引力;反之,则会影响国外投资者的进入。

3. 宗教信仰

目前,世界上主要有基督教、伊斯兰教和佛教三大宗教。不同的宗教信仰对人们的价值观念、生活态度和消费方式都会产生重要影响。例如,从传统上看,基督教主张努力工作、节俭、储蓄;佛教和印度教强调精神价值,贬低物质欲望;伊斯兰教禁止食猪肉、饮酒等,这些都会对国际投资活动产生直接或间接的影响。从接受投资国来看,宗教制度和一些清规戒律越复杂、严格,往往越令国外投资者畏缩不前。从国际投资者来看,越能尊重东道国的宗教信仰和风俗习惯并适度地加以利用,就越能在该国开展投资活动并获得成功。

知识拓展

宗教信仰对投资的影响以及中国对外投资的表现

被誉为宗教社会科学研究新范式领军人物的 Stark and Finke(2000 年)指出,宗教具有文化和制度两个最基本的属性。这两个基本属性对投资与经贸合作的经济意义主要有两个方面:一是宗教会通过文化属性塑造个体的行为偏好,直接影响国际投资与经贸合作;二是宗教有利于塑造身份认同,进而提高不同经济行为体之间的信任水平,间接影响投资与经贸合作。此外,宗教还可能以经济行为体的制度水平作为介导来影响国际投资与经贸合作。

在对外开放不断深化的背景下,中国进行海外投资的规模和数量不断上升。数据显示,2003 年以来,中国对外直接投资流量除 2008 年和 2009 年因受金融危机影响而出现小幅度的下滑外,其他年份都保持着强劲的增长,总体的投资存量也一直处于快速增长的态势。另外,由于宗教文化是影响个体经济行为的重要因素,因而中国企业在进行对外投资的过程中越来越关注东道国的宗教文化问题。通过与东道国宗教信仰多样性和中国与东道国宗教信仰相似性的拟合中可以看出,中国似乎更倾向于向宗教多样性程度高、与中国宗教信仰相似的东道国投资。

资料来源:韦永贵,李红.信仰的力量:东道国宗教信仰会影响中国 OFDI 吗?[J].南方经济,2019(2):108-128.

学习单元二 评估国际商务投资环境

评估国际商务投资环境主要是从评估投资环境的方式和评估投资环境的方法两个方面展开。

一、评估国际商务投资环境的方式

1. 专家实地考察

专家实地考察是评估者为了解某国、某地的投资环境,由专家组成的评估小组前往实地进行考察和评价的方式。采取这种方式需要准确地把握专家的选定、评估内容的取舍和被调查人员的确定。

专家实地考察方式的优点是能直接获取一手资料,不足之处在于获取的有可能是经过加工的、片面的信息,甚至是人为设置的圈套和假象,从而影响评估结果的客观与准确性。

2. 信息咨询机构评估

信息咨询机构评估是指信息咨询机构接受客户委托,按照客户的要求,对被评估地区和行业的投资环境进行评判的一种方式。由于信息咨询机构是第三方评估机构,其评估具有相对独立、快速高效、客观公正的特点。

信息咨询机构的评估过程一般分为三个阶段。

(1) 准备阶段。接受客户委托、了解客户需求、签订合同以及组织评估小组、拟订工作计划等工作。

(2) 评估阶段。运用科学方法,按照客户要求进行评估。

(3) 总结阶段。完成评估报告并向客户反馈。

3. 问卷调查评估

问卷调查评估是指把影响投资环境的因素及重要程度,按一定的规范和要求制成意见征询表发放给调查对象,要求被调查对象作出回答后返回,再进行归纳统计分析的方式。

运用问卷调查的方式进行投资环境评估主要需要把握以下几个问题。

(1) 调查内容取舍与调查表设计。调查内容既要评估各个投资环境因素的重要性,又要评估各个投资环境因素的现状。因此,调查表的设计要求重点突出、简单明了、用词准确。问题数量应该适当,并且应以客观题为主,辅以适量的主观题。

(2) 调查对象的选择。一般应包括政府官员和政府工作人员、有代表性的投资者、有关学科的专家学者及顾客等。

(3) 统计分析评价。统计分析的主要任务是分析调查结果的倾向性和一致性,也就是要分析评价者的主要倾向和评价者意见的集中程度。评价结果需要具有倾向性和一致性且达到一定程度以上。

(4) 抽样核对。核对目的是对统计分析结果进行核实,确定误差,以提高调查结果的准确性。

二、评估国际商务投资环境的方法

目前评估国际投资环境的方法主要有定性方法和定量方法,选取不同的评估方法,可能产生不同的评估结果,从而提出不同的优化方案。

(一) 定性评估方法

定性评估是以综合、分析、归纳、推理为主要分析工具,主要是以自然描述为主,对投资环境作定性说明。

1. 冷热对比分析法

冷热对比分析法是从投资者和投资国的立场出发,选定诸因素,据此对目标国逐一进行评估并将之由"热"至"冷"依次排列,热国表示投资环境优良,冷国表示投资环境欠佳。一般来说,影响一国或一地区投资环境的主要因素有政治稳定性、市场机会、经济发展和成就、文化一体化、法令阻碍(法律是否完备和连续)、实质阻碍(主要是自然条件)、地理及文化差距。

在上述多种因素的制约下,一国投资环境越好(即热国),外国投资者在该国的投资参与成分就越大;相反,若一国投资环境越差(即冷国),则该国的外资投资成分就越小。一般认为,冷热对比分析法是最早的一种投资环境评估方法,虽然在因素(指标)的选择及评判上存在不完善之处,却为评估投资环境提供了可利用的框架,为投资环境评估方法的形成和完善奠定了基础。

微案例

美国投资者的冷热对比分析

利特法克和班廷从美国投资者的立场出发,用美国投资者的观念对加拿大、英国等 10 个国家的投资环境进行了冷热比较分析,建立直观形式的冷热比较表。加拿大、英国、德国、日本、希腊、西班牙、巴西、南非、印度、埃及等国的顺序就反映了这 10 个国家的投资环境在美国投资者心目中的由"热"至"冷"的顺序,如表 9-2 所示。

表 9-2 美国人心目中 10 个国家投资环境的冷热比较表

国别	冷热	政治稳定性	市场机会	经济发展和成就	文化一体化	法令阻碍	实质阻碍	地理及文化差距
加拿大	热	大	大	大		小		小
					中		中	
	冷							
英国	热	大			大	小	小	小
			中	中				
	冷							
德国	热	大	大	大	大	小		
							中	中
	冷							
日本	热	大	大	大	大			
							中	
	冷				大			大
希腊	热					小		
			中	中	中			
	冷	小					大	大
西班牙	热							
			中	中	中	中		
	冷	小					大	大

续表

国别	冷热	政治稳定性	市场机会	经济发展和成就	文化一体化	法令阻碍	实质阻碍	地理及文化差距
巴西	热							
			中		中			
	冷	小		小		大	大	大
南非	热							
			中	中		中		
	冷	小			小		大	大
印度	热							
		中	中		中			
	冷			小		大	大	大
埃及	热							
					中			
	冷	小	小	小		大	大	大

2. 投资环境等级评分法

投资环境等级评分法(又称"等级评分法"或"多因素分析法")是从东道国政府对外国直接投资者的限制和鼓励政策着眼,注重软环境的研究。该方法具体分析了影响投资环境的微观因素,这些因素分为八个方面:币值稳定程度;每年通货膨胀率;资本外调;允许外国投资者的所有权比例;外国企业与本国企业之间的差别待遇与控制;政治稳定程度;当地资本市场的完善程度;给予关税保护的态度。根据这八个方面所起的作用和影响程度的不同而确定不同的等级分数,又把每一大因素再分为若干个子因素,按有利或不利的程度给予不同的评分,最后把各因素的等级得分加总作为对其投资环境的总体评价。

在分析的八个方面中,首先是币值稳定程度和每年通货膨胀率,占全部评分总数的34%。说明投资者十分重视东道国的币值稳定程度。严重通货膨胀是指两位数值以上的通货膨胀,严重的通货膨胀会使投资者出现投资贬值,有很大的投资风险,甚至会让投资者望而却步。其次是资本外调、政治稳定程度、允许外国投资者的所有权比例以及外国企业与本地企业之间的差别待遇与控制,这四项各占全部评分总数的12%。这四项关系到资本能否自由出境、跨国企业和东道国企业之间的竞争条件以及对企业所有权与经营权能否控制,对投资者来说,实际上是投资的安全程度和对企业所有权与经营权的控制程度,因此这四项共占全部评分总数的48%。最后是给予关税保护的态度和当地资本市场的完善程度,这两项分别占全部评分总数的8%和10%,所占比重较轻。

3. 道氏公司评估法

道氏公司评估法是美国道氏化学公司根据其在国外多年的投资经验提出的。道氏公司认为它在国外投资所面临的风险有两类:第一,"正常企业风险"或称"竞争风险"。第二,"环境风险",即某些可以使企业环境本身发生变化的政治、经济及社会因素。

道氏公司把影响投资环境的诸因素按其形成的原因及作用范围的不同分为两个部分:一是从事生产经营的企业业务条件(共计40项),包括实际经济增长率、能否获得当地的资产、投资刺激、基础设施、利润汇出规定、再投资自由、价格控制、劳动力技术水平、劳动力稳定、对外国人态度等。二是环境风险因素，即有可能引起这些条件变化的主要压力（共计40项），包括国际收支结构及趋势、被外界冲击时易受损害的程度、经济增长相对于预期、舆论界领袖观点的变化、领导层的稳定性、与邻国的关系、恐怖主义、经济与社会进步的平衡、人口构成和人口趋势、对外国人和外国投资的态度。在前两步考虑的基础上，对有利条件和假定条件进行汇总，从中选出8～10个在某国家能获得成功的关键因素，然后提出4套方案，即最可能的、较乐观的、较悲观的和最糟糕的，供投资者选择。

4. 投资障碍分析法

投资障碍分析法是依据潜在的阻碍国际投资运行因素的多少与程度来评价投资环境优劣的一种方法。判断一国的投资环境是否适合外国投资，只需要考虑该国的潜在的投资障碍，如表9-3所示。

表9-3 潜在的投资障碍

序号	一级指标	二级指标
1	政治障碍	目标投资国的政治制度与投资国不同
		政治动荡（包括政治选举变动、国内骚乱、内战、民族纠纷等）
2	经济障碍	经济停滞或增长缓慢
		外汇短缺
		劳动力成本高
		通货膨胀和货币贬值
		基础设施不良
		原材料等基础产业薄弱
3	东道国资金融通困难	资本数量有限
		没有完善的资本市场
		融通的限制较多
4	技术人员和熟练工人短缺	技术人员短缺
		熟练工人短缺
5	实施国有化政策和没收政策	投资国有化政策
		投资没收政策
6	对外国投资者实行歧视政策	禁止外资进入某些产业
		对当地的股权比例要求过高
		要求有当地人参与企业管理
		要求雇用当地人员，限制外国雇员的数量
7	对企业干预过多	实行物价管制
		规定使用本地原材料的比例
		国有企业参与竞争
8	实行较多的进口限制	限制工业品和生产资料的进口

续表

序号	一级指标	二级指标
9	实行外汇管制和限制利润汇回	一般的外汇管制
		投资本金和利润等的汇回
		限制提成费汇回
10	法律行政体制不完善	外国投资法规在内的国内法规不健全
		缺乏完善的仲裁律师制度
		行政效率低
		贪污受贿行为严重

投资障碍分析法的基本出发点：如果在没有考虑优惠的情况下，一国投资环境可以接受，那么加上优惠因素就更可以接受。

5. 闵氏多因素评估法

中国香港中文大学闵建蜀教授在"等级评分法"的基础上提出了这种密切联系而又有一定区别的投资环境考察方法，被称为闵氏多因素评估法。该方法将影响投资的因素分为11类，每一类因素由一系列子因素组成。在评价某国投资环境时，先对各类因素的子因素作评价，然后据此对该因素作出优、良、中、可、差的五级判断，最后按固定的公式计算投资环境的总分。

闵氏多因素评估法可分为以下三个步骤。

（1）对各类因素的子因素作出综合评价。

（2）对各因素作出优、良、中、可、差的判断，按五级打分。

（3）按下列公式计算投资环境总分。

$$投资环境总分 Q = \sum W_i(5A_i + 4B_i + 3C_i + 2D_i + E_i)$$

式中，Q 为投资环境总得分；i 为所考虑因素中的某一个；W_i 为分配给第 i 个因素的权重；A_i、B_i、C_i、D_i、E_i 分别为对第 i 个因素进行评估的专家或投资者意见的比重，$A_i + B_i + C_i + D_i + E_i = 1$。

当总分 Q 越接近5时，表示投资环境越好；当总分 Q 超过3时，这种投资环境属于可考虑的范围；当总分 Q 小于3时，表示投资环境较糟糕，不适宜进行投资。由于投资项目的性质不一，当地资源或基础设施、公共服务的稀缺程度不一，都会使权重 W 的值发生变动，从而影响投资环境总评分的高低。

 微案例

基于闵氏多因素评估法分析新加坡投资环境

（1）假设。根据定性分析内容作出新加坡投资环境较好的初步假设。

（2）数据处理。利用问卷调查得到的数据，统计计算后，用闵氏多因素评估法计算投资环境总分。根据每个因素对投资环境总评分影响的大小，分别为11项因素赋予了不同的权重。

（3）结果分析。投资环境总分为44.765。结果取值范围是11～55，得分越高表示投资环境越好。经过综合定性的分析，认为新加坡投资环境较好。

基于闵氏多因素评估法分析新加坡投资环境的过程如表 9-4 所示。

表 9-4　基于闵氏多因素评估法分析新加坡投资环境的过程

投资环境因素	权重 W_i	各因素得分所占比重					单项因素得分	加权得分
		5 分	4 分	3 分	2 分	1 分		
政治环境	1.5	0.24	0.62	0.11	0.02	0	4.05	6.075
经济环境	1	0.24	0.56	0.18	0.02	0	4.02	4.02
财务环境	1	0.27	0.62	0.11	0	0	4.16	4.16
市场环境	1	0.09	0.49	0.38	0.04	0	3.63	3.63
基础设施	1	0.31	0.56	0.11	0.02	0	4.16	4.16
技术条件	0.5	0.33	0.49	0.18	0	0	4.15	2.075
辅助工业	1	0.22	0.49	0.27	0.02	0	3.91	3.91
法律制度	1.5	0.51	0.4	0.09	0	0	4.42	6.63
政府机构	0.5	0.49	0.4	0.11	0	0	4.38	2.19
文化环境	0.5	0.53	0.33	0.11	0.02	0	4.34	2.17
竞争环境	1.5	0.11	0.64	0.24	0	0	3.83	5.745
总计	11	—	—	—	—	—	—	44.765

资料来源：罗慧萍. 基于闵氏评估法分析新加坡投资环境[J]. 中外企业家,2019(35)：40.

（二）定量评估法

随着计算机、智能技术、GIS 技术的快速发展和各类数学工具如模糊数学、灰色系统方法论、层次分析法的广泛应用,定量评价方法在投资环境评价的研究中日益受到重视并广为采用。这种方法主要从量上揭示相互联系的事物之间的数量关系及相互影响的量变规律,目前较具代表性的主要包括以下几类。

1. 成本分析法

成本分析法是西方国家常用的一种评估方法。该方法把投资环境的因素均折合为数字作为成本的构成。然后比较成本的大小,得出是否适合于投资的决策。英国经济学家拉格曼对此作了深入的研究并提出"拉格曼公式"。

假设 C 为投资国国内正常成本,C^* 为东道国生产正常成本,M^* 为出口销售成本(包括运输、保险和关税等),D^* 为技术专利成本(包括泄露、仿制等),A^* 为国外经营的附加成本,则 C^*+M^* 为直接出口成本,C^*+A^* 为建立子公司、直接投资的成本,C^*+D^* 为转让技术专利、国外生产的成本。比较这三种成本的大小,发现有以下三组六种关系。

- $C^*+M^*<C^*+A^*$：选择出口,因为出口比对外直接投资有利。
- $C^*+M^*<C^*+D^*$：选择出口,因为出口比转让技术专利有利。
- $C^*+A^*<C^*+M^*$：建立子公司,因为直接投资比出口有利。
- $C^*+A^*<C^*+D^*$：建立子公司,因为直接投资比转让技术专利有利。
- $C^*+D^*<C^*+A^*$：转让技术专利,因为转让技术专利比对外直接投资有利。
- $C^*+D^*<C^*+M^*$：转让技术专利,因为转让技术专利比出口更有利。

微案例

工资上涨对企业投资行为的影响

国内学者基于成本分析这一常用评估方法,通过构建更高阶的相关模型,采用国泰安非上市公司数据库的工业企业非平衡面板数据,实证检验了劳动力成本的上升如何对企业对外投资和出口行为产生影响。实证结果表明,平均工资和最低工资水平的上调均有利于企业开拓国外市场,提升了企业的对外直接投资意愿,但却抑制了企业出口,并且出口和对外直接投资呈现出协同促进效应。此外,稳健性检验结果表明工资上涨对中西部地区的成本效应显著高于其对东部地区的影响,因为得益于先发和规模优势,人力成本上升对东部地区的约束程度最低;对小规模企业的成本效应显著高于其对大中型企业的影响,因为小规模企业更容易受到融资约束的影响,劳动力资源成本的上涨将会显著地抑制其出口行为。

资料来源:郑志丹.工资上涨的成本效应:企业出口与对外直接投资的权衡[J].经济学动态,2017(9):71-83.

2. 要素评估分类法(准数分析法)

要素评估分类法是将硬环境、软环境因素归纳为八大指标因子,依据相关性,提出以下经济模型:

$$N = \frac{K \cdot B}{S \cdot T} \cdot (P + L + M + F) + X_0$$

式中,X_0 为一个随机变量,其值可正可负。经济模型的项目要素内涵及各项目的评分如表 9-5 所示。

表 9-5 经济模型的项目要素的内涵及各项目的评分

序号	项目要素代号	内涵	评分
1	投资环境激励系数 K	① 政治接近稳定 ② 资本汇出自由 ③ 投资环境完善度 ④ 优惠政策 ⑤ 对外资兴趣度 ⑥ 币值稳定	0~10
2	城市规划完善因子 P	① 有整体经济发展战略 ② 利用外资长、中期计划 ③ 总体布局配套性	0~1
3	税利因子 S	① 税收标准 ② 合理收费 ③ 金融市场	0.5~2
4	劳动生产率因子 L	① 工人劳动素质与文化素养 ② 社会平均文化素质 ③ 技术工人数量	0~1

续表

序 号	项目要素代号	内　　涵	评　　分
5	地区基础因子 B	① 基础设施、交通电信 ② 工业用地 ③ 制造业基础 ④ 科技水平 ⑤ 外汇资金充裕程度 ⑥ 自然条件 ⑦ 第三产业水平	2～10
6	效率因子 T	① 政府机构管理科学化程度 ② 有无完善的涉外服务体系 ③ 咨询体系 ④ 管理手续简化程度 ⑤ 信息资料提供系统 ⑥ 配套服务系统 ⑦ 生活环境	0.5～2
7	市场因子 M	① 市场规模 ② 产品生产占有率 ③ 进出口限制 ④ 人、财、物供需市场开放度	0～2
8	管理权因子 F	① 开放城市管理权范围 ② 三资企业外资股权限额 ③ 三资企业经营自主权程度	0～2

按照上述公式求出的准数值越高,表明投资环境越好,预期的投资收益越高。

微案例

对孟加拉国投资环境的分析

根据孟加拉国的实际情况,K 投资环境激励系数,记 6 分;P 城市规划完善度因子,记 0.4 分;S 利税因子,记 1.5 分;L 劳动生产率因子,记 0.3 分;B 地区基础因子,记 4 分;T 效率因子,记 1 分;M 市场因子,记 1.6 分;F 管理权因子,记 2 分。X_0 为其他机会因素,此时孟加拉国的 X_0 应为负,因为孟加拉国政局不稳定,官僚腐败,司法不健全,治安情况堪忧,基础设施相当薄弱,还有着频繁的罢工活动,记 －16 分。根据经济模型计算准数值 N:

$$N = \frac{6 \times 4}{1.5 \times 1} \times (0.4 + 0.3 + 1.6 + 2) + (-16) = 52.8$$

通过计算,$N < 60$,说明孟加拉国的投资环境不理想。

3. 灰色对比分析法

灰色对比分析法是我国经济工作者(郑宁等人)在研究经济技术开发区投资环境时所采用的一种方法,分为指标体系设计、指标权值测定及综合评价三个步骤。

(1) 投资环境评估指标体系的设计。在收集文献资料和实际调查的基础上,经过分析研究,提出以硬环境因素与软环境因素为两大主线的投资环境因素评估体系。在硬环境因素下,又可分为地理位置、基础设施、工业基础、资源保障四大因素;在软环境因素下,又可分为政治因素、文化因素、法律因素、政策优惠、社会服务、市场条件、劳动力因素和行政管理8个子指标。再进一步分类,由此形成了完整的投资环境评估指标体系。

(2)投资环境指标权值的测定。在投资环境评价指标体系中,各指标是从不同角度来反映投资环境的性质和特征的。它们之间的相对重要程度各不相同。因此,在评估指标体系确定之后,必须对各项指标赋予权值。研究者采用"灰色对比分析法"来确定各项指标的权值。该方法是一种系统分析的方法,把复杂的问题分解为若干有序的层次,然后根据一定客观显示的判断,就每一层次的相对重要程度给出定量表示,即所谓构造比较分析矩阵。利用矩阵求最大特征值(根)及特征向量来确定出每个层次元素的相对重要性,即权值。

(3)综合评估。如果已计算出各项指标的权重,则对投资环境评估指标定出一个评价等级,各个等级用定量化的分值来表示。如分别用100~81,80~61,60~41,40~21,20~0,表示优、良、中、差、劣5个等级。然后请专家根据其掌握的信息、数据、资料和经验对各个指标进行评价,逐一决定各项评估指标的分值。

微案例

应用灰色分析法评价江西省休闲地产投资环境

休闲地产是指为了满足现代人民对更高品质生活的追求,在国家规定的土地上建造的建造物及附属物。研究人员将休闲地产投资环境的构成要素细分为社会、经济、自然和基础设施四大要素,并从这些方面阐述江西省已具备发展休闲地产的能力。在定性分析得出江西省整体环境已具备发展休闲地产条件的前提下,结合江西省实际情况,初步构建了57个具体指标来代表休闲地产投资环境的影响因素。在参考了目前常用的关于投资环境评价指标筛选方法的基础上,运用灰色对比分析法对57个指标进行了分析与筛选,最终确定了32个指标,构建休闲地产投资环境评价指标体系。通过分数计算排名,最后比较分析得出江西省最适合发展休闲地产的城市分别为南昌、九江和赣州。

资料来源:田静静.江西省休闲地产投资环境评价研究[D].赣州:江西理工大学,2012.

以上所介绍的评价一国或地区投资环境的几种最常用的方法,都能够根据一定的数据和条件对投资环境做出较为科学合理的评估。在实际评价投资环境时,应当根据投资主体的需求和目标,将定性分析和定量分析相结合,根据其优缺点选择一种或几种最合适的方法。

与此同时,也应该看到,这几种方法都存在共同的不足之处。第一,都强调宏观一般性因素,相对忽视了微观具体的因素对投资环境的影响,可能导致企业对东道国和国际的风险和机遇分析不全面。第二,每一位投资者的每一次投资动机、目标、方式都不同,如果按上述方法将因素固定、权数固定、分类固定,无疑是排除了投资主体对环境因素敏感程度相异的事实,会造成评价结果针对性较差、影响评价的准确性。第三,一般来说,企业的决策主体是由一个群体组成,而决策群体中不同个人的知识结构、经验和对待风险的态度不同,最终会导致评价结论的差异,难以形成决策群体的最终科学的评价结果。

学习单元三　选择国际商务投资目的地

随着经济全球化的推进,国际分工不断深化,各国外资政策不断优化,跨国企业的对外投资日趋扩大,与各国在贸易、投资、金融、生产、科技、服务等领域合作不断扩大。

知识拓展

中国的对外投资

动画:国际直接投资

根据商务部、国家统计局和国家外汇管理局联合发布的《2021年度中国对外直接投资统计公报》(简称公报)显示:2021年,中国对外直接投资流量1 788.2亿美元,比2020年增长16.3%,连续10年位列全球前三。其中,八成投资流向租赁和商务服务、批发零售、制造、金融、交通运输领域,流量均超过百亿美元。2021年年末,中国对外直接投资存量2.79万亿美元,连续五年排名全球前三。2021年中国双向投资规模基本相当。

分行业看,中国对外投资结构不断优化。2021年,中国对外直接投资涵盖国民经济的18个行业大类。2021年年末,租赁和商务服务、批发和零售、金融、制造等行业投资存量均超千亿美元。

2021年,地方企业对外非金融类投资877.3亿美元,占57.7%,地方企业对外投资活跃。2021年年末,地方企业在境外设立非金融类企业数量占比达86.3%,广东、上海、浙江位列前三。公报指出,对外直接投资稳步增长的互利共赢效果显著。2021年,对外投资带动货物出口2 142亿美元,比2020年增长23.3%;带动货物进口1 280亿美元,增长44%。2021年境外企业向投资所在地纳税555亿美元,比2020年增长24.7%;为当地提供约395万个就业岗位。

截至2021年年底,中国2.86万家境内投资者在国(境)外共设立对外直接投资企业(简称境外企业)4.6万家,分布在全球190个国家或地区,2021年年末境外企业资产总额8.5万亿美元。对外直接投资累计净额达27 851.5亿美元,其中股权投资15 964亿美元,占57.3%;收益再投资8 932.3亿美元,占32.1%;债务工具投资2 955.2亿美元,占10.6%。

2021年,中国企业对外投资并购分布在全球59个同家或地区,从并购金额看,中国香港、开曼群岛、智利、巴西、百慕大群岛、印度尼西亚、美国、西班牙、新加坡、德国位列前10。2021年,中国企业对"一带一路"沿线国家投资并购规模显著增长,并购金额62.3亿美元,较2020年增长97.8%,占并购总额的19.6%,涉及实施并购项目92起。其中,印度尼西亚、新加坡、越南、哈萨克斯坦、阿拉伯联合酋长国、埃及、土耳其吸引中国企业并购投资均超3亿美元。

一、跨国公司进行国际投资的动机

跨国公司进行国际投资的动机是多方面的,既有寻求资源、市场、技术的考虑,也有规避风险、提高企业运作效率等原因。多元化的投资动机促使越来越多的跨国公司在全球市场上进行越来越深入的国际投资。国际投资不仅提升了跨国公司的国际竞争力,优化了全球的资源配置,而且推动了生产的国际化与社会化,加速了全球经济一体化的进程。

知识拓展

对外直接投资动机

日本学者小岛清将企业对外直接投资的动因划分为行业资源导向型、市场导向型、生产要素导向型、生产销售国际化型。英国学者邓宁则将其划分为四种类型,即资源导向型、市场导向型、效率导向型和战略资产导向型,并认为前两种类型是企业初始对外直接投资的两个主动动因,后两种类型则是企业追加对外直接投资的主要动因,其目的在于促进企业区域或全球战略的一体化。

王恕立(2005年)将跨国企业的投资动机分为利润驱动型、学习效应驱动型、竞争驱动型、效率驱动型、战略驱动型、经营要素驱动型、市场驱动型、政策驱动型,企业追求利润最大化是其根本性动因。企业在生存阶段、增长与发展阶段、领先阶段三个层次的经营发展阶段,由于其相对的国际竞争力水平不同,企业对外直接投资的动因也不尽相同。

荷兰安特卫普大学的学者对中国40家对外直接投资企业进行了问卷调查。根据对28项因素在影响对外直接投资重要性的排名,前5项分别为进入新市场、扩大母公司的出口、靠近出口市场、获取国外信息和积累国际经营经验。这表示中国企业的投资动机以市场驱动型和技术驱动型为主。相比之下,28项因素中倒数5位的因素分别为追随客户的需要、东道国较低的资本成本、母国的政治不稳定性、分散金融风险和母国有限的市场,显示这些传统因素在中国对外直接投资中的重要性极低。

二、跨国公司进行国际投资选址决策

(一)投资选址决策的流程

通常而言,选址决策是一个连续性过程,通常分为三个阶段:第一阶段是大概念选择,通常用于选择一个国家或一个区域。第二阶段是选择一个国家或选择国家内的一个州(省)。第三阶段是选择一个具体的场所。同时,三个决策阶段各有不同的影响因素,而因为公司和产业特性的不同,各个阶段影响决策的关键性因素也会不同。在国际工商业界,每一次选址决策还必须考虑到企业在新的投资地经营对整个跨国企业系统的增长贡献。

知识拓展

跨国公司如何选择投资地点

布鲁塞尔自由大学的教授帕特里克·尤特得里和他的同事们根据多年为IBM等公司提供投资选址咨询服务的经验,总结出了跨国公司投资选址的五阶段模型,即从确定跨国公司投资需求开始到真正投资的五个阶段。

第一阶段:明确投资目的地的具体要求,确定备选地点的大名单。
第二阶段:缩小投资目的地的名单。
第三阶段:对第二个阶段筛选出来的地点进行详细评估。

第四阶段：审慎调查和谈判。

第五阶段：落实投资。

资料来源：卢才军,卢才知,邓攀.跨国企业如何选择投资地点？——帕特里克·尤特得里博士谈跨国企业投资选址的5阶段模型[J].投资与合作,2013(10)：82-84.

(二) 投资选址决策的机遇与风险

跨国公司到国外投资,投资目的地的大环境既会带来机遇也会带来风险,企业应该根据机遇和风险来作出判断。

1. 投资机遇

影响跨国公司选址的主要因素有市场规模、经营的兼容性及难易程度、生产要素和资源的可获得性、政府效率。

(1) 市场规模。国内生产总值、人均收入、经济发展水平和经济增长水平、人口是预测市场规模很好的指标。

视频：中国继续成为全球投资首选目的地

中国的汽车消费市场

一家跨国汽车公司要到中国投资,要对汽车市场规模做一个调查。中国是全球潜力最大的新兴汽车市场。中国有14亿人口、近5亿个家庭,以及和美国、西欧面积相似的广大地域。中国正在经历着和西方国家20世纪初十分类似的工业化和城市化浪潮,这个历史过程有可能比发达国家大幅缩短。中国的汽车千人拥有量远低于世界平均水平,中国的汽车金融贷款也仅是发达国家的1/7～1/5。机动性是每一个中国公民和家庭都希望实现的梦想。2021年,中国汽车市场全年销量突破了2600万辆,实现了3.8%的正增长,其中,乘用车扮演着重要的推动因素,全年实现6.5%的销量增长的同时,连续7年销量突破2000万辆,成为全球最具活力的市场。虽然疫情影响了供应链、消费端,但中国乘用车市场在重重困难中挺住了,实现了幅度不小的正增长,再一次展示了中国汽车消费市场巨大的潜力和韧劲。

(2) 经营的兼容性及难易程度。东道国与本国社会文化、法律、法规的兼容性可以降低跨国企业在东道国开展投资活动的难度。中国最早吸引的外资很多是来自中国港澳台和东南亚地区的华商,主要是地理位置相近。语言、文化和法律体系相似,使企业的跨国经营在与员工和顾客的沟通上较为容易,降低了经营的风险。

(3) 生产要素和资源的可获得性。资源的种类和重要性对于资源寻求型的企业尤为值得关注。跨国企业在海外投资生产时必须考虑劳动力的成本、原材料、所需资本、基础配套设施、运输、税收优惠政策等与成本相关的因素。相关的服务业水平如银行、保险公司、会计师事务所、货运代理、通关经纪人和咨询机构对企业的国际化经营也必不可少。

中国对外投资的主要诉求

中国公司在海外投资很多都是资源寻求型。尽管中国拥有丰富的自然资源,其人均拥有自然资源的数量却很低,如中国拥有铁矿石、氧化铝、铜、石油、木材及鱼类资源。由于对这些资源有巨大的和不断增长的需求,中国投资者为获取原材料而在国外开展经营并把全部或大部分原材料出口到母国。此外,它们还通过开采国外蕴藏丰富的自然资源,获得低成本供应的零部件或制成品。

(4) 政府效率。政府在应付市场失灵、提供公共产品和基础设施等方面发挥重要作用。如果政府在这些方面发挥作用不力,则可能在很大程度上增加企业的成本,使许多投资机会无利可图。

2. 投资风险

风险和机遇往往并存,高风险通常也伴随着高利润。高度国际化的企业可以在高风险高收益、低风险低收益的地方合理搭配,分散风险。

(1) 竞争和经营风险。竞争和经营风险是指会对国际化的企业实现目标和战略产生不利影响的重大情况、事项、环境和行动,或由于制定不恰当的目标和战略导致的风险。

跨国公司海外经营风险

丰田在全球市场召回900万辆车,超过了该公司的年产量。丰田汽车(Toyota)已同意就未能迅速知会美国监管部门其200多万辆汽车存在油门踏板问题而支付1 640万美元罚款。这一罚金是有史以来针对汽车制造商的最高额罚款。英国石油(BP)公司承担墨西哥湾大规模石油泄漏所造成的成本,该公司在墨西哥湾的总支出可能在300亿美元左右。其中包括100亿美元左右的清理成本,以及与美国政府达成的200亿美元赔偿基金(用于赔偿渔业、旅游业以及其他行业的损失)。中石油集团在投资3.2亿美元获得哈萨克斯坦Aktobemungaigaz公司的60%的股份时,预计该公司每年将生产700万~800万吨石油,然而,结果仅为年产石油250万吨。中石油集团在哈萨克斯坦的其他投资包括以55亿美元承包一家石油合资企业及建设一个投资30亿美元,长4 000km的管道,把里海附近的油田同中国新疆连接起来,但它们最后的结果同样令人失望(Business China,1999年)。

(2) 货币风险。货币风险也称汇率风险或外汇风险,源于外汇汇率的不利变动,即由于汇率的反向变化而导致蒙受损失的风险。如果一个公司的资产和负债是以外国货币来计价,或在合同中规定以外国货币收款或付款,那么该公司就面临着货币风险。

由于欧洲债务危机导致欧元兑人民币贬值14.5%,令许多中国公司蒙受了"巨大损失"。无锡尚德(Suntech)是太阳能电池板生产商,2010年第一季度汇兑损失高达2 500万美元。而日本索尼(Sony)因欧元兑日元贬值,2010年汇兑损失达900亿日元。

(3) 政治风险。垄断优势的来源包括政策的不确定性、宏观经济不稳定以及监管的随意性,这些都会损害投资机会,削弱对投资的激励。世界银行的调查表明,与政策相关的风险是考虑发展中国家投资环境时最为重要的因素。

3. 权衡利弊,作出投资选址决策

根据投资的目标,对可能投资的国家的投资环境进行一般性评价,如不同国家之间意识形态、语言文化和政治差异;政府发展战略和经济体制(资源分配的制度框架);国际交通和通信成本;投资优惠或障碍商品和劳务贸易的人为障碍(如进口控制);社会基础设施(如教育、交通和通信设施)等,选出潜在的投资对象国。在一般性评价的基础上,依据投资的具体目标,对所选择的投资对象国各个地区的投资环境进行具体深入的考察,例如地理位置和基础设施、生产要素的供应以及相关产业的配套等,权衡机遇与风险,选出最理想的投资地点。

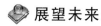展望未来

中国对外投资合作发展展望

从国内看,2020年是中国"十三五"的收官之年,也是承接"十四五"以国内大循环为主体、国内国际双循环相互促进的新发展格局的开局之年。从国际看,数字经济和新科技革命的不断发展,疫情和经济民粹主义的持续蔓延加剧了世界经济的不确定或不稳定性,国际生产步入新的十年转型期。面对不断变化的国际国内环境,中国对外投资合作挑战与机遇并存。

1. 对外投资合作整体将平稳有序发展

面对突如其来的新冠疫情,在以习近平总书记为核心的党中央的坚强领导下,中国快速遏制疫情的蔓延,在2020年第三季度末实现经济增长由负转正,给深陷衰退的世界经济注入复苏的正能量,在提振世界对中国企业信心的同时,也增强了中国企业"走出去"的底气。面对全球化逆流,中国积极推动经济全球化,坚决维护多边贸易机制,支持引导有实力、信誉好的中国企业开展跨境投资合作。根据商务部统计数据,2020年前三个季度,中国对外非金融类直接投资788.8亿美元,同比下降0.6%,较前8个月的同比降幅进一步收窄了2%,中国对外投资合作整体平稳有序发展。

2. 企业对外投资合作将更注重质量效益

2020年中国《政府工作报告》提出引导对外投资健康发展的要求,在欧美发达经济体不断加大对外资的审查和监管、疫情加剧逆全球化情绪,以及地缘政治争端等多重复杂的国际大环境中,预计中国企业对外投资合作将更为审慎理性。中国正在按照党的十九大报告要求,创新投资方式,增强为对外投资合作企业服务的能力,"走出去"企业在对外投资中不再只谋求单一控股和规模扩张,而是更加注重合规运作,防范风险,注重实现与东道国的互利共赢。

3. 中国对外直接投资结构将持续优化

在新发展理念指导下,中国持续推动经济的高质量发展,随着产业结构的优化和在全球价值链地位的提升,"走出去"市场主体的创新能力、内生动力得以增强,预计将有力支撑中国对外投资合作结构的持续优化。

近年来,作为中国经济高质量发展增长重要引擎的服务业蓬勃发展,已成为中国对外直接投资流向的主要产业。"十三五"期间,中国服务业增加值显著提高,服务业在三大产业中的占比从2016年的51.6%提高到2019年的53.9%,信息传输、软件和信息技术等新兴服务业年均增速达19.4%,高技术产业增加值快速扩大。商务部统计显示,2020年前三个季度,中国对外非金融类直接投资主要流向服务业,其中租赁和商务服务业对外投资309.3亿美元,同比增长18.6%,批发和零售业对外投资120.1亿美元,同比增长41.1%。

4. 对外承包工程业务整体波动不大

在"一带一路"倡议带动下,中国对外承包工程业务分布范围继续扩大,项目类别更为多样,业务模式不断创新并持续向价值链高端拓展,但受新冠疫情影响,各国新发包项目减少,在建项目有所延误,预计2020年对外承包工程业务整体会出现小幅波动。商务部发布数据显示,2020年前三个季度,中国对外承包工程新签合同额1 502.4亿美元,同比增长4.5%,完成营业额912.7亿美元,同比下降8.8%。

5. 对"一带一路"投资合作将进一步务实深化

按照第二届"一带一路"国际合作高峰论坛达成的各项共识,2020年,中国正在继续高质量推进"一带一路"建设,寻求与沿线国家互利共赢、共同发展,发挥"一带一路"国际合作在应对全球性危机、实现可持续发展、维护开放型世界经济体系中的关键作用,预计中国对"一带一路"沿线的投资合作将进一步务实深化。习近平主席在2020年"一带一路"高级别视频会议上也提出通过高质量共建"一带一路",携手推动构建人类命运共同体,把"一带一路"打造成团结应对挑战的合作之路、维护人民健康安全的健康之路、促进经济社会恢复的复苏之路、释放发展潜力的增长之路。

商务部数据显示,2020年前三个季度,中国对"一带一路"沿线国家非金融类直接投资130.2亿美元,同比增长近三成,占前三个季度总额的16.5%,较2019年同期提升4.1%。

6. 企业将更加注重通过对外投资实现产业链供应链自主可控

按照党的十九届五中全会和2020年中央经济工作会议精神,面对错综复杂的国际环境,通过创新发展、双循环相互促进,增强产业链供应链自主可控能力将成为今后一个时期的重点工作之一。经过多年的不懈努力,中国企业对外投资合作存量规模持续扩大,质量大幅提升,结构不断优化,境外经贸合作区量质双升,带动中国企业与东道国产业合作不断加深。展望未来,中国对外投资合作领域将立足新发展阶段,贯彻新发展理念,更加聚焦跨国产业体系建设,依托国内强大的市场吸引力优势,"走出去"攻关关键核心技术,弥补技术薄弱环节,解决"卡脖子"问题,提升国际产业链供应链地位;在优势产业领域,以"走出去"加强国际合作,带动技术、装备、产品和服务输出,巩固国际供应链市场份额。可以预见,对外投资合作将助推中国企业更好地利用国内和国际两个市场、两种资源,为产业链供应链稳定和自主可控助力。

资料来源:http://images.mofcom.gov.cn/fec/202102/20210202162924888.pdf。

 学习总结

国际商务投资环境是指以东道国为核心的制约和影响国际投资资本运行的基本条件的总和,是由影响国际投资者预期收益的各种因素组成的有机整体,具有综合性、差异性、动态性的特点。东道国的自然环境、经济环境、政治环境、文化环境是影响国际商务投资的重要因素,各个因素相互作用,对国际商务投资带来一系列的机遇和风险,因此,投资者在进行国际商务投资决策时,必须了解和评估投资环境。

国际商务投资环境评估通常是由专家实地考察、委托信息咨询机构评估和问卷调查评估的方式,采取定性评估和定量评估的方法进行评估。早期运用定性评估方法较多,如冷热比较分析法、等级评分法、道氏公司评估法、投资障碍分析法、闵氏多因素评估等,定性评估法主要是以综合、分析、归纳、推理为主要分析工具,以自然描述为主,对投资环境作定性说明。随着计算机技术、智能技术的快速发展和各类数学工具的广泛应用,定量评估方法在投资环境评估中广为应用,如成本分析法、要素评估分类法、灰色对比分析法,定量评估方法主要从量上揭示相互联系的事物之间的数量关系及相互影响的量变规律。通过专家、第三方机构、相关人员调查评估,形成投资环境评估报告。

跨国公司进行国际商务活动的原因千差万别,可能是寻求市场、寻求资源、寻求先进的技术和管理理念、寻求效率、寻求贸易支持条件等多种动因的驱使,但是根本上是为了寻求更大范围内的竞争优势。选择合适的国际投资目的地是决定投资成败的关键,跨国企业应当明确对外投资的具体动机,遵循科学合理的流程进行分析研判,分析对外投资所面临的各种机遇、风险和挑战等,权衡利弊做出最终的选址决策。

学习测试

一、选择题

1. 下列选项中不是对外投资的参与方式的是( )。
   A. 外商投资企业　　B. 独资企业　　　C. 合作企业　　　D. 合资企业
2. 国际直接投资的突出特征是( )。
   A. 投资利润高　　　　　　　　　　B. 投资风险大
   C. 投资者拥有有效的控制权　　　　D. 投资方式
3. 国际投资环境具有( )的特征。
   A. 综合性　　　B. 先进性　　　C. 动态性　　　D. 差异性
4. 除经济环境外,还包括自然、政治、法律、社会文化等对投资产生影响的所有外部因素。这一定义属于( )。
   A. 微观投资环境　　　　　　　　　B. 宏观投资环境
   C. 狭义的投资环境　　　　　　　　D. 广义的投资环境
5. 以下选项中不属于国际商务投资环境的自然因素的是( )。
   A. 人口　　　B. 地理　　　C. 气候　　　D. 交通运输
6. 基础设施对经济增长有直接的影响,以下选项中不属于基础设施的内容的是( )。
   A. 能源　　　B. 通信设施　　　C. 政治体制　　　D. 宗教信仰
7. 对国际商务投资环境的定量评估方法主要有( )。
   A. 道氏公司评估法　　　　　　　　B. 成本分析法
   C. 要素评估分析法　　　　　　　　D. 灰色对比分析法
8. 国际投资的主体是( )。
   A. 政府　　　B. 国际组织　　　C. 跨国公司　　　D. 个人
9. 衡量一国的经济发展水平,通常选用的是( )。
   A. 国民生产总值(GNP)　　　　　　B. 国内生产总值(GDP)
   C. 对外贸易额　　　　　　　　　　D. 人均工资

10. 跨国企业投资选址所面临的主要风险包括( )。
    A. 竞争风险　　　B. 经营风险　　　C. 货币风险　　　D. 政治风险

二、简答题

1. 简述国际商务投资环境的特点。
2. 影响国际商务投资环境的因素有哪些？
3. 针对国际商务投资环境的定性评估方法主要有哪些？
4. 针对国际商务投资环境的定量评估方法主要有哪些？
5. 跨国企业国际投资选址面临的主要风险有哪些？

三、案例分析题

尼日利亚的外来直接投资

数年来，政局动荡，不充善的政府政策、薄弱的基础设施以及贪污成风牵制着非洲人口最多的国家——尼日利亚的经济发展。21世纪初，这种情况开始好转。尼日利亚正缓步地建设一个更加稳定的民主政府。2007年，这个国家进行了本国史上第一次和平移交平民权力的大选。从那以后，政府进行了市场导向的政策，制定了如取消补贴、将部分国有企业私有化、降低贸易壁垒以及放松管制等政策。同时，政府尝试反腐，但收效甚微。政府在改善本国糟糕的交通和电力基础设施方面也做了不少努力与尝试。

改革取得了一些进步。基于购买力平价计算，尼日利亚的GDP在2012年达到4 510亿美元，几乎是本国2000年1 700亿美元的3倍。如果把"非正式"或"黑色经济"部门收入计算在内，尼日利亚2012年的GDP可能会达到6 300亿美元。2010—2012年，经济年均增速为7%，这得归功于高油价。尼日利亚是主要的产油国，高油价改善了政府的财政状况，同时，工农业也得到了发展。

尼日利亚经济增长的一个主要推动力是外来直接投资。数年来，因为担心尼日利亚的政府政局不稳定和严重的腐败问题，外国投资者不敢贸然对该国进行投资，但是这一现象开始改变了。得益于更好的经济管理以及国内市场的巨大潜力，尼日利亚吸引外国投资金额从2000年的12亿美元，增长到2011年的90亿美元。通用电气是最近投资尼日利亚的海外投资者之一，它在2013年宣布将在接下来的5年时间里在尼日利亚共投资超过10亿美元，这些投资包括建设一个支持发电和石油开采工业的制造厂，以及一个支持通用电气设备的服务中心。通用电气认为这项投资将创造2 300个工作岗位。

虽然目前尼日利亚的能源产业占据了投资的大半江山，但是有迹象表明这一现象正在改变。其中一个例子就是宝洁公司。2012年，宝洁公司在尼日利亚投资2.5亿美元建设一个先进的生产一次性尿布的工厂。提到为何投资于尼日利亚时，宝洁发言人指出："尼日利亚是拥有超过1.67亿人口的大国，其中小于15岁的人口占了40%以上，而且人口强壮，富有活力，还在不断增长。至2050年，尼日利亚可能成为世界第三人口大国，这就意味着尼日利亚的消费市场会更加广阔。"宝洁发言人还提到，若尼日利亚政府能进一步降低消费税、解决正在困扰国民经济的基础设施建设问题，宝洁公司会加大投资。

根据以上资料，回答下列问题：

外国直接投资对尼日利亚的经济发展带来了哪些益处？又会带来什么样的负面作用？

学习评价

核心价值观评价

	核心价值观	是 否 提 高
通过本项目学习，你的	经济全球化理念	
	对外开放意识，企业"走出去"的思想	
	维护国家主权与利益	
自评人（签字） 　　　　　　年　月　日		教师（签字） 　　　　　　年　月　日

专业能力评价

	能/否	准确程度	专业能力目标
通过本项目学习，你			正确认识国际投资环境
			全面理解国际投资环境要素
			评估某一国家的投资环境
			进行国际投资决策
自评人（签字） 　　　　　　年　月　日			教师（签字） 　　　　　　年　月　日

专业知识评价

	能/否	精准程度	知识能力目标
通过本项目学习，你			掌握国际投资环境的概念和特点
			掌握国际投资环境的类型
			理解构成国际商务投资环境的各种因素
			掌握国际商务投资环境的主要评估方法
			理解国际投资环境对选址的影响
			掌握国际投资选址决策流程和方法
自评人（签字） 　　　　　　年　月　日			教师（签字） 　　　　　　年　月　日

学习项目十

国际市场进入战略

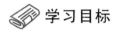 学习目标

知识目标

1. 理解国际市场细分的含义。
2. 熟悉国际市场细分的标准。
3. 掌握国际市场细分的流程。
4. 掌握国际目标市场的选择标准。
5. 掌握国际目标市场的选择流程。
6. 理解国际目标市场的选择策略。
7. 熟悉国际市场的不同进入模式。
8. 熟悉国际市场的竞争战略。
9. 掌握不同类型企业的国际市场竞争战略。

能力目标

1. 能够根据企业目标和资源现状合理选择国际市场细分标准,进行市场细分。
2. 能够准确定位国际目标市场,进行目标市场选择,并制定企业营销策略。
3. 能够根据企业的现实条件选择适配的国际市场进入模式。
4. 能够运用五力模型分析行业竞争态势,结合企业在国际市场上的地位制定匹配的国际市场竞争战略。

素养目标

1. 从全球经济的视角,放眼世界,审视国际市场的复杂性与竞争性。
2. 从中华民族的角度,具有民族使命感和责任感,充分认识中国企业在国际市场的重要地位,致力于提升中国企业在国际市场的影响力。
3. 从企业发展的视角,具有开拓国际市场的意识和能力,助力中国企业"走出去"。

学习导图

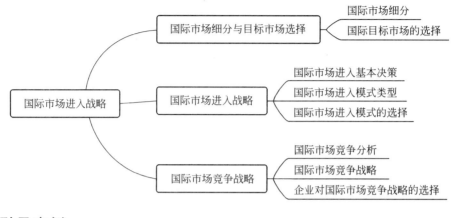

引导案例

海尔集团的国际化之路

世界权威调研机构欧睿国际(Euromonitor)的数据显示,2020年海尔在全球大型家用电器品牌零售销量榜上位列第一,这是海尔第12次蝉联全球大型家用电器品牌零售量第一位。2020年,海尔冰箱品牌零售量连续13年蝉联全球第一,洗衣机品牌零售量连续12年蝉联全球第一,冷柜品牌零售量连续10年蝉联全球第一,酒柜品牌零售量连续11年蝉联全球第一。2020年海尔智家主营业务海外收入规模达到1 013.5亿元,占收入的48.3%,同比增长8.61%,超过国内家电收入的988.80亿元;海外业务利润达到40亿元,同比增长25%。

海尔品牌的国际化战略可以概括为"走出去""走进去""走上去"三个步骤。

1. "走出去"(1997—2005年)

"走出去"是海尔品牌国际化的第一步,海尔集团在海外市场开辟自己的根据地,形成了品牌国际化的载体和实体。

海尔集团首先将成熟的发达国家市场作为目标国际市场,打造品牌影响力,再利用品牌效应的优势进入发展中国家市场。海尔集团首先进入美国、欧洲和日本,认为"国际市场是检验产品质量、检验公司各部门工作是否有问题的试金石"。海尔集团CEO张瑞敏曾在答瑞士《商报》记者问时说,进入了美国,就可以适时切入世界高端主流市场的大连锁店,进入欧洲市场提升海尔的品位,进入对质量要求苛刻的日本等于给海尔向全球发放产品质量的绿色通行证。

海尔在不同国家的市场上针对不同产品采取了不同的进入模式,甚至同时采取多种进入模式。海尔冰箱进入美国市场的第一步采取了直接投资的模式。1999年海尔在美国南卡罗莱纳州设立了第一个国外生产中心,同年在纽约成立了美国海尔贸易有限责任公司。海尔冰箱进入欧洲市场采取了出口、企业并购等模式。2001年,海尔收购了意大利冰箱制造商迈尼盖蒂的一家工厂,用于生产在欧洲市场上出售的高端家电,通过这一跨国并购获得了欧洲的生产基地。

2. "走进去"（2005—2012 年）

"走进去"是海尔品牌国际化的第二步，目的是在国际市场上获得消费者的认同，这是品牌国际化的关键和发展瓶颈。这一阶段，海尔在发达国家的家电市场上采用正面挑战的竞争策略，拉近与国际品牌之间的距离，从而增强与国际品牌之间的相似性，增加消费者对海尔品牌的认同。

这一阶段，海尔集团尝试了多次企业并购。2005 年，海尔对美泰进行了收购，但这次收购并不成功，全球化并不是完全的本土化，需要有融合文化差异的能力，从而实现企业的跨文化融合。2011 年，海尔与日本三洋公司签订并购协议，收购了三洋在日本、越南等四国的白色家电业务，为了保证并购的成功，海尔将其"人单合一"的模式融入日本团队中，同时保留了三洋原有的企业文化，并对其原工资体系的评价标准和人事升迁制度进行了改革，因地制宜地制定了新的组织结构和雇佣制度，而三洋白色家电业务曾连续八年处于亏损状态，被海尔并购八个月后即止亏，市场效果相当显著。2012 年，海尔收购了新西兰的国宝级电器品牌斐雪派克，该品牌也是全球顶级的厨房电器品牌，海尔吸取三洋并购的成功经验，对斐雪派克决策权、用人权、分配权进行了"三权让渡"，收购后的斐雪派克品牌价值提升了 20%，市场份额增长近 50%，成为跨国并购的典型成功案例。

3. "走上去"（2012 年至今）

"走上去"是海尔成为全球家电行业领导者的关键一步，让"中国制造"成功升级为"中国智造"，获取了较高的品牌溢价能力和竞争力，使其成为高价值、高溢价的全球品牌。

海尔在这一阶段采取重点集中战略，根据已有的资源和外部环境，选择了价值链上的一两个关键环节，集中优势资源建立相对竞争优势。海尔通过大规模销售服务，逐渐建立起遍布全球的营销网络和售后服务网络，成功树立起"高质量服务"的品牌形象。

海尔在中国、日本、澳大利亚、新西兰、北美、欧洲、印度、墨西哥等国家和地区，通过自主创建和合并收购的方式布局了十大研发中心，各个研发中心根据地域性优势的不同，侧重的技术研发也不同，各大研发中心协同交互，使海尔集团在全球范围内形成紧密的资源生态圈。

案例分析：海尔集团的国际化之路是中国企业走向国际市场的成功案例。海尔集团在进入国际市场时，对国际市场进行了细分，选择了适合当时发展目标和资源水平的目标市场，针对不同目标市场，灵活采取直接投资、企业并购等进入模式，成功进入美国、欧洲各国等发达国家市场，根据企业发展不同阶段的实际情况采取了不同的竞争战略，对当地品牌发起挑战，逐步将海尔打造成全球家电行业的第一品牌。

随着全球化浪潮和"一带一路"倡议的深入推进，越来越多的中国企业将进入国际市场，海尔的"走出去""走进去""走上去"战略为中国企业提供了丰富的实践经验，具有重要的借鉴意义。

学习单元一　国际市场细分与目标市场选择

一、国际市场细分

国际市场与国内市场相比，消费者更多，分布范围更广，企业由于自身实力限制，往往更难满足所有消费者的需求。因此需要进行国际市场细分。

（一）国际市场细分的含义

国际市场细分（international market segmentation）是指企业按照一定的细分标准把整个国际市场细分为若干个需求不同的商品和营销组合的子市场，其中任何一个子市场中的消费者都具有相同或相似的需求特征，企业可以在这些子市场中选择一个或多个作为其国际目标市场。

消费者的需求差异是国际市场细分的客观依据。根据消费者的需求差异性，存在两种极端情况：一种是完全市场细分，即市场中的每一位消费者的需求都不同，每一位消费者都单独构成一个独立的子市场；另一种是无市场细分，即市场中的每一位消费者的需求都相同，所有消费者构成同一个市场。通常情况下，企业按照一定标准对消费者的需求进行区分，划分出若干个子市场。想要进行有效的市场细分，需要符合需求差异性原则，每个子市场都需要有不同的需求差异，同一个子市场的消费者需求具有一定的相同特征。

知识拓展

市　场　细　分

市场细分（market segmentation）就是指企业按照某种标准将市场上的顾客划分成若干个顾客群，每一个顾客群构成一个子市场，不同子市场之间，需求存在着明显的差别。市场细分是选择目标市场的基础工作。市场细分在企业的活动包括细分一个市场并把它作为公司的目标市场，设计正确的产品、服务、价格、促销和分销系统"组合"，从而满足细分市场内顾客的需要和欲望。

（二）国际市场细分的作用

国际市场细分是企业确定国际目标市场和制定国际市场营销策略的必要前提，在国际市场营销活动中发挥重要作用。

1. 有利于开拓新市场

通过国际市场细分，企业对每一个国际细分市场的购买潜力、满足程度、竞争情况等进行分析，寻找尚未被满足的市场需求。如果这一市场需求适合本企业，可以将其作为新市场进行开拓。特别是对于实力有限的小企业，在一些重要的国际市场上，难以与实力强劲的大企业抗衡，通过国际市场细分开拓更小的市场，抢占市场先机，取得一定经济效益。

2. 有利于提升市场占有率

任何一个企业的资源都是有限的，通过国际市场细分，企业可以选择一个适合自己的目标细分市场，将有限的人力、物力、财力等资源集中投入目标市场，取得该细分市场上的局部竞争优势，提升目标市场的市场占有率。

3. 有利于制定有针对性的营销策略

如果制定国际市场营销策略之前不进行市场细分,针对整个市场制定一套营销策略,那么在所有国家和地区的市场上都能起到显著效果的可能性较低。因此为了取得更好的营销效果,企业通常进行国际市场细分,并针对各个目标细分市场,制定有针对性的营销策略,不同的目标细分市场,依据市场的自身特点采用不同的营销策略。

4. 有利于提升品牌竞争力

从企业的长远发展角度来看,企业通过国际市场细分选择适合自己的目标市场,明确市场定位,有利于企业的长期健康发展,提升品牌竞争力。

总之,国际市场细分的关键思路是寻找市场机会和企业资源的最佳匹配,进行合理组合,使企业的优势得到最大限度的发挥,可以做到扬长避短。

(三)国际市场细分的标准

为了使市场细分能够在国际市场营销中更好地发挥作用,针对不同的企业和不同的产品,需要采用灵活有效的国际市场细分标准。

根据购买目的不同,产品可以分为工业品和消费品。工业品是购买以后用于加工生产或企业经营用的产品;消费品是指那些由最终消费者购买并用于个人使用的产品。例如:客户购买割草机的目的是企业商用,那么割草机就是工业品;客户购买割草机的目的是自用,那么割草机就是消费品。对于国际消费品市场和国际工业品市场来说,市场细分的标准有所不同。

1. 国际消费品市场细分的标准

国际消费品市场,由于受消费者所在地理区域、年龄、性别、宗教信仰、收入水平、生活方式和购买行为等多种因素的影响,不同的消费者具有不同的需求特征,这些不同的需求特征成为细分国际消费品市场的依据。

通常是以客户特征导向来细分国际市场,即通过地理因素、人文因素、心理因素和购买行为因素等作为客户群体细分的标准。

(1)地理因素。根据消费者所处的地理位置和地理环境进行市场细分称为地理细分,具体细分变量包括地理区域、城市规模、人口密度、气候等。大多数跨国公司在进行组织管理和市场营销时会按照地理因素对国际市场进行划分,例如亚洲市场、北美市场、西欧市场、拉美市场、中东市场、非洲市场等,部分跨国公司还会根据需要进一步将亚洲市场划分为中国市场、日韩市场、泰国市场等。同一地理区域具有相似的自然条件、宗教文化背景、消费习惯和偏好等,根据地理因素进行市场细分是应用最广泛的国际市场细分方法。

微案例

不同国家的酒类消费市场

不同国家和地区的消费者对酒类的偏好有明显的地域特征。美国人喜欢喝葡萄酒,英国人最爱喝的是威士忌,法国人最爱喝的是白兰地,德国人最爱喝啤酒,俄罗斯人喜欢喝伏特加,日本人喜欢喝清酒,韩国人喜欢喝烧酒,中国人喜欢喝白酒。即使在全球化的背景下,跨文化交流对不同国家的消费习惯产生趋同化的影响,葡萄酒和啤酒在全世界各国和地区的酒类消费市场上,均占有一定的市场份额,但不同国家的葡萄酒和啤酒仍然在度数、口味、色泽、包装等方面有着不小的差异。

(2) 人文因素。人文因素包括消费者的年龄、性别、收入、家庭生命周期、职业、民族、教育程度、宗教信仰等。

① 年龄。消费者的需求与年龄息息相关,不同年龄的消费者对消费品的需求呈现不同的特征。例如食品、饮料、服装、玩具等。以奶粉市场为例,婴幼儿奶粉和中老年奶粉是两个重要的细分市场,其中婴幼儿奶粉又以消费者的年龄为界限,划分为适合0~6个月婴儿的一段奶粉,适合6~12个月婴儿的二段奶粉,适合12~36个月幼儿的三段奶粉,以及适合36个月以上幼儿的四段奶粉;不同年龄段的婴幼儿的生长状况不同,所需的营养成分也不同,因此不同段奶粉的配方也不尽相同,可以说婴幼儿奶粉按照年龄进行市场细分是非常有效的方法。

② 性别。由于性别不同,男性和女性在生理条件、生活习惯、审美观念等方面均有较大的差异,反映在消费需求和消费习惯上也有明显区别。因此,以性别为标准进行市场细分可以更好地满足不同性别消费者的差异化需求。例如部分香烟品牌特意推出女士香烟,与传统香烟产品针对男性消费者的设计有所区分,在包装上更精美、口感上更清淡、可供选择的口味更多、烟体更纤细美观,这些香烟品牌满足了女性消费者的差异化需求,开拓了新的市场,建立了品牌特色。

③ 收入。消费者的收入水平,特别是可支配收入是影响消费者选择的重要因素,因此根据消费者的收入进行市场细分广泛运用于价格空间较大的消费品市场,例如汽车、旅游、饰品市场等。以旅游市场为例,消费者对目的地、餐饮、住宿、交通工具的选择均会受自身收入的影响,不同收入的消费者对旅游产品的需求差异较为明显,因此产品提供者在进行市场细分时,可以根据消费者的收入划分低收入消费者、中等收入消费者、高收入消费者,以其中一类消费者作为目标细分市场,重点满足该类型消费者的主要消费需求和消费习惯。

④ 家庭生命周期。根据家庭生命周期理论,消费者在不同阶段的年龄、婚姻状况、子女状况都不同,消费需求也不同。一般家庭生命周期分为单身期、家庭形成期、家庭成长期、家庭成熟期和家庭衰老期五个阶段。单身期是从参加工作获得收入开始,到结婚结束,一般为1~5年。这一时期收入较低,对娱乐型消费品、快消品的需求较为旺盛。家庭形成期是从结婚开始,到孩子出生结束,一般为1~5年。这一时期家庭经济收入增加,对大件商品、耐用品的消费需求较为旺盛,这一时期是家庭的主要消费期,有购买住房等大笔开支。家庭成长期是从孩子出生开始,到孩子独立结束,一般为18~25年。这一时期家庭收入较高,总支出也较高,儿童用品、教育费用、生活消费品、医疗保健费用等是家庭主要支出。家庭的消费需求下降,主要消费需求为改善生活品质,同时更加注重储蓄。家庭成熟期是从子女独立开始,到家长退休结束,一般为15年。这一时期的家庭经济收入较高,消费支出较低,购买力达到高峰。家庭的消费需求旺盛,医疗保健费用、服务性消费支出增加。家庭衰老期是从退休开始,也称空巢期。这一时期家庭收入锐减,消费需求较低,主要支出为养老支出。

不同生命周期家庭收支情况如图10-1所示。

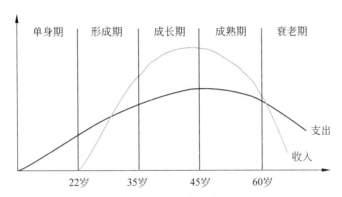

图 10-1　不同生命周期家庭收支情况

 微案例

服装行业的市场细分方法

服装作为生活必需品,它的消费群体涵盖了所有人群,因此,在服装的国际市场营销活动中进行市场细分显得尤为重要。服装行业通常采用人文因素进行市场细分。第一,按照消费者的年龄,可以划分为婴儿装、幼儿装、小童装、中童装、大童装、青年时装、中年服装、老年服装等。第二,按照消费者的性别,可以划分为男装、女装和中性服装。第三,根据消费者的收入,可以划分为低价服装、平价服装、中端服装、高端服装和奢侈品服装。第四,根据消费者的民族,可以划分为汉族服饰、藏族服饰、苗族服饰等。

(3) 心理因素。心理因素包括消费者的个性特点、生活方式、社会阶层等。

① 个性特点。个性是个体独有的,是指一个人稳定的心理倾向与心理特征,是具有一定倾向性的、稳定的、本质的心理特征的总和,是一个人共性中所凸显出的一部分,它会导致一个人对其所处环境做出相对一致和持续不断的反应。因此,个性是可以与其他个体有效进行区分的特性,可以作为国际市场细分的依据,例如服装、化妆品、保险产品市场等。

② 生活方式。生活方式是由个人和社会群体、整个社会的性质和经济条件以及自然地理条件所决定的个人社会群体和整个社会的方式和特点。在消费心理学中,生活方式是不同消费者的消费行为的重要影响因素,是消费者受社会文化、经济、风俗、家庭等因素的影响而形成的固定习惯,可以作为国际市场细分的一个标准,例如餐饮、旅游、家居产品市场等。

③ 社会阶层。社会阶层是由具有相同或类似社会地位的社会成员组成的相对持久的群体,消费者所处的社会阶层对消费行为有较大的影响,同一社会阶层之间的消费水平、消费偏好、消费习惯等具有相似性,不同社会阶层在消费行为上有较大的差异。概括来讲,下层消费者普遍缺乏自信,对未来的预期不乐观,因此更倾向于当前消费,同时更容易产生冲动消费;上层消费者则对市场预期较为乐观,更倾向于进行长期投资。

 知识拓展

社会阶层的划分

不同时期或不同国家和地区对社会阶层进行划分的标准不尽相同,普遍接受的一种划分方式是美国社会学家提出的六个社会阶层的理论。第一层次为上上层,约占人口总数的

1%,拥有巨额资产和显赫的家族背景;第二层次为上下层,约占人口总数的2%,主要是享受高薪或通过创业发家致富的群体;第三层次为中上层,约占人口总数的12%,这一阶层的消费者大都有较高的稳定收入;第四层次为中下层,约占人口总数的30%,主要是白领阶层,收入处于中等水平;第五层次为下上层,约占人口总数的35%,属于低收入阶层;第六层次为下下层,约占人口总数的20%,属于贫困阶层。

(4)购买行为因素。根据消费者购买行为有关的因素可以对国际市场进行细分,包括购买时间、购买数量、追求的利益等。

① 购买时间。购买时间是一个重要的市场细分依据,许多产品的消费具有时令性,例如,空调、防晒霜、冰激凌在夏季销售量较高,相应地暖风机、羽绒服等在冬季销售量较高;元宵在元宵节前集中消费,粽子在端午节前集中消费,月饼在中秋节前集中消费,烟花爆竹在春节前集中消费。

② 购买数量。不同消费者对同一种产品的消费数量会有一定差异,可以根据购买数量划分为大客户、中等客户和小客户。

③ 追求的利益。不同消费者购买产品的主要购买动机有所不同,企业在进行国际市场营销时,可以根据不同购买动机对消费者进行细分,以便更好地满足不同消费者的需求。

2. 国际工业品市场细分的标准

工业品市场又称生产者市场或产业市场。相较于国际消费品市场,国际工业品市场呈现出以下特点:第一,购买者数量少,单个购买者的购买规模大;第二,购买者在地理位置上较为集中;第三,注重人员销售和直接销售;第四,由专业人员进行购买;第五,决策过程较为严谨;第六,市场需求波动较大;第七,需求弹性较小;第八,存在互购交易;第九,存在租赁交易;第十,需要进行谈判和招投标。

国际工业品市场的细分标准一般适用于国际工业品市场细分,由于国际工业品市场具有自身特点,因此还需要运用其他标准对国际工业品市场进行细分。

(1)最终用户。在国际工业品市场中,企业通常根据最终用户来进行市场细分,最终用户的消费需求差异决定了工业品的不同产品定位。例如,显示屏生产厂商可以根据最终用途将市场细分为手机显示屏、计算机显示屏、电视机显示屏、大型展示用显示屏等子市场。

(2)购买组织的特点。购买组织的特点是指企业的组织结构和组织系统,购买决策产生的过程和程序,参与决策的人员和所起的作用。不同的购买组织由于其组织架构不同,进行购买决策时发挥主要作用的人员不同,可能是使用者、技术专家、采购部门,甚至是高层管理者。同一个购买组织,购买不同性质和数量的产品时,决策程序也有一定的差异,数量越大、价值越高,购买流程越复杂、涉及的人员越多。

选择国际市场细分标准需要注意两个问题。

第一,企业并非只根据单一标准进行国际市场细分,通常情况下会同时使用多个标准进行细分,选择单一标准还是多个标准,需要根据自身的经营目标和产品的特点进行综合考虑,最终选择适合企业和产品的市场细分方法。

第二,国际市场细分的标准不是一成不变的,企业可以随时进行调整,当前社会的发展变化较快,消费者的关注点不断变化,市场环境复杂多变,市场细分作为国际市场营销的基础工作也需要及时调整,以便企业进一步调整营销策略,确保国际市场营销的有效进行。

(四) 国际市场细分的步骤

国际市场细分的目的是运用一定的细分标准对国际市场消费者进行归类，通过归类，企业能够更好地把握各个消费群体的特征，并在此基础上做出正确的决策。一般来说，国际市场细分有三个步骤。

(1) 调查市场数据。企业需要对目标市场的宏观环境和微观环境进行调研，包括本课程介绍的国际商务政治、经济、文化、技术、贸易、金融、投资等环境。调查数据可以采用问卷调查取得的一手数据，也可以采用来自政府机构、国际组织或专业咨询机构的公开资料，整理得到所需的二手数据。

(2) 分析市场特征。根据调查所得的市场数据，对市场的总体情况进行分析和概括，总结出市场的特征，归并为不同的市场。

(3) 确定市场细分标准，进行国际市场细分。根据分析得出的不同市场的特征，确定市场细分的标准，可以是单一标准，也可以是多个标准相结合。根据细分标准，将国际市场划分为多个子市场，每个子市场具有一定的共同特征。

二、国际目标市场的选择

企业完成国际市场细分后，可以进行国际目标市场的选择。

(一) 国际目标市场的选择标准

企业通过国际市场细分划分出多个子市场，然后选择一个或多个子市场作为国际目标市场。选择国际目标市场的总体标准是能够充分利用企业的资源以满足该子市场的消费者需求，一般企业选择国际目标市场有以下四个标准。

1. 可衡量性

目标细分市场的市场容量应该能够被衡量，即潜在最大销售量和消费者购买能力能够被预测，预测到的最大市场容量是企业是否选择细分市场作为目标市场的重要依据。值得注意的是，在选择市场细分标准时，要关注可测量性，尽量规避一些难以获得和难以测量的数据。

2. 需求足量性

目标细分市场的市场规模要达到足够获利的程度，即最大市场容量一定要有足够的消费需求、消费者购买力和发展潜力，企业进入该细分市场，能够实现较好的经济效益。如果目标细分市场的市场容量过小，企业选择该目标市场无法实现规模经济。

3. 可进入性

目标细分市场未被垄断，企业才有可能进入目标市场。企业的人力、财力、物力等资源能够满足进入目标市场的要求，提供的产品和营销组合在目标市场具有一定的竞争力，企业才有能力进入目标市场。因此企业选择的目标市场是否被竞争者垄断、企业自身是否有竞争力是考量可进入性的两个标准。

4. 易反应性

目标细分市场对企业营销战略是灵敏的且有差异的，则认为目标细分市场具有易反应性。具备易反应性的目标市场便于后续国际商务活动的开展。

(二)国际目标市场的选择流程

国际市场营销活动都是在目标市场展开的,在国际市场细分的基础上选择适合企业的目标市场是企业实现经济效益的前提条件。一般来说,国际目标市场的选择有三个步骤。

(1) 对国际市场进行初步筛选。选择国际市场的进入国是非常重要的,各个国家在政治、经济、文化、法律等方面的环境有较大差异,选择政治风险较小、经济发展水平较高、文化障碍较小、法律政策相对完善的国家作为进入国,对于企业开展市场活动较为有利。

需要注意的是,当初步筛选涉及的国家较多时,企业遵循"需求足量性"的选择标准,优先选择市场容量较大的国家或地区,足够的市场容量是企业长期获利的前提。但相比较企业的资源水平,市场容量不宜过大。市场容量越大,所需的资源水平越高,进入该国市场所需投入的资源过多,一旦有新的竞争者进入,企业保持原有市场份额的难度增加,不利于企业长期发展。因此,企业应该将市场容量与企业自身资源相匹配的国家作为国际目标市场。

(2) 评估国际细分市场。企业对初步筛选出的一个或多个目标市场进行进一步评估。

① 评估国际细分市场潜力。国际细分市场主要受到目标市场国家的宏观经济和微观经济的影响。一个国家的宏观经济因素主要包括该国的经济发展水平、进出口水平和物价水平。微观影响因素主要是指某一产品市场的销售状况及影响销售的因素。例如,影响A国女装市场的微观因素包括女装的平均价格、平均折扣、销售指标,A国的平均气温、晴天占比、雨天占比等。通过数理方法分析以上影响因素对市场潜力的影响,从而评估国际细分市场规模。现有市场绝对容量较大且年市场销售量增长率较高的市场是理想的国际目标市场。

② 评估企业的市场战略目标和市场资源。企业的国际战略目标影响目标市场的选择。假设企业的国际市场战略目标侧重于短期的市场占有率和盈利情况,可以选择市场容量较大的作为目标市场;假设企业的国际市场战略目标侧重于长期盈利能力和品牌影响力,可以选择市场销售量增长率较高的作为目标市场。同时,企业还需要考虑是否已经具备能够占有国际目标市场的资源以及获取必要资源的能力。只有细分市场符合企业战略目标且企业具备占有市场资源时,这个国际细分市场才是合适的目标市场。

③ 评估企业进入市场的可行性。通过以上步骤大幅缩小了目标市场范围,还需要对进入国际细分市场的可行性进行分析。首先,企业的现有产品是否满足国际细分市场需求,产品是否具有市场竞争力;其次,企业现有生产能力是否能够生产出满足国际细分市场的技术标准的产品;再次,企业是否具备目标细分市场的销售渠道;最后,分析是否具有潜在竞争者,该国际细分市场是否有较高的进入壁垒。

(3) 选择目标市场。通过上述方法企业可以筛选出一个或多个合适的国际细分市场,需要结合企业的国际市场营销目标确定最终的目标市场。假设企业有产品1、产品2、产品3,适合作为目标市场的国际细分市场有子市场1、子市场2、子市场3,则企业目标市场选择方式有五种,如图10-2所示。

女装企业国际目标市场的细分和选择

女装企业想要进入国际市场,需要选择合适的细分市场作为目标市场。

首先,确定国际女装市场细分的标准。选取各国经济发展水平和女装的品质作为市场

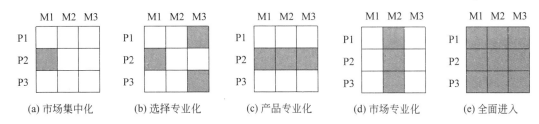

图 10-2 目标市场选择的五种方式

注：P 代表产品，M 代表市场。

细分的两个标准。

其次，划分国际女装市场的子市场。根据经济发展水平和女装的品质，将国际女装市场划分为发达国家精品女装、发达国家平价女装、发展中国家精品女装、发展中国家平价女装四个子市场。

最后，针对四个子市场进行深入调研。以发展中国家评价女装市场为例，该市场包括印度、泰国、菲律宾等国家的平价女装市场。印度平价女装市场具有可测量性、易反应性、可进入性、需求足量性，因此跨国企业进入该市场，需要具备的资源主要是生产加工服饰的技术能力和人才条件，以及该市场的销售渠道。

如果女装企业具备上述资源，则可以选择发展中国家平价女装子市场作为目标市场。

（三）国际目标市场的选择策略

初步筛选国际市场后，首先要评估各个细分市场，并确定目标市场，然后企业需要为各个目标市场选择相应的营销策略。一般来说，企业可以在无差异营销策略、差异营销策略、集中营销策略三个策略中进行选择。

1. 无差异营销策略

无差异营销策略是指企业以整体市场作为自己的目标市场，根据整体市场上绝大多数消费者的需求，只生产一种产品，制定一种市场营销组合，吸引尽可能多的购买者的营销策略。

无差异营销策略的最大优势是成本较低。一方面只生产销售一种产品能使规模效应最大化，批量化生产和标准化营销能够降低成本；另一方面，节省了市场细分及选择目标细分市场而产生的调研、营销等费用。

适用无差异性营销策略的情况：一是同质化产品的国际市场，消费者需求的差异性不明显，同一种产品可以满足大多数消费者的需求；二是产品属于卖家市场，消费者需求有较大的缺口，企业生产的产品非常容易销售，在市场上拥有绝对话语权，企业可以采用无差异性营销策略，例如填补市场空白的新兴产品或创新性产品。

如果国际市场上的主要企业都实行无差异营销策略，会导致市场竞争加剧，而较小的市场需求无法得到满足，即发生"多数谬误"现象。

 微案例

可口可乐的无差异营销策略

20 世纪 60 年代之前，可口可乐公司奉行无差异营销策略，只生产一种口味的可口可乐，采用统一的瓶装包装，不同市场投放的广告完全一样，这样的营销策略打造了可口可乐的经典产品,并横扫全世界,在很长一段时间里都在全世界的饮料市场上占据统治地位。可以说,可口可乐公司的无差异营销策略非常成功,打造了可口可乐的经典产品和鲜明的品牌形象。

2. 差异营销策略

差异营销策略是指企业以整体市场上各个子市场作为自己的目标市场,根据各个子市场的不同需求,分别提供不同的产品、制定不同的市场营销组合,以满足各个子市场的需求。

差异营销策略的优势是竞争力较强。一方面,针对不同的目标子市场提供不同的产品和市场营销策略,更容易满足各个子市场的消费者需求,提高企业在所有目标市场的竞争力;另一方面,通过提高企业在多个目标子市场的竞争力,提升了企业的市场份额,有利于企业的长期发展。

差异营销策略具有明显的局限性。一是会增加企业的成本,确定目标细分市场的调研成本、差异化产品的生产成本、多样化市场营销的销售成本都会大幅增加企业的经营成本;二是不同目标细分市场对企业的资源有一定要求,差异营销策略对企业的实力和资源水平要求较高,通常只有实力雄厚的跨国企业才有能力推行差异营销策略。

 微案例

华为手机的差异营销策略

华为作为中国最大的智能手机制造商之一,其产品在全球范围内受到了广泛的关注和认可。华为曾在2018年一度超过苹果,成为全球第二大智能手机制造商,仅次于三星,目前仍稳居全球手机品牌前三位,出口量在全球范围内保持稳定增长。华为手机已在230个国家和地区设立了销售网络,覆盖了大部分世界人口,华为手机的主要出口目的地包括美国、欧盟国家、日本、印度、巴西等市场,这些地区拥有庞大的人口基数和强劲的经济实力,对智能手机的需求量较大。

全球智能手机市场是一个高度竞争的市场,华为手机能够占据较大的全球市场份额,这不仅归功于华为不断提高其手机产品的质量和创新性,也归功于其有效的差异化的市场营销策略。针对出口市场,华为推出各种市场定位和价格范围的智能手机来满足不同消费者群体需求。华为Mate系列为高端产品系列,主打商务旗舰,如华为Mate 50、华为Mate 40 Pro、华为Mate 40等;华为P系列为高端产品系列,价位略低于Mate系列,主打时尚与拍照,主要目标客户群体为年轻消费者,如华为P60、华为P50、华为P50 Pro等;华为Nova系列为中高端产品系列,目标客户群体为注重手机颜值、拍照功能的年轻消费者,产品性价比较高,如华为Nova 11、华为Nova 10等。华为在全球范围内建立了广泛的市场渠道和品牌认知度,在中高端市场上对消费者具有较高吸引力。

资料来源:https://www.huawei.com/cn/.

3. 集中营销策略

集中营销策略是指企业以整体市场上的某一个子市场作为自己的目标市场,根据该子市场的需求,为其生产一种产品,制定一种市场营销组合,以满足该子市场的需求。无差异营销策略和差异营销策略都是以整个市场作为目标市场,而集中营销策略只选择了整个市场中的一个子市场。

集中营销策略适用于实力有限的中小企业,在整个市场上与大企业相比竞争能力较差,可以选择适合自己的国际细分市场,在较小的市场上占有较大的市场份额,往往因为产品能够填补市场空白,也可以取得成功。

集中营销策略的优点是企业将可用资源集中在某个子市场,容易在目标市场上取得成功,建立鲜明的品牌形象,拥有忠实客户群体;同时因为提供一种产品和营销策略,企业的经营成本可控。

集中营销策略的缺点是抗风险能力较差,可以说是"把所有的鸡蛋放在一个篮子里"。企业的产品单一、市场局限,放弃了其他市场机会,一旦市场发生变化,企业容易陷入困境,也难以进入其他市场。

 微案例

老干妈的集中营销策略

老干妈作为中国辣椒酱的第一品牌,产品出口欧盟、美国、澳大利亚、新西兰、日本、南非、韩国等百余国家和地区,是全球销量最好的一款辣椒酱产品。老干妈深耕辣椒酱这一细分市场,在一个产品品类上做到了极致,真正做到了"有华人的地方就有老干妈",甚至已经成为流行文化的标志,在2018年的纽约时装周上出现了印有老干妈标志的连帽衫,同时还有老干妈爱好者杂志以及脸书网站的"老干妈鉴赏协会",产品出口的同时还促进了中国文化的传播。

学习单元二 国际市场进入战略

国际市场进入战略主要是解决两个主要问题:一是进入哪个外国市场,什么时候进入以及以什么样的规模进入的决策;二是选择进入国外市场的模式。企业结合长期发展目标和资源水平,为每一个产品规划进入国际市场的战略,并将这些战略有机结合、相互协调,共同构成企业国际市场进入战略。

一、国际市场进入基本决策

企业进入国际市场都要做出三个基本决策:进入哪个市场、什么时候进入、以什么样的规模进入。

1. 进入市场

企业进入国际市场需要做出的第一个基本决策是确定进入哪个市场,这是关于国际目标市场选择的问题。如前所述,企业需要寻找具有市场潜力的国际市场,按照"可衡量性、需求足量性、可进入性、易反应性"等选择标准,综合考虑自身的资源实力和进入的可能性,确定进入的目标市场。

2. 进入时机

企业选择进入哪个目标市场后,对于进入时机的决策就很重要。一般情况下,可以根据行业的生命周期选择进入时机。一个行业的生命周期大致可以分为导入期、成长期、成熟期、衰退期。导入期行业的技术发展变动较快、行业利润率低、市场增长率高、行业竞争状况及用户特点等不明确,企业的进入壁垒较低;成长期技术逐渐成型、市场增长率较高、行业竞争状况及用户特点已比较明确,企业的进入壁垒提高;成熟期技术成熟、市场增长率不高、行业竞争状况及用户特点比较稳定,企业的进入壁垒较高;衰退期行业生产能力过剩、市场增长率严重下降,不再是企业进入的时机。企业可以根据自身的实力以及行业的生命周期选择合适的进入时机。

知识拓展

产品生命周期

产品生命周期(product life cycle,PLC)是指产品从准备进入市场开始到被淘汰退出市场为止的全部运动过程,是由需求与技术的生产周期所决定,是产品或商品在市场运动中的经济寿命,也即在市场流通过程中,由于消费者的需求变化以及影响市场的其他因素所造成的商品由盛转衰的周期,主要是由消费者的消费方式、消费水平、消费结构和消费心理的变化所决定的。一般分为导入期(进入期)、成长期、成熟期(饱和期)、衰退期(衰落期)四个阶段,如图10-3所示。

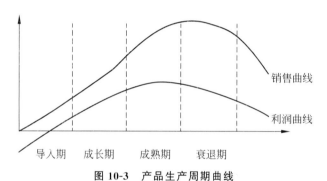

图10-3 产品生产周期曲线

先行者优势和先行者劣势

有关企业进入国际市场的时机还可以从先行进入和后行进入的角度展开讨论。先行进入是指一家国际企业选择先于其他国际企业进入一个外国市场,后行进入是指它在其他国际企业已经在外国市场上立足之后再进入。先行进入一个市场获得的优势称为先行者优势,通常先行者优势包括先行者更容易树立品牌的形象和品牌知名度,获取关键的资源、技术及知识产权,扩大市场销售规模并积累销售经验,拥有更大的成本优势,提高消费者的黏性和转换成本等。先行进入一个市场也有相应的劣势,即先行者劣势,会增加企业的先驱成本,包括企业由于不了解外国市场而容易犯错,进而导致经营失败的高风险、高成本,有些优势容易被后来者模仿甚至被反超等。

3. 进入规模

企业在准备进入国际市场时必须考虑的问题是进入规模,需要在大规模进入和小规模进入之间进行决策。

大规模进入国际市场是一项重大的战略承诺,可以使企业对顾客和分销商更有吸引力,这是因为大规模进入让顾客和分销商有理由相信企业将在市场中从事长期经营,同时能够劝退部分追随者,大规模进入国际市场比小规模进入更有可能获得先行者优势,但同时大规模进入一国市场会导致企业没有足够的资源用于其他理想的国际市场,从而限制企业在战略上的灵活性。小规模进入的优势是能够在尽量控制市场风险的同时获取有关外国市场的信息和经验,但同时小规模进入很难获得较大的市场份额,也无法获取先行者优势。

对于企业来说,选择进入国际市场的规模是一项重要的决策,需要根据自身情况确定进入规模。对于计划大规模进入国外市场的跨国公司,一是要对大规模进入国外市场所带来的价值和由此导致的风险及缺乏灵活性进行权衡;二是要弄清现实的和潜在的竞争对手对大规模进入市场所产生的反应,在此基础上再进行决策。一般而言,小规模进入国外市场的跨国企业多为风险规避型企业。

二、国际市场进入模式类型

所谓国际市场的进入模式,是指企业对进入外国市场的产品、技术、能力、管理诀窍或其他资源进行系统的规划。国际市场进入模式主要有出口进入模式、契约进入模式、投资进入模式、战略联盟等模式。

1. 出口进入模式

出口是企业进入国际市场的重要方式。企业在国内进行生产,将劳动力、资金等生产要素留在国内,通过一些销售渠道将产品销往目标国市场。出口可分为间接出口和直接出口两种方式。

间接出口是指生产企业通过本国中间商向国际市场出口产品。间接出口的主要形式包括通过本国的出口公司、出口代理商、国际贸易公司以及外国在国内设立的采购机构把产品销往国际市场。直接出口是指企业不经过中间商,把产品直接销售给国外的中间商或最终消费者。

间接出口和直接出口各有利弊,两者优劣势比较如表 10-1 所示。

表 10-1 直接出口和间接出口的优劣势对比

出口类别	优 势	劣 势
间接出口	成本低。不需要增加固定资产投资、设立专门机构、雇佣专职人员,成本较低	对中间商的依赖性较强,对国际市场的把控能力较弱
间接出口	灵活性高。企业根据实际情况选择合适的合作机构,如果未达到预期目标,可以灵活更换合作机构,甚至退出该目标市场	获取市场反馈信息的效率较低,无法适时调整国际市场营销策略、调整产品定位
间接出口	经验丰富。通过与其他结构合作积累丰富的国际市场的相关经验	不利于企业在国际市场上建立自身的影响力、树立品牌形象
直接出口	收益大。相较于间接出口,直接出口往往能够获得更大的收益	成本较高。需要增加固定资产投资、设立专门机构、雇佣专职人员,成本较高
直接出口	不受中间商的限制,更好地把握国际市场,在国际市场上树立自己的品牌形象	风险较大。企业需要独立承担国际市场拓展的所有风险,进入目标市场的难度较高、退出目标市场的灵活性较差
直接出口	获取市场反馈信息的效率较高,能够适时调整国际市场营销策略、调整产品定位	—
直接出口	经验积累。企业在直接出口中积累的国际市场相关经验,为开展跨国投资经营奠定基础	—

综上所述,出口是企业进入国际市场的基本方式之一,具有一定的灵活性。但出口产品

容易受到目标市场国的贸易政策的限制,丧失部分竞争优势。

2. 契约进入模式

契约进入模式是指本企业通过与目标国家的法人之间订立长期的非投资性的无形资产(专利、商标、技术诀窍、商业秘密和公司名称等)转让合同进入目标国家。契约进入模式主要有许可证贸易、特许经营、合同制造、管理合同、工程承包等。

(1)许可证贸易。企业在一定时期内向国际目标市场的企业转让其工业产权,如专利、商标、版权、产品配方、公司名称、特殊经营技能或其他有价值的无形资产的使用权,并以双方约定的使用费作为补偿,其中出让无形资产的一方称为许可方或授权方,接受无形资产的一方称为受许方或受权方。许可证贸易的核心是无形资产使用权的转移。协议期满后,受许方仍可继续生产和销售这种产品,而不再支付报酬。许可证贸易具有成本低、障碍少、风险小的优势,但相比出口和投资方式,收益较低,有一定的局限性。

(2)特许经营。企业将自身的经营模式与相应的工业产权特许给目标市场某个独立的企业使用,出让方称为特许方,接受方称为被特许方,被特许方遵循特许方的相应要求从事经营活动,并支付初始费用和一定比例的经营提成费。特许经营相比投资进入模式,其成本低,收入较稳定,但是特许方对被特许方依赖性强,只适用于零售业、快餐业等进入门槛较低的行业,有一定的局限性。

(3)合同制造。企业向外国企业提供零部件由其组装,或向外国企业提供详细的规格标准,要求外国企业按照合同规定的技术要求、质量标准、数量和时间进行生产制造,由企业自身负责营销的一种方式。企业利用合同制造的方式,将全部或部分生产环节转移至外国企业,将精力和资源集中在营销环节,是一种有效的国际市场拓展模式。合同制造的进入模式适用于竞争优势集中在技术领域、销售网络等环节的企业,而不是具备生产制造优势的企业。合同制造成本低,风险小,市场控制力较强,但是对生产企业的依赖性较强。

(4)管理合同。企业通过签订合同将部分或全部的经营管理任务交给其他国家的管理公司来完成,管理公司收取一定的报酬,可以是固定管理费、一定比例的利润、特定价格购买的企业股票等。企业与管理公司之间是委托代理关系,企业拥有所有权,管理公司拥有经营管理权,管理公司按照合同约定承担相应的责任和义务。管理公司不一定是目标市场国的企业,可以是本行业的跨国管理公司。

管理合同模式可以节约经营成本,降低经营风险,借助管理公司的专业能力开拓国际市场。但是,企业需要支付管理公司较高的费用,并分享部分营业利润,收益较低;企业在目标市场的盈利能力完全依赖于管理公司的经营能力。

(5)工程承包。企业通过与外国企业签订合同并完成某一项工程项目,然后将该项目交付给对方的方式进入外国市场。工程承包的主要的类型包括:"交钥匙"工程承包,即承包国外工程的全部项目,整个项目试运转或试生产之后再进行移交;分项工程承包,即只承包国外总工程中的部分项目,分项目试运转或试生产之后再进行移交;"半交钥匙"工程承包,不负责试运转或试生产过程的"交钥匙"工程;"产品到手"工程承包,不仅负责"交钥匙"的所有环节,还在工程投入使用一段时间内提供技术服务,如技术指导、设备维修、技术培训等,在产品质量达到稳定后再移交。工程承包模式主要适用于大型长期项目。

3. 投资进入模式

随着经济全球化，各国的开放程度越来越高，对外投资逐步发展为进入外国市场的主要模式，国际化经营的企业将自己控制的资源，如管理、技术、营销、资金及其他技能，转移到目标国家或地区，直接或间接参与国外市场的经济活动。我国的"走出去"战略所指的主要就是投资模式。投资进入模式的两种表现形式为合资经营和独资经营。

合资经营是指与目标国的企业联合投资、共同经营、共同分享股权及管理权、共同承担风险。合资经营可以是双方共同出资建立一个新的企业，也可以是外国公司收购当地的部分股权，或当地公司购买外国公司在当地的股权。独资经营是指企业独自到目标国家去投资建厂，建立拥有全部股权的子公司，并进行独立经营、自担风险、自负盈亏的产销活动。

合资经营与独资经营的优势和劣势如表10-2所示。

表10-2 合资经营和独资经营的优势和劣势对比

项 目	优 势	劣 势
合资经营	借助合资企业的资源，与政府建立良好关系，适应市场环境	合资经营的双方容易存在经营、管理等方面的矛盾和分歧
	降低政治风险	不利于投资企业维持技术的垄断和通过转移价格获得收益
独资经营	能够独享利润，获得较高收益	较难融入目标市场，难以获得目标市场国的政策支持和社会公众的认同
	对企业的经营享有绝对控制权，能够有效践行母公司管理策略，减少失控风险	同东道国在市场占有、税收、管理等方面发生冲突

4. 战略联盟

战略联盟是指两个或两个以上的企业或跨国公司，为了达到共同的战略目标和企业各自总体经营目标的需要，而采取的相互合作、共担风险、共享利益的联合经营方式。在这种行为过程中，联合是自发的、非强制的，各方仍旧保持着本公司经营管理的独立性和完全自主的经营权，彼此之间通过达成各种协议，结合成一个松散的联合体，具备网络组织的所有特点，边界模糊、关系松散、机动灵活、动作高效。战略联盟的本质是"合作竞争"，企业通过这种松散的组织形式可以实现协同优势和合力作用，即"1+1>2"效应。

战略联盟的优势主要表现在以下几方面：一是创造规模经济，提升核心竞争力；二是实现企业之间资源共享和优势互补；三是降低企业进入新领域的壁垒；四是有利于专业化协作。

从价值链的角度，战略联盟可以分为横向联盟、纵向联盟和混合联盟。横向联盟是指联盟双方在相同的价值链活动方面进行连接，其目的在于改善公司在一项价值创造活动中的联合地位，通过战略联盟使公司获得规模经济、转移知识或降低风险，包括研究开发战略联盟、制造生产战略联盟、营销战略联盟等。纵向联盟是企业之间不同价值链活动的连接，包括与供应商建立联盟、与分销商建立联盟、与生产商建立联盟等几种形式，战略联盟使各方得到比一般的市场交易更紧密的协调，但双方仍能保持自己的独立性，包括供应生产联盟、研发制造联盟、生产营销联盟、分销商联盟等。混合联盟是横向联盟和纵向联盟的混合。

知识拓展

价值链理论

企业是一个综合设计、生产、销售、运送和管理等活动的集合体,其创造价值的过程可分解为一系列互不相同但又相互关联的增值活动,总和即构成"价值系统"。其中每一项经营管理活动就是这一"价值系统"中的"价值链"。企业的价值系统具体包括供应商价值链、生产单位价值链、销售渠道价值链和买方价值链等。"价值链"各环节之间相互联系、相互影响,一个环节的运行质量直接影响其他环节的成本和效益。任何企业都只能在"价值链"的某些环节上拥有优势,而不可能拥有全部优势。在某些价值增值环节上,本企业拥有优势,在其余的环节上,其他企业可能拥有优势。企业通过建立战略联盟,在优势环节上与其他企业展开合作,达到"双赢"的协同效应。

战略联盟是企业进入国际市场的重要途径之一,企业通过与其他企业、组织或个人建立长期合作关系进入新的业务领域,实现多元化的国际市场进入模式。

 微案例

汽车行业战略联盟

我国企业战略联盟的重点行业集中在汽车行业,已有40多年的历史,建立了众多耳熟能详的汽车合资企业,如长安汽车与福特汽车、华晨汽车与宝马集团、一汽集团与美国大众集团、东风汽车与沃尔沃集团等。汽车企业战略联盟的形式多样化,不仅有整车零部件企业之间的联盟,还有涉及研发、生产、销售等多个环节的联盟,近年来零部件之间的联盟逐渐增加,特别是在新能源汽车领域,国内新能源汽车企业与国内外汽车、零部件、科技企业通过战略联盟的形式布局新能源汽车领域。如长安汽车与比亚迪建立战略联盟,并设立以新能源动力电池生产、销售为主营业务的合资公司,双方发挥各自在传统汽车、新能源汽车、智能互联网、共享出行、海外市场等领域的竞争优势,在汽车电动化、智能化、共享出行等领域达成战略合作。

三、国际市场进入模式的选择

企业对国际市场进入模式的选择是最关键的战略决策之一,它直接影响企业进入国际市场后的所有经营活动,决定了企业在国际市场上是否能够获利。因此,企业需要结合自身的发展目标和资源,选择合适的国际市场的进入模式。

影响企业选择国际市场进入模式的因素分为外部因素和内部因素,外部因素包括目标国家的市场因素、目标国家的环境因素、目标国家的生产因素和目标国家的国内因素,内部因素包括企业产品因素、企业资源与投入因素。

(一)外部因素

1. 目标国家的市场因素

目标国家的市场因素包括市场规模、市场竞争结构和营销基础条件与可获取情况。

(1)从市场规模来看,要考虑目标国家现有的市场规模和潜在的市场规模。如果市场规模较大,可以选择投资进入模式;如果市场规模较小,可以选择出口、契约进入模式。

（2）从市场竞争结构来看，要考虑目标国家该产品所在的行业的竞争结构。如果是完全竞争，可以选择出口；如果是垄断竞争或寡头竞争，可以选择契约、投资进入模式。

（3）从营销基础条件与可获取情况来看，要考虑目标国家该产品的营销网络是否完整、营销渠道是否容易获取，这是决定国际市场拓展能否成功的关键。如果营销基础较好且容易获取，可以选择出口进入模式；如果营销基础较差或不易获取，可以选择契约、投资进入模式。

2. 目标国家的环境因素

目标国家的环境因素包括地理环境、政治法律环境、经济环境、社会文化环境。

（1）从地理环境来看，如果距离目标市场国较近且国际运输的便捷性较高，可以选择出口进入模式；如果距离目标市场国较远或国际运输的便利化程度不高、国际运输成本较高，可以选择契约进入模式。

（2）从政治法律环境来看，如果目标市场国的政局稳定、法律健全、外贸与投资政策较为宽松，可以选择投资进入模式；如果目标市场国存在政治风险、法律与政策的限制性较大，可以选择出口、契约进入模式。

（3）从经济环境来看，如果目标市场国的国民生产总值、人均国民收入等宏观经济指标较高，国际收支平衡，汇率稳定，可以选择投资进入模式；如果目标市场国的经济发展水平较落后，可以选择出口、契约进入模式。

（4）从社会文化环境来看，如果目标市场国与本国的社会文化环境类似，易于融入目标国际市场，可以选择投资进入模式；如果目标市场国有独特的社会文化背景，可以选择出口、契约进入模式。

3. 目标国家的生产因素

目标国家的生产因素包括基础设施和生产要素。

（1）从基础设施来看，目标市场国的交通运输、通信设施等基础设施条件影响货物流转的效率和成本、产品的生产成本。如果目标市场国的基础设施条件较好，可以选择投资进入模式；如果目标市场国的基础设施条件较差，可以选择出口、契约进入模式。

（2）从生产要素来看，目标市场国的原材料、劳动力、能源等生产要素的成本、质量、是否容易获取影响产品的成本与质量。如果目标市场国的原材料成本较低、质量较好且容易获取，可以选择投资进入模式；如果目标市场国的原材料成本较高、质量不稳定或不易获取，可以选择出口、契约进入模式。

4. 目标国家的国内因素

国内因素包括国内的市场容量与竞争结构、生产要素、政策导向。

（1）从市场容量与竞争结构来看，当企业的发展受制于国内的市场规模时，企业通常选择开发国际市场。如果国内的市场容量较小，或国内的市场竞争结构属于寡头垄断或垄断竞争，可以选择契约或投资进入模式；如果国内的市场容量对企业的发展来说尚有一定空间，市场竞争结构属于完全竞争，可以选择出口进入模式。

（2）从生产要素来看，需要比较本国的生产成本与目标市场国的生产成本。如果国内的生产要素价格便宜且容易获取，那么本国的生产成本较低，可以选择出口进入模式；如果相较于目标市场国家，国内的生产要素价格更高或不易获取，导致国内的生产成本高于目标市场国家，可以选择契约、投资进入模式。

(3) 从政策导向来看，国内政府在出口和海外投资方面的政策导向对企业选择国际市场进入模式有一定影响。如果政府对出口采取鼓励、扶持政策或对海外投资有严格约束，企业往往选择出口进入模式；如果政府对海外投资采取鼓励政策，如补贴、贷款优惠等，企业往往选择投资进入模式。

(二) 内部因素

1. 企业产品因素

企业销往目标国际市场的产品的自身特点是决定企业选择国际市场进入模式的重要因素。

(1) 产品的价值和要素密集度。如果产品价值较高或属于资本密集型、技术密集型产品，可以选择出口进入模式；如果产品价值不高或属于劳动密集型、资源密集型产品，可以选择具备丰富的劳动力资源或产品生产所需的自然资源的国家作为目标国际市场，采取契约、投资进入模式。

(2) 产品的差异化特征。如果与其他产品相比，产品本身具有一定的差异化特征，即在设计、技术等方面具有特定的竞争优势，可以选择出口进入模式；如果产品本身不具备明显的差异化特征，可以选择契约、投资进入模式。

(3) 产品的地位。如果企业的主要产品或核心技术进入国际市场，往往采用投资模式，且以独资为主；如果不是主线产品，可以选择出口、契约进入模式。

(4) 产品对服务的要求。如果产品在售前、售中、售后环节需要提供较多配套服务，企业一般选择投资进入模式，在目标市场国建立分支机构或服务部门；如果产品对服务的要求不高，企业的进入模式不受限制。

2. 企业资源与投入因素

企业在管理、资本、技术、工艺和营销等方面的资源越充裕，对于国际市场进入模式的选择越不受限制，否则需要根据投入因素的实际情况，选择适合自身的国际市场进入模式。

综上所述，企业在选择国际市场进入模式时，不能只考虑单一要素，需要结合内部因素和外部因素进行综合分析，选择适合企业现阶段发展水平和未来发展目标的进入模式。

学习单元三　国际市场竞争战略

企业根据自己的目标和资源进行国际市场进入决策和模式选择后，需要分析目标国际市场的环境，制定相应的竞争战略。相较于国内市场，国际市场的环境对于企业来说更为复杂，企业面临的竞争更具有挑战性，在国际市场上政府发挥的作用举足轻重，它会以各种方式干预国际市场的竞争格局，保护本国及本国企业的经济利益。例如贸易保护主义在西方国家盛行，推行加征关税、反倾销反补贴等贸易壁垒政策，重视投资保护，将中国视为战略竞争对手等。

一、国际市场竞争分析

美国著名管理学家迈克尔·波特从产业结构的角度提出了竞争战略的理论。产业内部的竞争状态取决于五种基本竞争作用力，即供应商的讨价还价能力、购买者的讨价还价力、替代品的替代能力、行业内竞争者现在的竞争能力、潜在竞争者的进入能力,五种作用力相互作用,共同决定了产业的竞争状态,即波特五力模型,如图10-4所示。

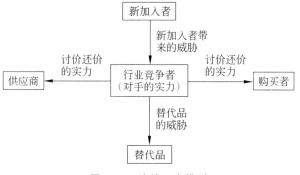

图10-4 波特五力模型

二、国际市场竞争战略

迈克尔·波特认为:"竞争战略"是要使企业在基本的市场(产业上)找到最有利的竞争位置。因此竞争战略的目的在于针对产业竞争的决定因素建立起获利、持久的竞争位置。基于国际竞争具有一般竞争规律的特点,波特提出了竞争战略理论,包括成本领先战略、差异化战略、重点集中战略,同样适用于国际市场竞争战略。

1. 成本领先战略

成本领先战略是指通过有效途径,实现总成本降低,以建立一种不败的竞争优势,又称低成本战略。总成本领先战略要求企业努力实现规模经济,严格控制产品的生产成本和间接费用,使企业的产品总成本降到最低,从而获得成本优势。企业可以通过简化产品、改进设计、节约原材料、降低工序费用、实行生产自动化、实现技术创新、降低管理费用等途径实施成本领先战略。

2. 差异化战略

差异化战略是指企业通过产品、服务、品牌形象等与竞争对象有明显不同的区别,获得竞争优势的策略。企业通过提供个性化的产品或服务来建立品牌的忠实消费群体,实现差异化战略。企业通过市场细分,针对不同的目标细分市场,提供差异化的产品和服务,包括产品质量的差异化、产品可靠性的差异化、产品创新的差异化、产品特性的差异化、产品名称的差异化、服务的差异化、品牌形象的差异化。

3. 重点集中战略

重点集中战略是指企业将经营重点集中在市场或产品的某一部分。企业将特定的细分市场、细分产品线或特定的目标客户群体作为战略重点,集中资源,在特定的细分市场发挥优势,取得良好的效益。

重点集中战略可以分为产品线重点集中战略、用户重点集中战略、地区重点集中战略及低占有率重点集中战略。

产品线重点集中战略是对于生产成本和产品开发成本较高的行业,可以重点选择部分生产线作为经营重点,例如汽车制造业和高端装备制造业。

用户重点集中战略是指将顾客群体进行细分,选择某个细分客户群体作为经营重点。例如,奢侈品品牌是将高收入人群作为目标客户群体,生产高品质产品、提供优质服务,树立鲜明的品牌形象,建立认同品牌文化的固定客户群体。

地区重点集中战略是指按照特定地区的消费者需求生产产品,以获得竞争优势。例如,空调等电器通常根据目标市场的自然环境做出产品性能的调整,销往热带地区国家的空调主要功能是制冷,销往寒带地区国家的空调主要功能是制热。选择某个地区作为经营重点,能够最大限度地发挥规模经济的优势。

低占有率重点集中战略是对于实力有限的中小企业,可以选择某个较小的细分市场作为经营重点,即使市场占有率较低,但在企业所处的细分市场上具有一定的竞争优势,也能获取相应的经济利益。

三、企业对国际市场竞争战略的选择

在国际市场上,企业为了争取更多的客户、扩大销售量、提高产品的国际市场占有率,需要选择适合自己发展目标和资源水平的竞争战略。企业在国际市场上所处的地位不同,采取的竞争战略也不同。

(一)市场领导者的竞争战略

市场领导者是在相关产品的市场中拥有最大的市场占有率并起导向作用的企业。市场领导者为了保持自己的竞争优势和主导地位,可以采取以下竞争战略。

1. 扩大市场总需求量

市场领导者的市场份额占有绝对优势,因此总需求量增加时,企业的产品需求量相应地大幅增加。企业可以通过扩大消费者数量、增加消费者需求量、开发产品的新用途等途径扩大市场总需求量。

2. 提高市场占有率

企业在行业内的市场占有率越高,对市场的影响力越大,盈利能力越强。市场领导者需要不断提升市场占有率,才能稳固行业内的领导者地位。企业想要提升市场占有率,需要在成本控制、产品创新、服务水平、营销策略和客户维护等方面不断改进,保持竞争力。

3. 维护市场领先地位

市场领导者可以通过现有的市场地位采取有效措施,防止强有力的竞争对手侵占自己的市场份额,从而保持产业领先的市场地位。第一,通过完善的生产和销售体系,建立市场进入壁垒,提高其他竞争者进入市场的门槛。第二,扩大产品系列,提升服务品质,逐步占领行业内所有细分市场,巩固企业的统治地位。第三,保持产品在价格、质量、服务等方面的优势,增加营销力度,进一步提升产品竞争力。值得注意的是,市场领导者在提高市场占有率时,需要讲究策略,以防招致政府或其他企业的反垄断控诉,避免付出高额成本。

微案例

宝洁公司多品牌战略

宝洁是全球的日用消费品公司巨头之一,自1988年创立宝洁中国以来,已成为中国最大的日用消费品公司。宝洁在中国市场建立了众多的知名品牌,香皂品牌"舒肤佳"、牙膏品

牌"佳洁士",卫生巾品牌"护舒宝",洗衣粉品牌"汰渍""碧浪""洗好"等。宝洁奉行内部竞争法的原则,如果某一个种类的市场还有空间,最好那些"其他品牌"也是宝洁公司的产品,因此不仅在不同种类产品设立品牌,在相同的产品类型中也大打品牌战。宝洁采取差异化营销战略,同类产品的不同品牌在功能、包装、宣传等方面都有差异,每个品牌都具有鲜明的特性。例如宝洁旗下拥有多个洗发水品牌,"海飞丝"的品牌定位是去头屑,"潘婷"的定位是头发的营养保健,"飘柔"的定位是使头发光滑柔顺,"润妍"的定位是让头发更黑、更有生命力。宝洁占领了行业内几乎所有细分市场,其品牌体系涵盖了所有日化领域,拥有不可动摇的统治地位。

(二) 市场挑战者的竞争战略

市场挑战者是在市场上居于次要地位并向市场领导者发动进攻,以夺取更大的市场占有率的企业。市场挑战者的竞争目标是提高市场份额,获取较高的盈利率,可以选择以下竞争战略。

1. 正面挑战

正面挑战是市场挑战者集中资源正面向对手发动全方位的进攻。挑战者在产品的质量、功能、价格,服务的水平,促销手段等各个方面向对手展开竞争,投入大量研究与开发经费,降低产品成本。其中降价是实行正面挑战战略最有效的基础之一。正面挑战对企业的综合实力有较高的要求,是否成功取决于两者实力的对比。

2. 侧面挑战

侧面挑战是市场挑战者避开与对手的正面交锋,在国际市场上占领对手竞争力较弱的细分市场,逐步提升自身的市场占有率。市场挑战者对行业内的所有细分市场进行调研,从对手竞争优势不明显的细分市场入手,也可以从地理市场入手,在全国或全世界寻找竞争对手力量薄弱的地区,通过占领这些细分市场或地区提高企业在行业内的影响力,再逐步向所有市场发起挑战。侧面挑战适用于资源较少的市场挑战者,容易收到成效,可以避免两败俱伤。

3. 迂回挑战

迂回挑战是一种间接进攻战略,市场挑战者避开竞争对手的现有业务领域和现有市场,进攻竞争对手尚未涉足的业务领域和市场。迂回挑战的具体措施包括:发展无关的产品,实现产品多元化;以现有产品进入新地区的市场,实现市场多元化;发展新技术、新产品,取代现有产品。其中发展新技术是最有效的迂回进攻战略,可以避免正面竞争和单纯模仿竞争者的产品造成的重大损失。

微案例

格力电器开拓美国市场

格力电器作为中国空调行业的龙头企业,在国内市场逐渐饱和的情况下,只有成功开拓以美国市场为代表的发达国家市场,才能成为真正意义上的全球第一空调品牌。格力作为市场挑战者进入美国市场,具备正面挑战的实力:一是产品质量优良、建立了良好的品牌形象;二是自主掌握先进技术,在制冷、降噪、节能、环保等多个领域具有重要的研发成果;三是拥有完善的产业链,从上游零部件研发生产到下游废弃产品回收的全供应链的控制能力。

格力通过地理、气候、文化、经济等方面的因素,对美国市场进行了细分,并针对不同的细分市场采取不同的策略,包括产品策略、价格策略、促销策略和渠道策略等。美国的空调市场竞争激烈,消费者对价格较为敏感,格力在美国市场上采取了灵活定价的策略:在收入水平较高的加利福尼亚州和犹他州等地区,向客户推销附带多种功能的高价空调,如附带超静音功能、Wi-Fi远程控制功能、静电除尘功能及自动清洁功能的空调,并指定较高的价格,拥有较大的利润空间;而在收入较低的密西西比州和新墨西哥州等地区,向客户推销只具有基础性制冷制热功能的低价实用型空调,并制定较低价格。格力在不同细分市场上对不同产品和功能进行组合,同时制定适当的价格,既满足了客户需求的多样化,又获得了更多的利润。

(三) 市场追随者的竞争战略

市场追随者是指不主动向市场领导者发起挑战,紧随其后维持现有局面,以保持现有市场份额的企业。

1. 紧密跟随

紧密跟随是指市场追随者尽可能在各细分市场模仿市场领导者,包括产品的定位和市场营销组合等。紧密跟随的企业在市场上的表现往往类似挑战者,但是实际上并不会主动向领导者发动挑战,追求现有的共存局面。

2. 距离跟随

距离跟随是指市场追随者在主要市场上追随领导者,但在产品或服务的某些方面与其保持一定的差异性。市场领导者十分欢迎这类跟随企业,对自己的经营计划不会造成影响,又能免受市场垄断的指责,往往能够和平相处,共同发展。

3. 选择跟随

选择跟随是指市场追随者在某些方面紧随市场领先者,而在另一些方面则自主经营。市场追随者需要结合自身的目标和资源,有选择性地跟随领导型企业,发挥自身的优势,在产品和服务方面进行创新,针对不同细分市场采取不同的跟随策略。

(四) 市场补缺者的竞争战略

市场补缺者是指寻求并占领某些不大可能引起大企业兴趣的细分市场,从事专业化经营的小企业。这类企业以那些被大企业忽视或放弃的细分市场为目标市场,根据自己的资源和优势提供具有特色的产品和服务。

市场补缺者通常具有以下特点:具备目标市场所需的优势和资源,能够长期获利,且有一定的成长能力,拥有忠实的客户群体,在细分市场上具有一定的竞争力,能够对抗大企业。

市场补缺者的竞争战略目标是巩固企业所在细分市场的竞争力,确保企业的生产和发展。市场补缺型企业的目标高度集中,因此可以继续发挥在该细分市场上的优势,进一步实现产品的专业化生产,为客户提供专业化的服务,力求实现细分市场内的效益最大化。

市场补缺者的竞争战略是专业化市场营销,可以分为以下几类:按最终用户专业化,专门致力于为某类最终用户服务进行市场营销;按垂直层面专业化,专门致力于分销渠道中的某些层面;按顾客规模专业化,专门为某一种规模(大、中、小)的客户服务;按特定顾客专业化,专门提供一个或几个主要客户的服务;按地理区域专业化,专门为国内外某一地区或地点服务;按产品或产品线专业化,专门生产某一类产品;按客户订单专业化,专门按客户订单生产预订的产品;按质量和价格专业化,专门生产经营某种质量和价格的产品;按服务项目专业化,专门提供某一种或几种其他企业没有的服务项目;按分销渠道专业化,专门服务于某一类分销渠道。

市场补缺者不断创造补缺市场、扩大补缺市场、保护补缺市场。企业为了获利不断开发补缺市场,再扩大产品组合、提高市场占有率,从而达到扩大补缺市场的目的。当有新的竞争者进入补缺市场时,企业应采取措施保护原有的补缺市场,可以选择多重补缺点扩大企业的生产和发展空间,分散市场风险。

微案例

维珍集团:市场补缺者

维珍集团在每一个行业的战略目标都是成为市场补缺者,维珍集团创始人的"小狗论"体现了这一战略目标,维珍的产品在所处的每一个行业里都不是名列前茅的老大或老二,而是一只"跟在大企业屁股后面抢东西吃的小狗"。维珍集团会选择进入相对成熟的行业,为消费者提供创新的产品和服务,其目标客户群体为"不循规蹈矩的、反叛的年轻人",其业务领域遍布航空运输、铁路、旅游、珠宝、娱乐、唱片、数字音乐、游戏等行业,涵盖了人们生活的方方面面,其提供的产品特点鲜明,创新多变,同时质量高、价格优。以维珍航空为例,主要经营国内航线和欧洲区内航线,并未构建轮辐式航线网,主要开展点对点的国际远程航线。维珍品牌以市场补缺者的竞争战略实现了品牌领先者的地位,在英国的认知度达到96%。

综上所述,不同的企业根据自己的发展目标和所处地位在国际市场上采取不同的竞争战略,企业在不同的细分市场上可以采取有针对性的竞争战略,并且竞争战略不是一成不变的,可以随时根据市场的变化和自身发展情况进行调整,应对瞬息万变的国际市场环境。

展望未来

全球价值链重构格局下中国企业进入国际市场

全球经济剧烈波动,国际环境复杂多变。中国企业进入国际市场面临更严峻的形势和挑战。面对复杂多变的国际市场环境,中国企业进入国际市场应采取以下应对策略。

第一,推进多边和双边国际合作。区域合作和经济全球化仍是各国发展的必然趋势,依托区域全面经济伙伴关系协定(RCEP)助力中国企业进入区域内国家和地区的市场;积极寻求加入全面与进步跨太平洋伙伴关系协定(CPTPP),升级现有多边和双边贸易协定;推进"一带一路"高质量发展,继续推动中国企业进入"一带一路"沿线国家市场。

第二,争取掌握关键核心技术。随着全球范围内第四次科技革命的浪潮,大数据、人工智能、5G技术、清洁能源、无人控制技术、虚拟现实及生物技术不断涌现并被广泛应用,为了防止出现在关键技术领域被西方国家"卡脖子"的被动局面,中国企业要争取掌握关键核心技术,提高对全球产业链的控制能力。

第三,继续向全球产业链高端攀升。全球产业链面临调整与重构,同时也给跨国公司全球生产再布局提供了机会,中国企业应该抓住重新布局的时机进入国际市场,突破欧美跨国企业在国际市场上设置的壁垒,进入欧美国家垄断的领域和产业,推动我国企业向产业链高端攀升和迈进。

第四,不断提升企业抗风险能力。国际经济形势的复杂多变让跨国企业在国际市场上面临的不确定性大幅提升,跨国企业在国际市场上的决策和战略选择如果出现失误,将造成严重损失,应当提高对国际市场风险的预判能力,密切关注国际市场动态,提升企业合规经营水平,全方位提升企业抗风险能力。

学习总结

  国际市场范围广泛,消费者需求差异巨大,而企业的资源却是有限的。为了有效地进入国际市场,企业有必要依据一定的标准对国际市场进行细分。国际消费品市场可以根据客户特征导向进行细分,国际工业品市场除可以依据与消费品市场相同的标准进行细分以外,还可以根据最终用户、购买组织特征等标准进行细分。在国际市场细分的基础上,根据市场的可衡量性、需求足量性、可进入性、易反应性等标准选择目标市场。企业选择国际目标市场的过程是先对国际市场进行初步筛选,然后对国际细分市场的市场潜力、目标和资源及可行性进行评估,最终选择目标市场。国际目标市场战略主要有三种战略可供选择,即无差异营销策略、差异营销策略、集中营销策略。

  企业在准备进入国际市场时要考虑进入哪个市场、什么时候进入、以什么样的规模进入及采取什么方式进入。这些问题关乎目标市场定位、进入市场时机、进入市场规模及进入市场模式。企业按照目标市场选择标准进行市场定位,可以选择先行进入或后行进入,也可以根据行业不同发展阶段寻找切入点,可以大规模进入市场,也可以渐进式进入市场,可以选择出口进入模式(直接出口、间接出口)、契约进入模式(许可证贸易、特许经营、合同制造、管理合同、工程承包)、投资进入模式(合资经营、独资经营)及战略联盟等模式进入国际市场。无论企业如何决策,都要根据目标国家的市场、环境、生产要素及国内因素等外部因素和企业产品、资源及投入因素等内在因素进行研判。

  企业进入国际目标市场后,需要分析目标国际市场,制定相应的竞争战略。根据迈克尔·波特竞争战略理论,运用五力模型分析产业竞争态势,企业在产业上找到最有利的竞争位置。通过实施成本领先战略、差异化战略和重点集中战略建立竞争优势。

学习测试

一、选择题

1. 企业按照一定的细分标准把整个国际市场细分为若干个需求不同的商品和营销组合的子市场,这种方法叫作(　　)。
  A. 国际市场细分　　　　　　　　B. 目标市场选择
  C. 国际市场基本战略　　　　　　D. 国际市场进入战略
2. 国际消费品市场的细分标准包括(　　)。
  A. 地理因素　　　B. 人文因素　　　C. 心理因素　　　D. 行为因素
3. 企业选择国际目标市场的策略包括(　　)。
  A. 产品营销策略　　　　　　　　B. 无差异营销策略
  C. 集中营销策略　　　　　　　　D. 差异营销策略
4. (　　)指的是两个或两个以上的企业或跨国公司,为了达到共同的战略目标和企业各自总体经营目标的需要,而采取的相互合作、共担风险、共享利益的联合经营方式。

  A. 许可证贸易 B. 战略联盟 C. 合资经营 D. 间接出口

  5. 企业在国际市场上所处的地位不同,采取的竞争战略也不同,对于市场领导者来说,应采取(　　)竞争战略。

  A. 扩大市场总需求量   B. 提高市场占有率

  C. 维护市场领先地位   D. 创造并扩大补缺市场

二、简答题

1. 为什么要进行国际市场细分?
2. 简述国际目标市场的选择策略。
3. 进入国际市场需要做出哪些基本决策?
4. 常见的国际市场进入模式有哪些?
5. 根据波特提出的竞争战略理论,国际市场有哪些竞争战略?

三、案例分析题

华为的国际化之路

1. 华为国际化之路的第一阶段

华为第一阶段的国际化道路与中国本土市场的拓展思路保持了一致,采取"以农村包围城市"的战略。华为率先进入了电信发展相对较为薄弱的国际市场,其后再以此为根据地发起对发达国家通信市场的猛攻,最终取得胜利。

1996年,中国香港的和记电讯需要解决一个技术难题——在90天时间内完成移机不改号的改造,华为的C&C 08交换机技术击败了爱立信和诺基亚,并与和记电讯达成合作,进入了中国香港市场。

1997年,华为开启了多轮对俄罗斯市场的拓展,普京上台后,俄罗斯经济"回暖",华为通过几年的积累抢跑其他竞争者,赢得俄罗斯政府采购计划的机会,于1999年在俄罗斯建立了合资企业,正式进入国际市场。

华为自1997年开始以巴西为中心开拓拉丁美洲市场,1999年在巴西建立了首个海外代表处,2004年成功竞标价值700多万美元的巴西NGN(下一代网络)项目,2011年在巴西设立研究中心,2012年在巴西圣保罗州的索罗卡巴市创建了拉美地区最大的配送中心,2013年在巴西创建智能手机生产厂及多个配送中心。

1998年华为开始拓展尼日利亚所在的非洲市场,初期异常艰难,直至2003年,才成功拿下尼日利亚MTN和Starcomms两家公司,实现销售额7 000多万美元。

2003年英国电信给华为颁发了网络设备供应商的认证,该认证针对产品和企业的多个维度,包括质量、品质、财务、人力资源、环境、科学管理等12个维度,至此华为真正进入了欧洲市场。其后华为陆续获得澳大利亚电信、西班牙电信、沃达丰的认证,顺利地开拓了欧洲市场。

在东南亚,华为先后成功地拓展了泰国、越南、菲律宾等东南亚国家市场,在东南亚通信业站稳了脚。其后,华为继续拓展新加坡、日本和马来西亚市场,以此巩固自己的市场地位。

2004年,华为的销售额达到462亿元,其中海外市场达到22.8亿美元,在国际市场上取得了第一阶段的胜利。

2. 华为国际化之路的第二阶段

华为国际化的第二阶段是以"土地换和平"作为基本战略。第一,通过组建合资公司,双方对合资公司共同持股,形成战略联盟;第二,通过生产、研发、销售、专利等环节的合作,以此来实现契约式的战略联盟。这一阶段的国际化战略可以概括为"以土地换和平,以市场换友商,以利益换伙伴,以价值链共荣"。

2003年华为与西门子达成战略协议,共同投资1亿美元组建鼎桥通信公司,西门子持股51%;华为持股49%,双方共同拓展TD-SCDMA市场,华为凭借西门子的技术优势缩短了TD-SCDMA产品的研发周期,同时避免了巨大的市场风险。

在进入国际市场的过程中,华为通过与竞争者的合作、支付相关的费用化解了专利冲突。2015年华为向苹果公司许可专利769件,苹果公司向华为许可专利98件,通过与合作者相互交叉授权相关的专利,来向对方支付相关的知识产权费用。

阅读以上资料,回答下列问题:
1. 华为进入国际市场是否进行了市场细分?其市场细分的标准是什么?
2. 华为在不同的国际市场上分别选择了哪些进入模式?是否取得预期效果?
3. 华为的国际市场进入战略有哪些可供借鉴的地方?

 学习评价

核心价值观评价

	核心价值观	是否提高
通过本项目学习,你的	全球化视野	
	民族使命感和责任感	
	拓展国际市场意识	
	民族企业精神	
自评人(签字)　　　　　年　月　日		教师(签字)　　　　　年　月　日

专业能力评价

	能/否	准确程度	专业能力目标
通过本项目学习,你			根据企业目标和资源现状合理选择国际市场细分标准,进行市场细分
			准确定位国际目标市场,进行目标市场选择,并制定企业营销策略
			根据企业的现实条件选择适配的国际市场进入模式
			能够运用五力模型分析行业竞争态势,结合企业在国际市场上的地位制定匹配的国际市场竞争战略
自评人(签字)　　　　　年　月　日			教师(签字)　　　　　年　月　日

专业知识评价

	能/否	精准程度	知识能力目标
通过本项目学习,你			理解国际市场细分的含义,根据企业目标和资源现状合理选择国际市场细分标准,进行市场细分
			熟悉国际市场细分的标准
			掌握国际市场细分的流程
			掌握国际目标市场的选择标准
			掌握国际目标市场的选择步骤
			理解国际目标市场的选择策略
			熟悉国际市场的不同进入模式
			熟悉国际市场的竞争战略
			掌握不同类型企业的国际市场竞争战略
自评人(签字)　　　　　　年　月　日			教师(签字)　　　　　　年　月　日

参考文献

[1] 王炜瀚,王健. 国际商务[M]. 4版. 北京：机械工业出版社,2021.

[2] 曲如晓,曾燕萍. 国际商务导论[M]. 北京：机械工业出版社,2018.

[3] John D Daniels, Lee H Rade-baugh, Daniel P Sullivan. 国际商务：环境与运作[M]. 赵银德,张华,乔桂强,等译. 15版. 北京：机械工业出版社,2019.

[4] 查尔斯·W. L. 希尔,G.托马斯·M. 霍特.当代全球商务[M].王炜瀚,译. 9版.北京：机械工业出版社,2017.

[5] 陈岳. 国际政治学概论[M]. 4版. 北京：中国人民大学出版社,2020.

[6] 巴里·埃森格林.资本全球化：一部国际货币体系史[M].麻勇爱,译. 北京：机械工业出版社,2020.

[7] 廖鸿程,刘德标. 企业境外法律风险防控[M]. 北京：人民法院出版社,2016.

[8] 王素玉. 国际商务法律环境案例解析[M]. 北京：经济科学出版社,2016.

[9] 霍建国."十四五"外向型经济发展：形势和任务[J]. 开放导报,2020(2)：22-27.

[10] 张伯里. 当代世界经济发展主要趋势[J]. 领导科学论坛,2018(4)：65-77.

[11] 王辰. 世界经济发展的新趋势与新特征分析[J]. 中国国际财经,2017(9)：2-3.

[12] 王常鑫. 海尔在美国的跨文化管理策略研究[J]. 商场现代化,2015(20)：13-14.

[13] 张西平. 从中西思想对比看中国文化的当代价值[J]. 外语教学与研究,2018(1)：114-125,161.

[14] 赵丽媛,王福兴. 国家竞争优势理论对增强文化自信的启示[J]. 东北农业大学学报：社会科学版,2018(4)：82-86.

[15] 雷小苗. 正视文化差异 发展文化认同——跨国公司经营中的跨文化管理研究[J]. 商业研究,2017(1)：13-18.

[16] 王涛."一带一路"视域下的法律全球化：属性、路径与趋势[J]. 西北民族大学学报：哲学社会科学版,2019(4)：116-123.

[17] 钱嘉宁. 国际投资法中的履行要求研究[D]. 济南：山东大学,2019.

[18] 杨长海. 互联网环境下知识产权冲突法面临的新问题及其国际应对[J]. 科技与法律,2019(5)：35-42.

[19] 郭颖,王瑾,席笑文,等. 互联网与开放式创新环境下知识产权管理要素探析——基于海尔、小米、特斯拉的跨案例研究[J]. 电子科技大学学报：社会科学版,2019(3)：31-37.

[20] 韩文娟. 论知识产权国际保护的发展与完善[J]. 内蒙古科技与经济,2021(7)：18-19.

[21] 万勇. 新型知识产权的法律保护与国际规则建构[J]. 中国政法大学学报,2021(3)：94-104.

[22] 张乃根. 与时俱进的RCEP知识产权条款及其比较[J]. 武大国际法评论,2021(2)：1-25.

[23] 屈大磊. 我国对外贸易国别(地区)结构的长周期演变研究[J]. 商业经济研究,2019(18)：140-144.

[24] 牛志伟,邹昭晞,卫平东. 全球价值链的发展变化与中国产业国内国际双循环战略选择[J]. 改革,2020(12)：28-47.

[25] 李强. 中国进口贸易政策的演进：特征与启示[J]. 经济体制改革,2020(4)：42-49.